Der Typenvergleich zur Einordnung ausländischer Gesellschaften in das deutsche System der Einkommensbesteuerung

AF881456

Europäische Hochschulschriften
Publications Universitaires Européennes
European University Studies

Reihe II
Rechtswissenschaft

Série II Series II
Droit
Law

Bd./Vol. 3796

PETER LANG
Frankfurt am Main · Berlin · Bern · Bruxelles · New York · Oxford · Wien

Kirsten Pusill-Wachtsmuth

Der Typenvergleich zur Einordnung ausländischer Gesellschaften in das deutsche System der Einkommensbesteuerung

Zudem konkrete Einordnung der Gesellschaftsformen der Staaten Ungarn, Polen und Slowenien

PETER LANG
Europäischer Verlag der Wissenschaften

Bibliografische Information Der Deutschen Bibliothek
Die Deutsche Bibliothek verzeichnet diese Publikation in der Deutschen Nationalbibliografie; detaillierte bibliografische Daten sind im Internet über <http://dnb.ddb.de> abrufbar.

Zugl.: Augsburg, Univ., Diss., 2003

D 384
ISSN 0531-7312
ISBN 3-631-51711-4

© Peter Lang GmbH
Europäischer Verlag der Wissenschaften
Frankfurt am Main 2003
Alle Rechte vorbehalten.

Das Werk einschließlich aller seiner Teile ist urheberrechtlich geschützt. Jede Verwertung außerhalb der engen Grenzen des Urheberrechtsgesetzes ist ohne Zustimmung des Verlages unzulässig und strafbar. Das gilt insbesondere für Vervielfältigungen, Übersetzungen, Mikroverfilmungen und die Einspeicherung und Verarbeitung in elektronischen Systemen.

www.peterlang.de

Meinen Eltern

Vorwort

Die vorliegende Arbeit ist im Sommersemester 2003 von der rechtswissenschaftlichen Fakultät der Universität Augsburg als Dissertation angenommen worden. Rechtsprechung und Literatur sind bis Ende Juli 2003 berücksichtigt.

Praktikern, die konkret eine Antwort auf die Frage suchen, wie eine konkrete ausländische Gesellschaft in Deutschland steuerlich zu behandeln ist, möchte ich empfehlen, sich insbesondere auf die Zusammenfassung der Rechtsprechung zum Typenvergleich in Kapitel 1 D und auf die kritische Auseinandersetzung mit den einzelnen Einordnungskriterien in Kapitel 5 B zu konzentrieren. Auf die übrigen Abschnitte kann zur Vertiefung einzelner Aspekte zurückgegriffen werden.

Danken möchte ich zunächst Herrn Prof. Dr. Wolfgang Jakob für die Betreuung der Arbeit und Herrn Prof. Dr. Volker Behr für die umgehende Erstellung des Zweitgutachtens. Ferner gilt mein Dank Herrn Dr. Hagen Kobor, der als wissenschaftlicher Assistent am Lehrstuhl von Herrn Prof. Dr. Jakob jederzeit als Ansprechpartner zur Verfügung stand und viele wertvolle Anregungen gegeben hat. Zu danken habe ich auch Herrn Ministerialrat Dr. Gero Kraus, der mir insbesondere bei der Suche nach einem geeigneten Thema geholfen hat.

Schließlich richte ich meinen besonders herzlichen Dank an diejenigen, die mich über den gesamten Zeitraum, in dem diese Arbeit entstanden ist, begleitet und unterstützt haben. Nennen möchte ich insbesondere meine Eltern, meine Schwester Birgit, Frau Dorothea Neubert und Frau Dr. Corinna Meyer.

Berlin, 03.08.2003 Kirsten Pusill-Wachtsmuth

Inhaltsübersicht

Inhaltsverzeichnis

Abkürzungsverzeichnis

a. A.	andere Ansicht
ABl. EG	Amtsblatt der Europäischen Gemeinschaft
Abs.	Absatz
AcP	Archiv für die civilistische Praxis
a. E.	am Ende
a. F.	alte Fassung
AG	Aktiengesellschaft
AktG	Aktiengesetz
Alt.	Alternative
Anh.	Anhang
Anm.	Anmerkung
AO	Abgabenordnung
Art.	Artikel
AStG	Außensteuergesetz
AusführungsG	Ausführungsgesetz
AWD	Außenwirtschaftsdienst (des BB)
BaWü	Baden-Württemberg
BayObLGZ	Entscheidungen des Bayerischen Obersten Landesgerichts in Zivilsachen
BB	Betriebs-Berater
Bd.	Band
BFH	Bundesfinanzhof
BFH NV	Sammlung amtlich nicht veröffentlichter Entscheidungen des Bundesfinanzhofs
BFHE	Sammlung der Entscheidungen des Bundesfinanzhofs
BGB	Bürgerliches Gesetzbuch
BGH	Bundesgerichtshof
BGSBl	Bundesgesetzblatt
BMF	Bundesministerium der Finanzen
BRAO	Bundesrechtsanwaltsordnung
bspw.	beispielsweise
BStBl	Bundessteuerblatt
BT Drs.	Bundestagdrucksache
BVerfG	Bundesverfassungsgericht
BVerfGE	Entscheidungen des Bundesverfassungsgerichts
bzgl.	bezüglich
bzw.	beziehungsweise
cic	culpa in contrahendo
DB	Der Betrieb
DBA	Doppelbesteuerungsabkommen
d. Verf.	durch Verfasser
ders.	derselbe
d. h.	das heißt
dies.	dieselbe
DStJG	Veröffentlichungen der Deutschen Steuerjuristischen Gesellschaft e.V.
DStR	Deutsches Steuerrecht
DStZ	Deutsche Steuer-Zeitung

EFG	Entscheidungen der Finanzgerichte
EG	Europäische Gemeinschaft
EGBGB	Einführungsgesetz zum Bürgerlichen Gesetzbuch
Einl.	Einleitung
EStG	Einkommensteuergesetz
etc.	et cetera
EU	Europäische Union
EuGH	Europäischer Gerichtshof
EuZW	Europäische Zeitung für Wirtschaftsrecht
e. V.	eingetragener Verein
EWIV	Europäische Wirtschaftliche Interessenvereinigung
EWS	Europäisches Wirtschafts- und Steuerrecht
f	die nächste folgende Seite
ff	die nächsten folgenden Seiten
FG	Finanzgericht
FGG	Gesetz über die Angelegenheiten der freiwilligen Gerichtsbarkeit
FinMin	Finanzministerium
Fn.	Fußnote
FR	Finanz-Rundschau
FS	Festschrift
GbR	Gesellschaft bürgerlichen Rechts
gem.	gemäß
GenG	Genossenschaftsgesetz
GG	Grundgesetz
ggf.	gegebenenfalls
GmbHG	Gesetz betreffend die Gesellschaften mit beschränkter Haftung
GmbHR	GmbH-Rundschau
grds.	grundsätzlich
GrS	Großer Senat
HGB	Handelsgesetzbuch
h. M.	herrschende Meinung
Hrsg.	Herausgeber
i. d. R.	in der Regel
i. e. S.	im engeren Sinne
i. Gr.	in Gründung
i. H. v.	in Höhe von
insb.	insbesondere
InsO	Insolvenzordnung
IPRax	Praxis des Internationalen Privat- und Verfahrensrechts
IPRspr.	Die deutsche Rechtsprechung auf dem Gebiet des Internationalen Privatrechts
i. R. d.	im Rahmen des
IStR	Internationales Steuerrecht
i. S. v.	im Sinne von
i. V. m.	in Verbindung mit
IWB	Internationale Wirtschaftsbriefe
Jg.	Jahrgang
JherJB	Jehrings Jahrbücher für die Dogmatik des Bürgerlichen Rechts
Jus	Juristische Schulung
JZ	Juristenzeitung

k. A.	keine Angabe
KG	Kommanditgesellschaft
KGaA	Kommanditgesellschaft auf Aktien
KOM	Kommission der Europäischen Gemeinschaft
KStG	Körperschaftsteuergesetz
LG	Landgericht
lit.	littera
MarkenG	Markengesetz
m. E.	meines Erachtens
m. w. N.	mit weiteren Nachweisen
Nds.	Niedersachsen
n. F.	neuer Fassung
NJW	Neue Juristische Wochenschrift
Nr.	Nummer
NRW	Nordrhein-Westfalen
n. v.	nicht veröffentlicht
NZG	Neue Zeitschrift für Gesellschaftsrecht
o. a.	oben angesprochen
OECD	Organisation für wirtschaftliche Zusammenarbeit und Entwicklung
OECD MA	Musterabkommen der Organisation für wirtschaftliche Zusammenarbeit und Entwicklung
OFD	Oberfinanzdirektion
OHG	offene Handelsgesellschaft
PartG	Partnerschaftsgesellschaft
PartGG	Partnerschaftsgesellschaftsgesetz
RegE	Regierungsentwurf
RFH	Reichsfinanzhof
RG	Reichsgericht
RGZ	Entscheidungen des Reichsgerichts in Zivilsachen
RIW	Recht der Internationalen Wirtschaft
Rspr.	Rechtsprechung
RStBl	Reichssteuerblatt
Rz.	Randziffer
s.	siehe
Slg.	Sammlung
sog.	sogenannte
StBJb	Steuerberaterjahrbuch
stG	stille Gesellschaft
StuW	Steuer und Wirtschaft
Tz.	Textziffer
u. a.	unter anderem
v. a.	vor allem
VAG	Versicherungsaufsichtsgesetz
Verf.	Verfasser
vgl.	vergleiche
VO	Verordnung
Vor.	Vorbemerkung
VuV	Vermietung und Verpachtung
VVaG	Versicherungsverein auf Gegenseitigkeit
VW	Versicherungswirtschaft

WIRO	Wirtschaft und Recht in Osteuropa
WM	Wertpapier-Mitteilungen
z. B.	zum Beispiel
ZGR	Zeitschrift für Unternehmens- und Gesellschaftsrecht
ZHR	Zeitschrift für das gesamte Handelsrecht und Wirtschaftsrecht
ZIP	Zeitschrift für Wirtschaftsrecht
z. T.	zum Teil
ZVglRWiss	Zeitschrift für vergleichende Rechtswissenschaft

Literaturverzeichnis

Balmes, Frank: Rechtsformneutralität der Unternehmensbesteuerung in: Pelka, Jürgen (Hrsg.) Unternehmenssteuerreform, Köln 2001 (zitiert *Balmes* in Pelka, Unternehmenssteuerreform)

Baranowski, Karl-Heinz: Besteuerung bei Sitzverlagerung einer ausländischen Kapitalgesellschaft ins Inland, IWB Fach 3 Gruppe 4, 331

Baumbach, Adolf / *Hopt*, Klaus: Handelsgesetzbuch, 30. Auflage, München 2000

ders.: Aktiengesetz, 13. Auflage, München 1968 (zitiert *Baumbach*, AktG)

Behrens, Peter: Das Internationale Gesellschaftsrecht nach dem Überseering-Urteil des EuGH und den Schlussanträgen zu Inspire Art, IPRax 2003, 193

ders.: EuGH klärt Niederlassungsfreiheit von Gesellschaften, EuZW 2002, 737

ders.: Das Internationale Gesellschaftsrecht nach dem Centros-Urteil des EuGH, IPRax 1999, 323

ders.: Die Umstrukturierung von Unternehmen durch Sitzverlegung oder Fusion über die Grenze im Licht der Niederlassungsfreiheit im Europäischen Binnenmarkt (Art. 52 und 58 EWGV), ZGR 1994, 1

ders.: Editorial – Sind Gesellschaften Niederlassungsberechtigte minderen Rechts? EuZW 1991, 97

ders.: Die grenzüberschreitende Sitzverlegung von Gesellschaften in der EWG, IPRax 1989, 354

ders.: Identitätswahrende Sitzverlegung einer Kapitalgesellschaft von Luxemburg in die Bundesrepublik Deutschland, RIW 1986, 590

Bergemann, Achim: Unternehmenssteuerreform 2001: Schwerpunkte des Steuersenkungsgesetzes, DStR 2000, 1410

Berndt, Joachim: Die Rechtsfähigkeit US-amerikanischer Kapitalgesellschaften im Inland, JZ 1996, 187

Bernstorff, Christoph v.: Vertrags-, Kauf-, Handels- und Gesellschaftsrecht in Osteuropa, Stuttgart 1999

Beuthien, Volker: Genossenschaftsgesetz, 13. Auflage, München 2000

Binz, Mark K.: Die GmbH & Co., 8. Auflage, München 1992

ders. / *Sorg*, Martin H.: Die GmbH & Co. Kommanditgesellschaft auf Aktien, BB 1988, 2041

Birk, Dieter: Zuzug und Wegzug von Kapitalgesellschaften – Zu den körperschaftsteuerlichen Folgen der Überseeringentscheidung des EuGH, IStR 2003, 469

ders.: Steuerrecht, 3. Auflage, Heidelberg 2000

ders.: Das Leistungsfähigkeitsprinzip in der Unternehmenssteuerreform, StuW 2000, 328

Bleckmann, Albert: Staatsrecht II – Die Grundrechte, 4. Auflage, Köln, Berlin, Bonn, München 1997 (zitiert *Bleckmann*, Staatsrecht II)

Blümich, Walter: Einkommensteuer, Körperschaftsteuer, Gewerbesteuer (Loseblatt), Stand Juli 2002, München (zitiert *Verfasser* in Blümich, EStG, KStG, GewStG)

Bodden, Guido: Tatbestandsverwirklichung nach § 15 Absatz 1 Satz 1 Nr. 2 EStG – Ein Beitrag zur Rechtssubjektivität der Personengesellschaft im Einkommensteuerrecht, DStZ 2002, 391

Bogler, Anja: Gesellschafts- und Gesellschafterhaftung bei Auseinanderfallen von Gründungs- und Satzungssitz, DB 1991, 848

Brandenberg, Herrmann Bernwart: Personengesellschaftsbesteuerung nach dem Unternehmensteuerfortentwicklungsgesetz Teil 2, DStZ 2002, 551

Braun, Heiner: Internationales Gesellschaftsrecht und grunderwerbsteuerliche Unbedenklichkeit, RIW 1995, 499

Breidenbach, Stefan (Hrsg.): Handbuch Wirtschaft und Recht in Osteuropa (Loseblatt), Stand Januar 2003, München (zitiert *Verfasser* in Breidenbach, Handbuch Osteuropa)

Brunner, Georg / *Schmidt*, Karin / *Westen*, Klaus (Hrsg.): Wirtschaftsrecht der osteuropäischen Staaten (Loseblatt), Stand Januar 2003 (zitiert *Verfasser* in Brunner/Schmidt/Westen, WOS)

Bundesministerium der Finanzen (Hrsg.): Brühler Empfehlungen zur Reform der Unternehmensbesteuerung, Bonn 1999 (zitiert Brühler Empfehlungen)

Bungert, Hartwin: Das Recht ausländischer Kapitalgesellschaften auf Gleichbehandlung im deutschen und US-amerikanischen Recht, München 1994 (zitiert *Bungert*, Recht ausländischer Kapitalgesellschaften)

ders.: Rechtsfähigkeit ausländischer Kapitalgesellschaften und Beweislast, DB 1995, 963

ders.: Entwicklungen im internationalen Gesellschaftsrecht Deutschlands, AG 1995, 489

Buyer, Christoph: Die „Repatriierung" ausländischer beschränkt steuerpflichtiger Kapitalgesellschaften durch Sitzverlegung ins Inland, DB 1990, 1682

Canaris, Claus-Wilhelm: Handelsrecht, 23. Auflage, München 2000

Clausen, Uwe: Anmerkungen zu BFH vom 19.01.2000, IStR 2000, 185

Coing, Helmut: Handbuch der Quellen und Literatur der neueren europäischen Privatrechtsgeschichte Band 3 III, München 1986 (zitiert *Coing*, Privatrechtsgeschichte)

Creifelds, Carl: Rechtswörterbuch, 16. Auflage, München 2000

Debatin, Helmut / *Wassermeyer*, Franz: Doppelbesteuerung Bd. II (Loseblatt), Stand März 2002, München (zitiert *Verfasser* in Debatin/Wassermeyer, Doppelbesteuerung)

ders.: Die grenzüberschreitende Sitzverlegung von Kapitalgesellschaften, GmbHR 1991, 2296

ders.: Zum Steuerstatus ausländischer Kapitalgesellschaften, BB 1990, 1457

ders.: Subjektfähigkeit ausländischer Wirtschaftsgebilde im deutschen Steuerrecht, BB 1988, 1155

Deininger, Rainer: Körperschaftsteuerliche Auswirkungen der Überseering-Entscheidung des EuGH, IStR 2003, 214

ders.: Grenzüberschreitende Verlegung des Hauptverwaltungssitzes und der Geschäftsleitung von Kapitalgesellschaften, Herdecke 2001 (zitiert Deininger, Verlegung des Hauptverwaltungssitzes)

Demuth, Björn: Grundbuchfähigkeit der BGB-Gesellschaft – logische Folge der jüngsten BGH-Rechtsprechung, BB 2002, 1555

Der Betrieb (Hrsg.): Die Schlussfolgerungen und Empfehlungen des Ruding-Ausschusses, DB 1992 Beilage Nr. 5 S. 1

Di Marco, Giuseppe: Der Vorschlag der Kommission für eine 14. Richtlinie – Stand und Perspektiven, ZGR 1999, 4

Dinkhoff, Holger: Internationale Sitzverlegung von Kapitalgesellschaften unter besonderer Berücksichtigung des Internationalen Gesellschaftsrechts und des Steuerrechts, Frankfurt a. M., u. a. 2001 (zitiert *Dinkhoff*, Internationale Sitzverlegung)

Dolzer, Rudolf / *Vogel*, Klaus / *Graßhof*, Karin: Bonner Kommentar zum Grundgesetz (Loseblatt), Stand Juni 2002, Heidelberg (zitiert *Verfasser* in Dolzer/Vogel/Graßhof, Bonner)

Doralt, Peter / *Haschek*, Helmut / *Schauer*, Martin (Hrsg.) Die Aktiengesellschaft und ihre Satzung nach slowenischem Recht, Wien 1997 (zitiert *Verfasser* in Doralt/Haschek/Schauer, Die Aktiengesellschaft nach slowenischem Recht)

Dötsch, Ewald / *Cattelaens*, Heiner / *Gottstein*, Siegfried / *Stegmüller*, Hubert / *Zenthöfer*, Wolfgang: Körperschaftsteuer, 13. Auflage, Stuttgart 2002 (zitiert *Dötsch/Cattelaens/Gottstein/Stegmüller/Zenthöfer*, Körperschaftsteuer)

ders. / *Eversberg*, Horst / *Jost*, F. Werner / *Witt*, Georg: Die Körperschaftsteuer (Loseblatt), Stand Juni 2002, Stuttgart (zitiert *Verfasser* in Dötsch/Eversberg/Jost/Witt, Die Körperschaftsteuer)

ders.: Körperschaftsteuerliche Behandlung der Verlegung des Sitzes bzw. der Geschäftsleitung einer Kapitalgesellschaft über die Grenze, DB 1989, 2296

Dubovizkaja, Elena: „Überseering"-Rechtsprechung: Gerichtliche Klarstellung zur Niederlassungsfreiheit von Gesellschaften, GmbHR 2003, 694

Duys, Oliver: Auslands-Kapitalgesellschaft & Co KG, Regensburg 2001

Ebenroth, Carsten Thomas / *Kemner*, Matthew / *Willburger* Andreas: Die Auswirkungen des genuine-link-Grundsatzes auf die Anerkennung US-amerikanischer Gesellschaften in Deutschland, ZIP 1995, 972

ders. / *Auer*, Thomas: Die Vereinbarkeit der Sitztheorie mit europäischem Recht, GmbHR 1994, 16

ders. / *Müller*, Andreas: Die Abfindungsklausel im Recht der Personengesellschaften und der GmbH – Grenzen der privatautonomen Gestaltung, BB 1993, 1153

ders.: Körperschaftsteuersubjektfähigkeit ausländischer Gesellschaften mit inländischem Ort der Geschäftsleitung? RIW 1992, 998

ders. / *Auer*, Thomas: Grenzüberschreitende Verlegung von unternehmerischen Leitungsfunktionen im Zivil- und Steuerrecht, RIW 1992 Beilage Nr. 1 S. 1

ders. / *Eyles*, Uwe: Die innereuropäische Verlegung des Gesellschaftssitzes als Ausfluss der Niederlassungsfreiheit Teil 1 und 2, DB 1989, 363 bzw. 413

ders. / *Bippus*, Birgit: Die Anerkennungsproblematik im internationalen Gesellschaftsrecht, NJW 1988, 2137

ders.: Neuere Entwicklung im deutschen internationalen Gesellschaftsrecht Teil 1, JZ 1988, 18

ders. / *Eyles*, Uwe: Die Beteiligung ausländischer Gesellschaften an einer inländischen Kommanditgesellschaft, DB 1988 Beilage Nr. 2 S. 1

ders.: Die verdeckten Vermögenszuwendungen im transnationalen Unternehmen, Bielefeld 1979 (zitiert *Ebenroth*, Verdeckte Vermögenszuwendungen)

Ebert, Sabine: Die sachrechtliche Behandlung einer GmbH mit ausländischem Verwaltungssitz, NZG 2002, 937

Ebke, Werner: Das Schicksal der Sitztheorie nach dem Centros-Urteil des EuGH, JZ 1999, 656

ders.: Die ausländische Kapitalgesellschaft & Co. KG und das europäische Gemeinschaftsrecht, ZGR 1987, 245

Eidenmüller, Horst: Wettbewerb der Gesellschaftsrechte in Europa, ZIP 2002, 2233

ders.: Anmerkung zu Vorschlag des Generalanwalts in Rs. Überseering BV / NCC Baumanagement GmbH, ZIP 2002, 82

ders. / *Rehm*, Gebhard: Gesellschafts- und zivilrechtliche Folgeprobleme der Sitztheorie, ZGR 1991, 89

Eilers, Stephan / *Wienands*, Hans-Gerd: Neue steuerliche und gesellschaftsrechtliche Aspekte der Doppelansässigkeit von Kapitalgesellschaften nach der EuGH-Entscheidung vom 09.03.1999, IStR 1999, 289

Eisenhardt, Ulrich: Gesellschaftsrecht, 10. Auflage, München 2002

Endriss, Horst Walter / *Haas*, Helmut / *Küpper*, Peter: Steuerkompendium Band 1 Ertragsteuern, 9. Auflage, Berlin 2002 (zitiert *Edriss/Haas/Küpper*, Steuerkompendium)

Enneccerus, Ludwig / *Nipperdey*, Hans Carl: Allgemeiner Teil des Bürgerlichen Rechts Teil 1, 15. Auflage, Tübingen 1959

Eppler, Gerold: Sitztheorie, unbeschränkte Steuerpflicht und Mißbrauch, DB 1991, 1949

Erman, Walter: BGB Kommentar (Bd. I und Band II) 10. Auflage, Köln 2000 (zitiert *Verfasser* in Erman, BGB Kommentar Bd. I bzw. II)

Fabricius, Fritz: Relativität der Rechtsfähigkeit, München 1963

Falkenhausen, Joachim v.: Durchgriffshaftung mit Hilfe der Sitztheorie des Internationalen Gesellschaftsrechts, RIW 1987, 818

Felix, Günther / *Carlé* Dieter: StEK Steuererlasse in Karteiform (Loseblatt), Stand März 2002, Köln (zitiert *Felix/Carlé*, StEK)

Fezer, Karl-Heinz: Markenrecht, 3. Auflage, München 2001

Fikentscher, Wolfgang: Schuldrecht, 9. Auflage, Berlin, u. a. 1997

Fischer, Gerfried: Haftung für Scheininlandsgesellschaften, IPRax 1991, 100

Flick, Hans / *Wassermeyer*, Franz / *Baumhoff*, Hubertus: Außensteuerrecht Kommentar (Loseblatt), 6. Auflage, Stand Dezember 2001, Köln 1997 (zitiert *Flick/Wassermeyer/Baumhoff* Außensteuerrecht)

ders.: Wer wird zuletzt lachen? Revolutionäre Steuervereinfachung durch die US-Finanzverwaltung: Die „Check the Box" Regeln, IStR 1998, 110

Flume, Werner: Allgemeiner Teil des bürgerlichen Rechts Bd. 1.1 Die Personengesellschaft, Berlin, u. a. 1997 (zitiert *Flume*, Personengesellschaft)

ders.: Der nichtrechtsfähige Verein, ZHR 148 (1984), 503

ders.: Gesellschaft und Gesamthand, ZHR 136 (1972), 177

Fock, Till: Sitztheorie im deutschen internationalen Steuerrecht nach der Centros-Entscheidung, RIW 2000, 42

Förster, Hartmut: Praxis der Besteuerung von Auslandsbeziehungen, Neuwied, Kriftel 1999

Forsthoff, Ulrich: EuGH fördert Vielfalt im Gesellschaftsrecht – Traditionelle Sitztheorie verstößt gegen Niederlassungsfreiheit, DB 2002, 2471

ders.: Abschied von der Sitztheorie – Anmerkung zu den Schlussanträgen des GA Dámaso Ruiz-Jarabo Colomer in der Rs. Überseering, BB 2002, 318

ders.: Rechts- und Parteifähigkeit ausländischer Gesellschaften mit Verwaltungssitz in Deutschland? – Die Sitztheorie vor dem EuGH, DB 2000, 1109

Freitag, Robert: Der Wettbewerb der Rechtsordnungen im Internationalen Gesellschaftsrecht, EuZW 1999, 267

Frotscher, Gerrit / *Maas*, Ernst: KStG UmwStG - Körperschaftsteuergesetz Umwandlungssteuergesetz (Loseblatt), Stand November 2002, Freiburg (zitiert *Verfasser* in Frotscher/Maas, KStG UmwStG)

Frowein, Georg Abraham: Grenzüberschreitende Sitzverlegung von Kapitalgesellschaften, Frankfurt a. M., u. a. 2001

Führich, Ernst: Wirtschaftsprivatrecht, 5. Auflage, München 2001

Fuisting, Bernhard: Die Preußischen direkten Steuern Bd. I Kommentar zum Einkommensteuergesetz, 8. Auflage, Berlin 1915 (zitiert *Fuisting*, Einkommensteuergesetz)

Funkat, Dörte: Die praktische Akzeptanz der EWIV als Gesellschaftsform, EWS 1998, 122

Gail, Winfried / *Goutier*, Klaus / *Grützner*, Dieter: Körperschaftsteuergesetz Kommentar (Loseblatt), Stand September 1995, Berlin (zitiert *Gail/Goutier/Grützner*, Körperschaftsteuergesetz)

Ganske, Joachim: Die Europäische wirtschaftliche Interessensvereinigung, DB 1985 Beilage Nr. 20 S. 1

Geßler, Ernst / *Hefermehl*, Wolfgang / *Eckardt*, Ulrich / *Kropff*, Bruno: Aktiengesetz Bd. 5 (§§ 241-290), München 1986 (zitiert *Verfasser* in Geßler/Hefermehl/Eckardt/Kropff, Aktiengesetz)

Geyrhalter, Volker / Gänßler, Peggy: Perspektiven nach „Überseering" – wie geht es weiter? NZG 2003, 409

ders.: Niederlassungsfreiheit contra Sitztheorie – Good Bye „Daily Mail"? EWS 1999, 201

Gierke, Otto v.: Deutsches Privatrecht, 1. Band, Allgemeiner Teil und Personenrecht, Leipzig 1895 (zitiert *v. Gierke*, Deutsches Privatrecht)

Gliech, Jochen: Zur Genehmigung des Gewerbebetriebes einer dem deutschen Recht nicht vergleichbaren ausländischen juristischen Person im Inland gemäß § 12 GewO, AWD 1967, 22

Goette, Wulf: Anmerkung zu BGH vom 01.07.2002 DStR 2002, 1679

Gosch, Dietmar: Die Kommanditgesellschaft auf Aktien und die Gewerbesteuer, FR 1991, 345

Göttsche, Max: Das Centros-Urteil des EuGH und seine Auswirkungen, DStR 1999, 1403

Gralla, Erhardt: Gesellschaftsrecht in Polen, München 1994

Grasmann, Guenter: System des internationalen Gesellschaftsrechts, Berlin 1970

Greif, Martin / *Schuhmann*, Helmut: Kommentar zum Körperschaftsteuergesetz (Loseblatt), Stand September 1995, Heidelberg (zitiert *Greif/Schuhmann*, KStG)

Groh, Manfred: Die Kriterien der Mitunternehmerschaft, BB 1982, 1229

Gronstedt, Sebastian: Kommentar zu BGH vom 01.07.2002 BB 2002, 2033

Großerichter, Helge: Ausländische Kapitalgesellschaften im deutschen Rechtsraum: Das deutsche Internationale Gesellschaftsrecht und seine Perspektiven nach der Entscheidung „Überseering“, DStR 2003, 159

Großfeld, Bernhard: Die Sitztheorie in der Europäischen Union – ein mutiger Schritt des EuGH, RIW 2002 Heft 12 I

ders. / *Luttermann*, Claus: Rechtsfähigkeit und Qualifikation ausländischer Gesellschaften im Internationalen Steuerrecht, IPRax 1993, 229

ders. / *Erlinghagen*, Susanne: Internationales Unternehmensrecht und deutsche unternehmerische Mitbestimmung, JZ 1993, 217

ders. / *König*, Thomas: Das Internationale Gesellschaftsrecht in der Europäischen Gemeinschaft, RIW 1992, 433

ders. / *Beckmann*, Ralph: Rechtskultur und Internationales Gesellschaftsrecht, ZVglRWiss 1992, 351

ders. / *König*, Thomas: Identitätswahrende Sitzverlegung in der Europäischen Gemeinschaft, IPRax 1991, 380

ders.: Basisgesellschaften im Internationalen Steuerrecht, Tübingen 1974 (zitiert *Großfeld*, Basisgesellschaften)

Grothe, Helmut: Die „ausländische Kapitalgesellschaft & Co.“, Köln, u. a. 1989

Grunewald, Barbara: Gesellschaftsrecht, 5. Auflage, Tübingen 2002

Haase, Florian: Grenzüberschreitende Sitzverlegung von Kapitalgesellschaften vor und nach dem Urteil des EuGH vom 05.11.2002 (Rs. „Überseering“), IWB 20/2003, Fach 11, Europäische Gemeinschaft, Gruppe 2, 529

Hachenburg, Max / *Behrens*, Peter: Gesetz betreffend die Gesellschaft mit beschränkter Haftung Bd. 1, 8. Auflage, Berlin, u. a. 1992 (zitiert *Hachenburg/Behrens*, GmbHG)

Halen, Curt Christian v.: Der Streit um die Sitztheorie vor der Entscheidung? EWS 2002, 107 *ders.*: Das Gesellschaftsstatut nach der Centros-Entscheidung des EuGH, Heidelberg 2001 (zitiert *v. Halen*, Gesellschaftsstatut)

Haller, Heinz: Die Steuern, 3. Auflage, Tübingen 1981

Hansen, Herbert: Die Rechtsformen der deutschen Unternehmen, AG 2001, R 31

Hasmacher, Rolfjosef: Veräußerungsgewinnbesteuerung nach dem KStG und EStG in: Pelka, Jürgen (Hrsg.), Unternehmenssteuerreform, Köln 2001 (zitiert *Hasmacher* in Pelka, Unternehmenssteuerreform)

Hausmann, Rainer / *Raupach* Arndt u a.: Steuergestaltung durch doppelt ansässige Gesellschaften? München 1988

Heck, Philipp: Grundriß des Sachenrechts, Tübingen 1930

Heidenhain, Martin: Ausländische Kapitalgesellschaften mit Verwaltungssitz in Deutschland, NZG 2002, 1141

Henkel, Udo: Subjektfähigkeit grenzüberschreitender Kapitalgesellschaften, RIW 1991, 565

Henn, Günter: Handbuch des Aktienrechts, 6. Auflage, Heidelberg 1998

Hennerkes, Brun-Hagen / *May*, Peter: Überlegungen zur Rechtsformwahl in Familienunternehmen II, DB 1988, 537

ders. / *Binz*, Mark / *Sorg*, Martin: Die Stiftung als Rechtsform für Familienunternehmen I, DB 1986, 2217

Henze, Hartwig: Die Treupflicht im Aktienrecht, BB 1996, 489

Herrmann, Carl / *Heuer*, Gerhard / *Raupach*, Arndt: Einkommensteuer- und Körperschaftsteuergesetz Kommentar (Loseblatt), 21. Auflage, Stand Oktober 2002, Köln 1996 (zitiert *Verfasser* in Herrmann/Heuer/Raupach, Einkommensteuer- und Körperschaftsteuergesetz)

Herrmann, Harald: Die Einordnung ausländischer Gesellschaften im deutschen, US-amerikanischen und europäischen Internationalen Steuerrecht, Lohmar, Köln 2002 (zitiert *Herrmann*, Einordnung ausländischer Gesellschaften)

Herz, Harald: Die Einordnung grenzüberschreitender Kapitalgesellschaften in das geltende System der Einkommensbesteuerung von Gesellschaften, Berlin 1997 (zitiert *Herz*, Grenzüberschreitende Kapitalgesellschaften)

Herzig, Norbert: Praktikables Steuerrecht aus betriebswirtschaftlicher Sicht, BB 2000, 1863

ders. / *Dautzenberg*, Norbert / *Heyeres*, Ralf: System und Schwächen der Fusionsrichtlinie, DB 1991 Beilage Nr. 12 S. 1

Hesselmann, Malte / *Tillmann*, Bert: Handbuch der GmbH & Co., 17. Auflage, Köln 1991

Hey, Friedrich: Stellung der US (Delaware) Limited Liability Company im Internationalen Steuerrecht, in: Burmeister, Gabriele (Hrsg.), Festschrift Debatin zum 70. Geburtstag, München 1997 S. 121 (zitiert *Hey* in FS Debatin)

Heymann, Ernst: Die nicht eingetragene Gesellschaft mit beschränkter Haftung im deutsch-ausländischen Rechtsverkehr, JherJb 75 (1925), 408

Hintzen, Lothar: Die Anerkennung ausländischer Personengesellschaften als Kapitalgesellschaften nach deutschem Steuerrecht, DStR 1971, 327

Hoffmann, Bernd v.: Internationales Privatrecht, 6. Auflage, München 2000

Hoffmann-Becking, Michael (Hrsg.): Münchener Handbuch des Gesellschaftsrechts Bd. 4 (AG), 2. Auflage München 1999 (zitiert *Verfasser* in Hoffmann-Becking, Münchener Handbuch des Gesellschaftsrechts Bd. 4)

Höfling, Barbara: Die Sitztheorie, Centros und der österreichische OGH, EuZW 2000, 145

Höfner-Byok, Petra: Die Stiftung & Co. KG, Frankfurt a. M., u. a. 1994

Hohloch, Gerhard (Hrsg.): EU-Handbuch Gesellschaftsrecht (Loseblatt),1. Auflage, Stand 2. Ergänzungslieferung, Berlin 1997 (zitiert *Verfasser* in EU-Handbuch Gesellschaftsrecht)

Hommelhoff, Peter: Wider das Akzessorietätsdogma in der Gesellschaft bürgerlichen Rechts, ZIP 1998, 8

Hopt, Klaus / *Wiedemann*, Herbert (Hrsg.): AktG Großkommentar (§§ 148-178), 4. Auflage, Berlin u. a. 1993 (zitiert *Verfasser* in Hobt/Wiedemann, AktG Großkommentar)

Huber, Ulrich: Betriebsführungsverträge zwischen selbständigen Unternehmen, ZHR 152 (1988), 1

Hübschmann, Walter / *Hepp*, Ernst / *Spitaler*, Armin: Abgabenordnung – Finanzgerichtsordnung Kommentar (Loseblatt), 10. Auflage, Stand Juli 2002, Köln 1995 (zitiert *Verfasser* in Hübschmann/Hepp/Spitaler, AO/FGO)

Hueck, Götz: Gesellschaftsrecht, 19. Auflage, München 1991

Hüffer, Uwe: Gesellschaftsrecht, 5. Auflage, München 1998

Immenga, Ulrich: Die personalistische Kapitalgesellschaft, Bad Homburg, u. a. 1970

Jachmann, Monika: Steuergesetzgebung zwischen Gleichheit und wirtschaftlicher Freiheit, Stuttgart, u. a. 2000 (zitiert *Jachmann*, Steuergesetzgebung)

Jacobs, Otto: Internationale Unternehmensbesteuerung, 4. Auflage, München 1999 (zitiert *Jacobs*, Unternehmensbesteuerung)

Jäggi, Peter: Ungelöste Fragen des Aktienrechts, SAG 1958/59, 57

Jakob, Wolfgang: Einkommensteuer, 2. Auflage, München 1996

Jarass, Hans D. / *Pieroth*, Bodo: Grundgesetz für die Bundesrepublik Deutschland, 6. Auflage, München 2002 (zitiert *Verfasser* in Jarass/Piroth, Grundgesetz)

Kaligin, Thomas: Das internationale Gesellschaftsrecht in der Bundesrepublik Deutschland, DB 1985, 1449

Kegel, Gerhard: Internationales Privatrecht, 7. Auflage, München 1995

Kennerknecht, Albert: Kommentar zum Körperschaftsteuergesetz vom 10. August 1925, Köln 1926 (zitiert *Kennerknecht*, Körperschaftsteuergesetz)

Kießling, Heinz / *Pelikan*, Horst / *Jäger*, Birgit: Körperschaftsteuer, 14. Auflage, Achim 1995

Killius, Jürgen: Die Behandlung der Personenunternehmen im Recht der Doppelbesteuerungsabkommen, München 1966 (zitiert *Killius*, Personenunternehmen)

Kindler, Peter: Auf dem Weg zur Europäischen Briefkastengesellschaft? NJW 2003, 1073

ders.: BB-Kommentar zu BGH Urteil VII ZR 155/02 v. 29.01.2003, BB 2003, 812

ders.: Internationales Gesellschaftsrecht am Scheideweg, RIW 2000, 649 *ders.*: Niederlassungsfreiheit für Scheinauslandsgesellschaften? NJW 1999, 1993

Kirchhof, Paul: EStG Kompakt Kommentar Einkommensteuergesetz, 2. Auflage, Heidelberg 2002 (zitiert *Kirchhof*, EStG)

Kläschen, Kay: Körperschaftsteuergesetz (Loseblatt), Stand September 1993, Bonn (zitiert *Verfasser* in Kläschen, Körperschaftsteuergesetz)

Klauss, Herbert / *Mittelbach*, Rolf: Die Kommanditgesellschaft, 4. Auflage, Ludwigshafen 1984

Klein-Blenkers, Friedrich: Wirtschaftliche Bedeutung und rechtliche Fragen zur Europäischen Wirtschaftlichen Interessensvereinigung, DB 1994, 2224

Klinke, Ulrich: Europäisches Unternehmensrecht und EuGH, ZGR 2002, 163

Klotz, Erhard: Grenzen der Rechtsfähigkeit bei juristischen Personen, Tübingen 1963 (zitiert *Klotz*, Grenzen der Rechtsfähigkeit)

Kluge, Volker: Das deutsche Internationale Steuerrecht, 3. Auflage, München 1992

ders.: Die Anerkennung ausländischer Gesellschaften im deutschen Steuerrecht, DStR 1976, 365

Klunzinger, Eugen: Grundzüge des Gesellschaftsrechts, 12. Auflage, München 2002

Knaus, Michael: Slowenisches Gesellschaftsrecht, Wien 2002

Knobbe-Keuk, Brigitte: Anmerkung zu BFH vom 23.06.1992, DB 1992, 2069

dies.: Wegzug und Einbringung von Unternehmen zwischen Niederlassungsfreiheit, Fusionsrichtlinie und nationalem Steuerrecht, DB 1991, 298

dies.: Der Wechsel von der beschränkten zur unbeschränkten Körperschaftsteuerpflicht und vice versa, StuW 1990, 372

dies.: Umzug von Gesellschaften in Europa, ZHR 153 (1990), 325

Koblenzer, Thomas: Die Auswirkungen der „Centros"-Entscheidung des EuGH auf das deutsche Körperschaftsteuerrecht, EWS 1999, 418

Koch, Stefan: Mitwirkungsrechte der Kommanditaktionäre bei der GmbH & Co. KGaA, DB 2002, 1701

Kohler, Josef: Die offene Handelsgesellschaft als juristische Person, ZHR 74 (1913), 456

Koller, Arnold: Grundfragen einer Typuslehre im Gesellschaftsrecht, Freiburg/Schweiz 1967

Koller, Ingo / *Roth* Wulf-Henning / *Morck*, Winfried: Handelsgesetzbuch Kommentar, 3. Auflage, München 2002

Kommission der Europäischen Gemeinschaft (Hrsg.): Die Steuern in der Europäischen Union – Bericht über die Entwicklung der Steuersysteme, KOM(96) 546

Kommission der Europäischen Gemeinschaft (Hrsg.): Koordinierung der Steuerpolitik der Europäischen Union, KOM(97) 495

Kösters, Friedrich: Rechtsträgerschaft und Haftung bei Kapitalgesellschaften ohne Verwaltungssitz im Gründungsstaat, NZG 1998, 241

Kraft, Alfons / *Kreutz*, Peter: Gesellschaftsrecht, 11. Auflage, Neuwied, Kriftel 2000

Kronke, Herbert: Deutsches Gesellschaftsrecht und grenzüberschreitende Strukturänderungen, ZGR 1994, 26

Kruse, Viola: Noch immer keine Niederlassungsfreiheit für Gesellschaften, EWS 1998, 444

dies.: Sitzverlegung von Kapitalgesellschaften innerhalb der EG, Köln, u. a. 1997 (zitiert *Kruse*, Sitzverlegung)

Kübler, Friedrich: Gesellschaftsrecht, 5. Auflage, Heidelberg 1999

Kuhn, Ottmar: Strohmanngründung bei Kapitalgesellschaften, Tübingen 1964

Kutt, Florian: Grenzüberschreitende Kapitalgesellschaften und ihre Besteuerung im deutschen Körperschaftsteuerrecht, Regensburg 2001 (zitiert *Kutt*, Grenzüberschreitende Kapitalgesellschaften)

Lademann, Fritz / *Söffing*, Günter / *Brockhoff* : Kommentar zum Einkommensteuergesetz (Loseblatt), 4. Auflage, Stand April 2002, Stuttgart, München, Hannover 1997 (zitiert *Verfasser* in Lademann/Söffing/Brockhoff, Kommentar zum Einkommensteuergesetz)

ders.: Kommentar zum Körperschaftsteuergesetz (Loseblatt), Stand Januar 2002, Stuttgart, München, Hannover (zitiert *Lademann*, Kommentar zum Körperschaftsteuergesetz)

Lange, Heinrich: BGB Allgemeiner Teil, 15. Auflage, München 1974

Lange, Joachim / *Reiß*, Wolfram: Lehrbuch der Körperschaftsteuer, 8. Auflage, Berlin 1996 (zitiert *Lange/Reiß*, Körperschaftsteuer)

ders.: Reform der Unternehmensbesteuerung auf dem Weg zum europäischen Binnenmarkt und zur deutschen Einheit, StuW 1990, 107

Lang, Volker / *Fraenkel*, Christian: Die Gesellschaft bürgerlichen Rechts – Eine Betrachtung zum Stand der Rechtsprechung unter besonderer Berücksichtigung der Kreditwirtschaft, WM 2002, 260

Lehmann, Heinrich: Gesellschaftsrecht, 2. Auflage, Berlin, Frankfurt a. M. 1959

Leibholz, Gerhard / *Rinck*, Hans-Justus / *Hasselberger*, Dieter: Grundgesetz für die Bundesrepublik Deutschland, Kommentar an Hand der Rechtsprechung des BVerfG (Loseblatt), 7. Auflage, Stand August 2001, Köln 1993 (zitiert *Verfasser* in Leibholz/Rinck/Hasselberger, GG für die BRD)

Leible, Stefan / *Hoffmann*, Jochen: Vom „Nullum" zur Personengesellschaft – Die Metamorphose der Scheinauslandsgesellschaft im deutschen Recht, DB 2002, 2203

ders. / *Hoffmann*, Jochen: „Überseering" und das (vermeintliche) Ende der Sitztheorie), RIW 2002, 925

Littmann, Eberhard / *Bitz*, Horst / *Pust*, Hartmut: Das Einkommensteuerrecht (Loseblatt), 15. Auflage, Stand November 2002, Stuttgart 2002 (zitiert *Verfasser* in Littmann/Bitz/Pust, Das Einkommensteuerrecht)

Lüdicke, Jürgen: Neue Entwicklungen der Besteuerung von Personengesellschaften im internationalen Steuerrecht, StbJb 1997/1998, 449

Lutter, Marcus: „Überseering" und die Folgen, BB 2003, 7

ders. / *Hommelhoff*, Peter: GmbH-Gesetz Kommentar, 15. Auflage, Köln 2000

ders.: UmwG, 2. Auflage, Köln 2000

ders.: Die Rechte und Pflichten des Vortands bei der Übertragung vinkulierter Namensaktien, AG 1993, 369

ders.: Theorie der Mitgliedschaft – Protogementa zu einem Allgemeinen Teil des Korporationsrechts, AcP (1980) 180, 84

Mangoldt, Herrmann v. / *Klein*, Friedrich / *Starck*, Christian: Das Bonner Grundgesetz Bd. 1, 4. Auflage, München 1999 (zitiert *Verfasser* in v. Mangoldt/Klein/Starck, Bonner Grundgesetz)

Mathiak, Walter: Rechtsprechung zum Finanzsteuerrecht, DStR 1989, 661

Maulbetsch, Hans-Christoph: Haftung für Verbindlichkeiten der Vorgründungsgesellschaft und der Vorgesellschaft einer GmbH, DB 1984, 1561

Maunz, Theodor / *Düring*, Günter: Grundgesetz Kommentar (Loseblatt), Stand Juli 2001, München (zitiert *Verfasser* in Maunz/Düring, Grundgesetz)

Meilicke, Wienand: Die Niederlassungsfreiheit nach „Überseering" – Rückblick und Ausblick nach Handelsrecht und Steuerrecht

ders.: Sitztheorie versus Niederlassungsfreiheit? Besprechung des Vorlagebeschlusses des BGH vom 30.3.2000, GmbHR 2000, 693

ders.: Anmerkung zu EuGH vom 09.03.1999, DB 1999, 627

ders.: Sitztheorie und EWG-Vertrag nach Handels- und Steuerrecht, RIW 1990, 449

Meincke, Jens Peter: Anmerkung zu BVerfG Beschluss vom 27.12.1991, StuW 1992, 188

Merkt, Hanno: Die Gründungstheorie gewinnt an Einfluss – Anmerkung zu BGH, Urteil vom 13.03.2003 – VII ZR 370/98 – Überseering, RIW 2003, 473

Mindach, Christel: Rechtstips für Exporteure – Ungarn, Köln, Berlin 1998

dies.: Rechtstips für Exporteure – Polen, Köln, Berlin 1997

Mugdan, Benno: Die gesamten Materialien zum Bürgerlichen Gesetzbuch für das Deutsche Reich Bd. 2, Berlin 1899 (zitiert *Mugdan*, Materialien zum Bürgerlichen Gesetzbuch)

Müller, Hans-Friedrich: Insolvenz ausländischer Kapitalgesellschaften mit inländischem Verwaltungssitz, NZG 2003, 414

ders.: Haftung bei ausländischen Kapitalgesellschaften mit Inlandssitz, ZIP 1997, 1049

Münch, Ingo v. / *Kunig*, Philipp: Grundgesetz-Kommentar Bd. 1, 5. Auflage, München 2001 (zitiert *Verfasser* in v. Münch/Kunig Grundgesetz)

Niederlag, Hans Herrmann: Juristische Person als persönlich haftender Gesellschafter einer Kommanditgesellschaft auf Aktien, Münster 1973 (zitiert *Niederlag*, Juristische Person)

Nitschke, Manfred: Die körperschaftlich strukturierte Personengesellschaft, Bielefeld 1970

Oppermann, Robert: Steuerrechtliche Folgen der Verlegung des Sitzes und des Ortes der Geschäftsleitung von ausländischen Kapitalgesellschaften in das Inland, DB 1988, 1469

Ott, Sieghart: Zur Grundbuchfähigkeit der GbR und des nicht eingetragenen Vereins, NJW 2003, 1223

Pajor-Bytomski, Magdalena: Gesellschaftsrecht in Ungarn, 2. Auflage, München, Berlin 2001

Palandt, Otto: Bürgerliches Gesetzbuch, 62. Auflage, München 2003 (zitiert *Verfasser* in Palandt, BGB)

Paulick, Heinz: Das Recht der eingetragenen Genossenschaft, Lehrbuch, Karlsruhe 1956 (zitiert *Paulick*, eG)

Pelka, Jürgen: Beck'sches Wirtschaftsrechtshandbuch, 2. Auflage, München 1995 (zitiert *Verfasser* in Pelka, Beck'sches Wirtschaftsrechtshandbuch)

Peter, Karl / *Crezelius*, Georg: Gesellschaftsverträge und Unternehmensformen, 6. Auflage, Berlin 1995 (zitiert *Peter/Crezelius*, Gesellschaftsverträge)

Petersen, Jens: Die GmbH & Co. GbR, Zivil- und steuerrechtliche Aspekte, GmbHR 1997, 1088

Pezzer, Heinz-Jürgen: Rechtfertigung der Körperschaftsteuer und ihre Entwicklung zu einer allgemeinen Unternehmenssteuer, in Lang, Joachim (Hrsg.) Die Steuerrechtsordnung in der Diskussion, Festschrift für Tipke zum 70. Geburtstag, Köln 1995 (zitiert *Pezzer* in FS Tipke)

Pflug, Hans-Joachim: Der persönlich haftende Gesellschafter in der Kommanditgesellschaft auf Aktien, NJW 1971, 345

Piltz, Detlev: Unbeschränkte Steuerpflicht ausländischer Kapitalgesellschaften, FR 1990, 608

Priester, Hans-Joachim / *Mayer*, Dieter: Münchener Handbuch des Gesellschaftsrechts Bd. 3 (GmbH), München 1996 (zitiert *Verfasser* in Priester/Mayer, Münchener Handbuch des Gesellschaftsrechts Bd. 3)

Prölss, Erich: Versicherungsaufsichtsgesetz, 11. Auflage, München 1997

Rädler, Albert: Überlegungen zur Harmonisierung der Unternehmensbesteuerung in der Europäischen Gemeinschaft, in: Lang, Joachim (Hrsg.) Unternehmensbesteuerung in EU-Staaten, DStJG Bd. 16 (1994), 277

Raiser, Thomas: Recht der Kapitalgesellschaften, 3. Auflage, München 2001

ders.: Gesamthand und juristische Person im Lichte des neuen Umwandlungsgesetzes, AcP 194 (1994), 495

Raupach, Arndt: Das körperschaftsteuerliche Anrechnungsverfahren – Bestandsaufnahme und Kritik – in: Widmann, Siegfried (Hrsg.), Besteuerung der GmbH und ihrer Gesellschafter, Köln 1997, DStJG Bd. 20 (1997), 21

ders.: Der Durchgriff im Steuerrecht, München 1968 (zitiert *Raupach*, Durchgriff)

Rebmann, Kurt / *Säcker*, Franz Jürgen / *Rixecker*, Roland (Hrsg.): Münchener Kommentar Bürgerliches Gesetzbuch Bd. 1 (§§ 1-240), 4. Auflage München 2001 (zitiert *Verfasser* in Rebmann/ Säcker/Rixecker, Münchener Kommentar Bd. 1)

ders. / *Säcker*, Franz Jürgen / *Rixecker*, Roland (Hrsg.): Münchener Kommentar Bürgerliches Gesetzbuch Bd. 11 IntGesR, Art. 50-237 EGBGB, 3. Auflage, München 1999 (zitiert *Verfasser* in Rebmann/Säcker/Rixecker, Münchener Kommentar Bd. 11)

ders. / *Säcker*, Franz Jürgen / *Rixecker*, Roland (Hrsg.): Münchener Kommentar Bürgerliches Gesetzbuch Bd. 10 EGBGB, IPR, München 1983 (zitiert *Verfasser* in Rebmann/Säcker/Rixecker, Münchener Kommentar Bd. 10)

Rehbinder, Eckard: Sitzverlegung ins Inland und Rechtsfähigkeit ausländischer juristischer Personen: IPRax 1985, 324

Reichert, Bernhard: Handbuch des Vereins- und Verbandsrechts, 8. Auflage, Neuwied 2001

Reiß, Wolfram: Rechtsformabhängigkeit der Unternehmensbesteuerung, in: Wassermeyer, Franz (Hrsg.), Grundfragen der Unternehmensbesteuerung, Köln 1994, DStJG Bd. 17 (1994), 3

Reuter, Dieter: Zur Abgrenzung von Vereins- und Gesellschaftsrecht, ZGR 1981, 364

Riegger, Bodo / *Weipert*, Lutz (Hrsg.): Münchener Handbuch des Gesellschaftsrechts Bd. 1 (GbR, OHG, PartG, EWIV), München 1995 (zitiert *Verfasser* in Riegger/Weipert, Münchener Handbuch des Gesellschaftsrechts Bd. 1)

Rindisbacher, Sabine: Anerkennung gesellschaftsrechtlicher Gebilde im Internationalen Privatrecht, Bern, u. a. 1996

Rödder, Thomas / *Schumacher*, Andreas: Unternehmenssteuerreform 2001 – Eine erste Analyse des Regierungsentwurfs aus Beratersicht, DStR 2000, 353

Röhricht, Volker / *Graf v. Westphalen*, Friedrich: Handelsgesetzbuch, 2. Auflage, Köln 2001

Römermann, Volker: Anmerkung zu BGH Urteil II ZR 56/02 vom 07.04.2003, BB 2003, 1084

ders.: Neues im Recht der Partnerschaftsgesellschaft, NZG 1998, 675

Roth, Günter: Gründungstheorie: Ist der Damm gebrochen? ZIP 1999, 861

Roth, Wulf-Henning: Die Sitzverlegung vor dem EuGH, ZIP 2000, 1597

ders.: „Centros“: Viel Lärm um Nichts? ZGR 2000, 311

Rowedder, Heinz: Gesetz betreffend die Gesellschaft mit beschränkter Haftung (GmbHG), 4. Auflage, München 2002 (zitiert *Verfasser* in Rowedder, GmbHG)

Rübesamen, Christina: Die EWIV im deutschen und europäischen Wettbewerbsrecht, Berlin 1995 (zitiert *Rübesamen*, EWIV)

Salditt, Franz: Zur Körperschaftsteuerpflicht der nichtrechtsfähigen „Kapitalgesellschaft“, StuW 1971, 191

Sandrock, Otto: Centros: ein Etappensieg für die Überlagerungstheorie, BB 1999, 1337

ders.: Sitztheorie, Überlagerungstheorie und der EWG-Vertrag: Wasser, Öl und Feuer, RIW 1989, 505

ders. / *Austermann*, Andreas: Das Internationale Gesellschaftsrecht nach der Daily-Mail-Entscheidung des Europäischen Gerichtshofs: Quo vadis? RIW 1989, 249

Sárközy, Tamás: Unternehmens- und Eigentumsrecht im Wandel zur Marktwirtschaft: Das neue ungarische Gesellschaftsrecht in Münzel, Frank (Hrsg.), Konzerne des Ostens, Baden-Baden 1991

Sarrazin, Viktor: Unbeschränkte Steuerpflicht ausländischer Kapitalgesellschaften, FR 1985, 466

Sass, Gert: Der Einfluss der EG-Steuerrichtlinien auf die grenzüberschreitende Zusammenarbeit von Wirtschaftsunternehmen, Saarbrücken 1991 (zitiert *Sass*, EG-Steuerrichtlinien)

Schaumburg, Harald: Internationales Steuerrecht, Außensteuerrecht, Doppelbesteuerungsrecht, 2. Auflage, Köln 1998 (zitiert *Schaumburg*, Internationales Steuerrecht)

Schlegelberger, Franz: Kommentar zum HGB Bd. 3 Halbband 1, 5. Auflage, München 1992

Schlütter, Egon: Personengesellschaft oder Körperschaft? in: Vogel, Klaus (Hrsg.), Grundfragen des Internationalen Steuerrechts, Köln 1985, DStJG Bd. 8 (1985), 215

Schlutze v. Lasaulx, Arnold: Die unechte Vorgesellschaft, JZ 1952, 390

Schmidt, Karsten: Gesellschaftsrecht, 4. Auflage, Köln, u. a. 2002

ders.: Die BGB-Außengesellschaft: rechts- und parteifähig – Besprechung des Grundlagenurteils II ZR 331/00 vom 29.01.2001, NJW 2001, 993

ders.: Handelsrecht, 5. Auflage, Köln, u. a. 1999

ders.: Sitzverlegungsrichtlinie, Freizügigkeit und Gesellschaftsrechtspraxis, ZGR 1999, 20

ders.: HGB-Reform und gesellschaftsrechtliche Gestaltungspraxis, DB 1998, 61

ders.: Die freiberufliche Partnerschaft, NJW 1995, 1

ders.: Konkursverschleppungshaftung und Konkursverursachungshaftung, ZIP 1988, 1497

ders.: Wohin steuert die Stiftungspraxis? DB 1987, 261

ders.: Die GmbH & Co. – eine Zwischenbilanz, GmbHR 1984, 272

ders.: Die Kreditfunktion der stillen Einlage, ZHR (1976) 140

ders.: Zur Stellung der OHG im System der Handelsgesellschaften, Bonn 1972 (zitiert *Schmidt*, OHG)

Schmidt, Ludwig: Einkommensteuergesetz, 21. Auflage, München 2002

Schmidt, Richard / *Sedemund*, Jan: Der ertragsteuerliche Status doppeltansässiger Kapitalgesellschaften vor und nach dem „Centros“-Urteil des EuGH, DStR 1999, 2057

Schmitz-Filvig, Ilona: Die rechtlichen Rahmenbedingungen für ausländische Investitionen in Ungarn, Frankfurt a. M., u. a. 2001 (zitiert *Schmitz-Filvig*, Rahmenbedingungen in Ungarn)

Schnell, Christian / *Brockhuis*, Jörn: Polen: Gesetzbuch der Handelsgesellschaften – AG, WiRO 2002, 15

Scholz, Franz: Kommentar zum GmbH-Gesetz Bd. 1, 9. Auflage, Köln 2000

Schön, Wolfgang: Zum Entwurf eines Steuersenkungsgesetztes, StuW 2000, 151

ders.: Der Gewinnanteil des Personengesellschafters und das Einkommen der Personengesellschaft, StuW 1988, 253

Schuck, Stephan: Wirksamkeit und Vollzug von Immobilienerwerben ausländischer Gesellschaften in der Praxis, BB 1994, 1538

Schuhmann, Helmut: Vorgesellschaft, Gründungsgesellschaft, unechte Vorgesellschaft im Steuerrecht, GmbHR 1981, 196

Schulze-Osterloh, Joachim: Zivilrechtliche Theorien in der neueren Rechtsprechung des BFH zum Ertragsteuerrecht in: Raupach Arndt (Hrsg.), Festschrift für Ludwig Schmidt, München 1993 S. 307 (zitiert *Schulze-Osterloh* in FS Schmidt)

Schumann, Hans: Zur Haftung der nicht rechtsfähigen Vereine, Köln, Berlin 1956

Sedemund, Jan: Der BFH verabschiedet sich von der Sitztheorie im Steuerrecht, BB 2003, 1362

Seer, Roman Matthias: Verständigung im Steuerverfahren, Köln 1996

ders.: Rechtsformabhängige Unternehmensbesteuerung - Kritische Bestandsaufnahme der derzeitigen Rechtslage, StuW 1993, 114

Soergel, Hs. Th.: BGB Bürgerliches Gesetzbuch Bd. 1, 13. Auflage, Stuttgart 2000 (zitiert *Verfasser* in Soergel, BGB)

ders.: BGB Bürgerliches Gesetzbuch Bd. 4, 11. Auflage, Stuttgart 1985 (zitiert *Verfasser* in Soergel, BGB)

Sonnenberger, Hans Jürgen / *Großerichter*, Helge: Konfliktlinien zwischen internationalem Gesellschaftsrecht und Niederlassungsfreiheit, RIW 1999, 721

Sörgel, Michael: Körperschaftsteuerliche Auswirkungen der „Centros"-Entscheidung des EuGH, DB 1999, 2236

Staub, Hermann: Handelsgesetzbuch Großkommentar Bd. 2 (§§105 ff), 4. Auflage, Berlin, New York, 1998 (zitiert *Verfasser* in Staub, HGB)

ders: Handelsgesetzbuch Großkommentar Bd. 1, 4. Auflage, Berlin, New York 1995 (zitiert *Verfasser* in Staub, HGB)

Staudinger, Julius v.: Kommentar zum Bürgerlichen Gesetzbuch, Internationales Wirtschaftsrecht, 13. Auflage, Berlin 2000 (zitiert *Verfasser* in Staudinger, Kommentar zum BGB IntWirtR)

ders: Kommentar zum Bürgerlichen Gesetzbuch, Internationales Gesellschaftsrecht, 14. Auflage Berlin 1998 (zitiert *Verfasser* in Staudinger, Kommentar zum BGB IntGesR)

Stieb, Stephan: Der Anfang vom Ende der „Sitztheorie" – EuGH untersagt die Entrechtung von Auslandsgesellschaften, GmbHR 2002, R 473

ders.: BGH versetzt der „Sitztheorie" einen harten Schlag, GmbHR 2002, R 377

Stoll, Heinrich: Die Reichsgerichtspraxis im deutschen Rechtsleben (II), 1929

Streck, Michael: Nachruf auf ein steuerliches Optionsmodell, NJW 2000, 3692

ders.: KStG Körperschaftsteuergesetz Kommentar, 5. Auflage, München 1997 (zitiert *Streck*, KStG)

ders.: Die Körperschaftsteuerpflicht juristischer Personen im Gründungsstadium, BB 1972, 261

Strieder, Thomas: Anmerkung zu BGH vom 24.02.1997, BB 1997, 1375

Teichmann, Arndt: Gestaltungsfreiheit in Gesellschaftsverträgen, München 1970

Tereszkiewicz, Piotr: Partnerschaftsgesellschaft für Freiberufler im polnischen Gesellschaftsrecht, WiRO 2002, 97

Theisen, Manuel: Die Besteuerung der KGaA, DB 1989, 2191

Thiel, Jochen: Die grenzüberschreitende Umstrukturierung von Kapitalgesellschaften im Ertragsteuerrecht, GmbHR 1994, 277

Tilch, Horst / *Arloth*, Frank: Deutsches Rechtslexikon Bd. 2, 3. Auflage, München 2001

Tipke, Klaus / *Lang*, Joachim: Steuerrecht, 17. Auflage, Köln, 2002

ders.: Die Steuerrechtsordnung Teil I, 2. Auflage, Köln 2000 (zitiert *Tipke*, Steuerrechtsordnung Teil I)

ders.: Die Steuerrechtsordnung Teil II, Köln 1993 (zitiert *Tipke*, Steuerrechtsordnung Teil II)

ders.: Steuerrecht und bürgerliches Recht, Jus 1970, 149

Traves, Stephan: Der Beweis des Anknüpfungskriteriums „tatsächlicher Sitz der Hauptverwaltung" im Internationalen Gesellschaftsrecht, Frankfurt a. M., u. a. 1998

Uelner, Adalbert: Steuerliche Probleme bei kapitalistisch verfassten Kommanditgesellschaften, DStZ 1980, 363

Ulmer, Michael: Die Anerkennung US-amerikanischer Gesellschaften in Deutschland, IPRax 1996, 100

ders.: Die Gesellschaft bürgerlichen Rechts – Systematischer Kommentar der §§ 705-740 BGB, 2. Auflage, München 1986 (zitiert *Ulmer*, Die Gesellschaft bürgerlichen Rechts)

Vogel, Klaus: DBA Doppelbesteuerungsabkommen, 3. Auflage, München 1996 (zitiert *Vogel*, DBA)

Walden, Daniel: Das Kollisionsrecht der Personengesellschaften im deutschen, europäischen und US-amerikanischen Recht, Baden-Baden 2001 (zitiert *Walden*, Kollisionsrecht der Personengesellschaften)

ders.: Niederlassungsfreiheit, Sitztheorie und der Vorlagebeschluss des VII. Zivilsenats des BGH vom 30.3.2000, EWS 2001, 256

Walz, Rainer: Anmerkung zu BFH Beschluss vom 25.06.1984, JZ 1985, 192

Wassermeyer, Franz: Überseering aus der Sicht des Steuerrechts, EuZW 2003, 257

ders.: Körperschaftsteuerpflicht ausländischer Kapitalgesellschaften, IStR 1992, 27

ders.: Kann eine ausländische Kapitalgesellschaft im Inland unbeschränkt steuerpflichtig sein? DB 1990, 244

Weber, Harald: Grundgesetz, Gesellschaftsrecht und die Besteuerung der selbständigen Unternehmen, Frankfurt a. M. 1971 (zitiert *Weber*, Grundgesetz/Gesellschaftsrecht)

Weimar, Robert / *Geitzhaus*, Georg / *Delp*, Udo: Die Stiftung & Co. KG als Rechtsform der Unternehmung, BB 1986, 1999

Weller, Marc-Philippe: Das Internationale Gesellschaftsrecht in der neuesten BGH-Rechtsprechung – zu BGH, 29.01.2003, VIII ZR 155/02 und BGH, 13.03.2003, VII ZR 370/98, IPRax 2003, 324

Werner, Rüdiger: Der Nachweis des Verwaltungssitzes ausländischer juristischer Personen, Frankfurt a. M., u. a. 1998 (zitiert *Werner*, Nachweis des Verwaltungssitzes)

Werner, Winfried / *Kindermann*, Elmar: Umwandlung mittelständischer Unternehmen in eine Aktiengesellschaft – gesellschaftsrechtliche Vor- und Nachteile, ZGR 1981, 17

Wernicke, Thomas: Anmerkung zu EuGH vom 05.11.2002, EuZW 2002, 758

Westermann, Harm Peter: Handbuch der Personengesellschaften (Loseblatt), 4. Auflage, Stand Dezember 2001, Köln 1994

Widmann, Siegfried (Hrsg.): Besteuerung der GmbH und ihrer Gesellschafter, Köln 1997 (zitiert *Verfasser* in Widmann, Besteuerung der GmbH)

Wiedemann, Herbert: Gesellschaftsrecht Bd. 1 Grundlagen, München 1980 (zitiert *Wiedemann*, Gesellschaftsrecht)

Wiegand, Daniel: Offene Fragen zur neuen Gründerhaftung in der Vor-GmbH, BB 1998, 1065

Wieland, Karl: Handbuch der deutschen Rechtswissenschaft Bd. 3.1.2. Handelsrecht 2, München, Leipzig 1931 (zitiert *Wieland*, Handbuch der deutschen Rechtswissenschaft)

ders.: Das kaufmännische Unternehmen und die Handelsgesellschaften Bd. 1 (Handelsrecht), München, Leipzig 1921 (zitiert *Wieland*, Handelsrecht)

Wiesner, Peter: Der Nizza-Kompromiss zur Europa AG – Triumph oder Fehlschlag? ZIP 2001, 397

Wiethölter, Rudolf: Interessen und Organisation der Aktiengesellschaft im amerikanischen und deutschen Recht, Karlsruhe 1961 (zitiert *Wiethölter*, Aktiengesellschaften amerikanischen und deutschen Recht)

Wildhaber, Luzius / *Großfeld*, Bernhard / *Sandrock*, Otto / *Birk*, Rolf: Internationalrechtliche Probleme multinationaler Korporationen – Berichte der Deutschen Gesellschaft für Völkerrecht Heft 18, Heidelberg, Karlsruhe 1978 (zitiert *Verfasser* in Wildhaber/Großfeld/Sandrock/Birk, Multinationale Korporationen)

Wilke, Kay-Michael: Lehrbuch des internationalen Steuerrechts, 7. Auflage, Berlin 2002 (zitiert *Wilke*, Internationales Steuerrecht)

Wolff, Hans J. / *Bachof*, Otto / *Stober*, Rolf: Verwaltungsrecht I, 10. Auflage, München 1999

Wolff, Martin / *Raiser*, Ludwig: Sachenrecht, 10. Auflage, Tübingen 1957

Würdinger, Hans: Aktienrecht und das Recht der verbundenen Unternehmen, 4. Auflage, Heidelberg, Karlsruhe 1981 (zitiert *Würdinger*, Aktienrecht)

Wurster, Hans-Jürgen: Die Anerkennung ausländischer Körperschaften im deutschen Ertragsteuerrecht, FR 1980, 588

Zenthöfer, Wolfgang / *Schulze zur Wiesche*, Dieter: Einkommensteuer, 6. Auflage, Stuttgart 2001

Zimmer, Daniel: Wie es Euch gefällt? Offene Fragen nach dem Überseering-Urteil des EuGH, BB 2003, 1

ders.: Internationales Gesellschaftsrecht und Niederlassungsfreiheit: Das Rätsel vor der Lösung? BB 2000, 1361

ders.: Internationales Gesellschaftsrecht, Heidelberg 1996

Zöller, Richard: Zivilprozessordnung, 23. Auflage, Köln 2002

Zuck, Rüdiger: Die europäische wirtschaftliche Interessensvereinigung als Instrument anwaltlicher Zusammenarbeit, NJW 1990, 953

Einleitung

A Problemstellung

Im Zeitalter der Globalisierung der Märkte entdecken immer mehr ausländische Unternehmen die Bundesrepublik Deutschland als interessanten Absatzmarkt und Produktionsstandort. Im Falle eines Inlandengagements stellt sich regelmäßig die Frage nach der steuerlichen Behandlung der dort erzielten Einkünfte. Dem geltenden Steuerrecht liegt kein einheitliches, geschlossenes System der Unternehmensbesteuerung zu Grunde. Auch können die Gesellschaften in Deutschland – anders als in den USA, wo das sog. Check-the-box-Verfahren[1] gilt – nicht selbst entscheiden, wie sie steuerlich behandelt werden wollen. Vielmehr hängt die Besteuerung der wirtschaftlichen Betätigung de lege lata von der zivilrechtlichen Rechtsform der Gesellschaft ab. Einkünfte von Personengesellschaften werden den einzelnen Gesellschaftern zugerechnet und im Rahmen der von diesen zu entrichtenden Einkommensteuer erfasst. Körperschaften sind hingegen selbständige Subjekte der Körperschaftsteuer. Für alle deutschen Gesellschaftsformen ist inzwischen weitgehend unstreitig geklärt, nach welchen Vorschriften die Einkommensbesteuerung zu erfolgen hat.

Ausländische Gesellschaften können inländische Einkünfte erzielen, ohne dafür eine deutsche Rechtsform annehmen zu müssen. So können sie in Deutschland beispielsweise lediglich eine Betriebstätte unterhalten oder ein Grundstück vermieten. In diesen Fällen stellt sich die Frage, ob die jeweilige ausländische Gesellschaft steuerlich wie eine deutsche Personengesellschaft oder wie eine deutsche Körperschaft zu behandeln ist. Die Zuordnung ausländischer Gesellschaften in die Gruppe der Personengesellschaften oder in die Gruppe der Körperschaften und damit die Einordnung[2] in das deutsche System der Einkommensbesteuerung[3] erfolgt durch einen von der Rechtsprechung entwickelten Typenvergleich.

---

[1] Vgl. hierzu *Herrmann*, Einordnung ausländischer Gesellschaften S. 123 ff sowie *Flick* IStR 1998, 110 f.

[2] Die Begriffe „Einordnung" und „Qualifikation" werden im allgemeinen Sprachgebrauch häufig synonym verwendet. Im Internationalen Privatrecht spricht man rechtlich von „Qualifikation" jedoch nur dann, wenn es um die Frage des anwendbaren Rechts geht und nicht, wie dieses bei internationalen Sachverhalten anzuwenden ist (vgl. *Vogel*, DBA Einleitung Rz. 90). Auch wenn keine Gründe dagegen sprechen, den Begriff „Qualifikation" auch bei Fragen der Subsumtion zu verwenden (so auch *Vogel*, DBA Einleitung Rz. 91), soll zur Vermeidung von Begriffsverwirrungen im Folgenden grundsätzlich von „Einordnung" gesprochen werden.

[3] Unter den Begriff der Einkommensbesteuerung der Gesellschaften soll die Besteuerung der Gesellschafter einer Personengesellschaft nach dem EStG und die Besteuerung der Körperschaften nach dem KStG zusammengefasst werden (zur Bezeichnung der Körperschaftsteuer als Einkommensteuer der Körperschaften vgl. *Endriss/Haas/Küpper*, Steuerkompendium Zweiter Teil A 1 und *Gail/Goutier/Grützner*, Körperschaftsteuergesetz § 1 Rz. 1).

B Untersuchungsgegenstand

Im Rahmen dieser Arbeit soll dieser Typenvergleich unter besonderer Berücksichtigung der derzeitigen Handhabung durch Rechtsprechung und Finanzverwaltung umfassend analysiert und systematisiert werden. Dabei sollen sich die Untersuchungen auf die körperschaftsteuerliche bzw. einkommensteuerliche Behandlung privatwirtschaftlicher Gesellschaftsformen beschränken.[4] Einen Schwerpunkt der Arbeit bildet die Beurteilung der Aussagekraft der einzelnen Typusmerkmale, die für die gesellschaftsrechtliche Unterscheidung von Körperschaften und Personengesellschaften als ausschlaggebend angesehen werden. Mit dieser Frage haben sich in den vergangenen Jahren weder Rechtsprechung noch Literatur intensiver auseinandergesetzt, weshalb hierzu nicht auf vorhandene Materialien zurückgegriffen werden kann. Auf die steuerliche Behandlung der sog. grenzüberschreitenden bzw. doppeltansässigen Gesellschaften,[5] welche unter Beibehaltung ihres Satzungssitzes ihre Geschäftsleitung in das Inland verlegen und damit unbeschränkt steuerpflichtig werden können, soll ein weiterer Schwerpunkt gelegt werden. Denn aufgrund eines angedeuteten Umschwungs in der Zivilrechtsprechung und der europarechtlichen Situation nach der Überseering-Entscheidung des EuGH[6] ist dieses Sonderproblem von besonderer Aktualität.

C Gang der Arbeit

Um den Typenvergleich umfassend würdigen zu können, müssen verschiedene Rechtsgebiete berücksichtigt werden, die jeweils in gesonderten Kapiteln dargestellt werden sollen. In Kapitel 1 geht es zunächst darum, die Thematik in den richtigen Zusammenhang zu stellen. Es werden die Fallgestaltungen dargestellt, in denen es überhaupt zu einer Besteuerung ausländischer Gesellschaften im Inland kommen kann und die Folgen der steuerlichen Einordnung aufgezeigt. Ferner wird bereits an dieser Stelle die praktische Handhabung des Typenvergleichs durch Rechtsprechung und Finanzverwaltung vorgestellt. Kapitel 2 beschäftigt sich dann mit den für den Typenvergleich relevanten Vorgaben des nationalen Gesellschaftsrechts. Dabei geht es vorwiegend darum, die gesellschaftsrechtliche Unterscheidung von Körperschaften und Personengesellschaften zu analysieren. Denn die Typusmerkmale, die eine deutsche Körperschaft bzw. eine deutsche Personengesellschaft prägen, sind letztendlich ausschlaggebend für den Vergleich der ausländischen Rechtsform mit den deutschen Gesell-

---

[4] Dabei gelten die Vorgaben zum Typenvergleich grundsätzlich auch für Fragen im Zusammenhang mit der Besteuerung der Gewinne aus Beteiligung von Steuerinländern an ausländischen Gesellschaften (BFH vom 16.12.1992 BStBl II 1993, 399) oder die gewerbesteuerliche Einordnung (BFH vom 06.11.1980 BStBl II 1981, 220, 221). Hierzu noch genauer Kapitel 1 D I.

[5] Zum Begriff *Herz*, Grenzüberschreitende Kapitalgesellschaften S. 5; *Henkel* RIW 1991, 565; *Müller* ZIP 1997, 1049.

[6] EUGH vom 05.11.2002 Rs C-208/00 Überseering BV/Nordic Construction Company Baumanagement GmbH NJW 2002, 3614.

schaftsformen. So erwähnt die Rechtsprechung immer wieder gesellschaftsrechtliche Typusmerkmale wie Fremdorganschaft, Übertragbarkeit von Mitgliedschaftsrechten oder Rechtsfähigkeit, ohne dabei zu berücksichtigen, welche Aussagekraft dem jeweiligen Merkmal tatsächlich zukommen kann. Das Internationale Gesellschaftsrecht, welches in Kapitel 3 näher behandelt wird, gibt vor, wie ausländische Gesellschaftsformen im Inland zivilrechtlich zu behandeln sind. Insbesondere für grenzüberschreitende Gesellschaften ist zu klären, ob diese aus deutscher Sicht nach dem Recht des Inkorporationsstaates (Gründungstheorie) oder nach dem Recht des Ortes des tatsächlichen Verwaltungssitzes (Sitztheorie) „leben". Die für die steuerliche Einordnung durchaus relevanten gesellschaftsrechtlichen Folgen der Sitztheorie werden derzeit sehr unterschiedlich beurteilt, was ein verstärktes Eingehen auf diese Problematik erforderlich erscheinen lässt. Im nationalen Steuerrecht (Kapitel 4) stellt sich u. a. die Frage nach dem Verhältnis von Zivilrecht und Steuerrecht sowie Sinn und Zweck einer unterschiedlichen Besteuerung von Personengesellschaften und Körperschaften. Interessant ist auch der Meinungsstand hinsichtlich der an diese Fragestellungen anknüpfenden steuerlichen Einordnung deutscher Misch- und Übergangsformen. Schließlich wird im abschließenden Kapitel 5 das Internationale Steuerrecht behandelt. Auch hier sollen zunächst die für den Typenvergleich relevanten Aspekte dieses Rechtsgebiets, insbesondere die einschlägigen Vorschriften, die Bedeutung von Abkommensrecht und europäischem Steuerrecht und die verfassungsrechtlichen Vorgaben zum Typenvergleich, betrachtet werden. Schließlich werden in Teil B von Kapitel 5 die Ergebnisse der vorangegangenen Ausführungen zusammengeführt und hinsichtlich der Auswirkungen auf den Typenvergleich ausgewertet.

In Teil 2 der Arbeit werden die Ergebnisse des ersten Teils konkret angewendet. Für alle auf eine wirtschaftliche Tätigkeit ausgerichteten Gesellschaftsformen der Länder Ungarn, Polen und Slowenien soll anhand der gewonnenen Erkenntnisse ein abschließender Typenvergleich vorgenommen werden.

Teil 1
Der Typenvergleich

Kapitel 1 Grundlagen

Grundlage für die Einordnung ausländischer Gesellschaften in das deutsche System der Einkommensbesteuerung sind zunächst die hierfür einschlägigen Vorschriften des EStG und KStG. Daher sollen die rechtlichen Voraussetzungen für die Besteuerung von Personengesellschaften und Körperschaften in diesem Kapitel vorab behandelt werden. Daneben ist aber auch von Interesse, in welchen Konstellationen es überhaupt dazu kommen kann, dass eine ausländische Gesellschaft ihre Rechtsform aus dem Herkunftsstaat beibehält und dennoch steuerpflichtige inländische Einkünfte erzielt und welche – insbesondere finanziellen – Konsequenzen die Einordnung für die ausländische Gesellschaft sowie deren Gesellschafter letztendlich hat. Auch wenn diese Punkte lediglich Voraussetzungen bzw. Rechtsfolgen der im Rahmen dieser Arbeit zu behandelnden Einordnungsproblematik sind, erscheint eine kurze Auseinandersetzung hiermit erforderlich, damit die Ergebnisse dieser Arbeit in den richtigen Kontext gesetzt werden können. Ferner wird die tatsächliche Handhabung der Einordnung ausländischer Gesellschaften in der Praxis durch Gerichte und Finanzverwaltung bereits in diesem Kapitel dargestellt.

A Rechtliche Grundlage für die unterschiedliche Besteuerung von Personengesellschaften und Körperschaften

Ausgangspunkt für die unterschiedliche Besteuerung der verschiedenen Gesellschaftsformen ist die gesellschaftsrechtliche Unterscheidung in Personengesellschaften und Körperschaften. Die rechtliche Grundlage für die Steuerpflicht von inländischen Gesellschaften findet sich in § 1 KStG und in § 1 Abs. 1 bis 3 EStG (i. V. m. § 2 Abs. 1 Nr. 2, § 15 EStG). Nach § 1 Abs. 1 KStG sind die dort genannten Körperschaften unbeschränkt körperschaftsteuerpflichtig. Das KStG unterscheidet zwischen der Ebene der Gesellschaft und der ihrer Anteilseigner (Trennungsprinzip). Die Gesellschaft selber ist Schuldner der Körperschaftsteuer, weshalb sie als intransparent bezeichnet wird.[7] Die einzelnen Gesellschafter wiederum erzielen durch die an sie ausgeschüttete Dividende Einkünfte aus Kapitalvermögen (§ 20 Abs. 1 Nr. 1 EStG), die sie zur Hälfte zu versteuern haben (§ 3 Nr. 40 lit. d EStG). Hingegen sind Personengesellschaften selbst kein Steuersubjekt,[8] weshalb sie auch transparent genannt werden.[9] Gemäß

[7] *Vogel*, DBA Art. 1 Rz. 19 a.

[8] Anders sind die gesetzlichen Vorgaben zur Gewerbesteuer: Steuerschuldner der Gewerbesteuer ist gemäß § 5 Abs. 1 Sätze 1 und 2 GewStG der Unternehmer, für dessen Rechnung das Gewerbe betrieben wird. Wie § 5

§ 15 Abs. 1 EStG hat der Gesellschafter als natürliche Person (§ 1 Abs. 1 S. 1 EStG) seine Gewinnanteile als Mitunternehmer der Personengesellschaft nach dem EStG zu versteuern. Wenn in den folgenden Ausführungen von einer „Besteuerung der Personengesellschaft" gesprochen wird, ist diese Ausdrucksweise zwar praktikabel, aber eigentlich nicht ganz korrekt.[10] Gemeint ist in diesen Fällen regelmäßig die Besteuerung der Einkünfte bei den Gesellschaftern. Bei rein nationalen Sachverhalten ist die Abgrenzung zwischen den Körperschaften, die dem KStG unterliegen und den Personengesellschaften, deren Gesellschafter ihre Gewinnanteile nach dem EStG zu versteuern haben, gesetzlich klar vorgegeben.[11] § 1 Abs. 1 KStG enthält eine abschließende[12] Liste der Körperschaften, § 15 Abs. 1 EStG gibt die Behandlung von Personengesellschaften vor. In Zweifelsfällen kann § 3 Abs. 1 KStG Anwendung finden, dem jedoch für Sachverhalte ohne Auslandsbezug keine wesentliche Bedeutung beigemessen wird.[13]

Für ausländische Gesellschaften gilt insbesondere § 2 Nr. 1 KStG, wonach Körperschaften, Personenvereinigungen oder Vermögensmassen ohne Geschäftsleitung oder Sitz im Inland mit ihren inländischen Einkünften (§ 8 Abs. 1 KStG i. V. m. § 49 EStG)[14] beschränkt steuerpflichtig sind. Die (ausländischen) Gesellschafter von ausländischen Personengesellschaften müssen gemäß § 1 Abs. 4 EStG ihre inländischen Einkünfte (§ 49 EStG) versteuern.[15] Ob die Einkünfte im Inland verbleiben oder in das Ausland transferiert werden, ist für Art und Umfang der beschränkten Steuerpflicht unbeachtlich.[16] § 2 Nr. 1 KStG fehlt es an einer § 1 Abs. 1 KStG vergleichbaren enumerativen Aufzählung der dem KStG zu unterwerfenden Subjekte. Die gesetzliche Regelung besagt, dass alle Körperschaften, Personenvereinigungen oder Vermögensmassen mit ihren inländischen Einkünften dem KStG unterliegen. Was unter Körperschaften, Personenvereinigungen und Vermögensmassen zu verstehen ist, soll sich nach den gleichen Grundsätzen wie in § 1 Abs. 1 KStG bestimmen.[17] An dieser Stelle setzt der von der Rechtsprechung entwickelte Typenvergleich an, mit dessen Hilfe geklärt werden soll, ob ein ausländisches Rechtsgebilde eher einer inländischen Körperschaft oder Personengesellschaft vergleichbar ist.

Abs. 1 Satz 3 GewStG ausdrücklich klarstellt, sind dies im Falle einer gewerblichen Personengesellschaft nicht deren Gesellschafter, sondern die Personengesellschaft selbst (vgl. *Seer* StuW 1993, 114, 115).

[9] *Birk*, Steuerrecht Rz. 1001.

[10] Von einer „Besteuerung der Personengesellschaft" zu sprechen ist durchaus üblich und vertretbar, vgl. *Birk*, Steuerrecht Rz. 1001.

[11] Dennoch gibt es auch hier Abgrenzungsprobleme. Diskutiert wird die steuerliche Behandlung der GmbH & Co. KG und der Vorgesellschaft; vgl. hierzu die detaillierten Ausführungen in Kapitel 4 B II 1 a) und 2 a).

[12] BFH vom 19.08.1958 BStBl III 1958, 468; BFH vom 02.12.1970 BStBl II 1971, 187; BFH GrS vom 25.06.1984 BStBl II 1984, 751.

[13] *Graffe* in Dötsch/Eversberg/Jost/Witt, Die Körperschaftsteuer § 3 Rz. 6; genauer unten Kapitel 4 C II.

[14] Bei § 49 EStG handelt es sich um eine abschließende Aufzählung aller inländischen Einkünfte, die eine ausländische Körperschaft oder juristische Person erzielen kann (*Siegers* in Dötsch/Eversberg/Jost/Witt, Die Körperschaftsteuer § 2 n. F. Rz. 14).

[15] Zum genauen Regelungsinhalt der Normen des Internationalen Steuerrechts s. Kapitel 5 A II.

[16] *Siegers* in Dötsch/Eversberg/Jost/Witt, Die Körperschaftsteuer § 2 n. F. Rz. 4.

[17] *Siegers* in Dötsch/Eversberg/Jost/Witt, Die Körperschaftsteuer § 2 n. F. Rz. 8.

Unter Umständen kann auch für ausländische Gesellschaften § 1 Abs. 1 KStG, also eine unbeschränkte Steuerpflicht, in Betracht gezogen werden, nämlich dann, wenn die ausländische Gesellschaft ihren Verwaltungssitz und damit i. d. R. auch ihre Geschäftsleitung in das Inland verlegt, ohne eine deutsche Rechtsform anzunehmen.[18] Inwieweit das möglich ist und welche gesellschaftsrechtlichen und steuerrechtlichen Konsequenzen eine derartige Sitzverlegung hat, wird im Rahmen dieser Arbeit an verschiedenen Stellen zu diskutieren sein.[19]

B Konsequenzen der Einordnung für die Gesellschaft

Auch wenn die Einführung einer rechtsformneutralen Unternehmensbesteuerung seit langer Zeit gefordert wird,[20] ist das deutsche Unternehmenssteuerrecht nach wie vor von der gewählten Rechtsform abhängig.[21] Im Rahmen der jüngsten Unternehmenssteuerreform[22] wurde wieder versucht, die steuerlichen Auswirkungen der Rechtsformabhängigkeit der Unternehmensbesteuerung zu mildern.[23] Im Gesetzgebungsverfahren wurde ein Optionsrecht der Personengesellschaften zur Besteuerung als Kapitalgesellschaft diskutiert.[24] Ein solches Wahlrecht hätte die Bedeutung der Einordnung zumindest relativiert,[25] es wurde im Ergebnis aber abgelehnt.[26] Im Folgenden soll aufgezeigt werden, dass die Frage der Einordnung als Personengesellschaft oder Körperschaft aus mehreren Gesichtspunkten zu nicht unerheblichen Unterschieden hinsichtlich der Steuerbelastung von Gesellschaft und Gesellschaftern führen kann.

I. Belastung von Personengesellschaften und Körperschaften sowie deren Gesellschafter durch die Einkommensbesteuerung

Unterschiede bezüglich des Steuertarifs für Körperschaften und Gesellschafter von Personengesellschaften ergeben sich sowohl im Falle der Thesaurierung, als auch im Falle der Ausschüttung. Bei Körperschaften kommt es unabhängig davon, ob die Gewinne ausgeschüttet oder thesauriert werden, neben der Gewerbeertragsteuer zu einer steuerlichen Belastung der

---

[18] Für den Fall, dass es sich bei der sitzverlegenden Gesellschaft im Ergebnis um eine Personengesellschaft handelt, kann eine unbeschränkte Steuerpflicht der Gesellschafter gem. § 1 Abs. 1 EStG nur für den Fall gegeben sein, dass die Gesellschafter selbst ihren Wohnsitz oder gewöhnlichen Aufenthalt im Inland haben.

[19] Vgl. zunächst unten Punkt C I sowie D II und im folgenden insbesondere Kapitel 3 zur gesellschaftsrechtlichen Situation und Kapitel 5 B III.

[20] *Seer* StuW 1993, 114 m. w. N.

[21] *Birk*, Steuerrecht Rz. 1045.

[22] Gesetz zur Senkung der Steuersätze und zur Reform der Unternehmensbesteuerung (StSenkG) vom 23.10.2000 BGBl I 2000, 1433.

[23] *Herrmann*, Einordnung ausländischer Gesellschaften S. 34.

[24] Vgl. *Rödder/Schumacher* DStR 2000, 353, 362.

[25] Ein vollständiger Ausgleich hätte aber auch damit nicht erreicht werden können, da nur die Personengesellschaften privilegiert gewesen wären. Für Körperschaften war im Entwurf keine Option zur Einkommensteuer enthalten.

[26] Der Vorschlag einer Option zur Körperschaftsteuer ist am Widerstand des Bundesrats gescheitert (vgl. Sitzung des Bundesrats vom 17.03.2000, 749. Sitzung, Jg. 2000, S. 75 ff).

Gewinne mit einem definitiven Körperschaftsteuersatz von 25 % (§ 23 Abs. 1 KStG). Zusätzlich ist ein Solidaritätszuschlag von 5, 5 % auf die festgesetzte Körperschaftsteuer zu zahlen. Bei Ausschüttung der Gewinne an den Anteilseigner wird auf den Dividendenbetrag zunächst eine Kapitalertragsteuer i. H. v. 20 % zzgl. eines 5,5 %-igen Solidaritätszuschlags erhoben (§ 43 Abs. 1 Nr. 1 EStG). Die Dividende ist von der natürlichen Person zur Hälfte der Einkommensbesteuerung zu unterwerfen (§ 3 Nr. 40 lit. d EStG), wobei die gezahlte Kapitalertragsteuer anrechenbar ist.[27] Ist Anteilseigner eine Kapitalgesellschaft, ist die Dividende in voller Höhe steuerfrei (§ 8 b Abs. 1 KStG). Dies stellt keine Privilegierung der Kapitalgesellschaft dar, sondern verhindert lediglich eine Doppelbesteuerung im mehrstufigen Konzern.[28]

Bei Personengesellschaften unterliegt der nach den Vorschriften des EStG ermittelte Gewinn der Gesellschaft dem persönlichen Steuersatz des Mitunternehmers. Entlastet wird der Mitunternehmer dadurch, dass sich die tarifliche Einkommensteuer um das 1,8-fache des Gewerbesteuer-Messbetrags ermäßigt, soweit sie anteilig auf im zu versteuernden Einkommen enthaltene gewerbliche Einkünfte entfällt (§ 35 Abs. 1 EStG). Die Gewerbesteuer ist weiter als Betriebsausgabe abziehbar. Im Ergebnis soll damit die Gewerbesteuer neutralisiert werden, was jedoch aufgrund unterschiedlicher Hebesätze und Einkommensteuersätze durch den pauschalen Anrechnungsbetrag nur näherungsweise möglich ist.[29]

Dieses komplexe Zusammenspiel verschiedener Faktoren macht eine Modellrechnung, ob aus einkommensteuerlicher Sicht die Rechtsformwahl zugunsten einer Personengesellschaft oder Körperschaft ausfallen muss, kompliziert. Bei Spitzensteuersatzverhältnissen ist für die steuerliche Vorteilhaftigkeit der Rechtsform v. a. das Ausschüttungsverhalten entscheidend. Während die Kapitalgesellschaft im Thesaurierungsfall vorzugswürdig ist, ist die Steuerbelastung eines Personenunternehmens bei Vollausschüttung niedriger.[30] Im Steuersenkungsgesetz ist ferner vorgesehen, die Einkommensteuerspitzensätze bis zum Jahr 2005 auf 42 % zu senken.[31] Diese Absenkung mindert die Höhe des Steuersatzes der Gesellschafter von Personengesellschaften in höherem Maße, als von Körperschaften. Denn bei letzteren ist der Körperschaftsteuersatz mit 25 % definitiv, die Gewinne bei Ausschüttung unterliegen nur zur Hälfte der Einkommensteuer.

Jedenfalls bestehen nach wie vor erhebliche Unterschiede bei der Besteuerung von Körperschaften und Personengesellschaften, die durch die Ablösung des körperschaftsteuerlichen Anrechnungsverfahrens durch die Definitivbesteuerung nach dem KStG sowie der Anwen-

---

[27] Dies führt im Ergebnis zu einer Doppelbesteuerung mit dem Solidaritätszuschlag, vgl. *Bergemann* DStR 2000, 1410, 1411.

[28] *Bergemann* DStR 2000, 1410, 1413.

[29] Vgl. *Herzig* BB 2000, 1863, 1867; *Bergemann* DStR 2000, 1410, 1417 f.

[30] Vgl. Berechnungsbeispiel bei *Rödder/Schumacher* DStR 2000, 353, 363, allerdings noch unter Annahme der Anrechnung des 2-fachen statt 1,8-fachen Gewerbesteuermessbetrags (so war es im Entwurf zur Unternehmenssteuerreform vorgesehen), was die Differenz bei der tatsächlichen Steuerbelastung etwas verringert.

[31] Vgl. hierzu aber die Verschiebung der Steuerentlastungsstufe 2003 auf das Jahr 2004 (Flutopferentschädigungsgesetz vom 19.09.2002 BGBl I 2002, 3651).

dung des Halbeinkünfteverfahrens sogar verstärkt wurden.[32] Denn im Anrechnungsverfahren wurde bei Ausschüttung die Körperschaftsteuer auf die zu zahlende Einkommensteuer des Gesellschafters angerechnet. Damit hatte sich im Ergebnis die volle Höhe der Steuer bei Ausschüttung – genau wie bei Gesellschaftern von Personengesellschaften – nach dem individuellen Steuersatz des Gesellschafters gerichtet.[33] Auf dem Weg zur Rechtsformneutralität der Besteuerung hatte das körperschaftsteuerliche Anrechnungsverfahren einen wichtigen Beitrag geleistet.

Die Unterschiede in der Besteuerung der Gesellschaften gelten nicht nur für Steuerinländer. Auch für ausländische Gesellschaften ergeben sich grundsätzlich die gleichen Konsequenzen aus der steuerrechtlichen Einordnung. Besonderheiten bestehen bei der Einkommensermittlung, insbesondere hinsichtlich der Nichtanwendung der Steuerbefreiungsvorschriften nach § 5 KStG (vgl. § 5 Abs. 2 Nr. 2 KStG) oder der Nichtgewährung von Freibeträgen nach §§ 24 und 25 KStG bzw. der Beschränkungen des § 50 EStG. Zudem erfolgt keine Veranlagung, falls die Steuer auf die inländischen Einkünfte durch den Steuerabzug als abgegolten gilt (§ 32 Abs. 1 Nr. 2 KStG bzw. § 50 Abs. 5 S. 1 EStG). Bei inländischen Einkünften einer ausländischen Kapitalgesellschaft – beispielsweise aus VuV – ist zudem zu beachten, dass für diese inländischen Einkünfte zwar eine Körperschaftsteuer i. H. v. 25 % gemäß § 49 Abs. 1 Nr. 6 EStG erhoben werden kann.[34] Die Dividendenbesteuerung bei Ausschüttung an die ausländischen Gesellschafter der ausländischen Gesellschaft unterliegt jedoch der Besteuerung des Herkunftsstaats, da kein Fall des § 49 Nr. 5 EStG gegeben ist.[35] Ferner kann die Besteuerung aufgrund Überlagerung durch DBA modifiziert werden.

II. Weitere Unterschiede bei der steuerlichen Behandlung von Personengesellschaften und Körperschaften

Des Weiteren ist von Bedeutung, dass ein Verlustausgleich[36] nur für Gesellschafter einer Personengesellschaft möglich ist, da dort die Verluste eines Wirtschaftsjahres direkt den einzelnen Gesellschaftern zugerechnet werden. Aufgrund des strikten Trennungsprinzips können dagegen die auf der Ebene der Körperschaft entstehenden Verluste nicht mit positiven Einkünften des *Anteilseigners* verrechnet werden. Vielmehr ist für die Körperschaft der Verlustausgleich nur auf der Ebene der Körperschaft durchzuführen. Der Gesellschafter erhält im Verlustjahr keine negative Dividende, sonder eine „Dividende von € 0,- ". Die Einschränkung

[32] *Herzig* BB 2000, 1863, 1866; so auch *Balmes* in Pelka, Unternehmenssteuerreform S. 31 m. w. N.
[33] *Bergemann* DStR 2000, 1410, 1411.
[34] Zur hier anzuwendenden isolierten Betrachtungsweise s. sogleich unter Punkt C III.
[35] Vgl. hierzu auch Art. 10 Abs. 5 OECD MA.
[36] Entweder Saldierung mit positiven Einkünften des Gesellschafters aus dem Verlustjahr oder durch Verlustvor- bzw. rücktrag (§ 10 d EStG).

des Verlustausgleichs wirkt sich bei der Körperschaft besonders negativ aus, wenn sie über längere Zeiträume Verluste erwirtschaftet.[37]

Eine unterschiedliche steuerliche Behandlung erfahren auch schuldrechtliche Beziehungen zwischen der Gesellschaft und den Gesellschaftern. Das Geschäftsführergehalt eines Gesellschafters einer Personengesellschaft gehört als Sondervergütung zu den gewerblichen Einkünften gemäß § 15 Abs. 1 S. 1 Nr. 2 S. 1, 2. Alt. EStG mit der Folge, dass die durch den Gehaltsaufwand bewirkte handelsrechtliche Gewinnminderung für die Einkommensteuer wieder rückgängig gemacht wird. Dagegen mindert der Gehaltsaufwand der Kapitalgesellschaft für ihren Gesellschafter-Geschäftsführer auch steuerlich als Betriebsausgabe den körperschaftsteuerlichen Gewinn. Dies führt insbesondere zu Unterschieden bei der Gewerbeertragsteuer.[38] Bei Personengesellschaften zählen die im Rahmen von Gesellschafterdarlehen gezahlten Zinsen ebenfalls zu den Sondervergütungen, womit sie für die Einkommensteuer neutralisiert werden. Bei Körperschaften verbleibt es auch hier beim Betriebsausgabenabzug.

Unterschiede ergeben sich zudem bei der Veräußerung der Beteiligung.[39] Den Gewinn aus der Veräußerung einer Beteiligung muss ein Personengesellschafter in jedem Fall versteuern.[40] Bei der Veräußerung der Anteile an einer Kapitalgesellschaft besteht eine Steuerpflicht nur dann, wenn die Beteiligung vom Gesellschafter im Betriebsvermögen gehalten wurde oder ein Spekulationsgeschäft vorliegt.[41]

Schließlich unterliegt die „Dividende" des Gesellschafters einer Personengesellschaft vollumfänglich der Progression, wohingegen der Gesellschafter einer Körperschaft seine Dividende nur zur Hälfte zu versteuern hat, daher auch nur in dieser Höhe der Progression unterliegt.[42]

Auch wenn die hier dargestellten weiteren steuerlichen Rechtsfolgen der Einordnung nicht in allen Konstellationen auch für lediglich beschränkt steuerpflichtige ausländische Gesellschaften bzw. deren Gesellschafter relevant sind, so wird dennoch deutlich, dass die steuerliche Einordnung eine Reihe von Konsequenzen mit sich bringt.

C Wichtige Fallgruppen einer Besteuerung ausländischer Gesellschaften

Eine Einordnung ausländischer Gesellschaften in das deutsche System der Einkommensbesteuerung wird immer dann erforderlich, wenn eine ausländische Gesellschaft inländische

---

[37] *Seer* StuW 1993, 114, 119.
[38] Vgl. hierzu *Seer* StuW 1993, 114, 120.
[39] Vgl. zur aktuellen Entwicklung *Hasmacher* in Pelka, Unternehmenssteuerreform S. 129.
[40] Dabei steht ihm allerdings ein Freibetrag nach § 16 Abs. 4 EStG zu. Außerdem kann der Gesellschafter unter bestimmten Voraussetzungen einmal im Leben für den Veräußerungsgewinn seines Mitunternehmeranteils den hälftigen Steuersatz geltend machen (§ 34 Abs. 3 EStG); vgl. zur aktuellen Rechtslage *Brandenberg* DStZ 2002, 551.
[41] Vgl. § 23 Abs. 1 Nr. 2, § 17 EStG.
[42] Im Regierungsentwurf zur Unternehmenssteuerreform vom 09.02.2000 war noch ein Progressionsvorbehalt für den steuerfrei gestellten Teil der Dividende vorgesehen (vgl. § 32 b Abs. 1 Nr. 4, Abs. 2 Nr. 3 EStG-E).

Einkünfte erzielt oder ihre Geschäftsleitung in das Inland verlegt,[43] ohne eine deutsche Rechtsform anzunehmen. Für den Fall der Gründung einer inländischen Tochtergesellschaft nach deutschem Recht oder der Umwandlung der ausländischen Gesellschaft in eine deutsche Gesellschaftsform ist ein Typenvergleich nicht erforderlich. Denn steuerpflichtig ist die deutsche Rechtsform.

Gesellschaften mit ausländischer Rechtsform können aufgrund verschiedenartiger Inlandsengagements einer unbeschränkten oder beschränkten Steuerpflicht in Deutschland unterliegen.

I. Verlegung des tatsächlichen Verwaltungssitzes

Es besteht die Möglichkeit, dass eine Gesellschaft ihren statuarischen Sitz im Ausland belässt, damit auch die ausländische Rechtsform formell beibehält, den tatsächlichen Verwaltungssitz jedoch in das Inland verlegt. Von einer Verlegung des tatsächlichen Verwaltungssitzes spricht man, wenn im Rahmen des Inlandsengagements die Geschäftsleitung, d. h. der Ort, an dem sich der für das Unternehmen maßgebliche Wille vollzieht,[44] in das Inland verlegt wird.[45] In diesen Fällen kommt eine unbeschränkte Steuerpflicht der betreffenden Gesellschaft in Betracht, denn der Tatbestand des § 1 Abs. 1 KStG ist bereits dann erfüllt, wenn sich entweder der Sitz oder die Geschäftsleitung im Inland befindet.[46] Als Konsequenz sind nicht nur die inländischen Einkünfte, sondern ist das Welteinkommen in Deutschland zu versteuern. Bei der steuerlichen Einordnung solcher grenzüberschreitender Gesellschaften ergeben sich eine Reihe von Sonderproblemen.

II. Betriebstätten und ständige Vertreter

Verfügt die im Ausland ansässige Gesellschaft im Inland über eine Betriebstätte nach § 12 AO bzw. nach den Vorschriften eines mit dem Heimatstaat abgeschlossenen DBA, führt dies bei Körperschaften gemäß § 2 Nr. 1, § 8 Abs. 1 KStG i. V. m. § 49 Abs. 1 Nr. 2 lit. a EStG, bei Personengesellschaften gemäß § 1 Abs. 4, § 49 Abs. 1 Nr. 2 lit. a EStG grundsätzlich zu beschränkt steuerpflichtigen gewerblichen Inlandseinkünften.[47] Die Betriebstätte selbst ist ein unselbständiger Teil des Gesamtunternehmens und als solcher grundsätzlich weder ein Rechtssubjekt noch ein selbständiges Steuersubjekt.[48] Nach § 12 AO ist Betriebstätte „jede feste Geschäftseinrichtung oder Anlage, die der Tätigkeit eines Unternehmens dient". § 12 AO enthält in Abs. 2 eine beispielhafte Auflistung fester Geschäftseinrichtungen, bei denen

[43] Dann kann nach § 1 KStG das Welteinkommen besteuert werden.
[44] S. § 10 AO.
[45] *Ebenroth/Eyles* DB 1988 Beilage Nr. 2 S. 5.
[46] Vgl. BFH vom 23.06.1992 DB 1992, 2067, 2069; dazu gleich genauer unten unter Punkt D II.
[47] *Birk* in Hübschmann/Hepp/Spitaler, AO/FGO § 12 Rz. 5; *Förster*, Praxis der Besteuerung von Auslandsbeziehungen S. 47.
[48] *Birk* in Hübschmann/Hepp/Spitaler, AO/FGO § 12 Rz. 4.

die Betriebstätteneigenschaft regelmäßig als erfüllt angesehen werden kann.[49] Dies gilt insbesondere für Zweigniederlassungen, Geschäftsstellen, Fabrikations- und Werkstätten, Warenlager und Ein- oder Verkaufsstellen.

Besteht mit dem Ansässigkeitsstaat der ausländischen Gesellschaft ein DBA, ist dessen Betriebstättendefinition vorrangig zu prüfen (§ 2 AO).[50] Die Definition der Betriebstätte nach dem OECD MA, das in weiten Teilen mit den DBA, die Deutschland mit anderen Staaten abgeschlossen hat, übereinstimmt, ist enger gefasst, als die des nationalen Rechts.[51] Unterhält die ausländische Gesellschaft im Inland lediglich eine Repräsentanz, ein Auskunftsbüro oder eine Kontaktstelle, so liegen die Voraussetzungen einer Betriebstätte nach § 12 AO i. d. R. vor.[52] Art. 5 des OECD MA nimmt vom Betriebstättenbegriff hingegen Tätigkeiten von vorbereitender Art oder Hilfstätigkeiten aus (Art. 5 Abs. 4 e OECD MA), womit allenfalls noch eine Besteuerung dieser Tätigkeiten als Direktgeschäft in Frage kommen kann. Bauausführungen und Montagen erfüllen nach § 12 Nr. 8 AO die Betriebstätteneigenschaft, wenn sie länger als sechs Monate dauern. Nach Art. 5 Abs. 3 OECD MA wird hingegen eine Dauer von zwölf Monaten verlangt. Die Ausführungsfristen variieren aber erheblich in den individuell abgeschlossenen DBA.[53]

Wird ein selbständiger oder abhängiger Vertreter bestellt, der im Inland dazu berechtigt ist, zumindest einen Teil der Unternehmenstätigkeit auszuüben, kommen inländische Einkünfte gem. § 1 Abs. 4, § 49 Abs. 1 Nr. 2 lit. a EStG bzw. § 2 Nr. 1, 8 Abs. 1 S. 1 KStG i. V. m. § 49 Abs. 1 Nr. 2 lit. a EStG in Betracht. Der Begriff des ständigen Vertreters ist in § 13 AO definiert.[54] Danach handelt es sich beim ständigen Vertreter um eine Person, die nachhaltig die Geschäfte eines Unternehmens besorgt und dabei dessen Sachweisungen unterliegt, insbesondere eine Person, die für ein Unternehmen nachhaltig Verträge abschließt oder vermittelt oder Aufträge einholt oder einen Bestand von Gütern oder Waren unterhält und davon Auslieferungen vornimmt.

III. Direktgeschäft

Für den Fall, dass weder eine Betriebstätte unterhalten wird, noch ein ständiger Vertreter bestellt ist, kommen als inländische Einkünfte einer ausländischen Gesellschaft Direktgeschäfte in Frage. Mit dem Begriff Direktgeschäft soll der gesamte gewerbliche Leistungsaustausch über die Grenze ohne festen Stützpunkt im Abnehmerland erfasst werden.[55] Hierunter fallen beispielsweise Einkünfte aus Vermietung und Verpachtung (§ 49 Abs. 1 Nr. 6 EStG), Land- und Forstwirtschaft (§ 49 Abs. 1 Nr. 1 EStG), selbständiger Arbeit (§ 49 Abs. 1 Nr. 3 EStG), nichtselbständiger Arbeit (§ 49 Abs. 1 Nr. 4 EStG) oder sonstige Einkünfte nach § 49 Abs. 1 Nr. 7 bis 9 EStG. Für die Besteuerung ausländischer Gesellschaften von besonderer Bedeu-

---

[49] Zum Begriff der Geschäftseinrichtung BFH BStBl II 1993, 462.

[50] Vgl. aber zum Verhältnis von nationalen Regelungen und Abkommensrecht unten Kapitel 5 A IV.

[51] Vgl. *Förster*, Praxis der Besteuerung von Auslandsbeziehungen S. 47.

[52] *Förster*, Praxis der Besteuerung von Auslandsbeziehungen S. 68.

[53] Eine Übersicht über die Ausführungsfirsten in EU-Staaten enthält *Förster*, Praxis der Besteuerung von Auslandsbeziehungen S. 88.

[54] Auch der Begriff des Vertreters wird grundsätzlich in DBA individuell vereinbart. Nach dem OECD MA unterfallen abhängige Vertreter unter den Voraussetzungen des Art. 5 Abs. 5 OECD MA dem Betriebstättenbegriff; für unabhängige Vertreter enthält Art. 5 Abs. 6 OECD MA eine gesonderte Regelung.

[55] *Jacobs*, Unternehmensbesteuerung S. 145.

tung ist, dass nach der sog. isolierten Betrachtungsweise (§ 49 Abs. 2 EStG) eine Gesellschaft durch die Verpachtung inländischen Grundbesitzes im Inland Einkünfte aus Vermietung und Verpachtung erzielen kann (§ 49 Abs. 1 Nr. 6 EStG), unbeschadet der Tatsache, dass Gesellschaften grundsätzlich nur Einkünfte aus Gewerbebetrieb erzielen können (§ 15 Abs. 3 EStG, § 8 Abs. 2 KStG).[56] Ähnliches gilt für Einkünfte aus Kapitalvermögen im Fall einer Beteiligung der ausländischen Gesellschaft an einer inländischen Kapitalgesellschaft.[57] Trotz der isolierten Betrachtungsweise soll aber eine Kapitalgesellschaft keine Einkünfte aus freiberuflicher Tätigkeit erzielen können.[58] Zu beachten ist schließlich, dass nach dem jeweils geltenden DBA nur bestimmte Einkünfte aus Direktgeschäften der Steuerhoheit des Staates unterliegen, in dem diese Einkünfte tatsächlich erzielt wurden.

IV. Beteiligung ausländischer Gesellschaften an inländischen Kapitalgesellschaften oder Personengesellschaften

Ein Sonderfall eines Direktgeschäfts – nämlich das Erzielen von Einkünften aus Kapitalvermögen – ist bei der Beteiligung ausländischer Gesellschaften an inländischen Kapitalgesellschaften gegeben. Die Körperschaftsteuer wird zunächst bei der inländischen Kapitalgesellschaft fällig, ohne dass es einen Unterschied macht, ob die Gesellschafter Steuerausländer sind oder nicht. Handelt es ich bei dem Bezieher von Dividenden aus einer inländischen Kapitalgesellschaft um einen Steuerausländer, unterliegt die Dividende gemäß § 49 Abs. 1 Nr. 5 lit. a EStG der deutschen Einkommensbesteuerung. Dabei gilt die Einkommensbesteuerung der Dividende mit der 20 %-igen Kapitalertragsteuer zzgl. 5,5 % Solidaritätszuschlag als abgegolten (§ 50 Abs. 5 S. 1 EStG).[59] Zu beachten ist, dass die Steuerfreiheit für Dividendenausschüttung an Kapitalgesellschaften auch für ausländische Kapitalgesellschaften als Dividendenempfänger gilt, § 8 b Abs. 1 KStG.[60]

Schließlich ist denkbar, dass sich eine ausländische Gesellschaft an einer inländischen Personengesellschaft beteiligt.[61] Die ausländische Gesellschaft erzielt in diesem Fall gewerbliche Einkünfte als Mitunternehmer (§ 15 Abs. 1 S. 1 Nr. 2, 3 EStG), die durch eine im Inland un-

---

[56] *Lange/Reiß*, Körperschaftsteuer S. 41; zur isolierten Betrachtungsweise noch näher unten Kapitel 5 A II 2.

[57] Vgl. *Jakob*, Einkommensteuer § 9 Rz. 10.

[58] BFH vom 07.07.1971 BStBl II 1971, 771; BFH vom 20.02.1974 BStBl II 1974, 511, 512; BFH vom 27.07.1988 BStBl II 1989, 101, 102.

[59] Der ausländische Anteilseigner profitiert nach neuem Recht sowohl von der auf 25 % reduzierten Körperschaftsteuer als auch von der nach innerstaatlichem Recht auf 20 % abgesenkten Kapitalertragsteuer und erhält somit zukünftig – unverändertes Ausschüttungsverhalten der Kapitalgesellschaft vorausgesetzt – eine höhere Nettodividende, als nach der Rechtslage vor der Unternehmenssteuerreform (*Bergemann* DStR 2000, 1410, 1412).

[60] Vgl. *Bergemann* DStR 2000, 1410, 1413.

[61] Dabei ist die Frage, ob sich eine ausländische Gesellschaft als Komplementär an einer deutschen KG beteiligen kann, stark umstritten. Beispielsweise lehnen *Ebenroth/Eyles* (DB 1988 Beilage Nr. 2 S. 15 ff), *Kindler* (in Münchener Kommentar Bd. 11 IntGesR Rz. 439), *Kaligin* (DB 1985, 1449, 1452) und *Großfeld/Erlinghagen* (JZ 1993, 217, 223) die Beteiligung ausländischer juristischer Personen als Komplementärin einer inländischen KG ab; vgl. zu dieser Problematik noch Kapitel 3 G.

terhaltene Betriebstätte bezogen werden (§ 49 Abs. 1 Nr. 2 lit. a). Soweit die Voraussetzungen einer im Inland belegenen Betriebstätte durch die Personengesellschaft erfüllt sind, schlägt die Betriebstätteneigenschaft auf die Gesellschafter durch.[62]

V. Besonderheiten bei Basisgesellschaften u. a.

Für den Fall, dass unbeschränkt Steuerpflichtige Einkommen oder Vermögen auf von ihnen beherrschte Gesellschaften (sog. Basisgesellschaften, Domizilgesellschaften oder Briefkastengesellschaften) mit Sitz in Ländern mit niedriger Gewinnbesteuerung verlegen, sollen diese Einkommensverlagerungen grundsätzlich nicht steuerlich anerkannt werden,[63] d. h. die Einkünfte werden nicht der Gesellschaft, sondern ihren inländischen Gesellschaftern zugerechnet.[64] Ein Gestaltungsmissbrauch, der zu einer Nichtanerkennung führt, liegt aber nur vor, wenn für die Zwischenschaltung der Gesellschaft wirtschaftliche oder sonstige Gründe fehlen und die Basisgesellschaft keine beachtliche eigene selbständige wirtschaftliche Tätigkeit entfaltet, also keine wirtschaftliche Verflechtung gegeben ist.[65] In den Fällen, in denen es aufgrund der fehlenden steuerlichen Anerkennung der Basisgesellschaft zu einer Durchgriffsbesteuerung bei den Gesellschaftern kommt, ist die Einordnung der ausländischen Gesellschaft nicht mehr erforderlich. Erfolgt eine grundsätzliche Anerkennung, gelten für die Qualifikation als Körperschaftsteuersubjekt die gleichen Kriterien, wie für andere ausländische Gesellschaften.[66]

VI. Beteiligung von Steuerinländern an ausländischen Gesellschaften

Schließlich kann eine Zuordnung ausländischer Gesellschaften zur Gruppe der Personengesellschaften oder Körperschaften auch in Konstellationen relevant werden, in denen gar keine ausländische Gesellschaft inländische Einkünfte erzielt. Denkbar ist insbesondere der Fall, dass ein Steuerinländer an einem ausländischen Wirtschaftsgebilde beteiligt ist. In diesen Fällen stellt sich die Frage, ob das Subjekt nach den nationalen Bestimmungen als Personengesellschaft oder Körperschaft einzuordnen ist. Ist der unbeschränkt steuerpflichtige Gesellschafter an einer ausländischen Körperschaft beteiligt, erzielt er Einkünfte aus Kapitalvermögen gemäß § 20 Abs. 1 Nr. 1 EStG. Bei der Beteiligung an einer Personengesellschaft liegen

---

[62] *Förster*, Praxis der Besteuerung von Auslandsbeziehungen S. 95; BFH vom 08.02.1995 BStBl II 1995, 692.

[63] Fall des Gestaltungsmissbrauchs § 42 AO (denkbar auch §§ 41, 39 AO); zur steuerlichen Behandlung von Domizilgesellschaften ausführlich OFD Düsseldorf vom 23.07.1997 *Felix/Carlé*, StEK Nr. 47 zu § 1 KStG.

[64] *Jacobs*, Unternehmensbesteuerung S. 341; BFH vom 19.01.2000 BStBl II 2001, 222 mit ausführlichen Rechtsprechungsnachweisen; BMF-Schreiben vom 19.03.2001 BStBl I 2001, 243.

[65] BFH vom 09.05.1979 BStBl II 1979, 586; vgl. auch § 7 AStG, dessen Verhältnis zu § 42 AO stark umstritten ist (*Flick/Wassermeyer/Baumhoff*, Außensteuerrecht § 7 Rz. 8 b ff).

[66] *Graffe* in Dötsch/Eversberg/Jost/Witt, Die Körperschaftsteuer § 1 Rz. 98.

hingegen gewerbliche Einkünfte aus Mitunternehmerschaft vor (§ 15 Abs. 1 S. 1 Nr. 2 EStG).[67] Auch in diesen Fällen ist somit ein Typenvergleich vorzunehmen.[68]

D Der Typenvergleich nach Rechtsprechung und Finanzverwaltung

Die Durchführung des Typenvergleichs zur Einordnung von ausländischen Gesellschaften in die Gruppe der Personengesellschaften bzw. Körperschaften ist Gegenstand der gesamten Arbeit. An dieser Stelle soll zunächst nur die tatsächliche Handhabung der Einordnung durch Rechtsprechung und Finanzverwaltung ausführlich und abschließend dargestellt werden. Im späteren Verlauf der Arbeit wird die Rechtsprechung bzw. das Vorgehen der Finanzverwaltung kritisch untersucht. Auch sollen Lösungsansätze gefunden werden für die Probleme, zu denen die Rechtsprechung uneinheitlich ist oder zu denen bisher keine einschlägigen Urteile ergangen sind. Das ist jedoch erst möglich, wenn zuvor eine ausführliche Betrachtung des deutschen und internationalen Steuer- und Gesellschaftsrechts erfolgt ist. Andererseits ist für die Analyse des Gesellschaftsrechts und spezieller Aspekte des Steuerrechts hilfreich, die Handhabung des Typenvergleichs in der Praxis zu kennen, damit die Schwerpunkte gesetzt werden können. Dementsprechend sollen die folgenden Ausführungen zum Typenvergleich zunächst einen rein darstellenden Charakter haben.[69]

I. Darstellung der Rechtsprechung zum Typenvergleich

In frühen Entscheidungen des Reichsgerichtshofs zur Besteuerung ausländischer Gesellschaften hatte ein Typenvergleich zunächst keine Rolle gespielt. So wurde beispielsweise eine *corporation* amerikanischen Rechts allein mit der Begründung für körperschaftsteuerpflichtig gehalten, dass sie „eine juristische Person des amerikanischen Rechts" sei.[70] Das grundlegende Urteil zum Typenvergleich, die sog. Venezuela-Entscheidung, erging im Jahr 1930.[71] In diesem Urteil kam der RFH zu dem Ergebnis, dass eine venezolanische Kommanditgesell-

[67] Auch bei der Veräußerung von Anteilen an einer ausländischen Gesellschaft muss geklärt werden, ob es sich dabei um Veräußerungsgewinne gemäß § 17 EStG handelt, oder ob § 16 EStG einschlägig ist.

[68] *Jacobs*, Unternehmensbesteuerung S. 337.

[69] Vgl. zur Rechtsprechung zum Typenvergleich auch Darstellung bei *Herrmann*, Einordnung ausländischer Gesellschaften S. 85 ff mit teilweise abweichendem Verständnis von den Aussagen der Rechtsprechung.

[70] RFH vom 17.04.1925 RFHE 16, 212, 213; Dennoch enthält das Urteil aufschlussreiche Ausführungen zur Abgrenzung von Personengesellschaften und Körperschaften bei internationalen Sachverhalten. Die *corporation* als Beschwerdeführerin war an einer inländischen KG als Kommanditistin beteiligt und wollte ihre Gewinne als Einkünfte aus Kapitalvermögen statt als Einkünfte aus Gewerbetrieb verstanden wissen. Das amerikanische Recht kenne keine KG. Im Grunde sei die *corporation* als Kommanditistin lediglich Kapitalgeberin. Diese Auffassung wird vom RFH nicht geteilt. Bei der KG handele es sich um eine Gesellschaft mit der selben Rechtsnatur wie eine OHG, nicht wie bei AG oder GmbH um eine die Persönlichkeit der einzelnen Gesellschafter absorbierende selbständige Person (S. 214). Die Frage der Einkunftserzielung beantworte sich allein nach deutschem Recht, weshalb Einkünfte aus Gewerbebetrieb vorlägen (S. 215).

[71] RFH vom 12.02.1930 RFHE 27, 73.

schaft nach dem EStG und nicht nach dem KStG zu besteuern sei.[72] Finanzamt und erste Instanz hatten die venezolanische Kommanditgesellschaft zunächst als Körperschaft behandelt, da sie nach venezolanischem Recht die Eigenschaft einer juristischen Person besäße. Im Urteil des RFH, das noch heute relevante Kernaussagen zur Durchführung des Typenvergleichs enthält und aus diesem Grunde in wesentlichen Punkten wörtlich wiedergegeben werden soll, heißt es hingegen:[73]

> „... und hält die unterschiedslose Behandlung aller juristischen Personen des Auslandes als Körperschaften im Sinne des KStG für nicht gerechtfertigt. ... Insbesondere hätte sich daraus *(Anm.: einer möglichen gesetzlichen Regelung, die besagt, dass alle ausländischen juristische Personen dem KStG unterliegen sollen)* eine Rechtslage ergeben können, die der Verwirklichung des Grundsatzes, wirtschaftlich gleiche Verhältnisse nach Möglichkeit auch steuerlich gleich zu behandeln, entgegengestanden wäre. Bei dieser Sachlage ist davon auszugehen, dass grundsätzlich die Entscheidung über die einkommensteuerliche Behandlung einer ausländischen juristischen Person bzw. ihrer Gesellschafter im Einzelfalle nach den leitenden Gedanken des Einkommensteuer- und Körperschaftsteuergesetzes zu treffen ist. Man wird dabei in erster Linie zu untersuchen haben, ob die betreffende ausländische Gesellschaft sich mit einer Gesellschaft des deutschen Rechts vergleichen lässt. ... Zu einem vernünftigen Ergebnis wird man bei diesem Vergleiche nur kommen, wenn man eine Würdigung der venezolanischen Gesellschaft in ihrer Gesamtheit unter Beachtung ihrer wirtschaftlichen Stellung und ihres rechtlichen Aufbaus nach venezolanischem Recht vornimmt. ... Man wird bei einem solchen Vergleich insbesondere darauf abstellen müssen, ob sich die betreffende ausländische Gesellschaft mehr dem Typ der Personengesellschaft oder der Kapitalgesellschaft nähert, als derer Exponenten man einerseits die deutsch offene Handelsgesellschaft, andererseits die deutsch Aktiengesellschaft ansehen kann, um so mehr, als diese Unterscheidung im Grunde genommen auch für die gesetzliche Regelung der Besteuerung der Gesellschaften und Gesellschafter deutschen Rechts (Mitunternehmer mit gewerblichem Einkommen bei Personengesellschaften, Kapitalisten mit Einkommen aus Kapitalvermögen bei Kapitalgesellschaften) bestimmend war. Bei der erstgenannten Gesellschaftsart steht die Person der Gesellschafter im Vordergrunde. Die Gesellschafter führen i. d. R. die Geschäfte, haften persönlich und können ihre Gesellschaftsanteile nicht auf Dritte übertragen. Bei der Kapitalgesellschaft dagegen stehen die Gesellschafter der Gesellschaft mehr unpersönlich gegenüber. Sie haften den Gläubigern nicht persönlich, ihre Anteile sind übertragbar, an der eigentlichen Geschäftsführung sind sie auf Grund ihrer Stellung als Gesellschafter i. d. R. nicht beteiligt. Ihre Stellung als Gesellschafter gründet sich weniger auf eine innere Verbundenheit mit den Mitgesellschaftern als auf das Bestreben, Kapital nutzbringend anzulegen. ...“

Insgesamt stellt der RFH auf den Sinn und Zweck der Unterscheidung ab, also die Klärung der Frage, ob die ausländische Gesellschaft zum Zwecke der Einkommens – bzw. Körperschaftsbesteuerung als selbständiges, der Körperschaftsteuer unterworfenes Rechtssubjekt anzusehen ist, oder ob die einzelnen Gesellschafter unmittelbar als Mitunternehmer der Einkommensteuer unterliegen. Zur Begründung dafür, dass es nicht allen auf die Stellung der ausländischen Gesellschaft als juristische Person ankommen könne, wird die steuerliche Behandlung der deutschen KGaA herangezogen. Denn dabei handele es sich um eine juristische

[72] Dabei erzielte die venezolanische KG selbst gar keine inländische Einkünfte; die Zuordnung musste nur deshalb erfolgen, weil ein Gesellschafter in Deutschland unbeschränkt steuerpflichtig war und fraglich war, ob dieser Einkünfte aus Gewerbebetrieb oder aus Kapitalvermögen erzielte (es geht also nicht um die Besteuerung der Gesellschaft sondern die Besteuerung des einen inländischen Gesellschafters); in den Entscheidungsgründen ist aber immer allgemein von den Grundsätzen der Besteuerung beschränkt steuerpflichtiger ausländischer Gesellschaften die Rede.

[73] RFH vom 12.02.1930 RFHE 27, 73, 78 f.

Person, dennoch würden die Gewinne des Komplementärs diesem unmittelbar als Gewerbeeinkünfte zugerechnet. Bei einem Typenvergleich sei auch zu berücksichtigen, dass die deutsche KG aufgrund der Beteiligung von Kommanditisten die wesentlichen Merkmale einer reinen Personengesellschaft nicht mehr im gleichen Maße aufweise, wie die OHG.

Unter Verweis auf die Venezuela-Entscheidung hat der RFH noch im gleichen Jahr eine rumänische Gesellschaft, die erdölhaltige Grundstücke besaß und an Erdölgewinnungsgesellschaften überließ, als körperschaftsteuerpflichtig eingeordnet, wobei explizit offen gelassen wurde, ob es sich bei ihr um eine juristische Person handelt.[74] Begründet wird die Anwendung des KStG vor allem mit der kapitalistischen Prägung der rumänischen Gesellschaft, die sich vorliegend aus der Vergleichbarkeit des Beteiligungsscheins[75] mit einem frei handelbaren Wertpapier ergäbe.

In den nachfolgenden Entscheidungen des BFH, die sich mit der steuerlichen Behandlung ausländischer Gesellschaftsformen auseinandersetzen, werden jeweils unterschiedliche Aspekte in den Vordergrund gestellt. Von besonderer Relevanz ist zunächst eine Entscheidung des BFH vom 17.07.1968, in der die Grundaussagen des RFH zum Typenvergleich aufgegriffen werden.[76] In dem Urteil ging es um die steuerliche Behandlung einer liechtensteinischen Anstalt, die inländische Mieteinnahmen erzielte.[77] Der BFH stellt fest, dass nach deutschem Steuerrecht zu entscheiden ist, ob die Steuerpflichtige ein körperschaftsteuerpflichtiges Gebilde ist. Die Steuerpflicht bestimme sich nach §§ 1 bis 3 KStG; eine Gesamtwürdigung der maßgebenden ausländischen Bestimmungen[78] müsse ergeben, dass die ausländische Gesellschaft rechtlich und wirtschaftlich einer inländischen Kapitalgesellschaft oder einer juristischen Person des privaten Rechts gleiche. In dem Urteil heißt es weiter:[79]

> „Soweit diese Vorschriften an die Rechtsformen des bürgerlichen Rechts und des Handelsrechts anknüpfen, ist nach bürgerlichem Recht und nach Handelsrecht zu bestimmen, ob ein rechtsfähiges oder nicht rechtsfähiges Gebilde der in den §§ 1 bis 3 KStG genannten Art besteht.[80] ... Für die Beurteilung der Rechtsfähigkeit ausländischer Gesellschaften greifen die Grundsätze des Internationalen Privatrechts[81] ein. Es richtet sich aber ausschließlich nach deutschem Steuerrecht, ob eine rechtsfähige oder nicht rechtsfähige ausländische Gesellschaft der deutschen Körperschaftsteuer oder etwas der deutschen Einkommensteuer unterliegt."

[74] RFH vom 18.12.1930 RFHE 27, 303.
[75] Über den Beteiligungsschein wird die Beteiligung an der Gesellschaft gehalten.
[76] BFH vom 17.07.1968 DB 1968, 1694.
[77] Fraglich war zudem, ob es sich nicht lediglich um eine „Scheinfirma" handelt.
[78] Also nicht die konkrete vertragliche Ausgestaltung im Einzelfall.
[79] BFH vom 17.07.1968 DB 1968, 1694, 1695.
[80] So u. a. auch schon BFH vom 04.11.1958 BStBl III 1959, 50; BFH vom 13.01.1959 BStBl III 1959, 197; BFH vom 19.08.1958 BStBl III 1958, 468. Diese Entscheidungen beziehen sich jedoch alle auf rein nationale Sachverhalte.
[81] Hier wird von der Rechtsprechung regelmäßig die Sitztheorie, die in Kapitel 3 zum Internationalen Gesellschaftsrecht noch ausführlich dargestellt wird, herangezogen. Diese besagt, dass sich die Verhältnisse einer Gesellschaft und damit auch die Rechtsfähigkeit nach dem Recht des Staates richten, in dem sich der Verwaltungssitz befindet (BFH vom 13.11.1991 BFHE 166, 238, 240). Bei einer ausländischen Gesellschaft mit Verwaltungssitz im Ausland ist somit die dort anerkannte Rechtsfähigkeit nach deutschem Internationalen Privatrecht zu akzeptieren.

Auf die Rechtsfähigkeit soll es jedoch nicht allein ankommen, da nach deutschem Körperschaftsteuerrecht auch nicht rechtsfähige Personenvereinigungen, Anstalten, Stiftungen und andere Zweckvermögen körperschaftsteuerpflichtig seien, wenn ihr Einkommen weder nach dem KStG noch nach dem EStG unmittelbar bei einem anderen Steuerpflichtigen zu besteuern ist (§ 3 Abs. 1 KStG). Falls es daher an der Rechtsfähigkeit fehle, so sei zu prüfen, ob es sich um ein in § 3 KStG aufgeführtes Gebilde handle.[82]

Im Urteil vom 06.11.1980 hat der BFH eine liechtensteinische Anstalt als sonstige juristische Person des Privatrechts i. S. v. § 2 Abs. 3 GewStG eingeordnet.[83] Zunächst wird klargestellt, dass die Grundsätze des Typenvergleichs auch für eine Einordnung ausländischer Gesellschaften gemäß § 2 Abs. 1 bis 3 GewStG gelten und auch hier deutsches Steuerrecht für die Beurteilung ausschlaggebend ist.[84] Die Rechtsfähigkeit der Anstalt wird anerkannt, jedoch nicht für allein ausschlaggebend gehalten. Der BFH stellt fest, dass die Gesellschaft nicht die rechtliche Struktur einer deutschen Kapitalgesellschaft hat. Sie sei andererseits auch nicht wie ein Einzelunternehmen oder eine Mitunternehmergemeinschaft gestaltet. Es fehle insbesondere an den Merkmalen der Eigengeschäftsführung und der persönlichen Haftung sowie der eingeschränkten Übertragbarkeit der Gesellschaftsanteile. Außerdem unterliege die Gesellschaft in Liechtenstein der Ertragsteuer, die der deutschen Körperschaftsteuer vergleichbar sei. Damit sei die liechtensteinische Anstalt eine sonstige juristische Person gem. § 2 Abs. 3 GewStG.[85]

Auch die Frage, ob es sich bei einer ausländischen Gesellschaft um ein körperschaftsteuerliches Gebilde i. S. v. § 7 Abs. 1 Außensteuergesetz (AStG) handelt, ist nach der Rechtsprechung danach zu beurteilen, ob sie ihrer Struktur nach auch unter § 1 KStG gefasst werden kann.[86] Das wird für eine Anstalt nach liechtensteinischem Recht wieder bejaht, indem sie als sonstige juristische Person des privaten Rechts gem. § 1 Abs. 1 Nr. 4 KStG beurteilt wird. Begründet wird das auch hier zum einen mit der nach Internationalem Privatrecht anzuerkennenden Rechtsfähigkeit, zum anderen mit mangelnder Vergleichbarkeit mit Personengesellschaften nach deutschem Recht. Aufgeführt werden diesbezüglich die Abtretbarkeit der Gründerrechte, Fremdorganschaft sowie die steuerliche Behandlung im Heimatstaat.

---

[82] Ein Typenvergleich wurde nicht durchgeführt, da die Sache zur weiteren Aufklärung an das Finanzamt verwiesen wurde.
[83] BFH vom 06.11.1980 BStBl II 1981, 220; bestätigt durch BFH vom 27.07.1988 BStBl II 1989, 101, 102.
[84] BStBl II 1981, 220, 221 mit Verweis auf RFH vom 04.04.1939 RStBl 1939, 854.
[85] Für den Fall, dass es sich bei einer ausländischen Gesellschaft um eine Kapitalgesellschaft (und nicht wie vorliegend um eine sonstige juristische Person des privaten Rechts) handelt, stellt sich die Frage, ob § 2 Abs. 2 GewStG trotz der Aufzählung der konkreten deutschen Gesellschaftsformen auf entsprechende ausländische Gesellschaften Anwendung finden kann. Der BFH bejaht dies insbesondere mit der Begründung, Sinn und Zweck der Gewerbesteuer sei es, den Gemeinden für die durch das Vorhandensein von Gewerbebetrieben verursachten besonderen Lasten einen Ausgleich zu verschaffen. Dabei sei es unerheblich, ob es sich um inländische oder ausländische Gewerbebetriebe handele (BFH vom 28.07.1982 BStBl II 1983, 77, 78).
[86] FG Hamburg vom 09.09.1987 EFG 1988, 281, 282.

In einer weiteren Entscheidung des BFH vom 03.02.1988 zum Typenvergleich geht es erneut um die Bedeutung der Rechtsfähigkeit:[87]

> „Die Begriffe Körperschaften, Personenvereinigungen und Vermögensmassen sind in § 2 KStG nicht definiert. Der Begriffsinhalt erschließt sich erst durch die zum gleichen Oberbegriff in § 1 Abs. 1 KStG enthaltene Aufzählung ... und durch die Sonderregelung des § 3 KStG. § 1 Abs. 1 KStG umfasst sowohl rechtsfähige als auch nicht rechtsfähige Vereinigungen. Daraus ist abzuleiten, dass auch der Kreis der nach § 2 Abs. 1 Nr. 1 KStG beschränkt steuerpflichtigen Körperschaftsteuersubjekte nicht auf rechtsfähige Vereinigungen beschränkt ist."

Die Einordnung einer thailändischen Kommanditgesellschaft als Körperschaft allein aufgrund ihrer – nach deutschem Internationalen Privatrecht anzuerkennenden – Stellung als juristische Person wird vom BFH abgelehnt. Vielmehr müsse ein detaillierter Typenvergleich durchgeführt werden, der bei einer Vergleichbarkeit mit einer deutschen KG zu einer Einordnung als Personengesellschaft führe.[88]

Bei der Frage, ob eine im Inland unbeschränkt steuerpflichtige Person mit einer Beteiligung an einer ausländischen Gesellschaft – vorliegend einer schweizerischen AG – Einkünfte aus Kapitalvermögen erzielen kann (§ 20 Abs. 1 Nr. 1 EStG), soll es darauf ankommen, ob diese mit einer in § 20 Abs. 1 Nr. 1 EStG erfassten Körperschaft vergleichbar ist:[89]

> „Bei dem Vergleich ist darauf abzustellen, ob die ausländische Personenvereinigung wie eine juristische Person körperschaftlich strukturiert ist und ob die Beteiligung an ihr (abstrakt gesehen) das Vermögensrecht mitumfasst, an Gewinnausschüttungen und an der Auskehrung des Liquidationsvermögens beteiligt zu werden. Unerheblich ist dagegen, ob die Personenvereinigung im Ausland als Körperschaft oder Mitunternehmerschaft besteuert wird und ob das ausländische Recht ihr eigene Rechtsfähigkeit zuerkennt."

Die AG nach schweizerischem Recht wird in dieser Entscheidung als kapitalbezogene Körperschaft angesehen, die i. d. R. wirtschaftliche Zwecke verfolgt und ein kaufmännisches Unternehmen betreibt. Ihr Grundkapital sei in Aktien zerlegt, für Verbindlichkeiten hafte nur das Gesellschaftsvermögen und die Rechtsstellung der Gesellschafter entspräche weitgehend der eines Aktionärs einer deutschen AG. Damit sei die schweizerische AG mit der deutschen AG vergleichbar.[90]

---

[87] BFH vom 03.02.1988 BStBl II 1988, 588, 589.

[88] Zur Durchführung des Typenvergleichs wurde die Entscheidung an das FG zurückverwiesen.

[89] BFH vom 16.12.1992 BStBl II 1993, 399. Damit ist auch bei der Beteiligung inländischer natürlicher oder juristischer Personen an einer ausländischen Gesellschaft ein Typenvergleich nach ähnlichen Grundsätzen vorzunehmen, wie in §§ 1 bis 3 KStG (der Katalog der Körperschaften, die in § 20 Abs. 1 Satz 1 Nr. 1 EStG relevant sein kann, ist jedoch kleiner, als der in § 1 KStG). Zu beachten ist, dass DBA häufig besondere Regelungen zur steuerlichen Handhabung der Gewinne aus Beteiligungen an ausländischen Unternehmen enthalten. Denn für die Frage, ob es sich bei den Gewinnausschüttungen um Dividenden nach Art. 10 OECD MA oder Betriebstättengewinne nach Art. 7 OECD MA handelt, kommt es auf die abkommensrechtliche Qualifikation gem. Art. 3 OECD MA an (vgl. beispielsweise BMF-Schreiben vom 16.12.1993 zum DBA-Griechenland BStBl I 1994, 3 oder Niedersächsisches Finanzministerium Erlass vom 18.10.1994 zum DBA-Argentinien RIW 1994, 1071).

[90] BStBl II 1993, 399, 404. Zum gleichen Ergebnis – jedoch ohne weitere Begründung – kommt der BFH schon am 14.10.1992 (BStBl II 1993, 189, 201). Lediglich die Stellung der schweizerischen AG als juristische Person wird besonders erwähnt, im Übrigen erfolgt ein Verweis auf die Ansicht in der Literatur.

Schließlich wird ein Typenvergleich auch im Fall des § 17 Abs. 1 S. 1 EStG erforderlich, wenn es um die Veräußerung von Anteilen an ausländischen Gesellschaften geht.[91] Für den Fall einer Veräußerung der Beteiligung an einer rechtsfähigen ausländischen Körperschaft – vorliegend eine niederländische *Besloten Vennootschap met beperkte aansprakelijkheid* (BV) – findet nach dem BFH § 17 Abs. 1 S. 1 EStG Anwendung, wenn die Gesellschaft im Rahmen eines Typenvergleichs den unter § 1 Abs. 1 Nr. 1 bis 4 KStG fallenden Kapitalgesellschaften oder sonstigen juristischen Personen des privaten Rechts entspricht.[92]

Bei einer niederländischen BV handele es sich nach niederländischem Zivilrecht um eine GmbH mit eigener Rechtspersönlichkeit. Jeder Gesellschafter sei an ihrem Kapital mit einer bestimmten Zahl von Anteilen beteiligt. Die BV entspräche nach Organisation und Struktur einer deutschen GmbH.[93]

In einem weiteren Fall entschied der BFH, dass § 17 Abs. 1 EStG auf eine als juristische Person ausgestaltete US-Kapitalgesellschaft anwendbar ist, die nach dem Recht ihres Heimatstaats vom Bestand ihrer Mitglieder unabhängig ist, deren Anteile frei übertragbar sind und deren Geschäftsführung bei einem zentralen Organ liegt.[94] Eine irische *unlimited company* ist nach dem BFH mit einer deutschen Kapitalgesellschaft vergleichbar.[95] Bei einer kanadischen Ltd. bestehe nach dem FG Düsseldorf[96] Vergleichbarkeit mit einer deutsch AG, weshalb auch hier § 17 Abs. 1 EStG Anwendung findet.

II. Besonderheiten bei grenzüberschreitenden Gesellschaften

Besonderheiten für den Typenvergleich ergeben sich bei grenzüberschreitenden Gesellschaften, die zwar ihren Satzungssitz und damit auch ihre Firma im Ausland beibehalten, jedoch den tatsächlichen Verwaltungssitz in das Inland verlegen. Da sich mit Verlegung des tatsächlichen Verwaltungssitzes regelmäßig auch die Geschäftsleitung im Inland befindet,[97] handelt

---

[91] BFH vom 24.10.1984 (I R 228/81 n.v.); BFH vom 22.02.1989 BStBl II 1989, 794; BFH vom 19.03.1996 BStBl II 1996, 312; BFH vom 21.10.1999 BStBl II 2000, 424; FG Düsseldorf vom 26.06.1992 RIW 1992, 776. Hier gelten jedoch andere Voraussetzungen, da sich § 17 nicht auf alle in § 1 Abs. 1 Nr. 1-6 KStG aufgezählten Körperschaften, sondern nur auf Kapitalgesellschaften bezieht. Bei den Entscheidungen zu § 17 EStG geht es damit nicht um einen Vergleich zwischen Personengesellschaften und Körperschaften, sondern allein um die Vergleichbarkeit der ausländischen Gesellschaft mit deutschen Kapitalgesellschaften. Dabei können durchaus andere Kriterien – wie hier die Stellung als juristische Person – im Vordergrund stehen. Dennoch soll auf diese Entscheidungen eingegangen werde, da auch hier Vergleichskriterien genannt werden und konkrete Vergleiche ausländischer Gesellschaften mit deutschen Gesellschaftsformen durchgeführt werden.

[92] BFH vom 19.03.1996 BStBl II 1996, 312, 315.

[93] BFH vom 19.03.1996 BStBl II 1996, 312, 315.

[94] BFH vom 21.10.1999 BStBl II 2000, 424. Die Vorinstanz, das FG Köln (vom 09.12.1997 8 K 6015/90) führt im Rahmen des Typenvergleichs zudem den Ausschluss der persönlichen Gesellschafterhaftung an. Festgestellt wird, dass eine Vergleichbarkeit mit deutschen Kapitalgesellschaften sowohl für die *close corporation* (vergleichbar mit deutscher GmbH) als auch die *public corporation* (vergleichbar mit deutscher AG) nach US-amerikanischem Recht gegeben ist.

[95] BFH vom 24.10.1984 Az. I R 228/81 (n. v.).

[96] RIW 1992, 776, 776, wobei die herangezogenen Kriterien nicht mit abgedruckt sind.

[97] Zum Begriff der Geschäftsleitung noch genauer unten Kapitel 4 C I.

es sich bei diesen Gesellschaften nicht mehr um beschränkt, sondern um unbeschränkt steuerpflichtige Personen (vgl. § 1 Abs. 1 KStG).[98] Für Personengesellschaften erfolgt ein Wechsel von der beschränkten zur unbeschränkten Steuerpflicht jedoch nur für die Gesellschafter, die im Rahmen der Verwaltungssitzverlegung auch ihren Wohnsitz in die BRD verlegen (§ 1 Abs. 1 EStG). Die unbeschränkte Steuerpflicht ist nicht die einzige Besonderheit der grenzüberschreitenden Gesellschaft. Die Rechtsprechung beurteilt die Rechtsverhältnisse der Gesellschaft nach der Sitztheorie, was bedeutet, dass die Gesellschaft dem Recht des Staates unterliegt, in dem sie ihren tatsächlichen Verwaltungssitz innehat. Aus der Sitztheorie leitet der BFH bisher ab, dass ausländische juristische Personen ihre Rechtsfähigkeit verlieren, da mit der Sitzverlegung nunmehr inländisches Recht anwendbar ist, die inländischen Voraussetzungen an die Rechtsfähigkeit aber regelmäßig nicht erfüllt sind.[99] Denn eine Aktiengesellschaft oder GmbH nach ausländischem Recht sei nicht in das deutsche Handelsregister eingetragen, weshalb es sich um ein in Deutschland unbekanntes Gebilde handele, dem keine Rechtsfähigkeit zuzuerkennen sei.[100]

In einem Urteil vom 17.07.1968[101] hatte der BFH über die Besteuerung einer liechtensteinische Gesellschaft zu entscheiden, bei der streitig war, ob der Verwaltungssitz im Inland lag. Die Sache wurde zur weiteren Aufklärung an das FG zurückverwiesen, weshalb wesentliche Fragen zunächst offen geblieben sind. Jedoch ging der BFH davon aus, dass ein Typenvergleich durchzuführen sei, dass es auf die Rechtsfähigkeit nicht entscheidend ankomme und dass bei Sitzverlegung in das Inland durchaus auch eine unbeschränkte Steuerpflicht nach dem KStG denkbar sei. Auf den Verlust einer eventuell nach liechtensteinischem Recht bestehenden Rechtsfähigkeit aufgrund der Sitztheorie geht der BFH noch nicht näher ein. Auch in weiteren Entscheidungen ging der BFH grundsätzlich davon aus, dass eine unbeschränkte Körperschaftsteuerpflicht ausländischer Gesellschaften in Frage kommt, ohne die Problematik der aufgrund der Sitztheorie fehlenden Rechtsfähigkeit weiter zu thematisieren.[102]

Mit Beschluss vom 13.11.1991 hat sich der BFH[103] erstmals konkret mit den steuerlichen Konsequenzen der Sitztheorie auseinandergesetzt. In dem Beschluss heißt es:[104]

> „Verlegt eine ausländische Kapitalgesellschaft ihren Verwaltungssitz in die Bundesrepublik, so ist sie nach der Sitztheorie nur dann eine fortbestehende Kapitalgesellschaft, wenn sie sich unter Beachtung der hiesigen Gründungsvorschriften in das zuständige Handelsregister eintragen lässt. Geschieht dies nicht, dann wird aus der Sicht des deutschen Rechts

---

98 Hierzu bereits oben unter C I.

99 In den bisher dargestellten Fällen war der Verwaltungssitz jeweils im Gründungsstaat verblieben, weshalb für die Beurteilung der Rechtsfähigkeit nach der Sitztheorie das Recht des Heimatstaates ausschlaggebend gewesen war.

100 BGH vom 21.03.1986 BGHZ 97, 269, 271. Eine eingehende Auseinandersetzung mit der Sitztheorie aus gesellschaftsrechtlicher und steuerlicher Sicht folgt in Kapitel 3 und Kapitel 5. An dieser Stelle soll zunächst lediglich die Stellung des BFH zu dieser Problematik dargestellt werden.

101 BStBl II 1968, 695.

102 BFH vom 11.04.1984 BFH NV 1986, 255, 256; BFH vom 01.12.1982 BStBl II 1985, 2 ff.

103 BFH vom 13.11.1991 BFHE 166, 238.

104 BFH vom 13.11.1991 BFHE 166, 238, 240.

aus der rechtsfähigen ausländischen Kapitalgesellschaft entweder eine nichtrechtsfähige inländische Personenvereinigung, die steuerlich gesehen unter § 1 Abs. 5 Nr. 5, § 3 KStG zu subsumieren ist, oder eine Personengesellschaft."

Der BFH verweist in der Frage der Rechtsfähigkeit auf ein Urteil des BGH zum Verlust der Rechtsfähigkeit einer Anstalt nach liechtensteinischem Recht bei Verlegung des Verwaltungssitzes in das Inland.[105] Weitere Ausführungen in Bezug auf die Einordnungsproblematik enthält die Entscheidung nicht, weshalb sie in der Literatur auch nicht weiter Beachtung gefunden hat.

Diese folgt dann aber auf das Urteil des IX. Senats des BFH vom 23.06.1992.[106] Zu beurteilen war die steuerliche Behandlung einer liechtensteinischen Aktiengesellschaft, bestehend aus drei Gesellschaftern, deren Geschäftsführung sich im Inland befand. Das FG Düsseldorf als Vorinstanz[107] hatte ausgeführt, dass ein Einordnung unter § 1 Abs. 1 Nr. 1 KStG schon nicht in Frage käme, da der Katalog abschließend sei.[108] Auch eine Einordnung als sonstige juristische Person des privaten Rechts gemäß § 1 Abs. 1 Nr. 4 KStG scheide aus, da nach der Sitztheorie sich die Rechtsfähigkeit nach dem Sitz der Verwaltung – vorliegend also nach inländischem Recht – beurteile. Schon mangels Eintragung als AG in das Handelsregister fehle es damit an der Rechtsfähigkeit.[109] Schließlich läge auch kein nichtrechtsfähiger Verein nach § 1 Abs. 1 Nr. 5 KStG vor, da die liechtensteinische Aktiengesellschaft im Hinblick auf ihre wirtschaftliche Bedeutung einer deutschen GbR näher stände, als einem nichtrechtsfähigen Verein. Trotz der formellen Struktur einer Körperschaft überwiege die Ausrichtung auf die Person der drei Gesellschafter. Die Gesellschaft sei nicht zur Kapitalaufbringung, sondern zur Entwicklung einer gemeinsamen gewerblichen Tätigkeit gegründet worden. Sie sei vom Fortbestand der Mitgliedschaft aller Gesellschafter abhängig und trotz Einrichtung eines Verwaltungsrats sei Selbstorganschaft gegeben. Außerdem bestünde eine persönliche Haftung der Gesellschafter, da die nach liechtensteinischem Recht vorgesehene Haftungsbeschränkung nach deutschem Recht nicht anzuerkennen sei.[110] Damit gelangt das FG zu einer Einordnung als Personengesellschaft.

Der BFH sieht mit Verweis auf zwei Entscheidungen des BFH mit rein nationalem Bezug[111] die Rechtsfähigkeit als unverzichtbare Voraussetzung für die Körperschaftsteuersubjektfähigkeit einer Kapitalgesellschaft oder sonstigen juristischen Person des Privatrechts. Aufgrund der Anwendung der Sitztheorie geht er von einer fehlenden Rechtsfähigkeit der liechtensteinischen Aktiengesellschaft aus. Nach § 1 Abs. 1 Nr. 5 und § 3 KStG[112] sei dennoch auch bei

[105] BGH vom 21.03.1986 BGHZ 97, 269.
[106] BFH vom 23.06.1992 DB 1992, 2067 (der IX Senat befasst sich nur selten mit körperschaftsteuerlichen Fragestellungen).
[107] Urteil vom 06.11.1986 EFG 1987, 202.
[108] EFG 1987, 202.
[109] EFG 1987, 202.
[110] EFG 1987, 202 f.
[111] BFH Beschluss vom 25.06.1984 BStBl II 1984, 751 und BFH vom 13.12.1989 BStBl II 1990, 468.
[112] Das Verhältnis dieser Normen zueinander lässt der BFH offen.

fehlender Rechtsfähigkeit eine unbeschränkte Körperschaftsteuerpflicht denkbar. Denn körperschaftsteuerpflichtig seien auch nichtrechtsfähige Vereine, Anstalten, Stiftungen und andere Zweckvermögen.[113] Nicht gefolgt wird der Ansicht der Finanzverwaltung, die bislang davon ausgegangen war, eine unbeschränkte Körperschaftsteuerpflicht grenzüberschreitender Kapitalgesellschaften käme mangels Rechtsfähigkeit nicht in Betracht. Der BFH führt im Folgenden einen umfassenden Typenvergleich durch, wobei er die ausländische Aktiengesellschaft nach dem dort geltenden Recht – ohne Berücksichtigung der konkreten Ausgestaltung im Einzelfall – nicht wie die Vorinstanz mit dem deutschen nichtrechtsfähigen Verein bzw. der GbR vergleicht, sondern mit der deutschen AG. Als ausschlaggebend für eine Vergleichbarkeit mit der deutschen AG werden die Rechtsfähigkeit in Liechtenstein, das Führen einer eigenen Firma, die Aufteilung des Kapitals in Aktien, die fehlende persönliche Haftung der Gesellschafter, die Ausübung der Gesellschafterrechte durch die Generalversammlung, die Fremdorganschaft, die anteilige Verteilung des laufenden Gewinns sowie eines etwaigen Liquidationserlöses genannt. Damit liege nach den gesetzlichen Vorgaben im Heimatstaat und der dortigen tatsächlichen Handhabung ein der deutschen AG vergleichbares Gebilde vor, das nicht nach § 1 Abs. 1 Nr. 1 KStG, aber nach § 1 Abs. 1 Nr. 5 und § 3 KStG körperschaftsteuerpflichtig sei.

In einer kurz darauf folgenden Entscheidung des I. Senats[114] wird dieses Urteil im Grundsatz bestätigt, indem trotz fehlender Rechtsfähigkeit der grenzüberschreitenden Kapitalgesellschaft eine Besteuerung „zumindest nach § 3 Abs. 1 KStG" gegeben sein soll. Der BFH stellt in einem Satz fest, dass die betroffene schweizerische AG dem „Typ" nach einer inländischen Körperschaft entspräche.[115] Voraussetzung für eine Steuerpflicht sei aber zusätzlich, dass die ausländische Gesellschaft zum Zeitpunkt der Verlegung des Verwaltungssitzes in das Inland über eigenes Vermögen verfüge, da ansonsten Vollbeendigung der Gesellschaft vorliegen könne.[116] Damit bleibt jedoch zunächst offen, ob auch nach Ansicht des I. Senats als Vergleichsobjekt die deutsche AG anstelle des nichtrechtsfähigen Vereins dienen soll und ob § 3 Abs. 1 ggf. i. V. m. § 1 Abs. 1 Nr. 5 KStG oder doch § 1 Abs. 1 Nr. 1 KStG als einschlägige Norm gelten soll.

Eine vollumfängliche Bestätigung des grundlegenden Urteils vom 23.06.1992 durch den I. Senat des BFH erfolgt aber in einer Entscheidung bezüglich der Einordnung einer spanischen *Sociedad Anonima* (S. A.).[117] Hier heißt es mit Verweis auf die Entscheidung des IX. Senats, dass die S. A. ihrer Organisation und Struktur nach einer deutschen Kapitalgesellschaft – also nicht einem nichtrechtsfähigem Verein – entspräche und sie daher als Körperschaftsteuersub-

---

[113] BFH DB 1992, 2067, 2069.
[114] BFH vom 01.07.1992 BStBl II 1993, 222.
[115] BFH vom 01.07.1992 BStBl II 1993, 222, 224.
[116] BFH vom 01.07.1992 BStBl II 1993, 222, 224.
[117] BFH vom 23.06.1993 BFH NV 1994, 661.

jekt i. S. des § 1 Abs. 1 Nr. 5, § 3 Abs. 1 KStG zu behandeln sei.[118] Erneut Bezug genommen wurde auf das Urteil vom 23.06.1992 in den Jahren 1996 und 1998 in weiteren Entscheidungen des BFH.[119] Hier wurden jeweils ohne nähere Begründung eine niederländische, eine portugiesische und eine rumänische Kapitalgesellschaft mit Geschäftsführung im Inland für unbeschränkt körperschaftsteuerpflichtig gehalten.[120]

III. Handhabung des Typenvergleichs in der Finanzverwaltung

Die Finanzverwaltung folgt im Wesentlichen der Rechtsprechung zum Typenvergleich. Zu nennenswerten Abweichungen kam es lediglich mit dem koordinierten Ländererlass aus dem Jahr 1973, nach dem eine spanische Personengesellschaft, die im Heimatstaat als juristische Person anerkannt war, als Körperschaftsteuersubjekt eingeordnet wurde.[121] Dieser Erlass wurde vom BMF jedoch mit Schreiben vom 19.03.1976 abgelehnt.[122] Die Finanzverwaltung war auch in einem Erlass zur Frage der Einordnung einer *private company limited by shares* (Ltd.) nach britischem Recht mit Geschäftsleitung im Inland zunächst einen anderen Weg gegangen, als die später zu grenzüberschreitenden Gesellschaften ergangene Rechtsprechung.[123] Die Ltd. sollte mangels Anerkennung der Rechtsfähigkeit und mangels Vergleichbarkeit mit einem nichtrechtsfähigen Verein als Personengesellschaft besteuert werden. Im Anschluss an die grundlegende Entscheidung des BFH zur Behandlung grenzüberschreitender Kapitalgesellschaften vom 23.06.1992[124] distanzierte sich die Finanzverwaltung mit einem koordinierten Ländererlass von dieser Auffassung und folgte den Grundsätzen der Rechtsprechung.[125] Abweichungen von der Rechtsprechung enthält jedoch die Verfügung der OFD Koblenz vom 08.08.1997.[126] Hier werden zunächst die Grundsätze der Rechtsprechung zum Typenvergleich zusammengefasst. Es werden aber für den Fall, dass der Typenvergleich positiv ausfällt, auf einer zweiten Stufe die weiteren Voraussetzungen der Einkünftezurechnung geprüft. In jedem Einzelfall sei zu klären, ob die Einkünfte der ausländischen Gesellschaft selbst oder aber den Anteilseignern zuzurechnen seien. Als Indizien hierfür werden Eintragung der Gesellschaft – nicht der Gesellschafter – in das deutsche Grundbuch, Auftreten der

---

118 BFH vom 23.06.1993 BFH NV 1994, 661, 663.

119 BFH vom 19.03.1996 BStBl II 1996, 312; BFH vom 15.07.1998 BFH NV 1999, 372; BFH vom 16.12.1998 BStBl II 1999, 437.

120 GmbHR 1999, 94, 95 bzw. BStBl II 1999, 437, 439. In ihrer tatsächlichen Ausgestaltung war die portugiesische „Kapitalgesellschaft" personalistisch strukturiert (nur 2 Geschäftsführer mit Gesamtgeschäftsführungsbefugnis); auf einen Typenvergleich ging das Gericht nicht weiter ein (die konkrete Ausgestaltung im Einzelfall soll nach der bisher dargestellten Rechtsprechung aber ohnehin nicht ausschlaggebend sein).

121 Finanzministerium NRW Erlass vom 20.03.1973 RIW 1973, 277.

122 BB 1979, 540.

123 Erlass des Finanzministeriums BaWü vom 15.01.1985 DStR 1985, 180.

124 BFH vom 23.06.1992 DB 1992, 2064 (bereits dargestellt).

125 Vgl. u. a. Finanzministerium Brandenburg, Erlass vom 01.09.1993 RIW 1993, 876 f.; OFD Koblenz vom 08.08.1997 RIW 1997, 1066; Finanzministerium NRW Erlass vom 04.10.1993 KStG-Kartei § 1 KStG A 1.

126 RIW 1997, 1066.

Gesellschaft im eigenen Namen, Auftreten der Gesellschafter als Vertreter der Gesellschaft sowie Vertragsschlüsse im Namen der Gesellschaft genannt.

Von Bedeutung für die praktische Handhabung der Einordnung sind verschiedene von der Finanzverwaltung veröffentlichte Listen, in denen zahlreiche ausländische Gesellschaftsformen mit den ihnen entsprechenden deutschen Gesellschaftsformen aufgezählt werden. So enthält eine Verfügung der OFD Münster vom 29.04.1993[127] eine Auflistung der Gesellschaftsformen der Länder Polen, Tschechoslowakei, Ungarn, Bulgarien, Slowenien/Kroatien und Rumänien mit ihren jeweiligen deutschen Vergleichsformen.[128] Auch die OFD Koblenz hat mit Verfügung vom 08.08.1997[129] eine vergleichende Zusammenstellung ausländischer Gesellschaftsformen aus 26 Nationen veröffentlicht. Aufgrund Aktualität und Umfang von besonderer Bedeutung ist der sog. Betriebstättenerlass des BMF vom 24.12.1999.[130] Dessen Anhang enthält zwei Tabellen mit einer Übersicht der Rechtsformen internationaler Unternehmen, die inhaltlich der Verfügung der OFD Münster und der OFD Koblenz ähnelt.[131] Daneben existieren eine Reihe von Verwaltungsvorgaben zur steuerlichen Behandlung von ausländischen Gesellschaftsformen im Zusammenhang mit DBA.[132] Für den Typenvergleich im Hinblick auf die einkommensteuerliche Einordnung sind diese Vorgaben jedoch meist nur bedingt verwertbar.[133]

Inwieweit die verschiedenen Vorgaben der Finanzverwaltung zur Einordnung ausländischer Gesellschaftsformen einen Typenvergleich für die explizit genannten ausländischen Rechtsformen entbehrlich machen, sollen noch im Fortgang der Arbeit genauer untersucht werden.[134]

IV. Zusammenfassung und erste Würdigung

Ein Typenvergleich wird von der Rechtsprechung nicht nur zur Feststellung der Steuersubjektivität einer ausländischen Gesellschaft nach dem KStG bzw. deren Gesellschafter nach dem EStG und – ohne Abweichungen im Procedere – nach § 2 Abs. 1 bzw. Abs. 2 und 3 GewStG durchgeführt. Auch für die Beurteilung von Beteiligungen unbeschränkt steuerpflichtiger Per-

[127] RIW 1993, 605 f.

[128] Die Liste wird im Zusammenhang mit einem Erlass der OFD Frankfurt a. M. vom 26.05.1993 veröffentlicht. Dort geht es um die Umsetzung eines Schreibens des BMF vom 29.04.1993 (BStBl I 1993, 342) zur steuerlichen Behandlung von Beteiligungen an einer ungarischen KG bzw. GmbH & Co. KG nach dem DBA-Ungarn. Im Ergebnis soll dabei die Beteiligung an einer ungarischen KG bzw. GmbH & Co. KG trotz Behandlung als eigene steuerliche Rechtsperson wie die Beteiligung an einer Personengesellschaft behandelt werden. Dies entspricht den Grundsätzen der Venezuela-Entscheidung des RFH vom 23.09.1927.

[129] RIW 1997, 1066 ff.; vgl. auch *Felix/Carlé* StEK Nr. 37 zu § 1 KStG und ergänzend Nr. 38, 41, 42.

[130] BStBl I 1999, 1076, 1080.

[131] BStBl I 1999, 1114 ff.

[132] Vgl. Übersicht bei *Vogel*, DBA Art. 1 Rz. 19 ff.

[133] *Herrmann*, Einordnung ausländischer Gesellschaften S. 267 f; vgl. auch Definition Art. 3 Abs. 1 lit. c) OECD MA; hierzu genauer noch unten Kapitel 5 A IV.

[134] Kapitel 5 B II 2 a).

sonen an ausländischen Kapitalgesellschaften (dann Einkünfte aus Kapitalvermögen nach § 20 Abs. 1 EStG) oder ausländischen Personengesellschaften (dann Einkünfte aus Gewerbebetrieb nach § 15 Abs. 1 S. 1 Nr. 2 EStG) sowie die Anwendbarkeit von § 17 EStG auf Veräußerungen von Anteilen an ausländischen Gesellschaften greift die Rechtsprechung auf die Grundsätze des Typenvergleichs zurück.

Allen höchstrichterlichen Entscheidungen zum Typenvergleich ist gemeinsam, dass für den Vergleich nicht die tatsächliche Ausgestaltung der ausländischen Gesellschaft im konkreten Einzelfall, sondern die gesetzlichen Vorgaben – teilweise auch die grundsätzliche praktische Handhabung und die wirtschaftliche Stellung – im Heimatstaat ausschlaggebend sein soll.

Einen Schwerpunkt bei der Durchführung des Typenvergleichs bildet die Frage nach der Bedeutung der Rechtsfähigkeit der ausländischen Gesellschaft. Nach der von der Rechtsprechung angewandten Sitztheorie gilt bezüglich der Anerkennung als juristische Person das Recht des Staates, in dem der tatsächliche Verwaltungssitz einer Gesellschaft liegt. Damit erkennen RFH und BFH die Rechtsfähigkeit ausländischer Gesellschaften grundsätzlich an. Das Merkmal der Rechtsfähigkeit wird von der Rechtsprechung zwar immer wieder erwähnt, im Ergebnis wird diesem Merkmal jedoch keine besondere Bedeutung zugemessen.[135] Einerseits ist seit der Venezuela-Entscheidung des RFH anerkannt, dass ausländische juristische Personen, die wie eine OHG oder KG strukturiert sind, in Deutschland als Personengesellschaft eingeordnet werden. Die Rechtsfähigkeit ist nur ein Merkmal unter Vielen. Auch umgekehrt wird die fehlende Stellung als juristische Person für die Einordnung als Körperschaft nicht als besonders problematisch gesehen und in Einzelfällen wird die Frage der Rechtsfähigkeit sogar völlig offengelassen.[136] Bedeutung erlangt die Rechtsfähigkeit jedoch in der Rechtsprechung zu grenzüberschreitenden Kapitalgesellschaften. Aufgrund fehlender Rechtsfähigkeit soll eine Einordnung als Kapitalgesellschaft nach § 1 Abs. 1 Nr. 1 KStG ausscheiden. Wegen der Vergleichbarkeit mit einer deutschen Kapitalgesellschaft soll dann aber § 1 Abs. 1 Nr. 5 bzw. § 3 KStG einschlägig sein. Systematisch erscheint dieses Vorgehen bedenklich, wie in Kapitel 5 noch auszuführen sein wird.

---

[135] Anders sieht das *Herrmann*, Einordnung ausländischer Gesellschaften S. 94 f, der in einigen Entscheidungen die Zivilrechtsfähigkeit als das gewichtigste Kriterium des BFH versteht. In den von ihm genannten Entscheidungen (BFH vom 27.07.1988 BStBl II 1989 101, 102 und BFH vom 14.02.1992 BStBl II 1993, 189, 190) ist der Typenvergleich jedoch gerade unproblematisch; die Stellung als juristische Person wird dort zwar jeweils gesondert erwähnt, insgesamt wird jedoch bzgl. der Vergleichbarkeit im Ganzen auf andere Entscheidungen bzw. einschlägige Literatur verwiesen. Wenn *Herrmann* die Herausragende Bedeutung des Merkmals der Rechtsfähigkeit mit den BFH-Urteilen vom 19.03.1996 (BStBl II 1996, 312) bzw. vom 21.10.1999 (BStBl II 2000, 424) belegen will (vgl. S. 89 f), so übersieht er, dass es hier nur um eine Vergleichbarkeit der ausländischen Gesellschaften für eine Besteuerung nach § 17 Abs. 1 EStG geht. Da hierfür aber auch nach deutschem Recht nur Kapitalgesellschaften und nicht andere Körperschaften in Betracht kommen, liegt ein ganz anderer Prüfungsmaßstab vor.

[136] So bei RFH vom 18.12.1930 RFHE 27, 303, 304 oder im Ansatz auch BFH vom 17.07.1968 DB 1968, 1694, 1695 mit Hinweis darauf, dass Treuunternehmen mit und ohne Rechtspersönlichkeit nach den gleichen Regelungen leben.

Auffällig ist, dass die Rechtsprechung beim Typenvergleich nicht immer die ausländische Gesellschaftsform mit einer konkreten deutschen Gesellschaftsform vergleicht, sondern manchmal auch allgemein Strukturmerkmale von Personengesellschaften oder Körperschaften heranzieht, ohne sich auf eine bestimmte deutsche Gesellschaftsform festzulegen.[137]

Zum Vergleich werden in der Rechtsprechung neben dem Merkmal der Rechtsfähigkeit unterschiedliche Kriterien herangezogen. Am häufigsten werden Geschäftsführung, Haftung und Übertragung der Anteile genannt. Die Besteuerung der Gesellschaft im Heimatstaat wird z. T. als Abgrenzungskriterium abgelehnt,[138] in einer anderen Entscheidung hingegen ausdrücklich mit berücksichtigt.[139]

Insgesamt lässt sich feststellen, dass – betrachtet man alle Entscheidung in ihrer Gesamtheit – eine einheitliche Linie in gewissem Umfang erkennbar wird.[140] Es bleibt jedoch unklar, welchen Abgrenzungskriterien besondere Bedeutung zukommt und welche Strukturmerkmale eher nebensächlich sind. Abgesehen von der wiederholten Auseinandersetzung mit der Bedeutung der Rechtsfähigkeit hinterfragt die Rechtsprechung in nicht einer Entscheidung, welche Bedeutung einem Strukturmerkmal tatsächlich zukommen kann. Sofern die Rechtsprechung deutsches Gesellschaftsrecht heranzieht, beschränkt sie sich auf eine schlagwortartige Verwendung von Typusmerkmalen. Auch wenn es ohne weitere Anhaltspunkte in manchen Entscheidungen heißt, die „wirtschaftliche Stellung" der ausländischen Gesellschaft sei zu berücksichtigen, hilft diese Aussage allein nicht viel weiter. In keiner Entscheidung wird die wirtschaftliche Stellung näher untersucht, so dass deutlich würde, was mit dieser Aussage gemeint ist.[141] Hinzu kommt, dass nur wenige ausländische Gesellschaften bisher mit deutschen Gesellschaftsformen verglichen wurden. Schließlich ist bisher noch nicht geklärt, wie beispielsweise ausländische Mischformen – vergleichbar mit der deutschen GmbH & Co. KG – im Typenvergleich zu behandeln sind.

Die Finanzverwaltung hält sich inzwischen weitgehend[142] an die Vorgaben der Rechtsprechung. Hilfreich für die Einordnung sind Übersichten zu ausländischen Rechtsformen und den entsprechenden deutschen Gesellschaftsformen, wobei hier der sog. Betriebstättenerlass hervorzuheben ist.

---

[137] So insbesondere zur Einordnung der liechtensteinischen Anstalt (BFH vom 06.11.1980 BStBl II 1981, 220).
[138] Z. B. BFH vom 16.12.1992 BStBl II 1993, 399.
[139] BFH vom 06.11.1980 BStBl II 1981, 220.
[140] Kritischer *Herrmann*, Einordnung ausländischer Gesellschaften S. 94; ähnlich *Herz*, Grenzüberschreitende Kapitalgesellschaften S. 276 (jedoch ohne nähere Begründung).
[141] Auf die wirtschaftliche Stellung geht aber das BMF mit Schreiben vom 01.12.1980 DB 1981, 139 ein.
[142] Zu den Abweichungen der OFD Koblenz im Erlass vom 08.08.1997, RIW 1997, 1066 noch ausführlich unten Kapitel 5 B I 6 b).

Kapitel 2 Deutsches Gesellschaftsrecht

A Die gesellschaftsrechtlichen Fragestellungen im Rahmen des Typenvergleichs

Wie im vorangegangenen Kapitel bereits dargestellt, knüpft die unterschiedliche Besteuerung von Gesellschaften an die zivilrechtliche Unterscheidung zwischen Personengesellschaften und Körperschaften an. Im Rahmen des Typenvergleichs geht es darum, ausländische Gesellschaftsformen gemäß dieser Unterteilung nach deutschem Gesellschaftsrecht einer der beiden Gruppen zuzuordnen. Die Rechtsprechung führt i. d. R. einen Vergleich der ausländischen Gesellschaftsform mit der dieser am ehesten entsprechenden konkreten deutschen Gesellschaftsform durch. Je nachdem, ob es sich bei dieser Vergleichsform um eine Körperschaft oder Personengesellschaft handelt, wird die ausländische Gesellschaft nach dem KStG oder EStG besteuert. Für den Fall, dass eine vergleichbare deutsche Rechtsform nicht existiert, wird abstrakt eine Abgrenzung von Personengesellschaften und Körperschaften vorgenommen.[143]

In der Mehrzahl der Fälle scheint ein Typenvergleich wenig Probleme zu bereiten, da die meisten ausländischen Rechtsordnungen Gesellschaftsformen kennen, die den rechtlichen Vorgaben der vergleichbaren deutschen Gesellschaftsform entsprechen.[144] So wird man in fast allen Ländern auf eine GmbH, AG oder KG treffen. Probleme bereitet ein Vergleich aber auch in diesen – auf den ersten Blick ganz eindeutigen – Fällen immer dann, wenn einzelne Merkmale nicht erfüllt sind. Hier stellt sich die Frage, ob diese Abweichungen dazu führen, dass die ausländische Gesellschaft nicht mehr mit der entsprechenden inländischen Rechtsform vergleichbar sein kann. Daneben wird man aber auch immer wieder auf ausländische Gesellschaften stoßen, die keiner deutschen Gesellschaftsform entsprechen, sondern die unterschiedlichsten Merkmale miteinander verknüpfen. Um in diesen Fällen zu einem Ergebnis zu kommen, muss Schritt für Schritt geklärt werden, in welchen Punkten die einzuordnende Gesellschaft eher einer deutschen Personengesellschaft entspricht und welche Merkmale eher auf eine Körperschaft hindeuten. Entscheidend ist bei diesen Mischformen, welche Strukturmerkmale für die Zuordnung besonders relevant sein sollen.

Ziel dieses Kapitels ist es zunächst, die derzeit existierenden deutschen Gesellschaftsformen abschließend aufzuführen und jeweils deren typische Strukturmerkmale aufzuzeigen. Denn ein Vergleich einer ausländischen Gesellschaft mit der entsprechenden deutschen Rechtsform kann nur erfolgen, wenn die gesellschaftsrechtliche Struktur des deutschen Vergleichsobjekts geklärt ist. Vorrangig geht es aber darum, ganz allgemein die Typusmerkmale von Körperschaften und Personengesellschaften aus gesellschaftsrechtlicher Sicht zu analysieren. Zu klären ist, welche Strukturmerkmale tatsächlich für die Abgrenzung zwischen Personengesellschaften und Körperschaften geeignet sind und damit für die Einordnung der ausländischen Rechtsform ausschlaggebend sein müssen.

---

[143] Vgl. insbesondere die Einordnung der Anstalt nach liechtensteinischem Recht (BFH vom 17.07.1968 DB 1968, 1694) Kapitel 1 D I.

[144] Die erste Normierung deutscher Gesellschaftsformen wurde aus dem napoleonischen *Code de commerce* abgeleitet (vgl. *Bergfeld* in Coing, Privatrechtsgeschichte S. 2853, 2887 ff). Die in Deutschland entwickelte Rechtsform der GmbH wurde wiederum in vielen anderen Staaten übernommen. Damit ist erklärlich, warum das Gesellschaftsrecht in Europa erhebliche Parallelen aufweist.

Für eine Analyse der gesellschaftsrechtlichen Abgrenzung von Körperschaften und Personengesellschaften würde es sich auf den ersten Blick anbieten, zunächst die anerkannten Abgrenzungsmerkmale aufzuzeigen und danach die deutschen Gesellschaftsformen zuzuordnen. Allerdings ist die Einordnung aller deutschen Gesellschaftsformen inzwischen weitgehend unstreitig geklärt.[145] Interessant wird die gesellschaftsrechtliche Unterscheidung zwischen Körperschaften und Personengesellschaften aber durch die Fortentwicklung des Gesellschaftsrechts. Personengesellschaften sind heute beispielsweise als Träger viel weitgehender Rechte und Pflichten anerkannt, als vor 100 Jahren. So wurde kürzlich die Prozessfähigkeit einer GbR höchstrichterlich anerkannt, ein Schritt, der noch vor wenigen Jahren kaum denkbar gewesen ist.[146] Soll heute das Gesellschaftsrecht als Grundlage für die Einordnung ausländischer Gesellschaftsformen dienen, macht es wenig Sinn, allein auf die bekannten formalen Kriterien abzustellen, die in der heutigen gesellschaftsrechtlichen Praxis aufgrund der Weiterentwicklung von Rechtsprechung und Gesetzgebung nur noch teilweise Geltung haben. Sachgerecht ist damit eine Herangehensweise vom Ergebnis her: Die jetzige Zuordnung der deutschen Gesellschaftsformen stellt den Ausgangspunkt dar. Die Bedeutung der einzelnen Strukturmerkmale als Abgrenzungskriterien muss daran festgemacht werden, wie die heute anerkannten Personengesellschaften und Körperschaften strukturiert sind. Aus diesem Grund soll von Anfang an eine Trennung zwischen Personengesellschaften und Körperschaften vorgenommen werden, wie sie von Rechtsprechung und Literatur anerkannt ist. Die Abgrenzungskriterien werden dann anhand der tatsächlichen gesellschaftsrechtlichen Situation analysiert.

B Grundstruktur des deutschen Gesellschaftsrechts

Um eine sinnvolle Auswahl der zu untersuchenden Rechtsformen treffen zu können, ist zunächst ein Überblick darüber zu verschaffen, was überhaupt Inhalt des Gesellschaftsrechts ist und an welcher Stelle die Unterscheidung zwischen Körperschaft und Personengesellschaft angelegt ist.

Gesellschaftsrecht ist das Recht der Gesellschaften. Es regelt die Verhältnisse der Gesellschafter untereinander (etwa Finanzverfassung, Organisation oder Rechtsfähigkeit) und nach außen, also Fragen der Vertretung und Haftung für Verbindlichkeiten. Damit umfasst das Gesellschaftsrecht hauptsächlich Regelungen des allgemeinen Teils des BGB und des Schuldrechts.[147] Das Gesellschaftsrecht befasst sich aber nicht nur mit den einzelnen Gesellschafts-

---

[145] Vgl. nur Übersichten in *Hüffer*, Gesellschaftsrecht § 2 Nr. 3 oder *Schmidt*, Gesellschaftsrecht § 3 I 2 a). Lediglich *Peter/Crezelius* (Gesellschaftsverträge Rz. 19) betrachten die eG nicht wie die h. M. als Körperschaft, sondern als Mischform zwischen Personengesellschaft und Körperschaft. Zur Einordnung der Gesellschaftsformen genauer unten unter Punkt B II.

[146] BGH vom 29.01.2001 BB 2001, 374 ff.

[147] *Hüffer*, Gesellschaftsrecht § 35 1.

formen, sondern auch mit der vertraglichen oder faktischen Verbindung mehrerer Gesellschaften, dem Konzernrecht.[148]

I. Begriff der Gesellschaft und des Unternehmens

Die Gesellschaft ist ein vertraglicher Zusammenschluss von mehreren Personen, die eine Organisation zur Erreichung eines gemeinsamen Ziels schaffen. Die Mitglieder übernehmen die Pflicht, zur Verfolgung dieses Ziels beizutragen.[149] Hingegen sind Stiftungen nach §§ 80 ff BGB vermögensrechtliche Gebilde, die nicht aus einem Zusammenschluss von Personen bestehen und damit auch keine Gesellschaften. Es handelt sich hierbei um eine unternehmerische Organisationsform, die durchaus Strukturparallelen zur Publikums-AG hat.[150] Die Stiftung kann Gesellschafter einer Handelsgesellschaft sein, nicht jedoch unmittelbar ein Unternehmen betreiben.[151] Nicht zum Gesellschaftsrecht gehören auch Körperschaften, Anstalten und Stiftungen des öffentlichen Rechts.[152] Denn diese verdanken ihre Individualität als rechtsfähiges Rechtssubjekt nicht der Privatautonomie, sondern einem Spezialgesetz oder einem Staatsakt aufgrund eines typenbildenden Modellgesetzes.[153] Es fehlt also am Merkmal des vertraglichen Zusammenschlusses. Mangels vertraglichen Zusammenschlusses mehrerer Personen sind streng genommen auch die gesetzlich anerkannte Einmann-GmbH und Einmann-AG nicht vom Begriff des Gesellschaftsrechts erfasst, obwohl diese den Vorschriften des GmbHG bzw. AktG unterliegen.

Für den hier durchzuführenden Typenvergleich ist der Begriff des Gesellschaftsrechts damit insofern zu eng, als die Einmanngesellschaften nicht erfasst sind. Da es sich hierbei um Kapitalgesellschaften handelt, die nur in wenigen Punkten von dem Grundprinzip der Gesellschaftsform abweichen, bestehen wenig Bedenken dagegen, diese mit einzubeziehen. Die Stiftung soll in den weiteren Ausführungen hingegen ausgeklammert werden. Nicht mit berücksichtigt werden sollen ferner öffentlich-rechtliche Unternehmensformen, welche grund-

[148] § 18 AktG definiert den Konzern als zwei oder mehrere rechtlich selbständige Unternehmen, die unter einheitlicher Leitung zusammengefaßt sind, sei es unter der Leitung eines herrschenden Unternehmens als Unterordnungskonzern oder ohne Herrschafts- und Abhängigkeitsverhältnis als Gleichordnungskonzern. Das Konzernrecht ist im Rahmen dieser Arbeit nicht weiter von Relevanz. Denn steuerliche Folgen aus einer Konzernverstrickung ergeben sich nur im Falle des Vorliegens einer körperschaftsteuerlichen Organschaft nach § 14 KStG, die auch nach der Unternehmenssteuerreform grundsätzlich nicht zu einer Gewinnabführung an eine ausländische Personengesellschaft oder Körperschaft führen kann (*Witt* in Dötsch/Eversberg/Jost/Witt, Die Körperschaftsteuer § 14 KStG n. F. Rz. 3 a) ff).

[149] *Westermann*, Handbuch der Personengesellschaften § 1 Rz. 1. Teilweise werden v. a. in der Literatur unter Gesellschaften (dann gemeint als Gesellschaften i. e. S.) lediglich die Personengesellschaften verstanden – Körperschaften werden als Vereine bezeichnet (*Kraft/Kreutz*, Gesellschaftsrecht A I 1). Diese Begrifflichkeit ist verwirrend, zumal sich die Kapitalgesellschaften schon der gesetzlichen Bezeichnung nach (Aktien*gesellschaft*; *Gesellschaft* mit beschränkter Haftung) als Gesellschaften darstellen.

[150] *Kübler*, Gesellschaftsrecht § 1 II.

[151] *Reuter* in Münchener Kommentar Bd. 1 Vor. § 80 Rz. 22.

[152] *Schmidt*, Gesellschaftsrecht § 1 II 1.

[153] *Wolff/Bachof/Stober*, Verwaltungsrecht I § 34 Rz. 6.

sätzlich dem KStG unterfallen,[154] so dass ein Typenvergleich hier ohnehin weniger relevant ist.

Vom Begriff der Gesellschaft ist der des Unternehmens abzugrenzen. Das Unternehmen setzt sich aus Sachen, Rechten und sonstigen Beziehungen zusammen. Träger aller Rechte und Pflichten ist der Kaufmann oder eine Handelsgesellschaft als Inhaber.[155] Für den Bereich des Privatrechts ist die Definition des § 2 HGB ausschlaggebend.[156] Dem Begriff des Unternehmens stets immanent ist daher der des Gewerbes. Unter Gewerbebetrieb versteht man eine selbständige, entgeltliche, auf eine grundsätzlich unbestimmte Vielzahl von Geschäften gerichtete, nach außen in Erscheinung tretende Tätigkeit mit Ausnahme derjenigen freier Berufe, bei denen die Leistungserbringung höchstpersönlichen Charakter hat.[157] Freiberufler sind somit keine Unternehmer im Sinne des Privatrechts. Der Unternehmensbegriff umfasst auch Einzelunternehmer, ist also nicht auf Gesellschaften beschränkt. Es gibt andererseits auch Gesellschaften, die den Anforderungen an ein Unternehmen nicht genügen, da sie kein Gewerbe ausüben. Wichtigste Beispiele sind die typische GbR, die stG und der e. V., der auf die Verfolgung eines ideellen Zwecks festgelegt ist.

II. Personengesellschaften und Körperschaften

Es stellen sich verschiedene Möglichkeiten dar, die einzelnen Gesellschaftsformen in Gruppen einzuteilen. Vielfach unterscheidet man zwischen Vereinigungen mit und ohne Rechtsfähigkeit.[158] Auch kommt eine Unterscheidung in wirtschaftliche und nichtwirtschaftliche Gesellschaften in Betracht. Von besonderer Bedeutung ist aber die Unterscheidung in Personengesellschaften und Körperschaften.[159] Darstellungen des Gesellschaftsrechts werden i. d. R. in das Recht der Personengesellschaften und das Recht der Körperschaften untergliedert.[160] Diese Unterscheidung bietet sich an, da die Gruppe der Personengesellschaften die Probleme öfter gleich oder ähnlich löst, die Gruppe der Körperschaften an gleiche Probleme oftmals anders herangeht.[161] Die gesellschaftsrechtliche Unterteilung in Personengesellschaften und

[154] Vgl. § 1 Abs. 1 Nr. 6 KStG, wonach Betriebe gewerblicher Art von juristischen Personen des öffentlichen Rechts körperschaftsteuerpflichtig sind.
[155] S. *Creifelds*, Rechtswörterbuch S. 1319.
[156] *Peter/Crezelius*, Gesellschaftsverträge S. 2.
[157] *Canaris*, Handelsrecht § 2 I 1 f).
[158] *Hueck*, Gesellschaftsrecht § 2 I 1 oder § 11 InsO (in Abs. 1 „juristische Person", in Abs. 2 „Gesellschaften ohne Rechtspersönlichkeit").
[159] *Schmidt*, Gesellschaftsrecht § 3 I 2.
[160] Vgl. die Inhaltsübersichten beispielsweise von *Grunewald*, Gesellschaftsrecht; *Kübler*, Gesellschaftsrecht; *Wiedemann*, Gesellschaftsrecht.
[161] *Grunewald*, Gesellschaftsrecht 3.IV.

Körperschaften dient aber lediglich der Systematisierung. Das Gesellschaftsrecht selbst knüpft an diese Einordnung keine konkreten Rechtsfolgen.[162]

Vom Grundsatz her sind Personengesellschaften personalistisch strukturiert, es kommt erheblich auf die Person der einzelnen Gesellschafter an. Körperschaften haben demgegenüber i. d. R. eine kapitalistische Struktur. Die Aufnahme von Gesellschaftern dient primär der Kapitalbeschaffung. Aus dieser grundlegenden Unterscheidung resultieren eine Reihe von Strukturmerkmalen, die zur Abgrenzung von Personengesellschaften und Körperschaften herangezogen werden und in diesem Kapitel unter Punkt E II analysiert werden.

Für Körperschaften als typisch angesehene Merkmale sind insbesondere:[163]

- juristische Person; Rechtsfähigkeit
- Registrierungssystem
- eigener Name; Handelsgesellschaften meist mit Sachfirma
- freier Eintritt und Austritt; freie Übertragung der Mitgliedschaft; keine Abfindung bei Ausscheiden
- große Mitgliederzahl
- Fremdorganschaft; keine Gesamtvertretung/Gesamtgeschäftsführung
- Mehrheitsentscheidungen in Mitgliederversammlungen
- kein persönliches Vertrauen; keine besondere Treuepflicht
- Trennung zwischen Haftung der Gesellschaft und Haftung der Gesellschafter

Demgegenüber zeichnen sich Personengesellschaften durch folgende Strukturmerkmale aus:

- Gesamthandsgemeinschaft; keine Rechtsfähigkeit

---

[162] Anders sieht das *Wiedemann*, der dieser Unterscheidung einen großen Stellenwert beimisst (Gesellschaftsrecht § 2 I 1 b). Insbesondere macht er die Abgrenzung von nichtrechtsfähigem Verein und GbR vom Unterschied zwischen Personengesellschaften und Körperschaften abhängig. Die unterschiedliche Behandlung von nichtrechtsfähigen Vereinen und Gesellschaften bürgerlichen Rechts ist jedoch keine Rechtsfolge der Unterscheidung zwischen Körperschaften und Personengesellschaften. Ausschlaggebend für die Unterscheidung ist vielmehr die gesetzliche Vorgabe des BGB. Hiernach muss die Rechtsform bestimmt werden, wobei als Abgrenzungskriterien die unterschiedlichen Typusmerkmale von Personengesellschaften und Körperschaften herangezogen werden können. Ferner ist nach Wiedemann die Unterscheidung auch deshalb von erheblicher Bedeutung, weil sich die Füllung von Regelungslücken stets an den Mutter- und Schwesterngesellschaften der gleichen Gruppe orientiere. Für Personenhandelsgesellschaften ergäbe sich das aus § 105 Abs. 3 HGB. Für Körperschaften habe das Reichsgericht die Anwendung der §§ 31 und 35 BGB angeordnet. Jeweils sei jedoch Voraussetzung, dass die Gesellschaftsverträge insofern Regelungslücken enthalten. Hingegen kommt *Nitschke* (Die körperschaftlich strukturierte Personengesellschaft S. VII, 404) zu dem Ergebnis, dass es für die Praxis keinen Unterschied macht, ob man eine körperschaftlich strukturierte Personengesellschaft als Körperschaft oder Personengesellschaft einordnet.

[163] *Peter/Crezelius*, Gesellschaftsverträge A II 2 a, b; *Grunewald*, Gesellschaftsrecht 1.A.Einf., 2.A.Einf., 3.IV; *Schmidt*, Gesellschaftsrecht § 3 I 2 mittelbar auch § 25 I 2; *Wiedemann*, Gesellschaftsrecht § 2 I 1 a bb; *Hüffer*, Gesellschaftsrecht Teil 1 § 2; *Klunzinger*, Grundzüge des Gesellschaftsrechts § 1 II; *Eisenhardt*, Gesellschaftsrecht § 2 II 1; *Kraft/Kreutz*, Gesellschaftsrecht A III 1; *Kübler*, Gesellschaftsecht § 3 I und II.

- Entstehung durch Vertrag
- grundsätzlich ohne eigenen Namen; Handelsgesellschaften meist mit Personalfirma
- beschränkter Eintritt und Austritt; grundsätzlich keine Übertragung der Mitgliedschaft; Abfindung bei Ausscheiden
- kleine Mitgliederzahl
- Selbstorganschaft; grundsätzlich Gesamtvertretung/Gesamtgeschäftsführung
- Einstimmigkeitsprinzip in Gesellschafterversammlungen
- persönliches Vertrauen; besondere Treuepflicht
- unmittelbare Außenhaftung der Gesellschafter

Körperschaft ist der Oberbegriff für eine Reihe von Verbandsformen des öffentlichen und privaten Rechts.[164] Anders als bei den Personengesellschaften gehören in die Gruppe der Körperschaften nicht nur Gesellschaften, sondern auch andere Unternehmensformen, insbesondere öffentlich-rechtliche Unternehmen oder Stiftungen. Die Grundform der privatrechtlichen Körperschaft ist der Verein.[165] Neben dem Verein gehören in die Gruppe der privatrechtlichen Körperschaften die Kapitalgesellschaften, der VVaG und die eG.[166] Unter dem Begriff der Kapitalgesellschaft werden im rechtlichen und wirtschaftlichen Sprachgebrauch AG, KGaA und GmbH zusammengefasst.[167]

Grundform der Personengesellschaft ist die GbR, deren rechtstechnische Ausgestaltung – insbesondere durch die Figur der gesamthänderischen Vermögensbildung – weitgehend auch das Recht der OHG und der KG bestimmt.[168] Zu den Personengesellschaften zählt zudem die stG, die Partenreederei, die freiberufliche Partnerschaft und die EWIV.[169] Personenhandelsgesellschaften sind die Personengesellschaften, die ein Handelsgewerbe betreiben, also die OHG, die KG und die stG. Zu beachten ist, dass von den Personengesellschaften auch als Gesellschaften im engeren Sinne oder – was zu begrifflicher Verwirrung führen kann – manchmal auch nur von Gesellschaften in Abgrenzung zu den Körperschaften bzw. „Vereinen" gesprochen wird.

[164] Früher wurden die Begriffe Körperschaft und juristische Person gleichgesetzt (*Schmidt*, Gesellschaftsrecht § 22 I 2) und auch heute wird der Begriff der Körperschaft noch als Oberbegriff für juristische Personen verwendet. Im Hinblick auf die Rechtsform des nichtrechtsfähigen Vereins oder der Vorgesellschaft ist das jedoch nicht korrekt.
[165] Vgl. BGH vom 21.01.1991 NJW 1991, 1727, 1729.
[166] *Schmidt*, Gesellschaftsrecht § 3 I 2 S. 47.
[167] *Tilch/Arloth*, Deutsches Rechtslexikon Bd. 2 S. 617.
[168] *Westermann*, Handbuch der Personengesellschaften § 1 Rz. 17.
[169] *Schmidt*, Gesellschaftsrecht § 3 I.

III. Rechtsformzwang und Typengesetzlichkeit

Ermöglicht wird die strikte Unterteilung in Körperschaften und Personengesellschaften durch die Tatsache, dass es einen numerus clausus der Gesellschaftsformen gibt, also ein Rechtsformzwang besteht.[170] Die Ausübung der Vereinigungsfreiheit ist nur in bestimmten Gesellschaftsformen gestattet. Dabei findet man einen numerus clausus der Rechtsformen nicht nur im Inland, sondern ebenso in den meisten ausländischen Rechtsordnungen.[171] Trotz des Rechtsformzwangs existieren Mischformen oder Übergangsformen, deren gesellschaftsrechtliche Einordnung umstritten ist. Unter den Stichworten Rechtsformzwang und Typengesetzlichkeit wird diskutiert, inwieweit eine Gesellschaft an eine bestimmte Gesellschaftsform und an die dafür existierenden gesetzlichen Vorgaben gebunden ist. Für den Typenvergleich ist das deutsche Gesellschaftsrecht zu dieser Frage aus verschiedenen Gesichtspunkten von Relevanz. Zum einen wird geklärt, welche Gesellschaftsformen es in Deutschland gibt und unter welchen Voraussetzungen neue Formen geschaffen werden können. Es lässt sich eine abschließende Liste der Gesellschaftsformen erstellen, die einem Vergleich zu Grunde liegen. Aus der Diskussion zu der Frage, inwieweit von den gesetzlichen Vorgaben bei der Gestaltung einer Gesellschaft abgewichen werden kann, lassen sich zum anderen interessante Anhaltspunkte dafür herleiten, welche Bedeutung bestimmte Strukturmerkmale für einzelne Gesellschaftsformen haben.

1. Definition und Umfang von Rechtsformzwang und Typengesetzlichkeit

In der Literatur werden die Begriffe Rechtsformzwang und Typengesetzlichkeit nicht immer auseinandergehalten, sondern zum Teil synonym verwendet.[172]

Beim Rechtsformzwang geht es darum, jedem Verband eine der Rechtsformen des positiven Rechts zuzuordnen. Wer ein Rechtsgebilde schaffen will, das ein eigenes Vermögen haben, selbständig handeln und haften, vielleicht sogar klagen und verklagt werden soll, muss gesetzliche Mindestvoraussetzungen erfüllen. Dieser Rechtsformzwang beruht auf dem Gedanken des Verkehrsschutzes.[173]

Das Problem der Typengesetzlichkeit besteht demgegenüber in der Frage, ob die gewählte Rechtsform bis an die Grenzen des zwingenden Rechts beliebigen Variationen unterworfen werden kann.[174] Im Gesellschaftsrecht relativ streng geregelt ist wegen der Ausstrahlung auf Dritte das Außenverhältnis, also Bestimmungen über Vertretung und Haftung. Untereinander

[170] *Schmidt*, Gesellschaftsrecht § 5 II Nr. 1 a.
[171] *Wiedemann*, Gesellschaftsrecht § 1 IV b) aa). Anders jedoch beispielsweise in Dänemark, wo nach dem Grundsatz der Vertragsfreiheit ein Gebilde völlig frei gestaltet werden kann und sogar als juristische Person anerkannt wird. Haftungsbeschränkungen sind allerdings eintragungspflichtig (*Alsted/Hansen* in Hohloch, EU-Handbuch Gesellschaftsrecht Dänemark Rz. 4).
[172] Z. B. *Heck*, Grundriss des Sachenrechts § 23, 1; *Wolff/Raiser*, Sachenrecht § 2 II 1.
[173] *Schmidt*, Gesellschaftsrecht § 5 II 1 S. 102.
[174] *Schmidt*, Gesellschaftsrecht § 5 III 1 S. 118.

sind die Gesellschafter in der Gestaltung ihrer Beziehungen frei. Das ist zumindest die Tendenz im Recht der Personengesellschaften.[175] Die Vertragsfreiheit erfährt jedoch eine Grenze, wenn es um das Wesen der Gesellschaft geht.[176] Es stellt sich die Frage, ob nicht gewisse wesentliche Züge jedem Rechtsverhältnis anhaften müssen, das sich der dem Typus zugeordneten Rechtsform bedient.[177] Inwieweit Gestaltungsfreiheit gegeben ist, bestimmt sich nach den Vorschriften der einzelnen Gesellschaftsformen und nach der Rechtsprechung zu nicht normierten Fragestellungen.

Ein Rechtsformzwang ist als mit der Verfassung – insbesondere Art. 9 Abs. 1 GG – vereinbar anzusehen, soweit das Verbandswesen dadurch nur kanalisiert und nicht erdrosselt wird.[178] Grundrechtsgestaltung und nicht Grundrechtsbeschränkung bedeutet es daher, wenn der Gesetzgeber einen numerus clausus der Verbände vorsieht, für bestimmte Zwecke nur jeweils eine Assoziationsform anbietet, Verträge oder Satzungen gesetzlich vorformuliert, so dass sie nur begrenzt den Besonderheiten des einzelnen Falles angepasst werden können, Umwandlung, Verschmelzung oder Teilung von Verbänden anordnet, oder schließlich in Ausnahmefällen auch Vereinigungen auflöst. In allen genannten Fällen müssen den Mitgliedern jedoch angemessene Alternativen zur Verfügung stehen, um ihre Interessen in anderer Form verwirklichen zu können.[179]

Inzwischen ist eine gewisse Grundtypenvermischung als gesellschafsrechtlich zulässig anerkannt.[180] Für die Gestaltungsform der GmbH & Co. KG wurde das von der Rechtsprechung schon Anfang des 20. Jahrhunderts entschieden.[181] Mit dem historischen Rechtsbild der Kommanditgesellschaft hat diese Gestaltung allerdings nicht mehr viel zu tun, weshalb sie von vereinzelten Stimmen in der Literatur noch immer kritisiert wird.[182] Die Mischformen der GmbH & Co. OHG, AG & Co. OHG und AG & Co. KG werden von der fast einhelligen Ansicht für zulässig erachtet.[183] Sie sind nur aufgrund der gesellschaftsrechtlichen Gestaltungsnachteile weniger verbreitet. Zulässig ist des Weiteren die Rechtsform der GmbH & Co. GbR, die inzwischen vereinzelt im Rechtsverkehr anzutreffen ist.[184] Die Gestaltungsform der Stiftung & Co. KG wird von der überwiegenden Ansicht grundsätzlich akzeptiert.[185] Jedoch darf

---

[175] *Teichmann*, Gestaltungsfreiheit in Gesellschaftsverträgen S. 1.
[176] *Teichmann*, Gestaltungsfreiheit in Gesellschaftsverträgen S. 3.
[177] *Westermann*, Handbuch der Personengesellschaften S. 13.
[178] *Wiedemann*, Gesellschaftsrecht § 12 I 3 b) cc).
[179] *Wiedemann*, Gesellschaftsrecht § 12 I 3.
[180] Zum Umfang des Typenzwangs wurden eine Reihe von Theorien entwickelt, beispielsweise Theorie von der formalen Rechtsanwendung oder Theorie der freien richterlichen Rechtsfindung; vgl. hierzu *Kuhn*, Strohmanngründung bei Kapitalgesellschaften S. 33 ff; *Lehmann*, Gesellschaftsrecht § 23 III; *Jäggi* SAG 1958/59, 57 und *Koller*, Grundfragen einer Typuslehre im Gesellschaftsrecht S. 171.
[181] Vgl. schon 1912 BayObLG, OLG Rspr. 27, 331; bestätigt durch das Reichsgericht vom 04.07.1922 RGZ 105, 101.
[182] Vgl. hierzu sogleich Kapitel 2 C II. Stark umstritten ist auch, ob eine ausländische Gesellschaft Komplementärin einer inländischen KG sein kann (vgl. *Großfeld/König* RIW 1992, 433, 437). Diese Frage soll an dieser Stelle – obwohl sie grundsätzlich bereits relevant wird – noch nicht ausführlich erörtert werden. Denn Probleme bereitet diese Gestaltungsform insbesondere aufgrund der sich aus dem Internationalen Gesellschaftsrecht ergebenden Rechtsfolgen. Damit ist auf Teil 1 Kapitel 3 (dort Punkt G) zu verweisen.
[183] So schon *Teichmann*, Gestaltungsfreiheit in Gesellschaftsverträgen § 1 S. 3.
[184] *Petersen* GmbHR 1997, 1088, 1094.
[185] Bejahend *Hennerkes/Binz/Sorg* DB 1986, 2217, 2219; *Weimar/Geitzhaus/Delp* BB 1986, 1999; *Höfner-Byok*, Die Stiftung & Co. KG S. 35 m. w. N.; Bedenken rechtspolitischer Art hat *Schmidt* DB 1987, 261. Schwierigkeiten in der Schaffung einer widerspruchsfreien handelsrechtlichen Gestaltung der Satzungen und Gesellschaftsverträgen sieht *Westermann* in Erman, BGB Kommentar Vor. § 80 Rz. 9.

der eigentliche Zweck der Stiftung nicht in der Rolle als Komplementärin einer Personengesellschaft gesehen werden, da das stiftungsrechtlich unzulässig wäre.[186]

Bei der KGaA war lange Zeit äußerst umstritten, ob der persönlich haftende Gesellschafter auch eine juristische Person sein kann, also etwa die Rechtsform der GmbH & Co. KGaA zulässig ist.[187] Z. T. wurde das im Hinblick auf die inzwischen allgemein anerkannte GmbH & Co. KG gefordert.[188] Wegen der haftungs- und vertretungsrechtlichen Probleme und aufgrund der Tatsache, dass auch die GmbH & Co. KG eine lange Entwicklung durchgemacht hat und keinesfalls von Anfang an anerkannt war, ist deren Anerkennung in der Literatur aber vielfach auf Ablehnung gestoßen.[189] Nach der Rechtsprechung des BGH mit einem grundlegenden Beschluss im Jahre 1997[190] kann eine KGaA grundsätzlich auch eine GmbH als Komplementärin haben. Der BGH hebt zur Begründung insbesondere die Satzungsfreiheit hervor, also die Freiheit zu privatautonomer Gestaltung in Fällen, bei denen ein ausdrückliches Verbot nicht vorliegt. Es wird jedoch eine analoge Anwendung des § 19 Abs. 5 HGB a. F. (heute § 279 Abs. 2 AktG) gefordert, was bedeutet, dass das Fehlen einer natürlichen Person in der Eigenschaft des Komplementärs in der Firma der Gesellschaft kenntlich zu machen ist. Durch die klare und unmissverständliche Rechtsprechung des BGH zu diesem Punkt und die Regelung des § 279 Abs. 2 AktG ist an einer Anerkennung der GmbH & Co. KGaA heute nicht mehr zu zweifeln.[191]

2. Rechtsfolgen von Verstößen gegen Rechtsformzwang und Typengesetzlichkeit

Wie soeben dargestellt, sind viele Mischformen inzwischen allgemein anerkannt. Wird aber durch Vertragsgestaltung eine eigene Gesellschaftsform geschaffen oder werden zwingende Schutzvorschriften und Mitbestimmungsrechte vernachlässigt, liegt ein Verstoß gegen die Grundsätze des Rechtsformzwangs bzw. der Typengesetzlichkeit vor. Im Ergebnis führt ein solcher Verstoß nicht zur Nichtigkeit der Gesellschaft. Vielmehr unterwirft das Gesellschaftsrecht die Gesellschaft einer anderen, als der gewollten Rechtsform, deren Voraussetzungen erfüllt sind. Dieser automatisch wirkende Rechtsformzwang, der aus der Vorgeschichte des HGB nachweisbar ist,[192] ist nahezu allgemein anerkannt.[193]

---

[186] *Schmidt* DB 1987, 261 ff.

[187] OLG Hamburg vom 05.12.1968 NJW 1969, S. 349 ff; OLG Karlsruhe vom 29.07.1996 DB 1996, 1767; *Niederlag*, Juristische Person S. 30 ff; *Pflug* NJW 1971, 345, 349 ff.

[188] OLG Hamburg vom 05.12.1968 NJW 1969, 1030; *Hennerkes/May* DB 1988, 537, 539; *Werner/Kindermann* ZGR 1981, 17 ff.

[189] *Brönner* in AktG Großkommentar § 273 Rz. 9; *Baumach*, AktG § 278 Rz. 2; *Binz/Sorg* BB 1988, 2041, 2047 ff.

[190] BGH vom 24.02.1997 BGHZ 134, 392.

[191] So auch *Strieder* BB 1997, 1375.

[192] *Schmidt*, OHG S. 163 f.

[193] Ständige Rspr., vgl. BGH vom 17.06.1953 BGHZ 10, 91; BGH vom 29.11.1956 BGHZ 22, 240, 244f; *Flume*, Personengesellschaft § 13 III.

3. Ergebnis

Es können aufgrund des Rechtsformzwangs lediglich die ausdrücklich gesetzlich geregelten Unternehmensformen gewählt werden, andererseits darf kein Zwang zur Wahl einer ganz bestimmten Gesellschaftsform bestehen. Mischformen sind nur insoweit zulässig, als sie nicht gegen den Grundsatz der Typengesetzlichkeit verstoßen.[194] Die anerkannten deutschen Gesellschaftsformen stehen einem Vergleich mit ausländischen Gesellschaften zur Verfügung. Die Anerkennung der Kapitalgesellschaft & Co., die in ihrer konkreten Ausgestaltung häufig nicht mehr viel mit dem Grundtypus der KG, OHG oder KGaA zu tun hat, zeigt aber, dass der Grundsatz der Typengesetzlichkeit von der Rechtsprechung nicht besonders eng gehandhabt wird.

IV. Zusammenfassung zur Grundstruktur des deutschen Gesellschaftsrechts

Die Unterscheidung zwischen Körperschaft und Personengesellschaft ist für eine Systematisierung des Gesellschaftsrechts hilfreich, da die einzelnen Gesellschaftsformen in zwei Gruppen mit jeweils ähnlicher Struktur unterteilt werden. Dieser Unterscheidung kommt jedoch nur dogmatische bzw. systematische Bedeutung zu,[195] da hieran keine wesentlichen Rechtsfolgen unmittelbar anknüpfen. Diese Aussage gilt natürlich nicht für das Steuerrecht, denn die steuerliche Behandlung hängt gerade davon ab, ob es sich bei einem Rechtsgebilde um eine Personengesellschaft oder Körperschaft handelt. Die Einordnung der Körperschaften und Personengesellschaften ist für die aufgrund des numerus clausus abschließend benennbaren Gesellschaftsformen weitgehend unstreitig erfolgt. Trotz des Grundsatzes der Typengesetzlichkeit sind gewisse Mischformen gesellschaftsrechtlich anerkannt.

C Zweifelsfälle im Rahmen der Zuordnung deutscher Gesellschaftsformen in die Gruppe der Personengesellschaften bzw. Körperschaften

Probleme macht die Zuordnung der Gesellschaften in die Gruppe der Körperschaften oder die der Personengesellschaften insbesondere in drei Fällen. Zunächst kann sich die Frage stellen, ob es sich bei einer nach außen auftretenden Gesellschaft um einen nichtrechtsfähigen Verein oder eine GbR handelt. Umstritten ist auch, ob eine GmbH & Co. KG noch als KG oder als eine eigene juristische Person anzusehen ist. Schließlich stellt sich die Frage, um was für eine Gesellschaftsform es sich bei der Vor- und Vorgründungsgesellschaft handelt. Im Grunde ist in all diesen Fällen nicht die Einordnung in die Gruppe der Personengesellschaften oder Körperschaften problematisch, sondern vielmehr die Frage, um welche Rechtsform es sich bei dem jeweiligen Gebilde handelt. Steht die Rechtsform fest, so ist auch die Einordnung ge-

---

[194] Auch in anderen Ländern sind ähnliche Mischformen anzutreffen, vgl. *Hesselmann/Tillmann*, Handbuch der GmbH & Co. KG Rz. 41 ff.

[195] *Schmidt*, Gesellschaftsrecht § 3 I 2 c).

klärt. Andererseits spielen die typischen Strukturmerkmale der Personengesellschaften oder Körperschaften gerade für die Zuordnung zu den Rechtsformen eine Rolle.[196]

Aus der im Zusammenhang mit der Rechtsformbestimmung geführten Argumentation können sich Anhaltspunkte für die Abgrenzung von Personengesellschaften zu Körperschaften ergeben. Wenn diskutiert wird, ob es sich bei der GmbH & Co. KG noch um eine KG handeln kann, ergeben sich daraus konkrete Anhaltspunkte dafür, wie viel Wert auf die hier nicht erfüllten Strukturmerkmale einer Personengesellschaft gelegt wird. Gerade weil die Zuordnung der Gesellschaftsformen schon lange geklärt ist, gibt es im Gesellschaftsrecht keine aktuelle Diskussion zu der Frage der Abgrenzung zwischen Personengesellschaft und Körperschaft. Damit bleibt nur die Möglichkeit, die mittelbar hierzu geführte Diskussion zu berücksichtigen. Zudem bildet die gesellschaftsrechtliche Einordnung von Mischgebilden die Grundlage für die steuerliche Behandlung dieser Zweifelsfälle, welche wiederum für die Besteuerung vergleichbarer ausländischer Gesellschaftsformen ausschlaggebend ist.

I. Abgrenzung des nichtrechtsfähigen Vereins zur Personengesellschaft

Da die Gesellschaften grundsätzlich in der Firma einen Rechtsformzusatz führen müssen (vgl. insbesondere § 19 HGB, § 4 GmbHG, § 4 AktG), ist meist auf den ersten Blick ersichtlich, um welche Gesellschaftsform es sich handelt. Probleme bereitet jedoch die Abgrenzung der Personengesellschaften zum wirtschaftlich tätigen nichtrechtsfähigen Verein. Denn die GbR entsteht nicht durch Registrierung, sondern durch Vertrag, weshalb ein Rechtsformzusatz fehlt bzw. fehlen kann,[197] und auch der nichtrechtsfähige Verein führt häufig keine Firma mit Rechtsformzusatz. Der Gesellschaftsvertrag von GbR und nichtrechtsfähigem Verein kann typische vereinsrechtliche Strukturen und Merkmale der GbR vermischen, so dass den Gesellschaftern selbst in manchen Fällen nicht bewusst ist, welche Rechtsform eigentlich gegeben ist. Da es sich bei Verein und GbR um die Grundform der Körperschaften bzw. Personengesellschaften handelt, können die in diesem Zusammenhang diskutierten Abgrenzungskriterien generell Aufschluss über die Abgrenzung von Körperschaften und Personengesellschaften geben. Ein nichtrechtsfähiger Verein ist nach ganz herrschender Auffassung wesensgleich mit dem rechtsfähigen Verein,[198] aber wesensverschieden von der Personengesellschaft.[199] Bei dem nichtrechtsfähigen Verein handelt es sich damit um eine Körperschaft,[200] die zu den Personengesellschaften abzugrenzen ist. Die Abgrenzung ist auch von erheblicher praktischer Bedeutung, da für den nichtrechtsfähigen Verein Sondervorschriften zu beachten sind (§ 54 S. 2 BGB, § 50 Abs. 2 ZPO, § 11 Abs. 1 S. 2 InsO).

---

[196] Daraus resultiert dann auch die Problematik der Interdependenz von Voraussetzung und Rechtsfolge, wie sie *Schmidt* (Gesellschaftsrecht § 25 I 2 b) anschaulich darstellt.

[197] Die Eintragung in das Handelsregister hat auch für OHG und KG keine konstitutive Bedeutung, soweit nicht ein Fall des § 105 Abs. 2 HGB vorliegt. Daher kann es auch bei OHG oder KG vorkommen, dass diese ohne Firma bestehen (allein der Geschäftsbeginn einer nicht eingetragenen OHG führt zur Wirksamkeit der OHG, auch wenn sich die Gesellschaft nicht als OHG bezeichnet). Die Firma dient der Unternehmenspublizität und damit dem Schutz des Geschäftsverkehrs (*Baumbach/Hopt*, Handelsgesetzbuch § 19 Rz. 1), weshalb das Fehlen der Firma haftungsrechtlich relevant werden kann.

[198] BGH vom 06.10.1964 BGHZ 42, 210, 216; BGH vom 26.04.1965 BGHZ 43, 316, 319; BGH vom 11.07.1968 BGHZ 50, 325, 328; *Hüffer*, Gesellschaftsrecht § 6, 1.

[199] RG vom 18.01.1934 RGZ 143, 212, 213

[200] *Schmidt*, Gesellschaftsrecht § 25 I 2; *Hüffer*, Gesellschaftsrecht § 6, 1.

Von der h. M. in der Literatur wird vertreten, dass in den Fällen, in denen ein auf Dauer ausgelegter nichtrechtsfähiger Verein einer wirtschaftlichen Tätigkeit nachgeht, eine Personengesellschaft und kein Verein vorliegt, und zwar auch dann, wenn die Organisation Vereinselemente aufweist.[201] Nach überwiegender Auffassung soll dies aber nur dann gelten, wenn die Gesellschaft ein „vollkaufmännisches Handelsgewebe“[202] betreibt.[203] Begründet wird die Versagung der wirtschaftlichen Betätigung mit dem Rechtsformzwang unternehmenstragender Gesellschaften.[204] Auch wird vorgebracht, dass der Gesetzgeber in § 22 BGB wirtschaftliche Vereine grundsätzlich vom Vereinsrecht ausschließt.[205] Schließlich wird argumentiert, die Bestimmungen zur OHG bzw. KG seien leges speciales gegenüber dem Recht des nicht wirtschaftlichen Vereins.[206] Daher stehe eine körperschaftliche Ausgestaltung dem Betrieb einer Personengesellschaft nicht entgegen, vielmehr käme bei wirtschaftlicher Betätigung die Rechtsform des nichtrechtsfähigen Vereins auch dann nicht in Betracht, falls dies von den Gesellschaftern gewünscht sei.

Nach einer Mindermeinung in der Literatur soll nicht nur die wirtschaftliche Betätigung in der Rechtsform des nichtrechtsfähigen Vereins möglich sein, vielmehr soll es sich sogar bei allen Personen-Publikumsgesellschaften richtigerweise um Vereine handeln.[207] Es mache wenig Sinn, in diesen Fällen das Recht der Personengesellschaften auf die körperschaftlichen Strukturen anzupassen, wenn der Gesetzgeber derartige Gebilde nicht übersehen hat, sondern über das Handelsvereinsrecht hat steuern wollen.[208] Dem ist entgegenzuhalten, dass körperschaftliche Strukturen schon lange bei Personengesellschaften anerkannt sind[209] und eine Anpassung des Rechts der Personengesellschaften nur für ganz bestimmte Regelungsbereiche erforderlich ist. Wollte man in Zukunft alle Publikums-Personengesellschaften nach dem Recht des nichtrechtsfähigen Vereins behandeln, würde das nicht nur zu Rechtsunsicherheit über das anwendbare Recht führen, sondern zudem viele Auslegungsfragen aufwerfen. Zumindest nach heutigem Stand ist die hier vorgeschlagene Lösung jedenfalls nicht praktikabel.

---

201 *Nitschke*, Die körperschaftlich strukturierte Personengesellschaft S. 115 ff; Flume ZHR 148 (1984), 503, 517.

202 Da mit der Handelsrechtsreform 1998 der Minderkaufmann abgeschafft wurde, kann es auch keinen Vollkaufmann mehr geben. Die Unterscheidung nach einem in kaufmännischer Weise eingerichteten Geschäftsbetrieb ist jedoch in § 1 Abs. 2 HGB n. F. erhalten geblieben; sie dient der Abgrenzung von Kann- und Musskaufmann. Im Folgenden soll daher der Begriff des Vollkaufmanns vermieden werden; wesentliche materiellrechtliche Änderungen sind damit nicht verbunden.

203 *Hadding* in Soergel, BGB § 54 Rz. 3 m. w. N.; *Schmidt*, Gesellschaftsrecht § 25 I 2 b; vgl. zur Definition des Unternehmens oben Kapitel 2 B I.

204 *Schmidt*, Gesellschaftsrecht § 25 I 2.

205 *Schmidt*, OHG S. 230.

206 *Flume* ZHR 148 (1984), 503, 508.

207 *Reuter* in Rebmann/Säcker/Rixecker, Münchener Kommentar Bd. 1§ 54 Rz. 5 ff; ders. ZGR 1981, 364.

208 *Reuter* in Rebmann/Säcker/Rixecker, Münchener Kommentar Bd. 1§ 54 Rz. 10.

209 BGH vom 24.11.1975 BGHZ 66, 82; BGH vom 12.05.1977 BGHZ 69, 160; BGH vom 13.03.1978 BGHZ 71, 53.

Die Rechtsprechung schließt sich der h. M. in der Literatur an. Bei wirtschaftlicher Betätigung kann die Rechtsform eines nichtrechtsfähigen Vereins durchaus gegeben sein,[210] soweit kein Handelsgewerbe betrieben wird, das eine kaufmännische Einrichtung erfordert.[211]

In den Fällen, in denen die Rechtsform der GbR und des nichtrechtsfähigen Vereins gleichermaßen in Frage kommt, soll zur Abgrenzung auf die konkrete Ausgestaltung des Gesellschaftsvertrags abgestellt werden; einzelne Abgrenzungskriterien sind zu prüfen.[212] Zu den einschlägigen Abgrenzungskriterien hat die Rechtsprechung in einer Reihe von Entscheidungen Stellung genommen.[213] Danach wird ein nichtrechtsfähiger Verein regelmäßig gleichlautend definiert als eine auf Dauer berechnete Verbindung einer größeren Anzahl von Personen zur Erreichung eines gemeinsamen Zwecks, die nach ihrer Satzung körperschaftlich organisiert ist, einen Gesamtnamen führt und auf einen wechselnden Mitgliederbestand nicht vermögens besonderen Ausnahmerechts, sondern naturgemäß infolge des Wesens der Vereinigung angelegt ist.[214] Von der Rechtsform der GbR sei hingegen dann auszugehen, wenn die Gesellschafter sich vertraglich verpflichten, einen gemeinsamen, auf Dauer angelegten Zweck zu fördern, dazu Mittel zur Verfügung stellen und sich verpflichten, diese in der Gesellschaft zu belassen und nach außen als Kooperation gemeinsam aufzutreten.[215] In Zweifelsfällen, insbesondere bei der Vermischung von Strukturmerkmalen, sei dann eine Einzelfallabwägung zu treffen.[216] Für das Merkmal des wechselnden Mitgliederbestands soll nach der Rechtsprechung schädlich sein, wenn der einzelne automatisch und unlösbar Mitglied des Zusammenschlusses ist.[217] Entscheidend sei, dass die Fortsetzung im Fall des Todes oder Austritts eines Mitglieds gesichert ist.[218] Der Verein müsse nach außen als einheitliches Ganzes erscheinen. Dafür sei die Übertragung gewisser Aufgaben auf einen Vorstand erforderlich.[219] Bezüglich des Vorliegens eines Gesamtnamens wird für den Verein das Führen eines zusammenfassenden und bezeichnenden Namens als unentbehrlich erachtet. Dieser müsse jedoch nicht zwingend in der Satzung geregelt sein. Es soll ausreichen, wenn ein solcher Name nach außen hin

---

210 Beispielsweise BGH vom 02.04.1979 NJW 1979, 2304.
211 Hierzu BGH vom 29.11.1956 BGHZ 22, 240, 244.
212 Dazu auch *Ulmer*, Gesellschaft bürgerlichen Rechts Vor. § 705 Rz. 96. Im Grunde erfolgt hier ein eigener Typenvergleich zur Zuordnung der betroffenen Gesellschaft zur Rechtsformen des nichtrechtsfähigen Vereins oder alternativ der GbR.
213 RG vom 02.02.1905 RGZ 60, 94, 97; RG vom 25.10.1910 RGZ 74, 371, 372; RG vom 21.03.1919 RGZ 95, 192, 193; RG vom 18.01.1934 RGZ 143, 212, 213; RG vom 29.10.1940 RGZ 165, 140, 143; BGH vom 10.10.1957 BGHZ 25, 311, 313. Grundstücks-Fonds-Gesellschaften werden von der Rechtsprechung diskussionslos als GbR qualifiziert, auch wenn von der Struktur her die Behandlung als nichtrechtsfähiger Verein grundsätzlich naheliegend erscheinen kann (BGH vom 16.11.1981 NJW 1982, 877; BGH vom 27.07.1983 NJW 1983, 2498).
214 So in RG vom 18.01.1934 RGZ 143, 212, 213; RG vom 21.03.1919 RGZ 95, 192, 193; RG vom 02.02.1905 RGZ 60, 94, 97 ff; inzwischen allgemein anerkannt vgl. *Reuter* ZGR 1981, 364, 465.
215 BGH vom 20.06.1994 ZIP 1994, 1523.
216 *Schmidt*, Gesellschaftsrecht § 25 I 2.
217 Vorliegend gebunden an die Eigentümerstellung an Grundstücken, BGH vom 10.10.1957 BGHZ 25, 311.
218 RG vom 02.02.1905 RGZ 60, 94, 98.
219 RG vom 02.02.1905 RGZ 60, 94, 99; BGH vom 10.10.1957 BGHZ 25, 311.

verwendet wird.[220] Auf Dauer angelegt sei ein Verein auch dann, wenn er zunächst nur für ein Jahr gegründet wird, eine Verlängerung aber vorgesehen ist.[221] Für den Fall, dass eines dieser Merkmale nicht vorliegt, soll das nicht zwingend dazu führen, dass von einer GbR auszugehen ist.[222] Vorrangig gelte in Zweifelsfällen vielmehr der Parteiwille, wie er in der Satzung festgehalten wurde.[223] Dabei lassen die Gerichte die Frage nach der Organisationsform teilweise offen und prüfen nur, ob die Anwendung des Vereinsrechts oder des Rechts der GbR die in Streit stehende Frage interessensgerecht löst.[224] Der BGH ist insbesondere in seiner Forum S.-Entscheidung[225] derart vorgegangen. Danach soll es nicht darauf ankommen, welchem der in Rede stehenden Verbandstypen eine Vereinigung überwiegend entspricht. Vielmehr soll die Interessenslage, die den fraglichen Vorschriften nach dem Gesetz zu Grunde liegt, mit der tatsächlichen Situation verglichen werden. Der BGH legt sich nicht auf eine Vereinigungsform fest, sondern wendet das Recht an, nach dem die in der Satzung getroffenen Vereinbarungen rechtmäßig bleiben.[226]

Im Ergebnis bleibt zunächst festzuhalten, dass nach Rechtsprechung und h. M. in der Literatur auch körperschaftlich strukturierte Gesellschaften als KG, OHG oder GbR betrieben werden können bzw. – soweit sie als Unternehmensträger fungieren – auch müssen. Bei diesen Gesellschaften handelt es sich regelmäßig um Personengesellschaften und nicht um nichtrechtsfähige Vereine als einzig in Frage kommende Form der Körperschaft.[227] Interessant an der Rechtsprechung zur Abgrenzung von Verein und GbR ist neben der Auseinandersetzung mit den wesentlichen Abgrenzungskriterien, dass bei Mischformen ohne eindeutigen Schwerpunkt letztendlich der Wille der Parteien und ggf. die Bezeichnung der Vereinigungsform ausschlaggebend sein kann.[228]

---

220 BGH vom BGHZ 60, 94, 99.
221 RG vom 02.02.1905 RGZ 60, 94, 98.
222 RG vom 25.10.1910 RGZ 74, 371, 373; hier war fraglich, ob die Gesellschaft auf Dauer angelegt ist.
223 RG vom 21.03.1919 RGZ 95, 192, 193.
224 So RG vom 21.03.1919 RGZ 95, 192, 193; BGH vom 10.10.1957 BGHZ 25, 311; BGH vom 02.04.1979 NJW 1979, 2304.
225 BGH vom 02.04.1979 NJW 1979, 2304.
226 Der BGH geht nicht den dogmatisch sauberen Weg, die Vereinigung aufgrund überwiegender körperschaftlicher Strukturmerkmale als Verein zu qualifizieren, um dann ein interessensgerechtes Ergebnis dadurch zu erreichen, dass der in § 54 S. 1 BGB enthaltenen Verweis auf das Recht der GbR nur bei entsprechender Interessenslage befolgt wird. Der Verweis in § 54 S. 1 BGB auf das Recht der GbR wird allgemein für nicht sachgerecht gehalten. Grund für die Schaffung dieser Regelung waren politische Erwägungen, wonach Gewerkschaften rechtlich geschwächt werden sollten. Für den wirtschaftlichen Verein wird der Verweis auf das Gesellschaftsrecht aber als durchaus interessensgerecht angesehen (beispielsweise *Flume*, Personengesellschaft § 7 I S. 88), so dass in diesen Fällen nicht zwingend Vereinsrecht anwendbar sein soll (so auch BGH vom 02.04.1979 NJW 1979, 2304, 2308).
227 Eine Wertung als andere Körperschaftsform kommt nicht in Betracht, da – mit Ausnahme des nichtrechtsfähigen Vereins – Körperschaften anders als Personengesellschaften erst mit Eintragung entstehen.
228 So auch *Ulmer*, Gesellschaft bürgerlichen Rechts Vor. § 705 Rz. 97.

II. Kapitalgesellschaft & Co.

Dass die Mischform der Kapitalgesellschaft & Co. inzwischen gesellschaftsrechtlich anerkannt ist, wurde oben bereits ausgeführt.[229] Insbesondere kommen die AG, die KGaA und die GmbH[230] als Komplementäre der KG und KGaA bzw. als Gesellschafter der OHG in Betracht. Häufigste Form ist mit Abstand die GmbH & Co. KG, weshalb sich die weiteren Ausführungen auf diese beziehen.[231] Nach überwiegender Ansicht in der Literatur[232] handelt es sich bei einer GmbH & Co. KG nicht um eine eigene Gesellschaftsform, sondern um eine spezielle Ausgestaltung der KG. Auch wenn von der „Rechtsform" der GmbH & Co. KG gesprochen wird, soll damit in vielen Fällen nicht in Frage gestellt werden, dass es sich dabei um eine Sonderform der KG handelt.[233]

Sobald nur noch die GmbH als Komplementärin unbeschränkt haftet, wird de facto eine Haftungsbeschränkung erreicht, da die GmbH nur mit ihrem Gesellschaftsvermögen haftet. Mit der beschränkten Haftung ist ein wesentliches Typenmerkmal der Kapitalgesellschaften verwirklicht. Es soll sich aber um eine Grundtypenvermischung auf der Basis der Kommanditgesellschaft handeln, so dass die GmbH & Co. KG nach wie vor als Personengesellschaft einzuordnen ist.[234] Eine andere Ansicht vertreten jedoch *Raiser*[235] und *Kübler*,[236] die die GmbH & Co. KG als Kapitalgesellschaft betrachten.[237] Als Begründung wird angeführt, dass als Kapitalgrundlage nur noch das Haftkapital diene, das sich aus den Einlagen der Kommanditisten und dem Grundkapital der GmbH zusammensetze. Auch hinsichtlich der Mitgliedschaft überwiege die kapitalistische Beteiligung.[238] Zudem werde die GmbH & Co. KG durch Rechtsprechung und Gesetzgebung vielfach wie eine Kapitalgesellschaft behandelt.[239] Dem ist entgegenzuhalten, dass die rechtliche Gleichbehandlung mit der Kapitalgesellschaft ausschließlich hinsichtlich des Außenverhältnisses zu beobachten ist. Eine Betonung kapitalistischer Zwecke ist allgemein bei Publikumspersonengesellschaften anzutreffen, die gerade nicht immer in der Rechtsform der GmbH & Co. KG betrieben werden. Zudem läge ein Verstoß gegen den Rechtsformzwang vor, würde man die GmbH & Co. KG aufgrund der Entwicklung in den letzten Jahrzehnten als eigene Kapitalgesellschaft klassifizieren. Es würde sich nicht

[229] S. Umfang des Grundsatzes der Typengesetzlichkeit Punkt B III 1.
[230] Als Körperschaft auch die Stiftung.
[231] Für die andern Konstellationen einer Kapitalgesellschaft & Co. gelten die Ausführungen grundsätzlich entsprechend.
[232] *Schmidt* GmbHR 1984, 272, 274; *Westermann*, Handbuch der Personengesellschaften Teil III § 9 Rz. 731.
[233] Vgl. beispielsweise *Binz* (Die GmbH & Co.) der einerseits auf S. 483 von der „Rechtsform der GmbH & Co. KG" spricht, andererseits auf S. 9 zum Ausdruck bringt, dass es sich bei der GmbH & Co. KG um eine KG handele.
[234] *Binz*, Die GmbH & Co. S. 9; *Eisenhardt*, Gesellschaftsrecht § 30 I.
[235] *Raiser*, Recht der Kapitalgesellschaften § 42 Rz. 1.
[236] *Kübler*, Gesellschaftsrecht § 21 III.
[237] Das kann aber überhaupt nur für die Fälle gelten, in denen die GmbH einzige persönlich haftende Komplementärin ist, denn nur hier gibt es wesentliche Unterschiede zur gängigen KG.
[238] *Raiser*, Recht der Kapitalgesellschaften S. 484.
[239] BGH vom 24.03.1980 BGHZ 76, 326, 337; BGH vom 09.03.1981 BGHZ 80, 129, 133 ff; § 4 Abs. 1 Mitbestimmungsgesetz; §§ 130 a, 130 b, 177 a HGB.

mehr um eine – nach den Regeln der Typengesetzlichkeit zulässige – Typenvermischung, sondern um die Schaffung einer völlig neuen Gesellschaftsform handeln. Auch wenn die GmbH & Co. KG kapitalgesellschaftlichen Zwecken dient oder dienen kann, stellt die ausschließliche Anwendung der kapitalgesellschaftsrechtlichen Regelungen einen Rechtsbruch dar.[240] Nach wie vor wird eine KG nach den gesetzlichen Vorschriften gegründet. Daher muss grundsätzlich auch das KG-Recht Anwendung finden. Der Gläubiger ist einerseits durch § 19 Abs. 2 HGB geschützt, da er auf die „Haftungsbeschränkung" durch den Zusatz in der Firma hingewiesen wird. Ferner macht die Rechtsprechung von der Möglichkeit Gebrauch, für die GmbH & Co. KG auf bestimmte Gläubigerschutzbestimmungen des Kapitalgesellschaftsrechts zurückzugreifen. Inzwischen handelt es sich bei der GmbH & Co. KG jedenfalls um eine weit verbreitete Unternehmensform, deren Abschaffung auch aus Sicht der Kritiker nicht möglich ist.[241]

Das BVerfG hat die GmbH & Co. KG bereits in einer Entscheidung aus dem Jahre 1968[242] aufgrund der faktischen Haftungsbegrenzung in die Nähe einer Kapitalgesellschaft gerückt. Der BGH[243] hat sich noch deutlicher mit der Einordnungsfrage auseinandergesetzt:

> „Die GmbH & Co. KG ist zwar der Form nach eine Personengesellschaft. Sachlich handelt es sich aber um eine Gesellschaft mit beschränkter Haftung, die insoweit der GmbH oder AG näher steht als einer normalen OHG oder KG: wie bei den Kapitalgesellschaften ist die Haftung für die Verbindlichkeiten des Unternehmens auf eine bestimmte Vermögensmasse – das Gesellschaftsvermögen der Komplementär-GmbH und die Kommanditeinlagen – beschränkt, und es fehlt, ebenso wie bei der GmbH oder der AG, die persönliche Haftung natürlicher Personen als wesentliches gläubigerschützendes Element."

Das Festhalten an der Form der KG wird dabei nicht weiter begründet. Jedenfalls hat die Rechtsprechung eine Art Sonderrecht für Publikumsgesellschaften herausgebildet, das häufig dem Recht der Kapitalgesellschaften angenähert ist.[244]

Zusammenfassend lässt sich feststellen, dass die Rechtsprechung an der formellen Einordnung der GmbH & Co. KG als Personengesellschaft festhält. Sofern von der Literatur eine Einordnung als Kapitalgesellschaft gefordert wird, wird das zum einen mit der faktischen Haftungsbeschränkung, zum anderen mit der mitgliedschaftlichen Ausgestaltung als Publikumsgesellschaft begründet. Aber auch die überwiegende Ansicht in der Literatur hält zumindest an einer formellen gesellschaftsrechtlichen Qualifikation als Sonderform der KG fest. Daraus ergibt sich, dass die persönliche Haftung zumindest einer natürlichen Person nicht zwingendes Merkmal einer Personengesellschaft sein kann und dass auch eine körperschaftliche Struktur bei Personengesellschaften grundsätzlich anerkannt wird. Da die GmbH & Co. KG eine gewisse Sonderstellung als untypische KG einnimmt und von erheblicher Bedeutung

---

240 *Schmidt*, Gesellschaftsrecht § 56 I 2 c).
241 *Kübler*, Gesellschaftsrecht § 21 II 4 a.
242 BVerfG vom 02.10.1968 BVerfGE 24, 174, 182.
243 BGH vom 18.03.1974 BGHZ 62, 216, 227.
244 *Baumbach/Hopt*, Handelsgesetzbuch Anh. § 177 a Rz. 52 ff.

für den Wirtschaftsverkehr ist, sollen Besonderheiten der GmbH & Co. KG bei der folgenden Darstellung der Gesellschaftsformen eigens erwähnt werden.

III. Einordnung von Vorgesellschaft und Vorgründungsgesellschaft

Das Gebilde, welches zwischen Abschluss des notariellen Gesellschaftsvertrags (§ 2 GmbHG) bzw. Feststellung der Satzung (§ 23 Abs. 1 AktG) und der Eintragung der Gesellschaft im Handelsregister besteht, wird als Vorgesellschaft bezeichnet.[245]

Die Problematik der Vorgesellschaft tritt nur bei den Kapitalgesellschaften auf, da diese erst mit Eintragung im Handelsregister entstehen, während der Gesellschaftsvertrag schon vorher abgeschlossen worden ist.[246] Die Personengesellschaft entsteht i. d. R. im Verhältnis der Gesellschafter untereinander bereits durch Abschluss des Gesellschaftsvertrags.[247] Im Verhältnis zu Dritten wird sie wirksam, wenn sie nach außen in Erscheinung tritt (§ 123 HGB). Etwas anderes gilt nun für die Gründung einer KG oder OHG durch Eintragung nach § 105 Abs. 2 HGB. Diese Fälle sind jedoch nicht näher zu problematisieren, da es sich hier bis zur Eintragung regelmäßig um eine GbR handeln wird.[248] Die AG entsteht in der Praxis häufig durch Umwandlung einer Personengesellschaft oder GmbH in eine AG, weshalb die Problematik der Vorgesellschaft bei der GmbH eine deutlich größere Rolle spielt.

Die Vorgesellschaft wurde früher als GbR bzw. OHG eingeordnet,[249] was jedoch inzwischen abgelehnt wird, da dies einen nicht vertretbaren Rechtsformzwang begründen würde.[250] Nach der Rechtsprechung des BGH handelt es sich daher bei der Vorgesellschaft um ein körperschaftsähnliches Gebilde, auf das überwiegend schon die Vorschriften des GmbHG[251] bzw. AktG[252] anwendbar sind.[253] So heißt es in der grundlegenden Entscheidung des BGH aus dem Jahr 1956:[254]

> „Zwischen der Gründung und der Eintragung einer GmbH besteht keine bürgerlichrechtliche Gesellschaft. Die im Werden begriffene GmbH ist vielmehr eine Organisation, die einem Sonderrecht untersteht. Dieses Sonderrecht besteht aus den im GmbH-Gesetz oder im Gesellschaftsvertrag niedergelegten Gründungsvorschriften und dem Recht der rechtsfähigen GmbH, soweit es nicht die Eintragung voraussetzt."

---

[245] In diesem Zusammenhang ist zudem die fehlerhafte Gesellschaft (auch faktische Gesellschaft genannt) zu erwähnen. Von einer fehlerhaften Gesellschaft spricht man, wenn ein Gesellschaftsvertrag abgeschlossen und die Gesellschaft in Vollzug gesetzt worden ist, jedoch Anfechtungs- oder Nichtigkeitsgründe vorliegen (es gelten §§ 134, 138, 119, 123 BGB), die eigentlich eine Unwirksamkeit ex tunc bewirken würden. Bei fehlerhaften Gesellschaften wird dem gutgläubigen Rechtsverkehr ein Bestandsschutz für die Vergangenheit zuerkannt (ständige Rechtsprechung seit RG vom 16.05.1904 RGZ 57, 292), sie werden wie fehlerfreie Gesellschaften in ihrer jeweiligen Rechtsform behandelt (*Schmidt*, Gesellschaftsrecht § 6 I 2 b).

[246] *Peter/Crezelius*, Gesellschaftsverträge S. 8.

[247] RG vom 05.01.1926 RGZ 112, 280; BFH vom 16.12.1958 BStBl III 1958, 462.

[248] Eine Personengesellschaft i. Gr. als Körperschaft einzuordnen erscheint fernliegend. In Ausnahmefällen kann an einen nichtrechtsfähigen Verein gedacht werden, wobei diese Rechtsform aufgrund gewerblicher Tätigkeit oder personalistischer Struktur meist ausscheiden wird.

[249] *Schultze v. Lasaulx* JZ 1952, 390 ff.

[250] *Schmidt*, Gesellschaftsrecht § 34 III Nr. 3 a.

[251] BGH vom 12.07.1956 BGHZ 21, 242, 246; BGH vom 24.10.1968 BGHZ 51, 30, 32.

[252] BGH vom 16.03.1992 BGHZ 117, 323, 326.

[253] In der Literatur heißt es z. T. aber auch, dass Vorgesellschaften weder Körperschaften noch Personengesellschaften sind, vgl. *Nitschke*, Die körperschaftlich strukturierte Personengesellschaft S. 146 m. w. N.

[254] BGH vom 12.07.1956 BB 1956, 765.

Bezüglich der Begründung für die Einordnung als eigene Organisation, die einem Sonderrecht unterliegt, wird auf eine kurz zuvor ergangene Entscheidung des BGH zur eG verwiesen.[255] Dort heißt es, dass eine Einordnung der werdenden Genossenschaft als Verein oder GbR dem Willen der Gründer nicht gerecht werde. Außerdem biete das GenG Vorschriften sowohl für die eingetragene Genossenschaft als auch die nichteingetragene Genossenschaft, womit es auch für die werdende rechtsfähige Genossenschaft Bestimmungen gäbe. Bei der GmbH kann nur das erste Argument überzeugen, gesonderte Vorschriften für die noch nicht eingetragene GmbH enthält das GmbHG nur ansatzweise. Mit der Einordnung der Vorgesellschaft als eigene Rechtsform durchbricht der BGH zwar das Prinzip des Rechtsformzwangs, indem er ein neues gesellschaftsrechtliches Gebilde schafft. Hierbei handelt es sich aber um eine interessensgerechte Rechtsprechung, denn bereits die Vorgesellschaft ist kapitalistisch ausgestaltet.[256] So macht es Sinn, dass die Vorgesellschaft nach inzwischen fast einhelliger Auffassung als teilrechtsfähig angesehen wird.[257] Sie ist firmenfähig und genießt Prioritätsschutz.[258] Ferner ist sie passiv[259] und nach h. L.[260] aktiv parteifähig. Auch kann die Vor-GmbH bereits Komplementärin einer GmbH & Co. KG sein.[261] Bis zur Eintragung fehlt es lediglich am Status einer juristischen Person. Wenn die Eintragung in das Handelsregister nicht mehr ernsthaft betrieben wird, liegt jedoch eine OHG oder GbR vor. Das Recht der Kapitalgesellschaften ist nicht mehr anwendbar.[262] Bei der Frage der Haftungsverfassung der Vorgesellschaft hat die Rechtsprechung ihre Auffassung gewandelt. Bis 1996 hatte der BGH vertreten, dass die Gesellschafter mit der Höhe der noch nicht geleisteten Einlage persönlich den Gläubigern haften.[263] 1996 hat sich der BGH zu einer reinen Binnenhaftung der Gesellschafter gegenüber der Gesellschaft durchgerungen.[264] Mit Eintragung in das Handelsregister gehen alle Rechte und Verbindlichkeiten der Vorgesellschaft auf die eingetragene Kapitalgesellschaft über.

Von einer Vorgründungsgesellschaft spricht man, wenn die Beteiligten sich zwar einig sind, eine Kapitalgesellschaft gründen zu wollen, aber noch nicht den notariell zu beurkundenden Gesellschaftsvertrag abgeschlossen haben. Zweck der Vorgründungsgesellschaft ist der Abschluss eines Gesellschaftsvertrags, sie ist daher zeitlich vor der Vorgesellschaft anzusetzen.

---

[255] BGH vom 23.04.1956 BGHZ 20, 281, 285 f.

[256] Die Vorgesellschaft verwirklicht jedoch noch ein wesentliches Strukturmerkmal der Personengesellschaften, nämlich die Abhängigkeit vom Mitgliederbestand. Ein Gründer kann nur durch einstimmige notarielle Neufeststellung der Satzung ausscheiden.

[257] *Gummert* in Priester/Mayer, Münchener Handbuch des Gesellschaftsrechts Bd. 3 § 16 Rz. 44. Andererseits spricht der BGH noch davon, dass auf die Vorgesellschaft GmbH-Recht nur insoweit Anwendung finden soll, wie es auf eine Rechtsfähigkeit nicht ankommt (BGH vom 18.01.2000 ZIP 2000, 411, 413).

[258] BGH vom 29.10.1992 ZIP 1993, 144.

[259] BGH vom 28.11.1997 ZIP 1998, 109; für die Einmann-Vor-GmbH BGH vom 25.01.1999 ZIP 1999, 489. Aktive Parteifähigkeit besteht auch dann, wenn das Rechtsgebilde erst während des Prozesses zur Vorgesellschaft wird, vgl. OLG Köln vom 13.08.1999 NZG 2000, 151.

[260] Vgl. *Lutter/Hommelhoff*, GmbH-Gesetz Kommentar § 11 Rz. 3.

[261] BGH vom 09.03.1981 BGHZ 80, 129.

[262] Sog. unechte Vorgesellschaft (*Wiegand*, BB 1998, 1065, 1070).

[263] BGH vom 15.12.1975 BGHZ 65, 378, 382; BGH vom 15.06.1978 BGHZ 72, 45, 48 f.

[264] BGH vom 04.03.1996 NJW 1996, 1210.

Der auf die Gründung gerichteter gemeinsame Zweck ist ein anderer, als der Zweck des fertigen Verbands, weshalb auch die Struktur der beiden Gesellschaften nicht vergleichbar ist. Bis zum Abschluss des Gesellschaftsvertrags wird das Rechtsgebilde regelmäßig noch keine körperschaftliche Verfassung haben. Bei der Vorgründungsgesellschaft handelt es sich damit grundsätzlich um eine reine Innengesellschaft und eine typische Form der GbR.[265] Tritt sie bereits als Gesellschaft nach außen auf, kann auch eine OHG gegeben sein.[266]

Wenn der Gesellschaftsvertrag der Kapitalgesellschaft abgeschlossen ist, ist der Zweck der Vorgründungsgesellschaft erreicht. Die Gesellschaft wird aufgelöst (§ 726 BGB). Soweit Gesellschaftsvermögen gebildet wurde, erfolgt eine Liquidation, wobei das für die Kapitalgesellschaft bestimmte Vermögen gemäß der Vereinbarung der Gesellschafter auf die jetzt bestehende Vorgesellschaft zu übertragen ist.[267]

Im Ergebnis handelt es sich bei der Vorgründungsgesellschaft i. d. R. um eine GbR. Die Vorgesellschaft wird bereits als Kapitalgesellschaft angesehen, die weitgehend nach den Vorschriften der angestrebten Gesellschaftsform zu behandeln ist. Dies beweist einmal mehr, dass die Rechtsprechung bei der Abgrenzung von Körperschaften und Personengesellschaften auf die Interessen der Gesellschafter abstellt, und damit sogar den Grundsatz des Rechtsformzwangs aufweicht.

IV. Zusammenfassung zur Einordnung in zweifelhaften Fällen

Eine aktuelle Diskussion hinsichtlich der Abgrenzung zwischen Personengesellschaft und Körperschaft findet insbesondere bei der GbR im Verhältnis zum nichtwirtschaftlichen Verein statt, wobei nach der Rechtsprechung eine Abgrenzung nach den anerkannten Strukturmerkmalen erfolgen soll. Für den Fall, dass weder körperschaftliche noch personalistische Strukturmerkmale überwiegen, stellt die Rechtsprechung auf den Parteiwillen ab. Die Abgrenzungsproblematik wird mittelbar auch bei der GmbH & Co. KG diskutiert, wobei es sich hier nach herrschender Ansicht zumindest formal um eine KG handeln soll. Fast unstreitig stellt die Vorgesellschaft eine eigene Vorform der Kapitalgesellschaft dar, bei der Vorgründungsgesellschaft handelt es sich hingegen noch um eine GbR.

D Darstellung der deutschen Gesellschaftsformen

Aufgrund des numerus clausus der Gesellschaftsformen kann an dieser Stelle eine abschließende Aufzählung der deutschen Gesellschaftsformen erfolgen, die als Grundlage für den Typenvergleich dienen soll.

---

[265] *Schmidt*, Gesellschaftsrecht § 11 II Nr. 2 c).
[266] BGH vom 22.02.1984 NJW 1984, 2164. Im Zuge der Handelsrechtsreform 1998 und der Änderung des § 105 HGB ist es jetzt auch für kleingewerblich tätige Vorgründungsgesellschaften zumindest theoretisch möglich, durch Eintragung zur OHG zu werden. Für die Umwandlung von Personengesellschaften spielt die Eintragungsmöglichkeit jedenfalls eine Rolle, vgl. *Schmidt* DB 1998, 61, 62.
[267] BGH vom 22.06.1992 ZIP 1992, 1303, 1304.

Ziel der folgenden Ausführungen ist es einerseits, bestimmte Strukturmerkmale der deutschen Gesellschaftsformen in einer Form darzustellen, die einen direkten Vergleich mit einer konkreten ausländischen Rechtsform ermöglicht. Vorrangig geht es jedoch um die Klärung der Frage, welche Typusmerkmale sich abstrakt als Abgrenzungskriterien zur Unterscheidung von Personengesellschaften und Körperschaften nach der heutigen Rechtslage eignen. Im Rahmen einer späteren Analyse der einzelnen Strukturmerkmale lässt sich nur dann ein tragfähiges Ergebnis erzielen, wenn alle Gesellschaftsformen – auch diejenigen, die in der Praxis keine erhebliche Rolle spielen – in die Untersuchung mit einbezogen werden.[268] Zu den Körperschaften sind nicht nur die Kapitalgesellschaften zu zählen, sondern ebenso der Verein, die eG und der VVaG. Würde man lediglich die Typusmerkmale der Kapitalgesellschaften untersuchen, ließe sich kein vollständiges Bild von der Gruppe der Körperschaften ermitteln. Ebenso wird die Gruppe der Personengesellschaften nicht allein durch OHG und KG geprägt, sondern auch durch PartG, EWIV und Partenreederei. Gerade bei den weiniger praxisrelevanten Vereinigungsformen sind teilweise typische Strukturmerkmale, die für die Zugehörigkeit zur Gruppe der Körperschaften bzw. der Personengesellschaften ausschlaggebend sein sollen, nicht vorhanden. Aus derartigen Abweichungen lassen sich Rückschlüsse darauf ziehen, welche Bedeutung diesen Typusmerkmalen für die gesellschaftsrechtliche Unterteilung in Personengesellschaften und Körperschaften zukommen kann.

I. Wesen, Rechtsquellen

1. Körperschaften

a) Verein

Der Verein ist die Grundform der privatrechtlichen Körperschaften und in §§ 21 ff BGB geregelt. Er ist ein auf Dauer angelegter körperschaftlich organisierter Zusammenschluss von Personen mit einem gemeinsamen Zweck.[269] Bedeutung hat diese Gesellschaftsform hauptsächlich als Idealverein. Will ein Verein wirtschaftliche Interessen verfolgen, bedarf es zur Erlangung der Rechtsfähigkeit nach § 22 BGB einer Konzession, die in aller Regel versagt wird. Nur wenn der Vereinigung die wirtschaftliche Betätigung in den zur Verfügung stehen-

[268] Hingegen wird auf die Behandlung der europäischen Aktiengesellschaft (*Societas Europaea* – SE) verzichtet. Über die rechtliche Ausgestaltung wurde zwar im Rat (Dezember 2000) und Europäischen Parlament (September 2001) inzwischen eine Einigung erzielt. Die entsprechenden Vorschriften sollen aber erst im Jahr 2004 in Kraft treten (http://europa.eu.int; vgl. auch *Wiesner* ZIP 2001, 397 f). Kolonialgesellschaften und bergwerkliche Gewerkschaften (die bis vor kurzem noch in § 1 Abs. 1 Nr. 1 KStG mit aufgeführt wurden) existieren in der Praxis nicht mehr und werden daher nicht weiter behandelt. Nach dem Gesetz über die Auflösung, Abwicklung und Löschung von Kolonialgesellschaften vom 20.08.1975 (BGBl I 1975, S. 2253) gelten alle zum 31.12.1976 noch bestehenden Kolonialgesellschaften als aufgelöst, soweit diese nicht in eine Kapitalgesellschaft umgewandelt wurden. Bergwerkliche Gewerkschaften wurden nach § 163 BBergG von 1980 (BGBl I, 1980 S. 1310) bis zum 01.01.1986 aufgelöst, soweit sie nicht in eine Kapitalgesellschaft umgewandelt wurden. Zu beachten ist, dass dabei die Bezeichnung „Gewerkschaft" und der bisher verwendete Name auch nach Umwandlung in die Firma aufgenommen werden kann.

[269] *Reuter* in Rebmann/Säcker/Rixecker, Münchener Kommentar Bd. 1 §§ 21, 22 Rz. 1.

den handelsrechtlichen Rechtsformen (GmbH, eG, AG, KGaA, VVaG) nicht möglich oder zumutbar ist, kann diese Konzession erteilt werden.[270] Wie oben dargestellt,[271] handelt es sich bei einem auf Dauer nichtrechtsfähigem Verband als Unternehmensträger um eine Personengesellschaft und nicht um einen Verein, und zwar auch dann, wenn die Organisation Vereinselemente aufweist.[272] Damit gibt es in der Praxis nur selten wirtschaftlich tätige rechtsfähige oder nichtrechtsfähige Vereine.

b) Aktiengesellschaft

Die AG ist im AktG umfassend gesetzlich geregelt, wobei die Bestimmungen des Aktienrechts nur bedingt durch die Gestaltung in der Satzung abdingbar sind. Ihr Grundkapital ist in Aktien zerlegt (§ 1 Abs. 2 AktG), was die Beteiligung einer Vielzahl von Gesellschaftern als Aktionäre möglich macht. Nach wie vor ist die AG die Gesellschaftsform für Unternehmen, die größere Kapitalmengen benötigen.[273]

c) Kommanditgesellschaft auf Aktien

Bei der KGaA handelt es sich um eine Mischform zwischen AG und KG,[274] die im AktG mit geregelt ist (§§ 278 ff AktG). Die KGaA wird als eine durch die Verbindung wesentlicher Merkmale der AG und der KG gekennzeichnete selbständige Gesellschaftsart definiert, bei der persönlich haftende und nicht persönlich haftende Gesellschafter im Rahmen einer Handelsgesellschaft kooperieren.[275] Aus § 278 AktG ergibt sich eindeutig, dass die KGaA eine Gesellschaft mit eigener Rechtspersönlichkeit und damit juristische Person ist,[276] die trotz ihres Mischcharakters zu den Kapitalgesellschaften gezählt wird.[277]

d) Gesellschaft mit beschränkter Haftung

Die GmbH ist im GmbHG geregelt, das deutlich weniger Normen enthält, als das AktG. Nach dem gesetzlichen Konzept ist die GmbH eine wenig kapitalistisch ausgestaltete Kapitalgesellschaft mit einem kleinen Kreis von Gesellschaftern, die sich untereinander kennen. Es wird häufig auch von der Möglichkeit Gebrauch gemacht, eine Einmann-GmbH zu führen, insbesondere bei Unternehmern, die einzelne besonders risikoreiche Unternehmensteile auf Tochtergesellschaften ausgliedern wollen.

---

[270] BVerwG vom 06.11.1997 NJW 1998, 1166.
[271] Kapitel 2 Punkt C I.
[272] Vgl. oben zur Abgrenzung nichtrechtsfähiger Verein zu Personengesellschaft Kapitel 2 Punkt C I.
[273] *Grunewald*, Gesellschaftsrecht 2.C.I.1.
[274] *Schmidt*, Gesellschaftsrecht § 32 I 1.
[275] *Würdinger*, Aktienrecht S. 251.
[276] Vgl. auch *Semler* in Geßler/Hefermehl/Eckhardt/Kropff, Aktiengesetz § 278 Rz. 2.
[277] *Schmidt*, Gesellschaftsrecht § 3 I 2 b; *Henn*, Handbuch des Aktienrechts Rz. 123.

e) Versicherungsverein auf Gegenseitigkeit

Beim VVaG, der im VAG geregelt ist, tun sich Rechtssubjekte zusammen, um ihre Risiken zu teilen und Schadensfälle aus einer gemeinsamen Kasse zu decken. Die Mitglieder zahlen der Idee nach nicht Versicherungsprämien als Entgelt für eine Gegenleistung, sondern es wird eine Risikogemeinschaft gebildet, die zur Deckung bestimmter Schäden aus Beiträgen ein Vermögen bildet (§§ 15 ff VAG).

f) Eingetragene Genossenschaft

Bei der eG handelt es sich nach § 1 GenG um eine Gesellschaft von nicht geschlossener Mitgliederzahl, welche die Förderung des Erwerbes oder der Wirtschaft ihrer Mitglieder mittels gemeinschaftlichen Geschäftsbetriebes bezwecken. Im Gegensatz zu den Kapitalgesellschaften ist die eG nicht kapitalistisch, sondern bewusst personalistisch ausgestaltet.[278] Die Rechtsform der eG kann nicht für jeden beliebigen Zweck, sondern nur für einen spezifisch genossenschaftlichen Zweck gewählt werden,[279] beispielsweise zur Herstellung von Wohnungen oder für Absatzgenossenschaften.

2. Personengesellschaften

a) Gesellschaft bürgerlichen Rechts

Die GbR, die in §§ 705 ff BGB normiert ist, ist eine vertragliche Verbindung mehrerer Personen zur Förderung eines gemeinsamen Zwecks. Als Grundform der Personengesellschaften ist sie typische Organisationsform der freien Berufe, der Gewerbebetriebe durch Kleingewerbetreibende, wenn sie keine OHG wünschen, der Gelegenheitsgesellschaften und der Arbeitsgemeinschaften in der Bauwirtschaft.[280]

b) Offene Handelsgesellschaft

Das HGB regelt die Rechtsbeziehungen der Personenhandelsgesellschaften, also auch die der OHG. Nach § 105 HGB ist eine Gesellschaft, deren Zweck auf den Betrieb eines Handelsgewerbes unter gemeinschaftlicher Firma gerichtet ist, eine offene Handelsgesellschaft, wenn bei keinem der Gesellschafter die Haftung gegenüber den Gesellschaftsgläubigern beschränkt ist.

---

[278] RG vom 21.12.1915 RGZ 87, 408, 409; RG vom 13.11.1928 RGZ 122, 253, 257; RG vom 06.02.1934 RGZ 143, 296, 300; RG vom 06.04.1935 RGZ 147, 257, 270; *Paulick*, eG § 1 I 2 und § 6 II.
[279] *Paulick*, eG § 5 II 1.
[280] *Führich*, Wirtschaftsprivatrecht S. 319.

c) *Kommanditgesellschaft*

Häufiger als die OHG wird in der Praxis die Rechtsform der KG gewählt. Auch diese Gesellschaftsform ist im HGB geregelt. Hauptunterschied zur OHG ist, dass nur die Komplementäre unbeschränkt mit ihrem Privatvermögen haften, während die Kommanditisten bis zur Höhe ihrer Einlage von Gesellschaftsgläubigern in Anspruch genommen werden können.

d) *Stille Gesellschaft*

Die stG ist eine Innengesellschaft, bei der ein Gesellschafter am Unternehmen eines Anderen mit einer Einlage beteiligt ist und eine Gewinnbeteiligung erhält. Das Recht der stG ist in §§ 230 ff HGB normiert. Zu unterscheiden sind die typische und atypische stG, wobei diese Unterscheidung hauptsächlich für das Steuerrecht interessant ist. Bei der typisch stillen Gesellschaft ist das Einlagenverhältnis ein typisches Kreditverhältnis; die stille Einlage ist Fremdkapital, nicht Eigenkapital.[281] Eine atypisch stG liegt vor, wenn der stille Gesellschafter am Vermögen des Unternehmens beteiligt ist, wenn der stille Gesellschafter geschäftsführungsbefugt ist, eine mehrgliedrige Organisation vorliegt oder die stille Beteiligung mit einer Kommanditbeteiligung verknüpft ist.

e) *Partenreederei*

Die Partenreederei ist eine eigentümliche Gesellschaftsform des Seehandelsrechts und in §§ 484 ff HGB geregelt. Den mindestens zwei Mitreedern – natürliche oder auch juristische Personen – steht das Eigentum an dem Schiff gemeinsam zu. Die meisten Schifffahrtsgesellschaften sind heute Handelsgesellschaften. Trotzdem kommt dieser Gesellschaftsform nach wie vor eine gewisse Bedeutung zu.[282]

f) *Europäische Wirtschaftliche Interessenvereinigung*

Die EWIV[283] ist eine europäische Gesellschaftsform, die in einer eigenen EU-Verordnung (EWIV-VO)[284] geregelt ist, welche unmittelbar anwendbares Recht darstellt.[285] Daneben gilt

---

[281] *Schmidt* ZHR 140 (1976), 475 ff.
[282] *Bote* in Riegger/Weipert, Münchener Handbuch des Gesellschaftsrechts Bd. 1 § 80 Rz. 33.
[283] Für den Vergleich von ausländischen Gesellschaftsformen ist die EWIV kaum relevant. Handelt es sich bei dem Herkunftsland der zu vergleichenden Gesellschaft um ein EU-Mitgliedstaat, ist ein Vergleich hinfällig, denn die Rechtsform steht damit eindeutig fest. Bei Nicht-Mitgliedstaaten hingegen kommt eine vergleichbare Form zur EWIV kaum in Betracht, denn ein Verbund wie die EU mit ihrer Supranationalität ist weltweit einzigartig, so dass es wohl keine der EWIV vergleichbaren ausländischen Gesellschaftsformen geben wird. Die EWIV soll dennoch vorgestellt werden, da diese relativ junge Gesellschaftsform für die Beurteilung der Typusmerkmale aufschlussreich sein kann.
[284] ABl. EG v. 31.07.1985 Nr. L 199, 1.
[285] Dazu *Gleichmann* ZHR 149 (1985), 648.

das Gesetz zur Ausführung der EWIV-VO.[286] Charakteristisch sind eine weitgehende Offenlegung und eine persönliche Haftung der Gesellschafter. Vor allem die Rechtsanwaltschaft macht von der EWIV als Rechtsform grenzüberschreitender Zusammenarbeit Gebrauch.[287] Im Übrigen kommen besonders die Forschungs-, Dienstleistungs- und Vertriebskooperationen in Betracht, wobei die Ansässigkeit der Gesellschafter in mindestens zwei verschiedenen EU-Mitgliedstaaten zwingende Voraussetzung ist.[288]

g) Partnerschaftsgesellschaft

Die Partnerschaft ist eine Gesellschaft, in der sich Angehörige freier Berufe zur Ausübung ihrer Berufe zusammenschließen (§ 1 Abs. 1 S. 1 PartGG). Sie steht den freiberuflich Selbständigen insbesondere neben der Rechtsform der GbR und der GmbH zur Wahl.

3. Zusammenfassung

Zusammenfassend lässt sich feststellen, dass die verschiedenen vom Gesetzgeber zur Verfügung gestellten Rechtsformen zum Teil ausschließlich für ganz bestimmte Geschäftsfelder geschaffen wurden (insbesondere Partenreederei und VVaG). Für Unternehmer, die eine Gesellschaft gründen wollen, kommen aber immer verschiedene Gesellschaftsformen in Betracht, wobei im Einzelfall zu entscheiden ist, welche Gesellschaftsform unter Berücksichtigung der Möglichkeiten einer individuellen Ausgestaltung den Unternehmenszielen am ehesten gerecht wird.

II. Rechtsfähigkeit

1. Begriffliche Klärung

Zentrale Bedeutung für den Vergleich von Gesellschaftsformen hat die Frage nach der Rechtsfähigkeit, also die Möglichkeit der Gesellschaft, selbst Träger von Rechten und Pflichten zu sein.[289] Dabei sind die Begriffe Rechtsfähigkeit und juristische Person auseinander zu halten. Juristische Personen haben eine eigene, von der Person der Gesellschafter unabhängige Rechtspersönlichkeit und können damit unbegrenzt Träger von Rechten und Pflichten sein. Aber auch Gesamthandsgesellschaften können in gewissem Umfang Rechte und Pflichten erwerben und damit durchaus rechtsfähig sein.[290]

---

[286] Vom 14.04.1988, BGBl I 1988, 514 .
[287] *Zuck* NJW 1990, 953, 954.
[288] Vgl. *Rübesamen*, EWIV S. 25 ff.
[289] *Schmidt*, Gesellschaftsrecht § 8 I 1; *Enneccerus/Nipperdey*, Allgemeiner Teil des Bürgerlichen Rechts § 83 I 1; *Lehmann*, Bürgerliches Recht § 11; *Lange*, BGB Allgemeiner Teil § 21 II 1.
[290] Für alle *Flume*, Personengesellschaft § 5.

Nach der traditionellen Lehre ist die Rechtsfähigkeit umfassend und ungeteilt.[291] Die Lehre von der Relativität der Rechtsfähigkeit erkennt Rechtsfähigkeit hingegen in einzelnen Stufen an.[292] Die Rechtsfähigkeit eines Subjekts sei kein universelles juristisches Vermögen, das keinerlei Beschränkungen dulde.[293] Vielmehr solle dieser Begriff zunächst nur aussagen, dass ein Rechtssubjekt überhaupt Träger von Rechten und Pflichten sein kann.[294] Auch Personengesellschaften können inzwischen anerkanntermaßen Träger einer Vielzahl von Rechten und Pflichten sein.[295] Damit sind sie nach beiden Ansichten rechtsfähig.[296] Der dogmatische Unterschied dieser beiden Lehren liegt darin, dass nach der traditionellen Lehre die Frage, in welchem Umfang ein Rechtsträger Rechte geltend machen kann, nicht von der Rechtsfähigkeit abhängt, sondern durch das jeweilige Sachrecht definiert wird. Nach der Lehre von der Relativität der Rechtsfähigkeit wird hingegen direkt unter dem Begriff der (teilbaren) Rechtsfähigkeit diskutiert, ob ein Rechtsträger etwa grundbuchfähig, grundrechtsfähig und insolvenzfähig ist.

Zu Verwirrungen kann die Tatsache führen, dass der Begriff der Rechtsfähigkeit unterschiedlich verwendet wird. In manchen Fällen soll er als Synonym für den Begriff der juristischen Person in Abgrenzung zur Gesamthandsgesellschaft verstanden werden. Wenn also eine Personengesellschaft als nichtrechtsfähig bezeichnet wird, bedeutet das nicht, dass ihr die Rechtsfähigkeit – ob nun im Sinne der traditionellen Lehre oder nach der Lehre von der Relativität der Rechtsfähigkeit – abgesprochen werden soll.[297] In anderen Fällen wird mit dem Begriff der Rechtsfähigkeit umschrieben, in welchem Umfang ein Rechtsgebilde fähig ist, Träger von Rechten und Pflichten zu sein. Letztendlich muss jeweils aus dem Sinnzusammenhang erschlossen werden, wie der Begriff der Rechtsfähigkeit im konkreten Fall verwendet wird.

Für die Abgrenzung von Körperschaften und Personengesellschaften kann relevant sein, ob eine Gesellschaftsform als juristische Person anerkannt ist. Will man die Aussagekraft dieses rein formalen Typusmerkmals würdigen, ist zu prüfen, inwieweit auch Gesamthandsgesellschaften rechtsfähig sind.

2. Körperschaften

Bei den Körperschaften ist der Umfang der Rechtsfähigkeit lediglich für den nichtrechtsfähigen Verein und die Vorgesellschaft problematisch, da es sich bei diesen nicht um juristische

---

[291] *Enneccerus/Nipperdey*, Allgemeiner Teil des Bürgerlichen Rechts § 105 I; so auch *Klotz* (Grenzen der Rechtsfähigkeit S. 12), der auch die Teilrechtsfähigkeit anspricht.
[292] Umfassend *Schmidt*, Gesellschaftsrecht § 8 V 1 a.
[293] *Fabricius*, Relativität der Rechtsfähigkeit S. 235.
[294] *Fabricius*, Relativität der Rechtsfähigkeit S. 235.
[295] *Schmidt*, Gesellschaftsrecht § 8 IV 5.
[296] Vgl. hierzu den unter Kapitel 2 D II 2 und 3 dargestellten Meinungsstand zur Rechtsfähigkeit von Gesamthandsgemeinschaften. Im Internationalen Gesellschaftsrecht wird in Bezug auf ausländische Gesellschaften auch der Begriff der „besonderen Rechtsfähigkeit" verwendet. Während die allgemeine Rechtsfähigkeit darüber Auskunft gebe, ob die betreffende Organisation im Inland überhaupt selbständiger Träger von Rechten und Pflichten sein kann, umfasse die besondere Rechtsfähigkeit die Voraussetzungen, unter denen bestimmte einzelne Rechte und Pflichten erworben werden können (BayObLG vom 21.03.1986 BayObLGZ 1986, 61, 68; *Großfeld* in Staudinger, Kommentar zum BGB IntGesR Rz. 297).
[297] Wenn die Rechtsprechung im Zusammenhang mit dem Typenvergleich immer wieder von „fehlender Rechtsfähigkeit", „nichtrechtsfähigen Vereinigungsformen" oder „Aberkennung der Rechtsfähigkeit" spricht, wird sie damit den genannten Gebilden nicht die Fähigkeit absprechen wollen, zumindest in beschränkten Umfang Träger von Rechten und Pflichten zu sein.

Personen, sondern um Gesamthandsgesellschaften handelt.[298] Obwohl der nichtrechtsfähige Verein gerade keine eigene Rechtspersönlichkeit besitzt, wurde er schon vom Reichsgericht als geschlossene Einheit und als selbständiges körperschaftsähnliches Gebilde bezeichnet.[299] Der nichtrechtsfähige Verein kann originär und derivativ Rechte erwerben.[300] Er ist als erbfähig anzusehen,[301] jedoch fehlt es nach noch herrschender Auffassung an der Grundbuchfähigkeit.[302] Im Zivilprozess ist der nichtrechtsfähige Verein passiv, aber nicht aktiv parteifähig (§ 50 Abs. 2 ZPO).[303] Die Bezeichnung „nichtrechtsfähiger Verein" ist damit eigentlich nicht korrekt, da der nichtrechtsfähige Verein im dargestellten Umfang unbestritten Träger von Rechten und Pflichten sein kann. Demgemäss müsste besser von einem „nicht eingetragenem Verein" gesprochen werden.[304]

Für alle anderen hier zu untersuchenden Körperschaften ergibt sich die Stellung als juristische Person und damit auch die volle Rechtsfähigkeit direkt aus dem Gesetz (§ 1 Abs. 1, § 278 AktG für AG und KGaA; § 13 Abs. 1 S. 2 GmbHG für die GmbH; § 15 VAG für den VVaG und § 17 GenG für die eG als Sonderformen des wirtschaftlichen Vereins, die mit Genehmigung Rechtsfähigkeit erlangen).

3. Personengesellschaften

Bei der GbR gibt es keine gesetzlichen Vorgaben, inwieweit sie Trägerin von Rechten und Pflichten sein kann. Damit stellt sich hier stärker als bei den Personenhandelsgesellschaften die Frage, ob das, was man als Gesamthand bezeichnet, ein Sondervermögen der Gesamthänder ist – dann wäre keine Rechtsfähigkeit gegeben – oder ob die Gesamthand selbst Rechtsträgerin ist. Dies ist in der Literatur seit langem heftig umstritten. Die traditionelle Gesamthandsdoktrin[305] geht davon aus, dass das Gesamthandsvermögen nur als ein den Gesamthändern zustehendes Sondervermögen anzusehen ist. Welche Rechte die Gesellschafter an diesem Vermögen haben, ist wiederum stark umstritten.[306] Die inzwischen herrschende Gegenansicht geht von einer Rechtssubjektivität der Gesamthand aus.[307] Denn auch die GbR

---

[298] Für den nichtrechtsfähigen Verein: RG vom 06.02.1934 RGZ 143, 212, 213; BGH vom 11.07.1968 BGHZ 50 325, 329; *Flume* Personengesellschaft § 7 I; für die Vorgesellschaft siehe oben Kapitel 2 C III.

[299] RG vom 23.03.1926 RGZ 113, 169, 170.

[300] Das ist nach der Gesamthandslehre inzwischen anerkannt (spezifisch für den nichtrechtsfähigen Verein vgl. nur *Reuter* in Münchener Kommentar Bd. 1 § 54 Rz. 10). Eine detaillierte Darstellung der Gesamthandslehre erfolgt gleich unten unter Punkt D II 3, denn diese Frage wird meist im Zusammenhang mit der GbR diskutiert.

[301] *Schmidt*, Gesellschaftsrecht § 25 II.

[302] *Flume* ZHR 148 (1984), 503, 510; *Kübler*, Gesellschaftsrecht § 11 III 2 b; a. A. *Reuter* in Rebmann/Säcker/Rixecker, Münchener Kommentar Bd. 1 § 54 Rz. 16; *Hüffer*, Gesellschaftsrecht § 6, 2 c).

[303] BGH vom 11.07.1968 BGHZ 50, 325, 328.

[304] *Schmidt*, Gesellschaftsrecht § 25 II 1 a); *Lang/Fraenkel* WM 2002, 260, 270 m. w. N.

[305] *Fikentscher*, Schuldrecht § 88 I 3.

[306] Beispielsweise Modell der geteilten Mitberechtigung, Lehre von der personenrechtlich überlagerten Rechtsgemeinschaft oder Theorie der ungeteilten Mitberechtigung; Nachweis bei *Schmidt*, Gesellschaftsrecht § 8 II 2.

[307] Grundlegend Flume ZHR 136 (1972), 177 ff; zum heutigen Meinungsstand *Hadding* in Soergel, BGB § 718 Rz. 3; *Schmidt* NJW 2001, 993, 997.

sei gegenüber ihren Mitgliedern schon aus dem Gesetz oder dessen systemgerechter Anwendung dergestalt verselbständigt, dass sie als eigenes Rechtssubjekt anzusehen sei. Der Gesetzgeber wollte ausweislich der Protokolle mit Schaffung des Rechts der GbR das Prinzip der gesamten Hand einführen.[308] Damit ist zwar noch nicht gesagt, dass es sich dabei um ein Vermögen der Gesellschaft selbst handeln soll. Vom Gesetzgeber wurde also lediglich eine Gesamthand geschaffen, die der Verselbständigung zum Rechtssubjekt grundsätzlich fähig ist. Inzwischen hat der Gesetzgeber jedoch beispielsweise die Umwandlung einer Kapitalgesellschaft in eine GbR zugelassen (§ 191 Abs. 2 UmwG) und die Insolvenzfähigkeit anerkannt (§ 11 Abs. 2 Nr. 1 InsO), womit er davon ausgeht, dass die GbR ein eigenes Rechtssubjekt ist. Die Rechtsprechung hat der Diskussion um die Rechtsfähigkeit der GbR kürzlich mit einem überraschend klaren und weitgehenden Urteilsspruch ein Ende gesetzt.[309] In der Entscheidung des BGH vom 29.01.2001 heißt es explizit:[310]

> „Nach neuer Rechtsprechung des Bundesgerichtshofs kann die Gesellschaft bürgerlichen Rechts als Gesamthandsgesellschaft ihrer Gesellschafter im Rechtsverkehr grundsätzlich, das heißt soweit nicht spezielle Gesichtspunkte entgegenstehen, jede Rechtsposition einnehmen. Soweit sie in diesem Rahmen eigene Rechte und Pflichten begründet, ist sie (ohne juristische Person zu sein) rechtsfähig (vgl. § 14 Abs. 2 BGB)."

Die Sachen, die zu Eigentum in die Gesellschaft eingebracht werden, stehen im Eigentum der Gesellschaft. Auch kann die GbR Gläubigerin und Schuldnerin sein. Die GbR selbst ist Vertragspartnerin bei Rechtsgeschäften. Nunmehr hat der BGH auch die Scheckfähigkeit[311] sowie die Partei- und Prozessfähigkeit der GbR anerkannt.[312] Ferner ist die GbR nach einer kürzlich ergangenen Entscheidung des BVerfG grundrechtsfähig.[313] Von einer materiellen Grundbuchfähigkeit der GbR wird teilweise ausgegangen,[314] jedoch ist auch nach dieser Ansicht aus Gründen fehlender Publizität der GbR nach § 47 GBO die Eintragung aller Gesellschafter „in Gesellschaft bürgerlichen Rechts" erforderlich. Die Markenrechtsfähigkeit der GbR wurde hingegen jüngst vom BGH abgelehnt,[315] da § 7 Markengesetz die Inhaberschaft einer Marke durch eine GbR ausschließe, wie sich aus der Begründung zum Markengesetz

[308] Vgl. *Mugdan*, Materialien zum Bürgerlichen Gesetzbuch S. 989 f.
[309] BGH vom 29.01.2001 BB 2001, 374. Von der Rechtsprechung allgemein anerkannt, vgl. BGH vom 16.02.2002 NZG 2002, 322; s. aber auch schon BGH vom 08.11.1978 BGHZ 72, 267, 271 f; BGH vom 20.06.1996 NJW 1996, 2859.
[310] BGH vom 29.01.2001 BB 2001, 374.
[311] BGH vom 15.07.1997 ZIP 1997, 1496.
[312] BGH vom 29.01.2001 BB 2001, 374.
[313] BVerfG vom 02.09.2002 NJW 2002, 3533.
[314] KG vom 16.01.1987 NJW-RR 1987, 1321, wonach bei der Übertragung eines Grundstücks von einer GbR auf eine andere GbR eine Auflassung erforderlich ist, was nur bei Grundbuchfähigkeit erklärlich ist; vgl. auch BayObLG vom 07.05.2002 BayObLGZ 2002, 137. Voraussetzung sei der Nachweis der Geschäftsführung durch öffentliche Urkunde. Aufgrund der Rechtsfähigkeit sei der Wechsel der Gesellschafter jetzt irrelevant (*Demuth* BB 2002, 1555, 1557 ff). Eine Grundbuchfähigkeit der GbR soll auch nach *Ott* (NJW 2003, 1223) aufgrund richterlicher Rechtsfortbildung gegeben sein. Anders jedoch jüngst BayObLG Beschluss vom 31.10.2002 ZIP 2002, 2175, das argumentiert, die grundbuchrechtlichen Vorschriften würden keinen Raum für eine Grundbuchfähigkeit der GbR geben.
[315] BGH vom 24.02.2000 DB 2000, 2117.

ergäbe.[316] Auch wird der GbR bisher nicht die Möglichkeit zugesprochen, Gesellschafterin einer OHG bzw. Komplementärin einer KG zu sein.[317] Begründet wird das damit, dass es an einem einheitlichen Auftreten nach außen und der Handelsregisterpublizität fehle.[318] Der BFH hat in einem Grundsatzbeschluss vom 25.02.1991 diese Auffassung des BGH als „jedenfalls noch" im Gesellschaftsrecht herrschend bezeichnet.[319] Es ist damit offen, wie sich die Rechtsprechung in dieser Frage entwickeln wird.

Im Ergebnis ist daher nach h. M. von einer Rechtsfähigkeit der GbR auszugehen, die nur noch hinsichtlich weniger Punkte eingeschränkt wird. Schon aus praktischen Erwägungen ist dies allein sachgerecht. Das zeigt sich insbesondere daran, dass bei Fehlen einer eigenen Rechtspersönlichkeit der GbR alle dauerhaften schuldrechtlichen Verpflichtungen bei einem Gesellschafterwechsel neu begründet werden müssten.

§ 124 HGB macht die OHG zu einer Gesamthandsgesellschaft mit eigener Rechtsfähigkeit. Genau wie KG (§ 161 Abs. 2, § 124 Abs. 1 HGB), PartG (§ 7 Abs. 2 PartGG) und EWIV[320] (§ 1 EWIV-AusführungsG[321]) kann sie nach dem Gesetz Rechte erwerben und Verbindlichkeiten eingehen, Eigentum und andere dingliche Rechte an Grundstücken erwerben sowie vor Gericht klagen und verklagt werden. Auch für die Partenreederei steht trotz Fehlen einer ausdrücklichen gesetzlichen Regelung inzwischen außer Streit, dass ihr eine der OHG vergleichbare Rechtsfähigkeit zusteht.[322] Personengesellschaften – und eben gerade nicht nur den einzelnen Gesellschaftern – wird zivilrechtlicher Ehrenschutz zugesprochen.[323] Personenhandelsgesellschaften werden als selbständiges Gewerbesteuersubjekt behandelt.[324] Gemäß § 11 InsO sind die genannten Personengesellschaften insolvenzfähig. Nach dem Umwandlungsrecht ist zudem der identitätswahrende Formwechsel zwischen den Personenhandelsgesellschaften und Kapitalgesellschaften inzwischen möglich (§§ 190, 214, 226 UmwG).

Die stG ist als Innengesellschaft weder juristische Person noch Gesamthand. Es gibt kein Gesellschaftsvermögen, kein Handeln im Namen der Gesellschaft und folglich auch keinen Prozess für und gegen die Gesellschaft. Die stG kann nicht Trägerin von Rechten und Pflichten sein.

---

[316] Begründung zum RegE BT Drs. 12/6581 S. 69.
[317] RG vom 15.03.1929 RGZ 123, 366, 369; BGH vom 12.12.1966 BGHZ 46, 291, 296; BGH vom 07.07.1986 NJW-RR 1987, 416; zuletzt offengelassen in BGH vom 19.02.1990 ZIP 1990, 505, 507.
[318] BGH vom 12.12.1966 BGHZ 46, 291, 296.
[319] BFH vom 25.02.1991 DB 1991, 889.
[320] Außer Deutschland und Italien haben alle Mitgliedstaaten der EWIV in den Ausführungsgesetzen die volle Rechtspersönlichkeit zuerkannt, überwiegend deshalb, weil in diesen Rechtsordnungen der Unterschied zwischen juristischer Person und Rechtsobjekt mit bloßer Geschäfts- und Handlungsfähigkeit nicht bekannt ist (*Bote* in Riegger/Weipert, Münchener Handbuch des Gesellschaftsrechts Bd. 1 § 87, Rz. 25).
[321] BGBl I 1988, 514.
[322] *Bote* in Riegger/Weipert, Münchener Handbuch des Gesellschaftsrechts Bd. 1 § 84 Rz. 3.
[323] So zumindest für Personenhandelsgesellschaften BGH vom 08.07.1980 BGHZ 78, 24.
[324] S. oben Kapitel 1 A Fn. 8.

4. Zusammenfassung

Im Ergebnis besitzen Körperschaften mit Ausnahme des nichtrechtsfähigen Vereins und der Vorgesellschaft als juristische Personen unbeschränkte Rechtsfähigkeit. Aber auch nichtrechtsfähige Vereine und Personengesellschaften können nach inzwischen herrschender Ansicht als solche Träger von Rechten und Pflichten sein. Dabei geht die Tendenz dahin, den Gesamthandsgesellschaften eine immer stärkere Stellung als eigene Rechtspersönlichkeit einzuräumen.[325] In der Literatur wird sogar gefordert, bestimmte Gesamthandsgesellschaften sollten zur juristischen Person erklärt werden.[326] Zwar ist denkbar, dass man in Zukunft dahin kommen wird, Personenhandelsgesellschaften als juristische Personen zu qualifizieren. Momentan ist jedoch aufgrund der vorhandenen Unterschiede hinsichtlich des Umfangs der Rechtsfähigkeit noch an der Unterscheidung zwischen juristischen Personen und Gesamthandsgesellschaften festzuhalten.[327]

III. Gründung der Gesellschaft

Hinsichtlich der Gründung von Gesellschaften heißt es allgemein, dass Personengesellschaften durch Vertrag entstehen, während Körperschaften ihre volle Rechtsstellung i. d. R. erst durch Registrierung erlangen.

1. Körperschaften

Der wirtschaftliche Verein kann zwar durch Vertragschluss und Satzungserstellung gegründet werden, Rechtsfähigkeit erlangt er aber erst mit der Konzession nach § 22 BGB, die nur in Ausnahmefällen erteilt wird. Der Idealverein wird durch Eintragung in das Vereinsregister rechtsfähig. Die AG kann im Wege der Bargründung oder Sachgründung neu gegründet werden.[328] Mit der Errichtung der AG entsteht die Gesellschaft zunächst als Vorgesellschaft. Notwendig sind noch Organbestellung, Leistung der Einlagen[329] und Anmeldung der Gesellschaft zur Eintragung bei dem zuständigen Registergericht. Die KGaA wird durch Festsetzung der Satzung nach § 280 AktG unter Beteiligung von mindestens fünf Personen und Eintragung im Handelsregister gegründet. Für die Gründung der GmbH ist gemäß § 7 Abs. 1

---

[325] Vgl. insbesondere die Entwicklung bei der GbR.

[326] *Raiser* AcP 194 (1994), 495, 510; *Kohler* ZHR 74 (1913), 456 ff; *Wieland*, Handelsrecht § 35 III.

[327] So auch ausdrücklich BGH vom 29.01.2001 BB 2001, 374, 375.

[328] Neugründungen von Aktiengesellschaften sind aber eher selten. Häufiger anzutreffen sind Umwandlung durch Formwechsel, Verschmelzung (§§ 73 ff UmwG), Spaltung (§§ 141 ff UmwG) oder Ausgliederung (§§ 152 ff UmwG). Durch Formwechsel kann eine AG aus einer GmbH (§§ 273 ff UmwG), aus einem VVaG (§§ 291 ff UmwG), aus einer eG (§§ 258 ff UmwG) und aus einer Körperschaft oder Anstalt des öffentlichen Rechts (§§ 301 ff UmwG) entstehen. Bei Verschmelzung, Spaltung und Ausgliederung entsteht – anders als in den Fällen des Formwechsels – durchaus eine neue Gesellschaft. Die Einbringung der einzelnen Gegenstände erfolgt aber im Wege der Gesamtrechtsnachfolge.

[329] Bei Sacheinlagen muss diese in der Regel vor der Anmeldung vollständig geleistet sein, bei Bareinlagen mindestens ein Viertel des Nennbetrags ggf. zzgl. des Aufgelds.

GmbHG die Eintragung in das Handelsregister erforderlich. Der VVaG wird durch notariell zu beurkundende Feststellung einer Satzung errichtet (§§ 17, 18 VAG), aber erst durch behördliche Erlaubnis rechtsfähig (§ 15 VAG). Die eG wird durch schriftliches Statut (§ 5 GenG) von mindestens sieben Mitgliedern errichtet und erhält die Rechtsfähigkeit durch Eintragung in das Genossenschaftsregister (§ 10 GenG). Gründungsvoraussetzung für alle Körperschaften mit Ausnahme des nichtrechtsfähigen Vereins ist, dass sich die Gesellschaft einen Namen gibt, der in die entsprechenden Register mit eingetragen wird (vgl. beispielsweise § 23 Abs. 3 Nr. 1 AktG, § 3 Abs. 1 Nr. 1 GmbHG, § 3 Abs. 1 GenG). Bei Körperschaften ist dies meist Sachfirma, d. h. die Namen der einzelnen Gesellschafter sind in der Firma nicht enthalten.[330] Insoweit gibt es jedoch keine rechtlichen Vorgaben, so dass auch eine Personalfirma gewählt werden kann. Für den rechtsfähigen Verein ist gerade in Abgrenzung zur GbR das Führen eines Gesamtnamens wichtig, der die Unabhängigkeit der Gesellschaft von ihrem Mitgliederbestand zum Ausdruck bringt.[331]

2. Personengesellschaften

Die GbR entsteht durch Vertrag, der auch formlos abgeschlossen werden kann. In manchen Fällen – etwa bei Gelegenheitsgesellschaften – wird den Gesellschaftern nicht unbedingt bewusst sein, dass sie Mitglieder einer GbR sind.[332] OHG und KG entstehen kraft Gesetz, wenn sie nach § 1 Abs. 2 HGB ein Handelsgewerbe betreiben,[333] oder – falls diese Voraussetzungen nicht erfüllt sind – durch Eintragung in das Handelsregister (§ 105 Abs. 2 HGB). In letzterem Fall ist die Eintragung konstitutiv. Die stG entsteht durch Abschluss eines Gesellschaftsvertrags, kraft dessen sich der stille Gesellschafter mit einer Vermögenseinlage am Handelsgewerbe eines Unternehmensträgers beteiligt. Zu beachten ist, dass nur, wenn der Stille und der Träger des Unternehmens untereinander ein Gesellschaftsverhältnis eingehen, auch eine stG zustande kommt. Gesellschaftsverhältnisse ohne Gesellschaftsvertrag auf rein faktischer Grundlage sind nicht anzuerkennen.[334] Die Partenreederei wird durch Gesellschaftsvertrag errichtet, in dem zum Ausdruck kommt, dass eine Reederei und keine Handelsgesellschaft gegründet werden soll. Gemäß Art. 5 der VO wird die EWIV durch Gesellschaftsvertrag gegründet und ist gemäß § 2 EWIV-Ausführungsgesetz in das Handelsregister einzutragen. Erst dann kann sie Trägerin von Rechten und Pflichten sein. Die PartG wird durch Eintragung in das Partnerschaftsregister im Verhältnis zu Dritten wirksam (§ 7 Abs. 1 PartGG), bis dahin handelt es sich um eine GbR.[335] Auch die Personenhandelsgesellschaften sind zum Führen

[330] Vgl. *Schmidt*, Handelsrecht § 12 I 1f).
[331] Vgl. Rechtsprechung zur Abgrenzung von nichtrechtsfähigem Verein und GbR unter Kapitel 2 Punkt C I.
[332] So handelt es sich bei Fahrgemeinschaften oder Lottogemeinschaften i. d. R. um eine GbR (*Schmidt*, Gesellschaftsrecht § 58 III 6).
[333] Die Eintragung in das Handelsregister hat keine konstitutive Wirkung (§ 123 Abs. 2 HGB); vgl. hierzu schon oben Kapitel 2 C I Fn. 197.
[334] *Schmidt*, Gesellschaftsrecht § 62 II 1 c) aa).
[335] *Schmidt* NJW 1995, 4.

einer Firma verpflichtet, die im Handelsregister einzutragen ist (vgl. § 29 HGB). Für OHG und KG bestand bis zur Handelsrechtsreform 1998 die Pflicht, eine Personalfirma zu führen (§ 19 Abs. 1 und 2 HGB a. F.). Obwohl nach der neuen Rechtslage freies Firmenwahlrecht für Personenhandelsgesellschaften[336] besteht, werden bei diesen wohl auch in Zukunft Personalfirmen stärker verbreitet sein, als bei Körperschaften.

3. Zusammenfassung

Der Grundsatz, dass Personengesellschaften durch Vertrag entstehen, während Körperschaften von einer Eintragung abhängig sind, wird in mehrfacher Hinsicht durchbrochen oder zumindest abgeschwächt. Zum einen sind die Vorgesellschaften vor Eintragung bereits wie eine AG bzw. GmbH zu behandeln. Auch die übrigen Körperschaften werden bereits vor Eintragung als eigenes Rechtssubjekt behandelt. Zum anderen kann die EWIV, obwohl sie als Personengesellschaft gilt, erst mit Eintragung Trägerin von Rechten und Pflichten sein. Auch die PartG wird erst mit Eintragung gegenüber Dritten wirksam. Schließlich kann seit dem Handelsrechtsreformgesetz 1998 auch die Eintragung für die OHG konstitutive Wirkung haben, nämlich dann, wenn kein Handelsgewerbe betrieben wird.

IV. Ausscheiden von Mitgliedern

Körperschaften sollen grundsätzlich – im Gegensatz zu Personengesellschaften – auf einen (ständigen) Wechsel der Mitglieder angelegt sein, weshalb die Übertragung der Mitgliedschaftsrechte als unproblematisch angesehen wird. Für Gesellschafter, die aus einer Körperschaft ausscheiden, sind daher auch keine Abfindungsansprüche vorgesehen.[337] Zudem sollen Körperschaften im Gegensatz zu Personengesellschaften bei Ausscheiden eines Gesellschafters fortbestehen.

1. Gesellschafterwechsel

Das Vereinsmitglied hat ein Austrittsrecht nach § 39 BGB, wobei eine durch Satzung bestimmte Kündigungsfrist nicht länger als zwei Jahre betragen darf. Auch für den nichtrechtsfähigen Verein soll ein Austritt nach § 39 BGB anstatt einer Kündigung nach § 723 BGB erfolgen.[338] Der Aktionär einer AG kann seine Gesellschafterstellung durch Veräußerung der Aktien völlig unproblematisch aufgeben. Lediglich im Falle vinkulierter Namensaktien (§ 68

---

[336] Mit Ausnahme der PartG (vgl. § 2 Abs. 1 PartGG).
[337] *Schmidt*, Gesellschaftsrecht § 25 I 2 b).
[338] Erstmals RG vom 02.11.1933 RGZ 143, 1, 3; vgl. aber die oben dargestellte Rechtsprechung des BGH in der Forum-S.-Entscheidung Kapitel 2 C I.

Abs. 2 AktG) ist die rechtsgeschäftliche[339] Übertragung der Aktie an die Zustimmung der Gesellschaft gebunden. Für den Kommanditaktionär einer KGaA gilt das Recht der AG, für den Komplementär hingegen grundsätzlich KG-Recht (§ 289 Abs. 1 AktG i. V. m. §§ 138 ff, 161 Abs. 2 HGB). Dabei kann ein Komplementär außer durch Ausschließung nur dann ausscheiden, wenn die Satzung dies für zulässig erklärt (§ 289 Abs. 5 AktG). GmbH-Geschäftsanteile sind bei der Übertragung an Formerfordernisse gebunden (§ 15 Abs. 3 GmbHG). So soll ein spekulativer Handel unterbunden werden.[340] Auch kann – wovon in der Praxis häufig Gebrauch gemacht wird – die Veräußerung von der Zustimmung der Gesellschaft abhängig gemacht werden (§ 15 Abs. 5 GmbHG). Zu beachten ist, dass die Vor-GmbH oder Vor-AG von ihrem Mitgliederbestand abhängig ist.[341] Ein Gründerwechsel ist nur bei einstimmiger Änderung der Satzung möglich.[342] Die Mitgliedschaft im VVaG endet, soweit die Satzung nichts anderes bestimmt, wenn das Versicherungsverhältnis aufhört (§ 20 S. 3 VAG). Die Mitgliedschaft in einer eG wird insbesondere durch Ausübung des nicht beschränkbaren[343] Rechts zur ordentlichen Kündigung oder durch Übertragung des Geschäftsguthabens (§ 76 GenG) beendet. Daneben sind weitere Ausscheidungsgründe in den §§ 65 bis 77 GenG abschließend aufgezählt.

Das Ausscheiden eines Gesellschafters der GbR kann durch Vertrag oder durch Kündigung erfolgen. Auch ein Ausschluss aus wichtigem Grund ist möglich (§ 737 BGB). Aus der OHG und KG kann ein Gesellschafter aufgrund vertraglicher Vereinbarung mit den übrigen Gesellschaftern jederzeit ausscheiden. Zudem nennt das Gesetz in § 131 Abs. 2 HGB Gründe, die – falls nichts anderes vereinbart ist – zum Ausscheiden eines Gesellschafters führen. Zu nennen sind hier insbesondere Tod eines Gesellschafters oder Eröffnung des Insolvenzverfahrens über das Vermögen eines Gesellschafters. Bei Vorliegen eines wichtigen Grunds ist auch ein Ausschluss des Gesellschafters möglich (§ 140 HGB). Die Stellung eines stillen Gesellschafters ist übertragbar und vererblich. Bei der Partenreederei kann ein Mitreeder gemäß § 503 HGB frei über den Schiffspart verfügen.[344] Nach Art. 27 der EWIV-VO haben die Mitglieder einer EWIV ein Kündigungsrecht. Für das Ausscheiden von Partnern einer PartG gelten die für die OHG getroffenen Regeln (§ 8 Abs. 1 S. 2, § 9 Abs. 1 PartG i. V. m. §§ 130, 140 HGB).

---

[339] § 68 Abs. 2 AktG gilt nicht für Vererbung oder gesetzliche Übertragung (z. B. Verschmelzung), vgl. *Lutter* AG 1993, 369.
[340] *Baumbach/Hopt*, Handelsgesetzbuch Einl. v. § 105 Rz. 17.
[341] Vgl. schon oben Kapitel 2 C III Fn. 256.
[342] *Nitschke*, Die körperschaftlich strukturierte Personengesellschaft S. 146.
[343] *Beuthien*, Genossenschaftsgesetz § 65 Rz. 3.
[344] Dazu BGH vom 11.11.1968 BB 1969, 153.

2. Abfindungsansprüche

Bei Kapitalgesellschaften ist grundsätzlich eine freie Veräußerung des Geschäftsanteils bzw. der Aktie möglich. Damit besteht kein Anspruch auf Abfindung, jedoch kommt es zu einer Veräußerung zum Verkehrswert. Lediglich im Fall der Kaduzierung des Geschäftsanteils (§ 34 GmbHG, § 64 AktG) oder des Ausschlusses aus wichtigem Grund[345] ist eine angemessene Abfindung zu zahlen. Diese bestimmt sich im Wesentlichen nach der Handhabung der Abfindungsansprüche bei den Personengesellschaften.[346] Bei Personengesellschaften besteht anerkanntermaßen ein Abfindungsanspruch in Höhe des anteiligen Verkehrswerts (§ 105 Abs. 3 HGB, § 738 Abs. 1 BGB).[347] Jedoch ist durch Abfindungsklauseln eine anderweitige Regelung möglich, wobei zum Schutz von Gläubigern und Gesellschaftern die Grenzen der §§ 138, 242 BGB zu beachten sind.[348]

3. Auswirkungen des Ausscheidens von Mitgliedern auf den Fortbestand der Gesellschaft

Bei Ausscheiden eines Gesellschafters aus einer Körperschaft wird die Gesellschaft fortgeführt.[349] Für Personengesellschaften war bis vor kurzem als gesetzlicher Grundfall vorgesehen, dass die Gesellschaft mit Ausscheiden eines Mitglieds aufgelöst wird (insbesondere § 723 Abs. 1 BGB, § 131 HGB a. F., anders jedoch § 503 HGB für die Partenreederei[350]).[351] Aufgrund des ausdrücklich dispositiven Charakters dieser Vorschriften und der – vom gesetzlichen Regelfall abweichenden – Anforderungen in der Praxis waren in den Gesellschaftsverträgen häufig Fortsetzungsklauseln enthalten.[352] Dem wurde mit dem Handelsreformgesetz 1998 Rechnung getragen. Es kam zu einer grundlegenden Umgestaltung der Regelungen im Sinne einer grundsätzlichen Fortführung der Gesellschaft bei Ausscheiden des Gesellschafters (vgl. insbesondere § 131 Abs. 3 HGB n. F.) gegenüber des bisherigen Regelfalls der Auflösung der Gesellschaft durch das Austreten eines Gesellschafters. Abgesehen von der GbR[353]

[345] *Grunewald*, Gesellschaftsrecht 2.C.X.2.
[346] *Ebenroth/Müller* BB 1993, 1153, 1157.
[347] *Baumbach/Hopt*, Handelsgesetzbuch § 131 Rz. 49.
[348] *Ebenroth/Müller* BB 1993, 1153 ff.
[349] Anderes gilt – wie eben dargestellt – nur für die Vorgesellschaft und für den rechtsfähigen Verein, wenn die Mitgliedzahl unter drei sinkt (§ 73 BGB).
[350] Das Ausscheiden eines Mitreeders hat schon Mitte des 19. Jahrhunderts auf den Fortbestand der Gesellschaft keinen Einfluss gehabt (vgl. Art. 472, 473 ADHGB sowie *Wagner* in Coing, Privatrechtsgeschichte S. 2996).
[351] Das Allgemeine Preußische Landrecht, das allerdings noch keine Unterscheidung zwischen Personengesellschaften und Körperschaften kannte, hatte die Fortführung der Gesellschaft bei Ausscheiden oder Tod eines Gesellschafters vorgesehen (II 8 § 658 ALR). Die bisherige Regelung zur Auflösung der Personenhandelsgesellschaften bei Ausscheiden eines Mitglieds ist daher nicht historisch bedingt.
[352] *Baumbach/Hopt*, Handelsgesetzbuch § 131 HGB Rz. 1.
[353] Das Ausscheiden eines Gesellschafters einer GbR führt nach den gesetzlichen Vorgaben zur Auflösung der Gesellschaft. Es kann jedoch im Gesellschaftsvertrag vereinbart werden, dass die Gesellschaft bei Ausscheiden eines Gesellschafters unter den übrigen Gesellschaftern fortbesteht, vgl. § 736 Abs. 1, § 737 Satz 1 BGB. Dass die GbR gerade auch vom Bestand ihrer Mitglieder unabhängig sein kann, legt der BGH seiner Rechtsprechung zu Grunde. So begründet er die Anerkennung der Rechtsfähigkeit der GbR mit dem für die Praxis bedeutsamen

ist damit auch für Personengesellschaften jetzt die Fortführung der Gesellschaft bei Ausscheiden eines Gesellschafters der gesetzliche Regelfall.

4. Zusammenfassung

Gerade bei börsennotierten Aktiengesellschaften ist die Übertragung der Mitgliedschaft unkomplizierter, als bei Personengesellschaften. Andererseits kann sich die Übertragung eines vinkulierten GmbH-Anteils durchaus schwieriger gestalten, als die eines Kommanditanteils an einer KG. Abgesehen von der Tatsache, dass beim Ausscheiden aus einem Verein grundsätzlich kein Abfindungsanspruch besteht, unterscheiden sich die Regelungen über die Abfindung bei Körperschaften und Personengesellschaften kaum. In beiden Fällen erhält das ausscheidende Mitglied im Ergebnis den Verkehrswert seines Anteils. Bei einem regulären Ausscheiden aus einer Körperschaft muss jedoch ein Erwerber für den Geschäftsanteil gefunden werden. Die Abhängigkeit der Personengesellschaft vom Mitgliederbestand ist heute auch hinsichtlich der Auflösungsgründe nicht mehr besonders stark ausgeprägt. Insbesondere führt bei Personengesellschaften mit Ausnahme der GbR das Ausscheiden eines Gesellschafters schon nach dem Gesetz nicht mehr zur Auflösung der Gesellschaft.

V. Corporate governance

Während die Organe,[354] die eine Gesellschaft haben muss oder haben kann, überwiegend gesetzlich vorgeschrieben sind, kann die Geschäftsführung und Vertretung sowie die Beschlussfassung im Gesellschaftsvertrag individuell geregelt bzw. konkretisiert werden. Im Unterschied zu den Körperschaften, bei denen die Geschäftsführung häufig von Nicht-Gesellschaftern wahrgenommen wird, gilt für Personengesellschaften das Prinzip der Selbstorganschaft.[355] Das bedeutet, dass Organfunktionen an die Mitgliedschaft gebunden sind. Bei der Beschlussfassung soll für Personengesellschaften grundsätzlich Einstimmigkeit erforderlich sein, bei Körperschaften soll das Mehrheitsprinzip gelten.

1. Körperschaften

Beim Verein ist Geschäftsführungs- und Vertretungsorgan der Vorstand, der nach § 27 BGB durch die Mitgliederversammlung bestellt wird. Vorstandsmitglieder können auch Nichtmit-

---

Vorzug, dass ein Wechsel im Mitgliederbestand keinen Einfluss auf den Fortbestand des mit der Gesellschaft bestehenden Rechtsverhältnisses hat (BGH vom 29.01.2001 BB 2001, 374, 375; angedeutet schon BGH vom 15.12.1980 BGHZ 79, 374).

[354] In Betracht kommen Willensbildungsorgane, Leitungsorgane und Aufsichtsorgane; vgl. *Schmidt*, Gesellschaftsrecht § 14 II 1.

[355] *Grunewald*, Gesellschaftsrecht 1.A.IV.1.e; *Schmidt*, Gesellschaftsrecht § 14 II 2 a).

glieder sein.[356] Die Vertretungsmacht des Vorstandes kann gegenüber Dritten begrenzt werden, was dem Dritten nur entgegengehalten werden kann, wenn er die Beschränkung kennt oder sie in das Vereinsregister eingetragen ist. Für den nichtrechtsfähigen Verein gelten die §§ 25 ff BGB entsprechend. Die Mitgliederversammlung beschließt über die Angelegenheiten des Vereins, soweit sie nicht vom Vortand oder einem anderen Vereinsorgan zu besorgen sind, mit einfacher Mehrheit (§ 32 Abs. 1 BGB). Zuständig ist die Mitgliederversammlung jedenfalls für die Bestellung und Abberufung des Vorstands, für Satzungsänderungen und für die Auflösung des Vereins.

Die Aktiengesellschaft hat zwingend drei Organe, nämlich den Vorstand, den Aufsichtsrat und die Hauptversammlung. Der Vortand ist das Leitungsorgan der Gesellschaft. Er kann aus einer oder mehreren, jedoch nur aus natürlichen Personen bestehen und hat Geschäftsführungsbefugnis sowie Vertretungsmacht. Entscheidend ist auch hier, dass Vorstandsmitglieder nicht zwingend Gesellschafter der AG zu sein brauchen. Der Aufsichtsrat hat den Vorstand zu bestellen und abzuberufen (§ 84 AktG), sowie die Geschäftsführung zu überwachen (§ 11 Abs. 1 AktG). Bei der Zusammensetzung ist auf den Mitbestimmungsstatus der Gesellschaft Rücksicht zu nehmen, der insbesondere von der Arbeitnehmerzahl abhängt. Auch die Aufsichtsräte brauchen nicht zwingend Gesellschafter der AG zu sein. Die Hauptversammlung ist die Versammlung der Aktionäre, in welcher diese ihre Rechte in den Angelegenheiten der Gesellschaft ausüben und insbesondere Versammlungsbeschlüsse fassen (§§ 118 ff AktG). Charakteristisch für das deutsche Aktienrecht ist die Funktionstrennung zwischen Vorstand und Aufsichtsrat, womit sich die deutsche AG vom *Board-System* des US-amerikanischen Aktienrechts unterscheidet.[357] Für den Fall eines mehrgliedrigen Vorstands besteht nach dem gesetzlichen Regelfall Gesamtgeschäftsführung (§ 77 Abs. 1 AktG) und Gesamtvertretungsmacht (§ 78 Abs. 2 S. 1 AktG). Die Hauptversammlung der AG beschließt mit einfacher Stimmenmehrheit, soweit nicht Gesetz[358] oder Satzung eine größere Mehrheit oder weitere Erfordernisse – z. B. hinsichtlich der Beschlussfähigkeit – bestimmen (§ 133 AktG). Der Aufsichtsrat entscheidet durch Beschluss, wobei die Vorgaben der Satzung und des Gesetzes (§ 108 AktG) zu beachten sind.

Anders als die AG hat die KGaA keinen Vorstand, sondern lediglich zwei Arten von Gesellschaftern, nämlich wenigstens einen persönlich haftenden Gesellschafter (Komplementär) und einen oder mehrere Kommanditaktionäre. Für das Verhältnis der Komplementäre untereinander sind gemäß § 161 Abs. 2 HGB die §§ 109 ff HGB anzuwenden. Im Verhältnis zur Gesamtheit der Kommanditaktionäre sind die §§ 163 bis 169 HGB maßgeblich. Das Verhältnis zu Dritten ist nach §§ 125 ff, 128 ff, 159 f HGB zu beurteilen. Es obliegt den Komplementären, die zwingend Gesellschafter sind, die Geschäfte der Gesellschaft zu führen und die Ge-

---

[356] *Heinrichs* in Palandt, BGB § 26 Rz. 4.

[357] *Wiethölter*, Aktiengesellschaften im amerikanischen und deutschen Recht S. 206 ff.

[358] Eine qualifizierte Mehrheit wird für sog. Grundlagenbeschlüsse (etwa Satzungsänderungen oder Umwandlungsbeschlüsse) verlangt.

sellschaft zu vertreten, wobei grundsätzlich Einzelgeschäftsführung und Einzelvertretungsmacht vorgesehen sind (§ 278 Abs. 2 AktG, § 115 Abs. 1 bzw. § 125 Abs. 1 HGB). Der Grundsatz der Fremdorganschaft ist damit hier durchbrochen. Die Kommanditaktionäre haben auch in ihrer Gesamtheit keine Rechte bezüglich der Geschäftsführung. Bei Strukturentscheidungen von erheblicher Bedeutung muss ihnen jedoch ein Mitspracherecht eingeräumt werden.[359]

Die Geschäftsführung und Vertretung erfolgt bei der GmbH durch die Geschäftsführer (§ 35 GmbHG), wobei sie auch hier von gesellschaftsfremden Dritten wahrgenommen werden kann. Der Gesellschaftsvertrag kann zudem die Bestellung eines Aufsichtsrats verlangen.[360] Bei mehreren Geschäftsführern besteht nach dem Gesetz Gesamtgeschäftsführung (§ 35 Abs. 2 S. 2 GmbHG). Im Gesellschaftsvertrag wird bei mehreren Geschäftsführern häufig Einzelvertretungsmacht vereinbart, obwohl der gesetzliche Regelfall Gesamtvertretung vorsieht. Die Gesellschafterversammlung der GmbH beschließt grundsätzlich mit einfacher Stimmenmehrheit (§ 47 GmbHG).

Für die „oberste Vertretung“, d. h. die Mitgliederversammlung des VVaG, den Aufsichtsrat und den Vorstand gelten grundsätzlich die gleichen Regelungen, wie für die AG (vgl. jeweils Verweis in §§ 34, 35 und 36 VAG). Geschäftsführungsbefugnis und Vertretungsmacht der eG liegen beim Vorstand, §§ 24 ff GenG, wobei Vorstände wie auch Aufsichtsräte zwingend Genossen sein müssen (§ 9 Abs. 2 S. 1 GenG). Das Gesetz sieht Gesamtvertretung vor, durch das Statut kann aber auch Einzelvertretungsmacht bestimmt werden (§ 25 Abs. 1 S. 2 GenG). Die eG hat einen Aufsichtsrat (§ 36 GenG), dem die Überwachung des Vorstands obliegt. Die Generalversammlung – ebenso wie der Aufsichtsrat[361] – beschließt über alle Angelegenheiten der eG, die nicht durch Gesetz oder Statut einem anderen Genossenschaftsorgan zugewiesen sind,[362] grundsätzlich mit einfacher Stimmenmehrheit (§ 43 Abs. 2 GenG).

2. Personengesellschaften

Nach dem gesetzlichen Regelfall (§ 709 Abs. 1 BGB) obliegt die Geschäftsführung der GbR den Gesellschaftern gemeinschaftlich, wobei grundsätzlich Einstimmigkeit erforderlich ist. Der Gesellschaftsvertrag sieht aber aus Gründen der Praktikabilität i. d. R. vor, dass einige Gesellschafter allein oder gemeinsam geschäftsführungsbefugt sind. Wer geschäftsführungsbefugt ist, hat auch Vertretungsmacht (§ 714 BGB), wobei hier ebenfalls abweichende Vereinbarungen durch Gesellschaftsvertrag getroffen werden können. Die Übertragung von Ge-

---

[359] Vgl. BGH vom 19.04.1982 WM 1982, 660. Für die GmbH & Co. KGaA sind an die Mitbestimmungsrechte der Kommanditaktionäre höhere Anforderungen zu stellen (*Koch* DB 2002, 1701 ff).

[360] Vgl. aber Pflicht zur Einführung eines mitbestimmten Aufsichtsrats der GmbH nach Tarifvertragsgesetz 1952, Montanbestimmungsgesetz, Mitbestimmungsgesetz 1976.

[361] *Beuthien*, Genossenschaftsgesetz § 36 Rz. 10.

[362] *Beuthien*, Genossenschaftsgesetz § 43 Rz. 2.

schäftsführungsbefugnissen auf Nichtgesellschafter ist aufgrund des Grundsatzes der Selbstorganschaft, der für alle Personengesellschaften gilt, im Grunde ausgeschlossen. Der BGH ermöglicht dies dennoch in gewissem Umfang. So heißt es in der Holiday-Inn-Entscheidung:[363]

> „Der Grundsatz der Selbstorganschaft verbietet nur, dass sämtliche Gesellschafter von der Geschäftsführung und Vertretung ausgeschlossen und diese auf Dritte übertragen wird. Damit vereinbar ist es jedoch, dass ein Dritter in weitem Umfange mit Geschäftsführungsaufgaben betraut und mit einer umfassenden Vollmacht ausgestattet wird."

Voraussetzung ist, dass ein Widerrufsrecht der Gesellschafter besteht.[364] Soweit die Haftung der einzelnen Gesellschafter unbeschränkt ist, müssen die Gesellschafter die Möglichkeit haben, die Maßnahmen des Geschäftsführers zu verhindern, auch wenn kein wichtiger Grund gegeben ist.[365] Nach Ansicht des BGH gilt das allerdings nur, wenn der Dritte die Geschäfte nicht sachgerecht führt.[366] Gesellschafterbeschlüsse der GbR sind grundsätzlich einstimmig zu fassen, der Gesellschaftsvertrag enthält aber häufig Mehrheitsklauseln.[367]

Für OHG und KG sieht das Gesetz in § 114 Abs. 1 bzw. § 161 Abs. 2 i. V. m. § 114 Abs. 1 HGB Einzelgeschäftsführungsbefugnis für alle Gesellschafter vor, was jedoch nur für gewöhnliche Geschäfte gilt (§ 116 Abs. 2 HGB). Diese Regelung ist dispositiv (§ 109 HGB); in der Praxis wird die Geschäftsführungsbefugnis meist im Gesellschaftsvertrag individuell geregelt. Die Grundsätze der Selbstorganschaft sind zu beachten, für die Übertragung der Geschäftsführung auf Nichtgesellschafter gilt das zur GbR Gesagte entsprechend.[368] Die Kommanditisten der KG sind nach dispositivem Gesetzesrecht von der Geschäftsführung weitgehend ausgeschlossen (§ 164 S. 1 HGB). Die Vertretung der OHG und der KG steht grundsätzlich jedem Gesellschafter mit Ausnahme der Kommanditisten zu, auch hier enthält der Gesellschaftsvertrag jedoch i. d. R. abweichende Bestimmungen. Für die GmbH & Co. KG ist zu beachten, dass trotz formalen Festhaltens am Grundsatz der Selbstorganschaft im Grunde die Vorteile der Fremdorganschaft erreicht werden. Denn alleinige Geschäftsführerin ist meist die GmbH, die durch ihren Geschäftsführer die Geschäfte führt. Der Vorstand der GmbH ist aber einfach auszutauschen und muss gerade nicht selbst Gesellschafter der KG sein. Ein Gesellschafterbeschluss ist für OHG und KG notwendig, wenn der Gesellschaftsvertrag das vorsieht, sowie für Abänderung des Gesellschaftsvertrags, Beitritt und Ausscheiden von Mitgliedern und die Übertragung von Mitgliedschaftsrechten. Das Gesetz sieht grundsätzlich Einstimmigkeit vor (§ 161 Abs. 2, § 119 HGB), im Gesellschaftsvertrag sind regelmäßig Mehr-

[363] BGH vom 05.10.1981 NJW 1982, 1817.
[364] BGH vom 20.09.1993 WM 1994, 237.
[365] *Huber* ZHR 152 (1988), 1, 16.
[366] BGH vom 05.10.1981 NJW 1982, 1817.
[367] *Schmidt*, Gesellschaftsrecht § 59 III 3 b).
[368] *Schmidt*, Gesellschaftsrecht § 14 II b).

heitsklauseln enthalten, die zudem nicht auf Mehrheit nach Köpfen, sondern auf die kapitalmäßige Beteiligung abstellen.[369]

Die stG tritt als Innengesellschaft nicht nach außen auf. Die Geschäfte führt der Unternehmensgesellschafter, wobei ein Widerspruchsrecht des stillen Gesellschafters nur besteht, wenn dies im Gesellschaftsvertrag vereinbart wurde. Selbst bei ungewöhnlichen Geschäften hat der Stille grundsätzlich kein Widerspruchsrecht.[370]

Geschäftsführung und Vertretung der Partenreederei kann in die Hand eines Korrespondentreeders gelegt werden, der durch Mehrheitsbeschluss bestellt wird (§ 492 HGB). Durch einstimmigen Beschluss kann sogar ein Nicht-Reeder als Korrespondentreeder ausgewählt werden (§ 492 Abs. 1 S. 2 HGB). Willensbildungsorgan der Partenreederei ist die Gesamtheit der Mitreeder. Diese entscheiden grundsätzlich mehrheitlich nach der Größe ihrer Schiffsparten (§ 491 HGB).

Nach Art. 19 der EWIV-VO werden die Geschäfte der EWIV von natürlichen Personen geführt, die durch den Gesellschaftsvertrag oder durch Beschluss der Gesellschafter bestellt werden. Der Grundsatz der Selbstorganschaft gilt bei der EWIV unstreitig nicht.[371] Die Gesellschafter haben, soweit vertraglich nichts anderes vereinbart wurde, Einzelvertretungsmacht. Die Gesellschafterversammlung kann auf die Beschlüsse der Geschäftsführung der EWIV Einfluss nehmen, etwa indem sie dem Unternehmenszweck dienende Beschlüsse selber fasst (Art. 18 Abs. 2 EWIV-VO). Bei der Beschlussfassung in der Gesellschafterversammlung hat jeder Gesellschafter eine Stimme. Für einige Beschlussgegenstände ist zwingend Einstimmigkeit vorgeschrieben (Art. 17 Abs. 2 EWIV-VO).

Für die Geschäftsführung der PartG gelten die Vorschriften für die OHG entsprechend (§ 6 Abs. 3, § 7 Abs. 3 PartGG) mit der Besonderheit, dass ein völliger Ausschluss eines Partners von der Geschäftsführungsbefugnis nicht möglich ist (§ 6 Abs. 2 PartGG). Auch die Beschlussfassung der PartG erfolgt gemäß § 6 Abs. 3 PartGG wie bei der OHG, also nach § 119 HGB.

3. Zusammenfassung

Für Körperschaften oder zumindest für Kapitalgesellschaften[372] typisch ist die Trennung zwischen Geschäftsführung/Vorstand und Gesellschafterversammlung/Hauptversammlung. Bei Personengesellschaften kann durch Gesellschaftsvertrag eine ähnliche Trennung geschaffen werden, indem nur bestimmte Gesellschafter mir der Geschäftsführung betraut werden. Auch die Einrichtung eines Aufsichtsrats als Kontrollorgan ist typisch für Kapitalgesellschaften;

---

[369] *Baumbach/Hopt*, Handelsgesetzbuch § 119 Rz. 41.
[370] *Koenigs*, Die stille Gesellschaft S. 154.
[371] *Klein-Blenkers* DB 1994, 2224, 2225.
[372] Hier wiederum mit Ausnahme der KGaA.

hier werden die Gesellschafter an der Entscheidungsfindung selten beteiligt, weshalb die Geschäftsführung verstärkt zu überwachen ist. Der Grundsatz der Fremdorganschaft gilt nicht für alle Körperschaften. So können bei KGaA und eG nur Mitglieder zu Vorständen gewählt werden. Andererseits gibt es Personengesellschaften, auf die der Grundsatz der Selbstorganschaft nicht anzuwenden ist, insbesondere die Partenreederei und die EWIV. Auch bei der GmbH & Co. KG liegt die Geschäftsführung i. d. R. beim Geschäftsführer der GmbH, der gerade nicht Gesellschafter der GmbH oder KG zu sein braucht. Aber selbst bei der GbR ist die Übertragung der Geschäftsführung auf Nichtgesellschafter in gewissem Umfang anerkannt.

Auch hinsichtlich der Mehrheitserfordernisse bei der Beschlussfassung nähern sich zumindest in der Praxis Personengesellschaften und Körperschaften einander an. Kommt es zu einer Beschlussfassung der Gesellschafterversammlung, sieht zwar das Gesetz für die Personengesellschaften mit Ausnahme der Partenreederei und der EWIV grundsätzlich Einstimmigkeit vor. Der Gesellschaftsvertrag bestimmt aber aus Praktikabilitätsgründen fast immer abweichende Mehrheitserfordernisse, wobei qualifizierte Mehrheit i. d. R. für solche Beschlüsse vorgesehen ist, für die auch bei Körperschaften die einfache Mehrheit nicht ausreichen würde.

VI. Verhältnis der Gesellschafter zueinander und zur Gesellschaft

Bei Personengesellschaften wird das persönliche Vertrauen der einzelnen Gesellschafter untereinander aufgrund der personalistischen Struktur als besonders bedeutend angesehen. Daher sollen hier verstärkt Treuepflichten der Gesellschafter untereinander und gegenüber der Gesellschaft bestehen, die jedoch gesetzlich selten ausdrücklich geregelt sind. Als Treuepflichten kommen beispielsweise ein Schädigungsverbot gegenüber Mitgesellschaftern, die Pflicht zu einem bestimmten Abstimmungsverhalten oder Verzicht auf eine rechtsmissbräuchliche Ausübung des Anfechtungsrechts in Frage.[373]

Anders als bei den übrigen, im Rahmen dieser Arbeit analysierten Strukturmerkmalen sind Treuepflichten nicht gesetzlich geregelt.[374] Sie werden aufgrund richterlicher Rechtsfortbildung aus der Tatsache des mehr oder weniger engen gesellschaftsrechtlichen Zusammenschlusses abgeleitet. Sie stellen nicht im gleichen Maße wie etwa gesetzlich festgeschriebene Mitbestimmungsrechte, Gründungsbestimmungen oder Haftungsanforderungen ein Wesensmerkmal der jeweiligen Gesellschaftsformen dar. Jedoch soll gerade die – auch richterliche – Weiterentwicklung des Gesellschaftsrechts und ihr Einfluss auf die Abgrenzung von Körperschaften und Personengesellschaften mit berücksichtigt werden. Die Rechtsprechung ordnet den verschiedenen Rechtsformen unterschiedlich stark ausgeprägte Treupflichten zu, womit

[373] *Schmidt* ZIP 1988, 1497, 1505; BGH vom 05.06.1975 BGHZ 65, 15.

[374] Eine Ausnahme bildet das für Gesellschafter von Personenhandelsgesellschaften in § 112 HGB festgeschriebene Wettbewerbsverbot.

der jeweilige Umfang der Treuepflicht durchaus ein Wesensmerkmal der Rechtsform darstellen kann.

1. Körperschaften

Die Treuepflichten der Vereinsmitglieder gehen über die sich aus Treu und Glauben (§ 242 BGB) ergebenden Pflichten hinaus. Die Mitglieder stehen in der Verantwortung, sich gegenüber dem Verein loyal zu verhalten, seinen Zweck aktiv zu fördern und alles zu unterlassen, was dem Vereinszweck schadet.[375] Aber auch der durch seine Organe handelnde Verein hat auf die schützenswerten Belange seiner Mitglieder Rücksicht zu nehmen.[376]

Eine Treuepflicht der Gesellschafter der Kapitalgesellschaften gegenüber der Gesellschaft aus dem Gebot von Treu und Glauben nach § 242 BGB war schon immer anerkannt. Höchst umstritten war hingegen der Umfang der Treuepflichten gegenüber den Mitgesellschaftern.[377] Von grundlegender Bedeutung zu dieser Frage war zunächst das ITT-Urteil des BGH, welches Aussagen zur Treuepflicht der GmbH-Gesellschafter trifft.[378] Das Bestehen einer Treuepflicht wurde dort mit der herkömmlichen Überlegung begründet, unbeschadet ihrer körperschaftlichen Verfassung unterliege die nähere Ausgestaltung der GmbH und ihre wirtschaftliche Betätigung oft in erheblichem Maße dem unmittelbaren Einfluss ihrer Gesellschafter, so dass ihre inneren Verhältnisse auf eine deutliche Nähe zu den Personengesellschaften angelegt sein könnten. Damit waren Treuepflichten für GmbH-Gesellschafter anerkannt, auf die rein kapitalistisch strukturierte AG waren die Grundsätze jedoch nicht unmittelbar übertragbar. Erst zwölf Jahre später wurde in der Linotype-Entscheidung[379] des BGH eine Treuepflicht zumindest der Mehrheitsaktionäre festgestellt. Inzwischen ist anerkannt, dass jeder Aktionär seine Mitgliedschaftsrechte unter angemessener Berücksichtigung der Gesellschaftsbelange und der gesellschaftsbezogenen Interessen der anderen Aktionäre auszuüben hat.[380] Bei der KGaA besteht kein besonderes Rechtsverhältnis zwischen den Gesellschaftern, hier gilt jedoch das zur AG Gesagte entsprechend.[381]

Für den VVaG gilt der Grundsatz der Gegenseitigkeit. Wie stark dieser ausgeprägt ist, ist umstritten. Eine starke personale vereinsmäßige Verbundenheit, wie sie ursprünglich gefordert wurde, kann zumindest für den großen VVaG aber nicht mehr in Reinkultur angenommen werden.[382] Allgemein werden Treuepflichten beim VVaG ähnlich wie bei der AG zu beurtei-

---

[375] BGH vom 04.07.1977 WM 1977, 1166.
[376] *Reichert*, Handbuch des Vereins- und Verbandsrechts S. 195.
[377] *Wiesner* in Hoffmann-Becking, Münchener Handbuch des Gesellschaftsrechts Bd. 4 § 17 Rz. 13 m. w. N.
[378] BGH vom 05.06.1975 BGHZ 65, 15.
[379] BGH vom 01.02.1988 BGHZ 103, 184.
[380] BGH vom 20.03.1995 ZIP 1995, 899.
[381] *Semler* in Geßler/Hefermehl/Eckhardt/Kropff, Aktiengesetz § 278 Rz. 84.
[382] *Weigel* in Prölls, Versicherungsaufsichtsgesetz § 15 Rz. 8.

len sein.[383] Bei der eG wird eine besondere genossenschaftliche Treuepflicht gegenüber der Genossenschaft schon immer als selbstverständlich angesehen.[384] Gefordert wird eine Bereitschaft zur gemeinschaftlichen Selbsthilfe.[385] Auch eine Treuepflicht der Genossen untereinander ist inzwischen anerkannt, die in ihrer Intensität durchaus mit der Treuepflicht von Personengesellschaftern verglichen wird.[386]

2. Personengesellschafen

Inhalts eines Gesellschaftsvertrags einer GbR ist, obwohl vielfach nicht ausdrücklich genannt, eine stets gegebene allgemeine Treuepflicht auch gegenüber den Mitgesellschaftern.[387] Die Intensität der Treuepflicht hängt von der Größe des Mitgliederkreises, dem Einfluss der einzelnen Gesellschafter auf die Gesellschaft und der Bedeutung des Gesellschaftszwecks ab. Die Treuepflicht kann auch die Pflicht zu einem bestimmten Abstimmungsverhalten begründen.[388] Eine Treuepflicht gegenüber der Gesellschaft besteht sogar – wenn auch nur in eingeschränktem Umfang – bei der Ausübung von Rechten, die nicht aus der Gesellschafterstellung folgen, etwa wenn der Gesellschafter der Gesellschaft als Verkäufer oder Darlehensgeber gegenübersteht.[389] Für Treuepflichten der Gesellschafter einer OHG oder KG gilt das für die GbR Gesagte entsprechend. Ein Wettbewerbsverbot als Teil der Treuepflicht wird für die Gesellschafter mit Ausnahme der Kommanditisten (§ 165 HGB) sogar ausdrücklich durch das Gesetz vorgeschrieben (§ 112 Abs. 1 HGB). Bei der GmbH & Co. KG ist zu beachten, dass sich aus der Treuepflicht der GmbH gegenüber der KG ergibt, dass die GmbH für eine ordnungsgemäße Geschäftsführung in der KG zu sorgen hat. Ein direktes Abberufungsrecht der Kommanditisten gegenüber der GmbH-Geschäftsführung besteht aber nicht. Auch für die Gesellschafter einer stG gilt eine wechselseitige Treuepflicht, die mit der Treuepflicht bei der GbR vergleichbar ist.[390] Der Umfang der Treuepflichten der Mitreeder einer Partenreederei hängt stark von der konkreten Gestalt ab. Bei einer Reederei mit nur wenigen Mitreedern, die in erheblichem Maße voneinander abhängig sind, bestehen viel weitreichendere Treuepflichten, als bei Reedereien mit vielen Mitreedern, die lediglich Interesse an einer Kapitalbeteiligung haben.[391] Bei der EWIV besteht eine allgemeine Treuepflicht der Gesellschafter untereinander.[392] Bei der PartG entsprechen die Treuepflichten denen der OHG-Gesellschafter,

---

383 So auch *Weigel* in Prölls, Versicherungsaufsichtsgesetz § 20 Rz. 13.
384 RG vom 06.04.1935 RGZ 147, 257, 270; BGH vom 22.05.1958 WM 1958, 816, 818.
385 *Paulick*, eG § 18 II 3 a.
386 *Beuthien*, Genossenschaftsgesetz § 18 Rz. 42.
387 *Hadding* in Soergel, BGB § 705 Rz. 58; Lutter AcP 180 (1980), 84, 120 f.
388 *Grunewald*, Gesellschaftsrecht 1.A.V.2.f.
389 *Grunewald*, Gesellschaftsrecht 1.A.III.3.d und e.
390 BGH vom 11.07.1951 BGHZ 3, 75, 81; BGH vom 29.06.1987 ZIP 1987, 1316.
391 *Bote* in Riegger/Weipert, Münchener Handbuch des Gesellschaftsrechts Bd. 1 § 83 Rz. 50 S. 1469.
392 Ganske DB 1985 Beilage Nr. 20 S. 6.

wobei auch die Bestimmungen zum Wettbewerbsverbot gelten (§§ 112, 113 HGB, § 6 Abs. 3 PartGG).[393]

3. Zusammenfassung

Bei Personengesellschaften sind Treuepflichten der Gesellschafter untereinander schon seit sehr viel längerer Zeit anerkannt, als bei Körperschaften. Die Rechtsprechung der letzten Jahre tendiert aber dazu, auch bei großen Kapitalgesellschaften immer weitergehende Treuepflichten der Gesellschafter zu verlangen. Die Treuepflicht ist damit rechtsformübergreifend Bestandteil jeder Gesellschaft, gleichgültig, ob es sich um eine Personengesellschaft oder eine Kapitalgesellschaft handelt und unabhängig davon, wie sie als Gesellschaftstyp strukturiert ist, also ob sie eine personalistische oder kapitalistische Ausprägung erhalten hat.[394] Von der Realstruktur hängen lediglich Inhalt und Ausgestaltung im Einzelfall ab. Insofern gilt weiterhin der Grundsatz, dass bei personalistischer Struktur stärkere Treuepflichten bestehen.[395]

VII. Haftung

Wie sich an der Diskussion zur gesellschaftsrechtlichen Einordnung der GmbH & Co. KG gezeigt hat,[396] ist die Frage, ob und wie weit die Gesellschafter für die Verbindlichkeiten der Gesellschaft haften, von zentraler Bedeutung. Bei Körperschaften gilt grundsätzlich das Trennungsprinzip; nur die Gesellschaft haftet für die Verbindlichkeiten.[397] Daraus resultieren wiederum die für Körperschaften strengeren Regeln bzgl. der Kapitalaufbringung und Kapitalerhaltung. Die Leistung der Einlage dient hier nicht nur der Erfüllung des Gesellschaftsvertrags, sondern auch der Aufbringung des Stamm- bzw. Grundkapitals und damit dem Gläubiger- und Verkehrsschutz.[398] Bei Personengesellschaften soll demgegenüber der Grundsatz der unmittelbaren Außenhaftung der Gesellschafter gelten.

1. Körperschaften

Aus Rechtsgeschäften, die der Vorstand im Namen des Vereins abschließt, haftet der Verein als Vertragspartner.[399] Dabei kann auch ein nicht rechtsfähiger Verein selbst Schuldner sein,[400] beim wirtschaftlichen nichtrechtsfähigen Verein haften alle Mitglieder gemäß § 54

---

[393] Vgl. *Salger* in Riegger/Weipert, Münchener Handbuch des Gesellschaftsrechts Bd. 1 § 35 II.
[394] *Henze* BB 1996, 489, 499.
[395] *Baumbach/Hopt*, Handelsgesetzbuch § 109 Rz. 23.
[396] Kapitel 2 C II.
[397] *Kübler*, Gesellschaftsrecht § 23 I 1.
[398] *Raiser*, Recht der Kapitalgesellschaften § 28 Rz. 1.
[399] *Reichert*, Handbuch des Vereins- und Verbandsrechts Rz. 2508.
[400] *Schumann*, Zur Haftung der nichtrechtsfähigen Vereine S. 3 f.

S. 1 BGB unbeschränkt.[401] Für die Verbindlichkeiten der AG haftet den Gläubigern nur das Gesellschaftsvermögen (§ 1 Abs. 1 AktG).[402] Die Kommanditaktionäre haften für die Gesellschaftsverbindlichkeiten nicht persönlich, selbst wenn sie ihre Einlage noch nicht erbracht haben sollten. Insofern besteht ein Unterschied zur Haftung der Kommanditisten einer KG. Die Komplementäre der KGaA haften zwingend unmittelbar, unbeschränkt und persönlich (§§ 128 ff i. V. m. § 161 Abs. 2 HGB). Die Haftung der GmbH ist auf das Gesellschaftsvermögen begrenzt.[403] Für die Verbindlichkeiten des VVaG haftet den Vereinsgläubigern nur das Vereinsvermögen (§ 19 VAG). Jedoch haften gegenüber dem Verein die Mitglieder grundsätzlich unbeschränkt für alle Schulden, eine Nachschusspflicht kann aber in der Satzung ausgeschlossen werden (§ 24 Abs. 2 VAG). Für die Verbindlichkeiten der Genossenschaft haftet den Gläubigern nur das Vermögen der Genossenschaft (§ 2 GenG). Die bestehende Nachschusspflicht, die eine mittelbare Haftung der Genossen bedeutet, kann nach neuer Rechtslage durch Statut ausgeschlossen werden (§ 6 Nr. 3 GenG).

2. Personengesellschaften

Für Schulden der GbR haftet nach der inzwischen auch von der Rechtsprechung anerkannten Akzessorietätstheorie[404] primär die GbR. Hinzu kommt eine akzessorische Haftung aller Gesellschafter, soweit die Haftung nicht gegenüber dem Gläubiger beschränkt ist. Eine Haftungsbeschränkung ist insbesondere durch Beschränkung der Vertretungsmacht des geschäftsführenden Gesellschafters möglich.[405] Für vertraglich begründete Schulden haftet einmal die OHG bzw. KG, wobei das Verhalten der Geschäftsführer gemäß § 31 BGB der Gesellschaft zugerechnet wird. Daneben – nicht subsidiär – haften die Gesellschafter der OHG nach § 128 S. 1 HGB, die Komplementäre der KG gemäß § 164 Abs. 2 HGB, für die Verbindlichkeiten der Gesellschaft als Gesamtschuldner persönlich. Die Haftung der Kommanditisten ist auf die Höhe der im Handelsregister eingetragenen Hafteinlage beschränkt. Ist bei der GmbH & Co. KG die GmbH einzige Komplementärin, haftet keine natürliche Person persönlich. Die Haftung des stillen Gesellschafters einer stG ist, soweit eine Verlustbeteiligung nicht ausgeschlossen ist, wie beim Kommanditisten auf die Einlage beschränkt.[406] Die Mitreeder haften

---

[401] *Hadding* in Soergel, BGB § 54 Rz. 25.

[402] Bei schuldhaften Pflichtverletzungen sind jedoch weitere Haftungstatbestände vorgesehen. Z. B. haftet der Vorstand nach § 93 AktG gegenüber der Gesellschaft und etwa im Fall der Konkursverschleppung aus cic bzw. § 823 BGB auch gegenüber Gläubigern. Auch der Aufsichtsrat haftet bei Pflichtverletzungen gegenüber der Gesellschaft (§§ 116, 93 AktG). Ein Schadensersatzanspruch der Gesellschaft besteht zudem gemäß § 117 AktG gegen alle, die Einfluss auf die Gesellschaft haben, soweit dadurch ein Schaden verursacht wurde.

[403] Der Vorstand haftet gegenüber der Gesellschaft jedoch bei Pflichtverletzungen (§ 43 GmbHG).

[404] BGH vom 29.01.2001 BB 2001, 374; BGH vom 07.04.2003 (Az. II ZR 56/02) mit Anmerkungen *Römermann* BB 2003, 1084.

[405] Vgl. zuletzt Sozialgericht Düsseldorf vom 16.09.2002 (Az. S 8 KR 153/02 ER). Die pauschale Bezeichnung als „GbR mbH" soll dafür jedoch nicht ausreichen, vielmehr ist eine Individualvereinbarung (u. U. aber auch durch konkludente Einbeziehung der Haftungsbeschränkung in den Vertrag) erforderlich (vgl. BGH vom 27.09.1999 BGHZ 142, 315).

[406] *Westermann*, Handbuch der Personengesellschaften II Rz. 72.

nicht als Gesamtschuldner, sondern nur nach dem Verhältnis der Größe ihrer Schiffsparten (§ 507 Abs. 1 HGB). Die Gesellschafter haften unbeschränkt als Gesamtschuldner für die Verbindlichkeiten der EWIV (Art. 24 Abs. 1 der EWIV-VO). Allerdings können sie erst in Anspruch genommen werden, wenn zuvor die EWIV vergeblich zur Zahlung aufgefordert wurde (Art. 24 Abs. 2 der EWIV-VO). Nach § 8 Abs. 1 PartGG haften die Partner im Grundsatz genauso wie die Gesellschafter einer OHG. Für berufliche Fehler gilt allerdings § 8 Abs. 2 PartGG, wonach neben der Gesellschaft nur die Partner haften, die mit der Bearbeitung des Auftrags befasst waren. Damit haftet auch der Partner nicht, der sich mit dem Auftrag hätte befassen müssen.[407]

3. Zusammenfassung

Eine persönliche Haftung der Gesellschafter von Körperschaften über die geleistete Einlage hinaus kommt grundsätzlich nicht in Betracht. Allerdings kann eine Verschuldenshaftung bei Pflichtverletzungen von Gesellschaftern im Zusammenhang mit einer ggf. bestehenden Organstellung in Frage kommen. Eine unbeschränkte persönliche Haftung mit dem Privatvermögen ist ausnahmsweise auch bei Körperschaften vorgesehen, und zwar beim nichtrechtsfähigen Verein für alle Mitglieder und bei der KGaA für die Komplementäre. Nach dem Gesetz ist zudem eine – allerdings dispositive – mittelbare Haftung über eine Nachschusspflicht der Mitglieder des VVaG und der eG gegeben. Bei den Personengesellschaften besteht eine unbeschränkte gleichrangige Haftung aller Gesellschafter neben der Gesellschaft nur für die GbR und die OHG. Bei der klassischen GmbH & Co. KG gibt es keine natürliche Person, die unbeschränkt persönlich haftet. Die Haftung für berufliche Fehler ist bei der PartG beschränkt.

VIII. Bedeutung für den Wirtschaftsverkehr

1. Zahlen zur Verbreitung und wirtschaftlichen Bedeutung der einzelnen Gesellschaftsformen

Die Bedeutung der einzelnen Gesellschaftsformen für das Wirtschaftsleben ist höchst unterschiedlich. Hierbei ist nicht nur auf die zahlenmäßige Vertretung abzustellen, sondern auch Umsätze und Gewinne sind zu berücksichtigen. Daneben ist die Entwicklung in den letzten Jahren interessant.

Von den umsatzsteuerpflichtigen Unternehmen (insgesamt knapp drei Millionen) zahlenmäßig am stärksten vertreten waren 1998 Einzelunternehmen oder natürliche Personen mit einem Anteil von 71,1 %, gefolgt von der GmbH (14,9 %), der GbR/OHG (8,9 %), der KG (3,4 %), der Erwerbs- und Wirtschaftsgenossenschaften (0,2 %), der gewerblichen Art von

[407] *Römermann* NZG 1998, 675, 676.

Körperschaften des öffentlichen Rechts (0,2 %) und schließlich der AG (0,1 %). Sonstige Rechtsformen haben mit 1,3 % wenig Bedeutung. Aus wirtschaftlicher Sicht nimmt die GmbH mit einem Anteil von 32 % der 1998 erbrachten Lieferungen und Leistungen die wichtigste Rolle ein. Danach folgen KG (22,4 %), AG (21,5 %), Einzelunternehmen bzw. natürliche Personen (13,3 %), OHG (6,8 %), Erwerbs- und Wirtschaftsgenossenschaften (1,4 %) und schließlich Körperschaften des öffentlichen Rechts (0,9 %).

Kapitalgesellschaften erbringen damit 53,5 % des Gesamtumsatzes, im Jahr 1994 waren es noch 51,6 %.[408] Die übrigen Gesellschaften aus der Gruppe der Körperschaften (Verein, VVaG und eG) sind hier von untergeordneter Bedeutung. Personengesellschaften haben immerhin einen Anteil von 29,2 %. Die doch recht große Bedeutung der Personengesellschaften in Deutschland stellt im internationalen Vergleich die große Ausnahme dar.[409]

2. Gründe für die Verbreitung

Grund für die geringe zahlenmäßige Verbreitung der AG[410] sind die vielen zwingenden Regelungen des AktG, deren Befolgung mit hohem Kostenaufwand verbunden ist. Für viele mittelständische Unternehmen ist die AG damit trotz der erleichternden Vorschriften für nicht börsennotierte Aktiengesellschaften (§ 58 Abs. 2, § 130 AktG) und Aktiengesellschaften mit bekanntem Aktionärskreis (§ 121 Abs. 4 AktG) nicht besonders attraktiv. Die praktische Bedeutung der KGaA ist momentan zwar gering, es ist aber mit einer Bedeutungszunahme zu rechnen,[411] da nach der oben angesprochenen Rechtsprechung[412] nunmehr auch eine juristische Person Komplementärin einer KGaA sein kann.[413] Die GmbH ist eine beliebte Gestaltungsform, insbesondere aufgrund der Haftungsbeschränkung auf das Gesellschaftsvermögen. Sie steht aber in enger Konkurrenz mit der GmbH & Co. KG. Der VVaG hat nur in der Versicherungswirtschaft Bedeutung und hat dort im Hinblick auf die gebuchten Brutto-Beiträge einen Marktanteil von knapp 25 %, wobei die Bedeutung des VVaG abnimmt.[414] Grund dafür dürfte neben rechtsformbedingten Nachteilen des VVaG gegenüber den Versicherungs-Aktiengesellschaften[415] insbesondere die Tatsache sein, dass der VVaG nicht nach Gewinnerzielung strebt. Auch die Zahl der in der Rechtsform der eG organisierten Unternehmen geht in

---

[408] Zahlen aus *Hansen*, AG 2001, R 31.

[409] *Lang* in Brühler Empfehlungen Anh. 1 S. 9; *Tipke/Lang*, Steuerrecht § 19 Rz. 24 (16. Aufl.); *Rädler* DStJG Bd. 16 (1994) 277, 278.

[410] Nach der Emissionsstatistik der Deutschen Bundesbank (Kapitalmarktstatistik November 2000 Statistisches Beiheft zum Monatsbericht 2 der Deutschen Bundesbank) gab es Ende 1998 insgesamt 5468 Aktiengesellschaften, nach den oben angesprochenen Zahlen sind davon aber nur knapp 3000 umsatzsteuerpflichtig.

[411] *Grunewald*, Gesellschaftsrecht 2.D.I.

[412] S. oben zum Grundsatz der Typengesetzlichkeit Punkt B III 1.

[413] Auch eine Reihe von ausländischen Rechtsordnungen kennen Gesellschaftsformen, die der KGaA entsprechen. Beispielsweise gibt es der KGaA vergleichbare Gesellschaftsformen in Italien, Belgien, Dänemark, den Niederlanden (vgl. jeweils zu den Einzelheiten *Hohloch*, EU-Handbuch Gesellschaftsrecht).

[414] *Prölss*, Versicherungsaufsichtsgesetz Vor. § 15 Rz. 3; Zahlen gelten für das Jahr 1994.

[415] *Peiner* VW 1992, 920.

den letzten Jahren deutlich zurück, insbesondere bei den Neugründungen.[416] Als einen Grund dafür wird der gestiegene Wohlstand genannt; für Selbsthilfeeinrichtungen ist keine Notwendigkeit mehr gegeben. Aber auch unnötige Satzungsstrenge für Genossenschaften und die geringe Beteiligung der Mitglieder am Unternehmenswert werden für den Bedeutungsverlust der eG verantwortlich gemacht.[417]

Die GbR hat zahlenmäßig zwischen 1994 und 1998 einen gewissen Zuwachs erfahren, wobei sie insbesondere für Familiengesellschaften von Bedeutung ist.[418] Es ist aber zu erwarten, dass von der Möglichkeit der Eintragung zur OHG oder KG (§ 105 Abs. 2 HGB) Gebrauch gemacht wird, da diese Rechtsformen besser auf den handelsrechtlichen Verkehr angepasst sind.[419] Die wirtschaftliche Bedeutung der OHG ist rückläufig.[420] Das liegt einerseits an der unbeschränkten Haftung der Gesellschafter. Die Rechtsform eignet sich zudem nur für mittelständische Unternehmen, da die Kapitalbeschaffung problematisch ist. Die praktische Bedeutung der KG ist wegen der Möglichkeit der Haftungsbeschränkung deutlich größer, als die der OHG; häufig wird sie auch als Publikumsgesellschaft betrieben. Insbesondere die Ausgestaltung als GmbH & Co. KG ohne eine natürliche Person als persönlich haftendem Gesellschafter ist nach wie vor äußerst beliebt. Die GmbH & Co. KG spielt – sowohl der Anzahl als auch der wirtschaftlichen Bedeutung nach – eine erheblich größere Rolle, als die gewöhnliche KG. Über die stG gibt es wenig statistisches Material, da sie nach außen nicht auftritt. Es wird aber angenommen, dass ihre Bedeutung sogar höher ist, als die der KG.[421] Vorteile sind insbesondere die Flexibilität der Rechtsform, die grundsätzlich formfreie Gründung und die fehlende Eintragungspflicht des Stillen in das Handelsregister.[422] Obwohl die im Mittelalter wurzelnden Regelungen zur Partenreederei insbesondere aufgrund fehlender Kontinuität im Grunde als gesellschaftsrechtlich überholt gelten,[423] machte die Partenreederei in den 70er Jahren eine erstaunliche Karriere, die aber hauptsächlich auf steuerlichen Gründen beruhte. Im Ergebnis wurden 1994 immerhin 44 von 282 der registrierten Seeschiffe in Form der Partenreederei geführt.[424] Die EWIV ist bislang in Deutschland noch nicht stark verbreitet, im Jahr 2002 gab es erst gut 130 eingetragene Unternehmen mit dieser Rechtsform.[425] Dabei handelt es sich überwiegend um grenzüberschreitende Kooperationen von Rechtsanwälten.[426] Die praktische Bedeutung von PartG nimmt zu. Im September 1997 waren bereits über 1150 Zusammenschlüsse bei den Partnerschaftsregistern angemeldet. Es handelt sich dabei vor allem um Part-

[416] *Beuthien*, Genossenschaftsgesetz Einleitung IV.
[417] *Beuthien*, Genossenschaftsgesetz Einleitung IV.
[418] *Hansen* AG, R 32.
[419] *Hommelhoff* ZIP 1998, 8, 15.
[420] *Ulmer* in Staub, HGB § 105 Rz. 176.
[421] *Klauss/Mittelbach*, Die Kommanditgesellschaft Rz. 20.
[422] Vgl. auch *Westermann*, Handbuch der Personengesellschaften II Rz. 77.
[423] *Schmidt*, Gesellschaftsrecht § 65 I 2.
[424] *Schmidt*, Gesellschaftsrecht § 65 I 2.
[425] Vgl. Statistik unter www.libertas-institut.com. In anderen Mitgliedstaaten wurde die EWIV schneller akzeptiert. So gab es im Jahr 2002 in Frankreich bereits 240 EWIV, in Belgien sogar 350.
[426] *Funkat* EWS 1998, 122, 126; *Klein-Blenkers* DB 1994, 2224, 2225.

nerschaften von Rechtsanwälten, Steuerberatern und Ärzten.[427] Im Verhältnis zur GbR hat die PartG den Vorteil der beschränkten Haftung der Gesellschafter nach § 8 Abs. 2 PartGG. Gegenüber der Rechtsform der GmbH, die auch für die Vereinigung von Ärzten oder Rechtsanwälten anerkannt ist,[428] wird sich die PartG in Zukunft aber noch durchzusetzen haben.

IX. Zusammenfassung

Insgesamt zeigt die Darstellung zu den wichtigsten Typusmerkmalen der einzelnen Gesellschaftsformen, dass die anerkannten typischen Strukturmerkmale der Personengesellschaften bzw. Körperschaften im Grundsatz zwar Gültigkeit haben, jedoch bezüglich aller dargestellten Merkmale eine mehr oder weniger große Anzahl von Ausnahmen zu beachten ist. Kein einziges Typusmerkmal hat uneingeschränkte Gültigkeit für alle Gesellschaftsformen einer Gruppe. Die Ausnahmen sind zum großen Teil vom Gesetzgeber vorgegeben. So hat das Gesetz schon immer für einige Körperschaften (Verein, KGaA, eG und VVaG) hinsichtlich bestimmter Aspekte – insbesondere hinsichtlich der Haftung – personalistische Strukturen vorgeschrieben. Andererseits findet man auch bei Personengesellschaften im Gesetz Ansatzpunkte für eine körperschaftliche Struktur (so bei der Partenreederei und der KG, aber auch bei der EWIV). Von besonderer Bedeutung ist die Fortentwicklung der Gesetzgebung. Mit der Anerkennung der Insolvenz- und Umwandlungsfähigkeit von Personengesellschaften wurde deren Verselbständigung zu eigenständigen Rechtssubjekten vorangetrieben. Das neue Firmenrecht und der nunmehr gültige Grundsatz des Fortbestands der Personenhandelsgesellschaften bei Ausscheiden eines Mitglieds führt zu einer vom Gesetzgeber initiierten Aufweichung der Unterscheidungskriterien zwischen Personengesellschaften und Körperschaften. Aber auch die Rechtsprechung hat sich fortentwickelt und dabei die Bedeutung einer Reihe von Abgrenzungsmerkmalen geschwächt. Zu betonen ist besonders die grundsätzliche Anerkennung der Rechtsfähigkeit der GbR. Aber auch die Zugeständnisse an die Personengesellschaften hinsichtlich Fremdorganschaft und Haftungsbeschränkungen sowie erhöhte Anforderungen an die Treuepflichten bei Gesellschaftern von Kapitalgesellschaften belegen diese Tendenz. Schließlich wird der vom Gesetzgeber eingeräumte erhebliche Gestaltungsspielraum bei der Ausgestaltung der Gesellschaftsverträge von den Gesellschaftern dazu genutzt, Personengesellschaften kapitalistisch oder Körperschaften personalistisch zu gestalten.

---

[427] ZIP aktuell Nr. 211, 1997.
[428] BGH vom 25.11.1993 BGHZ 124, 224; BayObLG vom 24.11.1994 ZIP 1994, 1868.

E Bedeutung der wesentlichen Strukturmerkmale als Kriterien zur Abgrenzung von Körperschaft und Personengesellschaft

Die folgenden Ausführungen sollen dazu dienen, Erkenntnisse darüber zu gewinnen, welches die für die Abgrenzung von Personengesellschaften und Körperschaften tatsächlich relevanten Kriterien sind. Diese Frage befindet sich momentan nicht in der aktuellen Diskussion, da die bekannten deutschen Gesellschaftsformen abschließend zugeordnet sind[429] und keine gesellschaftsrechtlichen Rechtsfolgen an die Zuordnung geknüpft sind.[430] Aus diesem Grund gibt es zu dieser Frage auch wenig Stellungnahmen in Literatur und Rechtsprechung. Ein besonderes Augenmerk soll auf die aktuelle gesellschaftsrechtliche Entwicklung gerichtet werden, da ein Abgrenzungskriterium nicht tauglich sein kann, wenn es zwar vor 100 Jahren dem Regelfall entsprach, in der heutigen Praxis aber völlig anders gehandhabt wird. Für eine Wertung der einzelnen Typusmerkmale erscheint daher ein Rückgriff auf die oben gewonnenen Erkenntnisse zu der Frage wertvoll, wie einzelne Typusmerkmale in den verschiedenen Gesellschaftsformen tatsächlich gelebt werden.[431]

I. Bedeutung der Strukturmerkmale nach Literatur und Rechtsprechung

1. Darstellung der grundlegenden Strukturmerkmale in der Literatur

In Fast allen Werken, die sich mit dem Gesellschaftsrecht insgesamt und nicht lediglich mit bestimmten Gesellschaftsformen befassen, lassen sich grundlegende Aussagen zur Einteilung der Vereinigungsformen in Körperschaften und Personengesellschaften finden. Regelmäßig wird dabei nicht detailliert auf die einzelnen Abgrenzungskriterien eingegangen. Aber auch aus den Grundaussagen lässt sich ablesen, wo aus Sicht der Literatur der eigentliche Unterschied zwischen Personengesellschaften und Körperschaften liegen soll.

Nach *Schmidt* gilt als Charakteristikum der Personengesellschaft die Abhängigkeit von der Individualität ihrer Gesellschafter, als Charakteristikum der Körperschaft dagegen die überindividuelle Verselbständigung.[432] *Sommer* unterscheidet die Körperschaften von Personengesellschaften danach, dass es sich bei ersteren um juristische Personen handeln soll.[433] Nach *Hüffer* sind Vereine[434] dadurch gekennzeichnet, dass ihr rechtlicher Bestand von einem Wechsel der Mitglieder nicht berührt wird und ihre Verfassung korporativ ist, d. h. die Satzung besondere Organe vorsieht und alle Mitglieder gleiche Rechte und Pflichten haben.[435] Der Zusammenschluss zu einer Personengesellschaft beruht nach *Hüffer* auf dem persönli-

---

[429] Vgl. Kapitel 2 B II.
[430] Vgl. schon oben unter Kapitel 2 C.
[431] Vgl. Kapitel 2 D und dort insbesondere jeweils die Zusammenfassungen zu den einzelnen Typusmerkmalen.
[432] *Schmidt*, Gesellschaftsrecht § 3 I 2 a).
[433] *Sommer* in Pelka, Beck´sches Wirtschaftsrechtshandbuch H I Rz. 3.
[434] Gemeint sind Vereine i. w. S., also Körperschaften.
[435] *Hüffer*, Gesellschaftsrecht § 2 a. E.

chen Vertrauen, das sich die einzelnen Gesellschafter entgegenbringen. Deshalb sei der Fortbestand einer Personengesellschaft grundsätzlich von der unveränderten Zusammensetzung des Personenkreises abhängig, der sich zu der Gesellschaft zusammengeschlossen hat. Vereine[436] seien hingegen von einem Wechsel der Mitglieder unabhängig.[437] *Westermann* erklärt, dass charakteristisch für den Typus der Personengesellschaften, die Leitidee, unter der die gesetzliche Regelung des Verhältnisses der beteiligten Gesellschafter steht, die Personenbezogenheit des Gesellschaftsverhältnisses im Gegensatz zu der Bedeutung des Kapitalbeitrags im Kapitalgesellschaftsrecht ist.[438] Nach *Wiedemann* sind Personengesellschaften Verbände, in denen die Mitglieder ihr gemeinsames Ziel mit und von bestimmten Personen verwirklicht sehen wollen. Der intuitus personae bilde genetisch die Grundlage und funktionell das Leitbild der Vereinigung. Körperschaften seien hingegen Vereinigungen, deren Zielverwirklichung unabhängig von den Gründern oder anderen bestimmten Personen gedacht sei. Die Unterscheidungsmerkmale zwischen Körperschaften und Personengesellschaften ergäben sich aus der Abhängigkeit der Gesellschaft von ihrem Mitgliederstand.[439]

Schon *Wieland* hat ausgeführt, dass Personenvereinigungen Gesellschaften seien, für die die Persönlichkeit der Gesellschafter, ihre Geschäftstüchtigkeit, Geschäftserfahrung und sonstige persönliche Eigenschaften von wesentlicher Bedeutung seien, wogegen für die Kapitalvereinigungen nur die Vermögensbeiträge entscheidend seien.[440] Nach *Gierke*[441] ist Grundlage der These, dass „die wahren Gegensätze" Personengesellschaft und Verein seien, die Lehre, dass der Verein als Verbandsperson eine aus den Mitgliedern zusammengesetzte Person ist und dass dies gilt, gleich ob der Verbandsperson von der Rechtsordnung die Rechtsfähigkeit als juristische Person zuerkannt wird, während es bei der Gesellschaft[442] eben an einer solchen Verbandsperson fehlt.

Anhand der dargestellten Grundaussagen lässt sich feststellen, dass die Mehrzahl der Stimmen in der Literatur die Abhängigkeit der Personengesellschaft von der Individualität ihrer Mitglieder in Abgrenzung zur Körperschaft besonders betont. Damit bleibt aus Sicht der Literatur dieser Strukturunterschied Grundlage für die Unterscheidung von Personengesellschaften und Körperschaften. Als typische Strukturmerkmale der Körperschaft werden nur wenige Aspekte gesondert erwähnt. Auffällig häufig wird auf den Fortbestand der Gesellschaft unabhängig vom ursprünglichen Mitgliedsbestand abgestellt. Genannt werden daneben nur noch die Verselbständigung zur juristischen Person[443] – bzw. die Erlangung einer eigenen Rechts-

---

[436] Gemeint sind auch hier Vereine i. w. S.
[437] *Eisenhardt*, Gesellschaftsrecht § 2 II 1.
[438] *Westermann*, Handbuch der Personengesellschaften I Rz. 8.
[439] *Wiedemann*, Gesellschaftsrecht § 2 I a).
[440] *Wieland*, Handbuch der deutschen Rechtswissenschaften § 88 I a. A.
[441] *V. Gierke*, Deutsches Privatrecht S. 470.
[442] Gemeint ist die Gesellschaft i. e. S., d. h. die Personengesellschaft.
[443] Die Abgrenzung anhand der Eigenschaft als juristische Person, wie sie von Sommer vorgeschlagen wird, kann hingegen nicht ausschlaggebend sein (so auch ausdrücklich *Grunewald*, Gesellschaftsrecht 3.IV). Hier wird ein Strukturmerkmal von vielen ohne Begründung herausgegriffen. Außerdem kommt man damit zumindest für

persönlichkeit unabhängig vom Rechtsstatus der juristischen Person – und die Fremdorganschaft.

Eine Bewertung einzelner Strukturmerkmale bezüglich ihrer Tauglichkeit als Abgrenzungskriterium ist in der Literatur kaum zu finden. Wenn insbesondere im Rahmen der Abgrenzung zwischen nichtrechtsfähigem Verein und GbR einzelne Kriterien genannt werden, werden diese doch als für die Abgrenzung untauglich wieder verworfen. So misst *Nitschke*[444] den körperschaftlichen Typusmerkmalen „auf Dauer angelegt", „größere Anzahl von Personen", „wechselnder Mitgliederbestand" und „Führung eines Gesamtnamens" keine ausschlaggebende Bedeutung bei, da diese auch bei kapitalistisch strukturierten Personengesellschaften anzutreffen seien. *Stoll*[445] stellt explizit fest, dass verschiedene Versuche des Schrifttums, ein entscheidendes Kriterium für die Abgrenzung herauszufinden, immer wieder zu einem Fehlschlag geführt haben, da alle Merkmale, die den Verein charakterisieren sollten, sich auch bei der Personengesellschaft entweder positiv rechtlich fanden oder doch durch den Gesellschaftsvertrag geschaffen werden konnten.

2. Behandlung der Strukturmerkmale in der Rechtsprechung

Mit der Abgrenzung von Körperschaften und Personengesellschaften haben sich die Gerichte mittelbar bei der Einordnung von Gesellschaften als GbR oder nichtrechtsfähigen Verein auseinandergesetzt. Daneben war noch die Frage, wie weit der Grundsatz des Typenzwangs geht, also welche vom Grundtypus abweichende Gestaltungen noch mit dem Prinzip der Typengesetzlichkeit vereinbar sind, Gegenstand gerichtlicher Entscheidungen. Auch die Rechtsprechung macht die Einordnung als Körperschaft oder Personengesellschaft grundsätzlich von dem Maß der Abhängigkeit der Gesellschaft von ihren Gesellschaftern abhängig und greift auf die in der Literatur diskutierten Abgrenzungskriterien zurück.[446]

Die Rechtsprechung zur Abgrenzung von nichtrechtsfähigem Verein und GbR wurde bereits oben unter Punkt C I dargestellt. Der Verein ist danach eine auf Dauer berechnete Verbindung einer größeren Anzahl von Personen zur Erreichung eines gemeinsamen Zwecks, die nach ihrer Satzung körperschaftlich organisiert ist, einen Gesamtnamen führt und auf einen wechselnden Mitgliederbestand angelegt ist. Damit werden eine Reihe von typischen Strukturmerkmalen der Körperschaften erwähnt. Nicht angesprochen werden allerdings der Umfang von Treuepflichten und die Fremdorganschaft. Für die Abgrenzung von nichtrechtsfähigem Verein und GbR konnte die Rechtsprechung zudem die Merkmale der beschränkten Gesellschafterhaftung, der Stellung als juristische Person und des Registrierungssystems nicht mit

---

den nichtrechtsfähigen Verein und die Vorgesellschaft – beides sind nach fast einhelliger Meinung Körperschaften, aber keine juristischen Personen – zu falschen Ergebnissen.

[444] Die körperschaftlich strukturierte Personengesellschaft S. 129 f.

[445] *Stoll*, Die Reichsgerichtspraxis im deutschen Rechtsleben S. 49.

[446] Beispielsweise BGH vom 18.03.1974 BGHZ 62, 216, 227.

einbeziehen, da diese körperschaftlichen Typusmerkmale auf den nichtrechtsfähigen Verein gerade nicht zutreffen. In keiner Entscheidung wurde einem der genannten Strukturmerkmale herausragende Bedeutung zugemessen. Allein das Fehlen eines für den Verein typischen Strukturmerkmals soll aber jedenfalls nicht zur Einordnung als GbR führen. Als besonders wichtig wurde aber immer wieder der Inhalt des Gesellschaftsvertrags bewertet. Dem Gesellschafterwillen soll durch Anwendung entweder des Rechts des Vereins oder der GbR nach Möglichkeit Rechnung getragen werden.[447] Daran, dass letztendlich in Zweifelsfällen nicht die erfüllten bzw. nicht erfüllten Strukturmerkmale für die Einordnung als nichtrechtsfähiger Verein oder GbR, sondern der Parteiwille ausschlaggebend sein soll, zeigt sich, dass den einzelnen Strukturmerkmalen im Ergebnis keine besondere Bedeutung zukommt.

Diese These wird durch die Rechtsprechung zur GmbH & Co. KG gestützt. Obwohl hier i. d. R. eine kapitalistische Struktur vorliegt, wird eine derartige Gestaltung nicht mit Hinweis auf den Grundsatz der Typengesetzlichkeit abgelehnt, sondern mit Verweis auf die Vertragsfreiheit ausdrücklich zugelassen.[448] Schließlich stellt die Rechtsprechung auch bei der Behandlung der Vorgesellschaft auf die Interessen der Gesellschafter ab. Diese wird nicht den vorhandenen in Frage kommenden Personengesellschaften zugeordnet,[449] sondern wegen der kapitalistischen Struktur als eigene Organisationsform bewertet.[450]

3. Bewertung

Ansatzpunkt für die Abgrenzung ist sowohl nach der h. M. in der Literatur als auch nach der Rechtsprechung die Frage, ob die Gesellschaft von der Person ihren Mitglieder unabhängig ist oder nicht. Die einzelnen Typusmerkmale resultieren gerade aus der Tatsache, dass Personengesellschaften anders als Körperschaften von der Individualität der Gesellschafter abhängig sein sollen und stellen daher Indizien für eine Abgrenzung von Personengesellschaften und Körperschaften dar. Wenn die Person der einzelnen Gesellschafter im Vordergrund steht, soll gerade vermieden werden, dass die Gesellschaft von Dritten geführt wird, weshalb bei Personengesellschaften der Grundsatz der Selbstorganschaft gilt. Entscheidungen sollen einstimmig getroffen werden, da es jedem Gesellschafter ermöglicht werden soll, ausreichend Einfluss auf die Geschäfte zu nehmen. Eine Registrierung der Gesellschaft ist zum Schutz der Gesellschafter nicht erforderlich, da allen Gesellschaftern der Gesellschaftsvertrag bekannt ist. Für die Erfüllung der eingegangenen Verbindlichkeiten sind alle Gesellschafter verantwortlich und haften daher unbeschränkt persönlich.

Stellt man nur auf das Maß der Abhängigkeit der Gesellschaft von ihren Mitgliedern ab, erscheint eine abstrakte Unterscheidung zwischen Personengesellschaften und Körperschaften

---

[447] Vgl. hierzu obige Ausführungen, insbesondere die Forum-S.-Entscheidung in Punkt C I.
[448] Kapitel 2 B III 1.
[449] Die rechtlichen Voraussetzungen einer GbR oder OHG sind hier grundsätzlich erfüllt.
[450] Kapitel 2 C III.

auch bei Mischformen möglich. Je nachdem, ob die Person des Gesellschafters oder seine Kapitalbeteiligung im Vordergrund steht, handelt es sich um eine Personen- oder Kapitalgesellschaft. Mit diesem Ansatz würde man verhältnismäßig einfach zu eindeutigen Ergebnissen gelangen. Unberücksichtigt würde man dann aber lassen, dass in der Praxis eine Reihe von Personengesellschaften existiert, die nach dem Gesellschaftsvertrag so ausgestaltet sind, dass es auf die Person der Mitglieder im Grunde nicht weiter ankommt.[451] Dies gilt beispielsweise für fast alle in der Praxis auftretenden gesellschaftsrechtlichen Ausgestaltungen der GmbH & Co. KG.

Bei diesen Gesellschaften ist häufig kaum noch eines der genannten typischen Strukturmerkmale einer Personengesellschaft erfüllt.[452] So ist einzige Komplementärin die GmbH, womit keine natürliche Person persönlich haftet. Die GmbH ist i. d. R. allein geschäftsführungsbefugt. Da das Prinzip der Selbstorganschaft für diese nicht greift, ist Geschäftsführer der GmbH und damit mittelbar der GmbH & Co. KG meist ein außenstehender Dritter.[453] Die Zahl der Kommanditisten ist oftmals unüberschaubar, ein Mitgliederwechsel nach der Regelung im Gesellschaftsvertrag jederzeit unproblematisch möglich.

Daneben sind auch einige Körperschaften personaltistisch ausgerichtet.[454] Zu denken ist hier beispielsweise an die Familien-GmbH. Dort kann insbesondere die Aufnahme neuer Mitglieder von strengen Voraussetzung abhängig gemacht werden,[455] der Gesellschaftsvertrag kann für alle Beschlüsse Einstimmigkeit vorsehen und die Geschäftsführung kann selbstverständlich durch einen Gesellschafter oder auch alle Gesellschafter gemeinsam wahrgenommen werden. Auch bei der Einmann-GmbH oder Einmann-AG kommt es schon aus der Natur der Sache auf die Person des einzigen Gesellschafters an, der ganz allein für das Wohl der Gesellschaft verantwortlich ist.

Die pauschale Unterscheidung zwischen kapitalistischer und personalistischer Ausgestaltung führt auch bei der eG und der Partenreederei zu Problemen. Denn die eG ist weitgehend unstreitig als Körperschaft anerkannt, jedoch bewusst personalistisch ausgestaltet.[456] Hingegen ist ursprüngliche Funktion der Partenreederei die Kapitalbeschaffung, dennoch handelt es sich bei ihr anerkanntermaßen um eine Personengesellschaft. [457]

Wegen der nicht unerheblichen Verbreitung personalistischer Kapitalgesellschaften und kapitalistischer Personengesellschaften[458] kann eine Unterscheidung von Personengesellschaften und Körperschaften nach kapitalistischer oder personalistischer Struktur nicht mehr als allge-

---

[451] So sieht auch *Nitschke* (Die körperschaftlich strukturierte Personengesellschaft S. 129) körperschaftliche Organisation und wechselnden Mitgliederbestand nicht als geeignetes Abgrenzungskriterium an, da sich auch körperschaftlich strukturierte Personengesellschaften durch diese Merkmale auszeichnen.

[452] *Nitschke* (Die körperschaftlich strukturierte Personengesellschaft S. 403) stellt fest, dass eine körperschaftlich strukturierte Personengesellschaft typologisch als Körperschaft gekennzeichnet ist.

[453] Vgl. *Hesselmann/Tillmann*, Handbuch der GmbH & Co. Rz. 47.

[454] Vgl. hierzu insgesamt *Immenga*, Die Personalistische Kapitalgesellschaft.

[455] *Wiedemann*, Gesellschaftsrecht § 2 I 1 a).

[456] Vgl. oben Punkt D I 1 f).

[457] *Bote* in Riegger/Weipert, Münchener Handbuch des Gesellschaftsrechts Bd. 1 § 80 Rz. 32.

[458] *Schmidt* (Gesellschaftsrecht § 57 I 1 a) spricht von einem revolutionären Strukturwandel des Personengesellschaftsrechts, solange man nicht berücksichtigt, dass es bereits im 19. Jahrhundert vor der Schaffung der AG bereits kapitalistisch strukturierte Personengesellschaften gab.

meingültig angesehen werden.[459] Gerade die Tatsache, dass körperschaftlich strukturierte Gesellschaften, soweit sie als Unternehmensträger tätig sind, auch gegen ihren Willen als OHG bzw. KG anstatt als nichtrechtfähiger Verein qualifiziert werden[460] oder dass die GmbH & Co. KG trotz der meist körperschaftlich ausgestalteten Struktur inzwischen allgemein anerkannt ist,[461] bringt zum Ausdruck, dass der allgemeinen Unterscheidung nach personalistischer oder körperschaftlicher Struktur keine überragende Bedeutung zukommt. Die gesellschaftsrechtliche Trennung von Personengesellschaften und Körperschaften hat im Wesentlichen formelle Bedeutung.[462]

Trotz oder gerade aufgrund dieser Feststellung erscheint es erforderlich, auf die Bedeutung jedes einzelnen Strukturmerkmals gesondert einzugehen.

II. Gewichtung der einzelnen Typusmerkmale

Im Folgenden soll die Aussagekraft der einzelnen Typusmerkmale in der Reihenfolge, wie sie unter Punkt D I bis VIII bei der Darstellung der deutschen Gesellschaftsformen behandelt wurden, näher untersucht werden. Berücksichtigt werden dabei der gesetzliche Grundfall einschließlich der gesetzgeberischen Weiterentwicklung sowie die Ausnahmen in der gestalterischen Praxis aufgrund der Disponibilität einiger Vorschriften unter Beachtung der hierzu einschlägigen Rechtsprechung.

1. Wesen, Rechtsquellen

Aus der Tatsache, in welchen Gesetzen die verschiedenen Gesellschaftsformen geregelt sind, lassen sich kaum Erkenntnisse für die Unterscheidung von Personengesellschaften und Körperschaften erzielen. Die Grundform ist für beide Gruppen im BGB geregelt (der Verein in §§ 21 ff BGB, die GbR in §§ 705 ff BGB). Auffällig ist allenfalls, dass im HGB die gesetzliche Verankerung einer Reihe von Personengesellschaften zu finden ist (KG, OHG, stG, Partenreederei), hingegen keiner Kapitalgesellschaft. Aber auch nicht alle Personengesellschaften sind in das HGB aufgenommen, so fehlen die GbR, die PartG und die EWIV. Daher handelt es sich bei der Aufteilung lediglich um die Technik des Gesetzgebers, die zwar auch in ande-

---

[459] Um dieser Aufweichung der Typusunterscheidung entgegenzuwirken wird sogar gefordert, alle Personen-Publikumsgesellschaften als nichtrechtsfähige Vereine zu behandeln (vgl. oben in Punkt C I). Wegen der kaum überschaubaren praktischen Konsequenzen ist dieser Vorschlag jedoch nicht umsetzbar. In eine ähnliche Richtung geht die Ansicht in der Literatur, wonach es sich bei der GmbH & Co. KG nicht mehr um eine KG sondern vielmehr um eine eigene Kapitalgesellschaft handeln soll (vgl. oben Punkt C II).

[460] Vgl. obige Ausführungen Kapitel 2 C I.

[461] Vgl. Kapitel 2 Punkt B III.

[462] So spricht auch der BGH davon, dass die GmbH & Co. KG nur „der Form nach" weiterhin eine KG ist (oben Kapitel 2 Punkt C II).

ren Staaten ähnlich sein kann, aber keine Rückschlüsse auf die Einordnung als Kapitalgesellschaft oder Personengesellschaft zulässt.[463]

Interessanter ist jedoch die Frage nach dem Wesen der Gesellschaft. Für einige Gesellschaften ist ein ganz bestimmter Unternehmensgegenstand Voraussetzung. Für die Gründung eines VVaG wird verlangt, dass eine Risikogemeinschaft zur Deckung bestimmter Schäden gebildet wird. Die eG kann nur für bestimmte genossenschaftliche Zwecke in Betracht kommen. In einer PartG können sich ausschließlich Angehörige freier Berufe zusammenschließen. Die EWIV soll grenzüberschreitende Kooperationen erleichtern. Diese Vorgaben müssen zwingend eingehalten werden, denn die Gesellschaftsformen sind genau auf den zu verfolgenden Zweck zugeschnitten. Ein anderer Unternehmensgegenstand würde das Wesen der Gesellschaft verfälschen. Das bedeutet aber im Ergebnis noch nicht, dass jede Gesellschaft, die die Vorgaben dieser Rechtsformen erfüllt, automatisch in der speziellen Rechtsform geführt wird. So können Angehörige freier Berufe genau so gut eine GmbH[464] oder GbR gründen oder es kann statt der Genossenschaft etwa eine AG betrieben werden.

2. Rechtsfähigkeit

Als Abgrenzungsmerkmal für die Unterscheidung zwischen Personengesellschaften und Körperschaften erscheint die Stellung als juristische Person auf den ersten Blick besonders bedeutsam, da es keine einzige juristische Person gibt, die als Personengesellschaft einzuordnen wäre. Zudem lässt sich aus der Verselbständigung zur eigenen Rechtspersönlichkeit stärker als aus anderen Typusmerkmalen die Unabhängigkeit der Körperschaft von der Person ihrer Mitglieder ableiten. Dem ist aber zunächst entgegenzuhalten, dass eine Reihe von Körperschaften – insbesondere der nichtrechtsfähige Verein –, aber auch die nicht eingetragene Genossenschaft oder die Vorgesellschaft keine juristischen Personen sind. Abgesehen davon muss berücksichtigt werden, welche Rechtsfolgen sich aus der Stellung als juristische Person ergeben. Aus der Verselbständigung zur juristischen Person leitet sich eine uneingeschränkte Rechtsfähigkeit ab. Entscheidend ist daher, wie gravierend die Einschränkungen sind, die bzgl. der Rechtsfähigkeit bei Gesamthandsgesellschaften zu machen sind.

Der konkrete Umfang der Rechtsfähigkeit von Personengesellschaften ist zwar nicht immer gesetzlich ausdrücklich geregelt, aber durch höchstrichterliche Rechtsprechung in einer Reihe von Entscheidungen zu verschiedenen Fragen inzwischen detailliert vorgegeben. Danach gibt es hier kaum noch Unterschiede zwischen Personengesellschaften und Körperschaften.[465] Eine Einschränkung besteht im Wesentlichen nur noch hinsichtlich der Grundbuchfähigkeit

---

[463] Auch GmbH, AG und KGaA sind Handelsgesellschaften i. S. v. § 6 HGB, für die die Vorschriften des HGB über die Kaufleute Anwendung finden, vgl. § 13 Abs. 3 HGB, § 3, § 278 Abs. 3 AktG. Schon aus diesem Grund kann das HGB nicht das „Gesetz der Personengesellschaften" sein.
[464] Vgl. § 59 c Abs. 1 BRAO.
[465] Kapitel 2 D II 4.

der GbR. Diese geht auf die fehlende Publizität der GbR zurück und gilt im Übrigen gleichermaßen für den nichtrechtsfähigen Verein.[466] Die Aberkennung der Markenfähigkeit der GbR durch die Rechtsprechung[467] ist nicht sachgerecht und trifft z. T. auf heftigen Widerstand in der Literatur. In § 7 Nr. 3 MarkenG heißt es, dass Inhaber von eingetragenen und angemeldeten Marken Personengesellschaften sein können, sofern sie mit der Fähigkeit ausgestattet sind, Rechte zu erwerben und Verbindlichkeiten einzugehen. Spätestens mit der Entscheidung des BGH vom 29.01.2001[468] kann aber auch eine GbR eigene Rechte begründen. Das kurz vor dieser Entscheidung ergangene Urteil zur fehlenden Markenrechtsfähigkeit steht damit im direkten Widerspruch zur neuen Rechtsprechung des BGH. So bezeichnet auch *Fezer*[469] die jüngste Rechtsprechung zur Markenrechtsfähigkeit als anachronistisch und der Dogmatik zur Rechtsnatur der GbR widersprechend. Es ist zweifelhaft, ob auch in zukünftigen Entscheidungen die Markenrechtsfähigkeit trotz des Wandels der Rechtsprechung zur Rechtsfähigkeit der GbR abgelehnt werden wird. Bisher nicht anerkannt ist schließlich auch die Stellung der GbR als Gesellschafterin einer OHG. Problematisch ist hier wieder die fehlende Publizität der GbR. Dies muss jedoch nicht dazu führen, dass eine GbR nicht Gesellschafterin einer OHG sein kann. Vielmehr ist erforderlich, aber auch ausreichend, nicht die GbR als Gesellschafterin in das Handelsregister einzutragen, sondern die einzelnen Gesellschafter „in Gesellschaft bürgerlichen Rechts".[470] Für die Anerkennung der GbR als Gesellschafterin einer OHG spricht zum Einen, dass eine Personenhandelsgesellschaft, die anerkanntermaßen Gesellschafterin einer OHG sein kann, sich von heute auf morgen in eine GbR verwandeln kann.[471] Zum anderen ist anerkannt, dass die GbR sogar Gesellschafterin einer Vor-GmbH sein kann.[472]

Insgesamt lässt sich jedenfalls feststellen, dass bezüglich der Rechtsfähigkeit der Personengesellschaften gerade in letzter Zeit eine enorme Weiterentwicklung des Rechts hauptsächlich durch die Rechtsprechung stattgefunden hat.[473] Auch die Gesetzgebung hat die Stellung der Personengesellschaften deutlich verstärkt,[474] so dass heute kaum noch Unterschiede zwischen Personengesellschaften und Körperschaften festzustellen sind. Damit hat die Stellung als juristische Person, die z. T. sogar gesetzlich verankert ist, als formales Abgrenzungskriterium fast eine größere Bedeutung, als hinsichtlich der materiellen Aussagekraft.[475]

---

[466] Vgl. Kapitel 2 Punkt D II 2 und 3.
[467] BGH vom 24.02.2000 DB 2000, 2117 vgl. Darstellung in Punkt D II 3.
[468] BB 2001, 374; vgl. insbesondere Zitat unter Kapitel 2 Punkt D II 3.
[469] *Fezer*, Markenrecht § 7 Rz. 36.
[470] Vgl. *Schmidt* in Schlegelberger, Kommentar zum HGB § 105 Rz. 71.
[471] Vgl. auch *Schmidt* in Schlegelberger, Kommentar zum HGB § 105 Rz. 71.
[472] BGH vom 03.11.1980 BGHZ 78, 311.
[473] Vgl. insbesondere die Ausführungen zur Rechtsfähigkeit der GbR in Punkt D II 3.
[474] Beispielsweise Möglichkeit der Umwandlung einer Kapitalgesellschaft in eine GbR oder Insolvenzfähigkeit der Personengesellschaften, oben unter D II 3.
[475] Aber auch die formale Einordnung ist bereits in Kritik geraten, vgl. Kapitel 2 D II 4.

3. Gründung

Aus den Regelungen zu Gründung lassen sich Aussagen zum Registrierungssystem bzw. zur Entstehung durch Vertrag sowie zur Firmierung treffen.

Als typisches Merkmal der Körperschaften wird allgemein das Registrierungssystem angesehen, also die konstitutive Bedeutung der Eintragung der Gesellschaft. Diese strengen Anforderungen wurden vom Gesetzgeber aufgrund der kapitalistischen Ausrichtung zum Schutz von Gläubigern und Gesellschaftern aufgestellt. Jedoch entstehen einerseits nicht alle Körperschaften durch Registrierung, andererseits auch nicht alle Personengesellschaften durch Vertrag.[476] Diese Abweichungen wiegen um so schwerer, als die Gründungsvoraussetzung sämtlich gesetzlich vorgegeben sind, die Ausnahmen daher nicht lediglich aus einer möglichen abweichenden vertraglichen Gestaltung im Einzelfall resultieren.

Grundsätzlich bringt eine Personalfirma durch Nennung des Namens zumindest eines der Gesellschafter die Personenbezogenheit von Personengesellschaften zum Ausdruck. Da nach Änderung des Firmenrechts durch die Handelsrechtsreform 1998 auch KG und OHG nicht mehr verpflichtet sind, eine Personalfirma zu führen, andererseits Körperschaften durchaus auf Personalfirmen zurückgreifen,[477] kommt der Firma als Abgrenzungskriterium allenfalls Indizwirkung zu.

4. Ausscheiden von Mitgliedern

Personengesellschaften gelten als abhängig vom Bestand ihrer Mitglieder. Dieses Strukturmerkmal wird von der Literatur als ganz besonders wesentlich hervorgehoben.[478] Zwar bleibt dieser Ansicht zu Gute zu halten, dass nach dem gesetzlichen Regelfall die Übertragung von Mitgliedschaftsrechten bei Körperschaften einfacher ausgestaltet ist als bei Personengesellschaften. Diese Aussage wird jedoch dadurch wieder relativiert, dass die Regelungen hierzu dispositiv sind, was sich auch in der praktischen Ausgestaltung niederschlägt.[479] Entscheidend ist jedoch, dass nunmehr nach dem gesetzlichen Regelfall fast alle Personengesellschaften vom Bestand ihrer Mitglieder insofern unabhängig sind, als das Ausscheiden eines Gesellschafters nicht zur Auflösung der Gesellschaft führt.[480] Demgegenüber ist bei der Vorgesellschaft als Körperschaft das Ausscheiden eines Mitglieds nicht unproblematisch.[481] Wurde die Auflösung bei Ausscheiden bereits in der Vergangenheit als Wesensmerkmal der Personengesellschaft aufgrund der schon immer abweichenden Realität der Kautelarjurisprudenz überbewertet, so hat es durch das Handelsreformgesetz 1998 weiter an Bedeutung verloren.

---

[476] Kapitel 2 D III.
[477] Vgl. etwa die „Robert Bosch GmbH".
[478] Vgl. die Grundaussagen zur Unterscheidung von Körperschaften und Personengesellschaft unter E I 1.
[479] Kapitel 2 D IV.
[480] Kapitel 2 D IV 3.
[481] Vgl. hierzu Kapitel 2 C III Fn. 256.

Ein Abfindungsanspruch ist bei Körperschaften – anders als bei Personengesellschaften – nur im Falle des unfreiwilligen Ausscheidens vorgesehen. Ansonsten erhält der ausscheidende Gesellschafter für die Veräußerung seines Anteils den Marktwert. Da sich der Abfindungsanspruch des Gesellschafters einer Personengesellschaft am Verkehrswert bemisst, beurteilt sich die wirtschaftliche Situation des ausscheidenden Gesellschafters in beiden Fällen ähnlich. Die Unterscheidung zwischen Kaufpreis und Abfindung bringt damit lediglich zum Ausdruck, dass ein Gesellschafterwechsel bei Personengesellschaften im Grunde nicht vorgesehen ist. Im Falle des Ausscheidens muss kein Nachfolger gefunden werden, der den frei gewordenen Anteil übernimmt. Damit kann sich das Ausscheiden aus einer Personengesellschaft sogar einfacher gestalten, als aus einer Kapitalgesellschaft, bei der ein Anteilskäufer gefunden werden muss.

Sofern eine große Mitgliederzahl als Typusmerkmal der Körperschaft gegenüber einer kleinen Mitgliederzahl bei Personengesellschaften gewertet wird, so kann dies nur bedingt mit gesetzlichen und tatsächlichen Gegebenheiten belegt werden. In der Praxis gibt es jedenfalls eine Vielzahl von Personengesellschaften mit großer Mitgliederzahl.[482] Dass Körperschaften hingegen auch mit geringer Mitgliederzahl bestehen können, zeigt die Tatsache, dass der Gesetzgeber sogar die Einmann-AG und Einmann-GmbH zugelassen hat (§ 1 GmbHG, § 2 AktG).

5. Corporate governance

Anhand der Organe der Gesellschaft, der Geschäftsführung und Vertretung sowie der Beschlussfassung lässt sich feststellen, welche Mitentscheidungsbefugnisse der einzelne Gesellschafter hat, inwieweit die Gesellschaft also von seinem persönlichen Einsatz abhängig ist. Hier finden sich die Typusmerkmale Selbstorganschaft/Fremdorganschaft und Einstimmigkeit/Majoritätsprinzip wieder.

Wenn man darauf abstellt, dass vom Grundsatz der Fremdorganschaft bei Körperschaften bzw. der Selbstorganschaft bei Personengesellschaften schon nach dem Gesetz eine Reihe von Ausnahmen bestehen,[483] erscheint dieses Abgrenzungskriterium als nicht besonders aussagekräftig. Hinzu kommt, dass auch die übrigen Personengesellschaften zumindest in beschränktem Umfang die Möglichkeit haben, die Geschäftsführung auf gesellschaftsfremde Dritte zu übertragen.[484] Bei Körperschaften wiederum kann die Geschäftsführung ausschließlich von Gesellschaftern wahrgenommen werden. Andererseits ist zu berücksichtigen, dass die gesetzlichen Ausnahmen gerade bei den weniger klassischen Vertretern der jeweiligen Gruppe (KGaA, eG, Partenreederei, EWIV, GmbH & Co. KG) vorkommen und dass bei GbR, OHG

[482] Zu den Publikumsgesellschaften *Eisenhardt*, Gesellschaftsrecht § 31 II 1.
[483] Für die Körperschaften mit Selbstorganschaft KGaA und eG; für Personengesellschaften mit Fremdorganschaft Partenreederei und EWIV vgl. Kapitel 2 D V.
[484] Nicht nur bei der GmbH & Co. KG, sondern auch schon bei der GbR.

und KG[485] die Selbstorganschaft durch entsprechende vertragliche Gestaltung nur mit erheblichen Einschränkungen abdingbar ist. Insgesamt kommt diesem Abgrenzungsmerkmal nach wie vor durchaus eine nicht unerhebliche Bedeutung zu.

Inwieweit bei Körperschaften oder Personengesellschaften die Beschlussfassung einstimmig oder mehrheitlich zu erfolgen hat, ist in fast allen Gesellschaftsverträgen individuell geregelt. Einstimmigkeit bietet sich nur für ganz wesentliche Beschlüssen und bei kleineren Gesellschaften an – unabhängig davon, ob dies Personengesellschaften oder Körperschaften sind. Die Tatsache, dass bei Personengesellschaften Einstimmigkeit für alle Entscheidungen als gesetzlicher Regelfall vorgesehen ist, spielt in der Praxis keine entscheidende Rolle.

6. Verhältnis der Gesellschafter zueinander und zur Gesellschaft

Wie die Ausführungen unter Punkt D VI gezeigt haben, hat sich hinsichtlich der gesellschaftsrechtlichen Treuepflichten im Laufe der Zeit durch die Rechtsprechung eine relativ starke Annäherung der Vorgaben für Personengesellschaften und Körperschaften ergeben. Der Umfang der Treuepflichten kann dennoch in gewissem Umfang Aufschluss über die Einordnung als Körperschaft oder Personengesellschaft geben.

7. Haftung

Bei den Körperschaften ist – mit Ausnahme des nichtrechtsfähigen Vereins und des Komplementärs der KGaA – die persönliche Haftung der Gesellschafter per Gesetz ausgeschlossen bzw. es besteht die Möglichkeit, eine bestehende Nachschusspflicht durch Gesellschaftsvertrag abzubedingen.[486] So war gerade das Wesensmerkmal der Aktiengesellschaft schon von Beginn an die Haftungsbegrenzung.[487] Bei Personengesellschaften kann die im Gesetz vorgesehene persönliche Haftung der Gesellschafter allenfalls durch einzelvertragliche Vereinbarung mit dem jeweiligen Gläubiger ausgeschlossen werden. Stellt man nun aber die KGaA und die KG einander gegenüber, so findet man nur geringe Unterschiede bezüglich des Haftungsumfangs der Gesellschafter. Die Haftungsstruktur ist sehr ähnlich, obwohl es sich bei der einen Gesellschaft um eine Körperschaft, bei der anderen um eine Personengesellschaft handelt. Interessant ist an dieser Stelle aber insbesondere die Rechtsprechung zur GmbH & Co. KG. Die Tatsache, dass diese Gestaltungsmöglichkeit von der Rechtsprechung ausdrücklich anerkannt wird und dabei an der formellen Einordnung als KG festgehalten wird, bringt zum Ausdruck, dass das Merkmal der persönlichen Haftung einer natürlichen Person kein unantastbares Wesensmerkmal der Personengesellschaften sein kann. Dazu kommt noch, dass bei der KGaA noch bis vor wenigen Jahren umstritten gewesen ist, ob auch hier wie bei der

[485] Nicht unbedingt jedoch der GmbH & Co. KG.
[486] Letzteres für eG und VVaG vgl. Kapitel 2 D VII 3.
[487] Vgl. erstmalige Normierung im französischen *Code de commerce* von 1807 (dort Art. 33 bzw. Art. 31 f).

KG eine juristische Person alleinige Komplementärin sein kann.[488] Die unbeschränkte Gesellschafterhaftung ist den Körperschaften aber gerade fremd, weshalb die späte Anerkennung der GmbH & Co. KGaA eigentlich unverständlich ist. Eine Erklärung dafür könnte sein, dass die Anerkennung der GmbH & Co. KG von der Praxis aufgrund der Doppelbesteuerung bei Körperschaften bis zur Einführung des Anrechnungsverfahrens sehr viel früher und lauter gefordert wurde. Jedenfalls lässt sich festhalten, dass bei einem ähnlich gelagerten Fall bezüglich des Umfangs der persönlichen Haftung der Gesellschafter bei der Personengesellschaft weniger gezögert wurde, als bei der Körperschaft. Sieht man allerdings von der Sonderstellung der GmbH & Co. KG und der KGaA ab, so ist die Haftungsbeschränkung auf das Gesellschaftsvermögen nach wie vor – verglichen mit anderen Unterscheidungsmerkmalen – ein sehr bedeutendes Typusmerkmal der Körperschaften.[489] Das lässt sich zum einen aus der Tatsache begründen, dass gesellschaftsrechtlich keine Gesellschaft, bei der per Gesetz[490] eine Haftungsbeschränkung vorgesehen ist, als Personengesellschaft eingeordnet wird.[491] Zum anderen wird das Merkmal der Haftungsbeschränkung auf EU-Ebene[492] und weltweit[493] immer wieder als einheitliches Typusmerkmal der Körperschaften verstanden.

8. Bedeutung für den Wirtschaftsverkehr

Die Bedeutung für den Wirtschaftsverkehr kann als gesellschaftsrechtliches Abgrenzungskriterium keine Bedeutung haben. Für einen Vergleich ausländischer Gesellschaftsformen mit inländischen Rechtsformen kann aber die Tatsache, dass deutsche Personengesellschaften in Deutschland eine ungewöhnlich große Bedeutung haben, relevant werden.[494]

9. Parteiwille und Parteibezeichnung als weiteres Einordnungskriterium

Aus den bisherigen Ausführungen hat sich immer wieder ergeben, dass sich die Rechtsprechung zu den einzelnen Gesellschaftsformen sehr stark daran orientiert, was von den Parteien gewollt ist. Die Gesellschafter entscheiden sich i. d. R. bewusst für eine Gesellschaftsform

---

[488] Vgl. ausführlich hierzu Punkt B III 1.

[489] Die Tatsache, dass die Haftungsbeschränkung gerade bei der GmbH (und damit auch bei der GmbH & Co. KG) in der Praxis häufig dazu führen wird, dass Kredite nur gegen Bürgschaften der Gesellschafter oder vergleichbare Sicherheiten gewährt werden, führt zwar grundsätzlich wieder zu einer persönlichen Haftung der Gesellschafter. Diese resultiert jedoch aus gesonderten schuldrechtlichen Verpflichtungen und ändern nichts am Charakter der Körperschaften.

[490] Bei der GmbH & Co. KG als Personengesellschaft spricht man zwar auch von faktischer Haftungsbegrenzung auf das Gesellschaftsvermögen der GmbH. Diese Haftungsbeschränkung ist jedoch nicht gesetzlich durch die Rechtsform der KG vorgegeben, sondern beruht auf Ausnutzung der rechtlichen Gestaltungsmöglichkeiten.

[491] Umgekehrt kann jedoch nicht gesagt werden, dass alle Gesellschaften ohne Haftungsbeschränkung Personengesellschaften darstellen würden (vgl. beispielsweise nichtrechtsfähiger Verein, KGaA oder Vorgesellschaft).

[492] Hierzu noch genauer Kapitel 5 A VI.

[493] So sehen die Regelungen zum US-amerikanischen Check-the-box-Verfahren vor, dass eine ausländische Gesellschaft, bei der mindestens eine Person unbeschränkt haftet, zunächst als Personengesellschaft einzuordnen ist (vgl. *Flick* IStR 1998, 110).

[494] Vgl. hierzu ausführlich unten Kapitel 5 B I 8.

und damit entweder für eine Körperschaft oder eine Personengesellschaft. Die Firma enthält mit Ausnahme von Verein und GbR nach dem Gesetz zwingend einen Rechtsformzusatz, aus dem die gewählte Gesellschaftsform hervorgeht. Zumindest bei Kapitalgesellschaften, für die die Eintragung in das Handelsregister konstitutive Bedeutung hat, ist damit die Entscheidung zwischen Personengesellschaft und Körperschaft eindeutig fixiert. Nach Auswahl der Rechtsform wird die Gesellschaft im Rahmen der Vorschriften dann entweder personalistisch oder kapitalistisch ausgestaltet, unabhängig davon, ob eine Personengesellschaft oder Körperschaft vorliegt. Grenze für diese Gestaltung ist der Grundsatz der Typengesetzlichkeit, der von der Rechtsprechung jedoch nicht besonders streng gesehen wird.[495] So wurde die Anerkennung der GmbH & Co. KG durch die steuerliche Benachteiligung der Körperschaften forciert. Den gesellschaftsrechtlichen Anforderungen der Gesellschafter wäre die GmbH in vielen Fällen genau so gerecht geworden. Bei der Entscheidung über die Zulässigkeit der GmbH & Co. KG hätte die Rechtsprechung auch den Weg gehen können, die GmbH & Co. KG als eigene Rechtsform anzuerkennen und diese dann als Körperschaft einzuordnen.[496] Damit hätte sie aber den damaligen Hauptzweck – eine Besteuerung als Personengesellschaft – vereitelt. Noch viel stärker wird die Rechtsprechung dem Willen der Gesellschafter bei den Gesellschaftsformen ohne eindeutige Rechtsformbezeichnung gerecht. Die Abgrenzung zwischen nichtrechtsfähigem Verein und GbR wurde ausführlich behandelt.[497] Ausschlaggebend für die Anwendung von Vereinsrecht oder GbR-Recht ist in Zweifelsfällen letztendlich immer das, was die Gesellschafter gewollt haben.

III. Gesamtbetrachtung zur Bedeutung der einzelnen Typusmerkmale

Ausgangspunkt für die Unterscheidung zwischen Körperschaften und Personengesellschaften ist die Abhängigkeit von der Individualität der Gesellschafter einer Personengesellschaft gegenüber der überindividuellen Verselbständigung der Körperschaft. Aus dieser grundlegenden Unterscheidung leiten sich eine Reihe von Strukturmerkmalen ab, die für die beiden Gruppen jeweils als typisch angesehen werden. Eine strikte Abgrenzung nach diesen Typusmerkmalen ist jedoch nicht möglich. Grund dafür ist insbesondere die Grundtypenvermischung, also die Anerkennung personalistisch strukturierter Körperschaften und kapitalistisch geprägter Personengesellschaften[498] durch die Rechtsprechung. Hier wird von dem Grundsatz der Vertragsfreiheit, dem durch die in großen Teilen dispositiven Gesetzesvorschriften im Gesellschaftsrecht besonders Rechnung getragen wird, Gebrauch gemacht. Teilweise hat der Gesetzgeber aber auch bei bestimmten Gesellschaften für die jeweilige Gruppe atypische Merkmale fest-

[495] Vgl. insbesondere die Anerkennung der GmbH & Co. KG, aber auch Anerkennung rein kapitalistisch strukturierter OHG oder KG ohne GmbH-Beteiligung.
[496] So erfolgt bei der Vorgesellschaft vgl. Kapitel 2 C III.
[497] Beispielsweise unter C I oder unter E I 2.
[498] *Schmidt* (Gesellschaftsrecht § 58 II 3) spricht vom Vordringen kapitalistischer Strukturen in das Recht der Personengesellschaften.

geschrieben, beispielsweise die Fremdorganschaft bei der Partenreederei oder die unbeschränkte Haftung der Komplementäre einer KGaA.

Bei der Untersuchung der einzelnen Merkmale lässt sich feststellen, dass keines der allgemein anerkannten Typusmerkmale letztendlich für die Zuordnung zwingend ist. Möchte man nun anhand obiger Ausführungen die Aussagekraft der einzelnen Typusmerkmale im Hinblick auf die Unterscheidung von Körperschaften und Personengesellschaften bewerten, bietet sich eine Einordnung in verschiedene Gruppen an:

Im Grunde keine Bedeutung kommt der Höhe der Mitgliederzahl zu.

Die Merkmale Verselbständigung zur juristischen Person, Registrierungssystem/Gründung durch Vertrag, Personalfirma/Sachfirma, Abhängigkeit von Bestand der Mitglieder, Regelung der Abfindung, Einstimmigkeitsprinzip/Mehrheitserfordernis sowie Ausgestaltung der Treuepflichten entfalten eine gewisse Indizwirkung.

Eine nicht ganz unerhebliche Bedeutung ist dem Merkmal der Selbstorganschaft bzw. Fremdorganschaft beizumessen.

Die m. E. größte Aussagekraft kommt schließlich der Frage nach der gesetzlichen Haftungsbeschränkung zu.

F Fazit zu den gesellschaftsrechtlichen Vorgaben

Auch wenn es heißt, im deutschen Recht sei die Unterscheidung zwischen Personengesellschaften und Körperschaften besonders stark ausgeprägt,[499] ist eine eindeutige Grenzziehung nicht möglich. So stellt auch *Schmidt* fest, dass der Gegensatz zwischen Personengesellschaften und Körperschaften nicht als unüberwindbar trennende Schlucht verstanden werden darf.[500] Trotz der Abgrenzungsschwierigkeiten hält das deutsche Gesellschaftsrecht aber an der formellen Unterscheidung fest. Es wird nicht ernsthaft gefordert, personalistische Kapitalgesellschaften in Personengesellschaften oder rein kapitalistisch ausgestaltete Personengesellschaften in Kapitalgesellschaften umzuqualifizieren. Das deutsche Gesellschaftsrecht hat in den letzten 100 Jahren eine erhebliche Fortentwicklung erlebt, aus der sich eine deutliche Aufweichung der als typisch angesehenen Abgrenzungsmerkmale zwischen Personengesellschaften und Körperschaften ergeben hat. Konsequenz hieraus ist, dass sich die Bedeutung einzelner Strukturmerkmale als Abgrenzungskriterien verschoben hat. Dennoch kommt nach wie vor fast allen Typusmerkmalen eine gewisse, teilweise sogar eine nicht unerhebliche Bedeutung für die Abgrenzung von Personengesellschaften und Körperschaften zu.

---

[499] *Wiedemann*, Gesellschaftsrecht § 2 I.

[500] *Schmidt*, Gesellschaftsrecht § 3 I 2 c). Auch spricht *Kübler* (Gesellschaftsrecht 2. Kapitel Einleitung) davon, dass die Worte Personengesellschaft und Körperschaft einen idealtypischen Gegensatz bezeichnen und nicht zwei sich gegenseitig ausschließende Tatbestände.

Kapitel 3 Internationales Gesellschaftsrecht

A Begriffsbestimmung und Regelungsbereich des Internationalen Gesellschaftsrechts

Das Internationale Gesellschaftsrecht enthält als Teil des Internationalen Privatrechts Kollisionsregeln für die Rechtsverhältnisse der Gesellschaften. Es wird festgelegt, welcher Rechtsordnung ein Verband in gesellschaftsrechtlicher Hinsicht untersteht, nach welchem nationalen Recht er also entsteht, lebt und untergeht.[501]

Neuerdings kristallisiert sich ein neuer Zweig des Internationalen Gesellschaftsrechts heraus. Hierbei geht es um Anstrengungen, im Rahmen der Europäischen Gemeinschaft,[502] der OECD und der Vereinten Nationen zu international vereinheitlichten Normen für Großunternehmen – unabhängig von der Rechtsform – generell zu gelangen.[503] Davon abgesehen wird das Internationale Gesellschaftsrecht aber nur als Kollisionsrecht verstanden.[504]

Vom Internationalen Gesellschaftsrecht wird das Fremdenrecht als materielles Sonderrecht für Ausländer unterschieden. Zum Fremdenrecht zählt man die sachrechtlichen Rechtsnormen, die nach der Inländer- oder Ausländereigenschaft differenzieren und daraus unterschiedliche Rechtsfolgen ableiten.[505]

Das Internationale Gesellschaftsrecht der Bundesrepublik Deutschland ist nicht kodifiziert.[506] Selbst die frühere Regelung in Art. 10 EGBGB, die durch § 30 Abs. 1 Nr. 4 des Vereinsgesetzes vom 05.08.1964 aufgehoben wurde, betraf mit der Anerkennung ausländischer rechtsfähiger Vereine im Inland nur einen eng begrenzten Sonderfall.[507] Die fehlende gesetzliche Regelung hat zur Folge, dass eine Vielzahl praxisrelevanter Fragen umstritten ist.

B Gesellschaftsstatut

Das Recht, das die Rechtsbeziehungen einer Gesellschaft regelt, wird als Gesellschaftsstatut oder Personalstatut bezeichnet.[508] Traditionell werden die gesellschaftsrechtlichen Beziehun-

---

[501] *Wiedemann*, Gesellschaftsrecht S. 776.
[502] Beispielsweise Schaffung der SE als europäische Aktiengesellschaft.
[503] *Kaligin* DB 1985, 1449; *Großfeld* in Staudinger, Kommentar zum BGB IntGesR Rz. 3.
[504] Hier ergeben sich Unterschiede zur Definition des Internationalen Steuerrechts oder auch des Internationalen Wirtschaftsrechts. Denn nach den dort anerkannten Definitionen werden *alle* Fälle mit Auslandsbezug erfaßt – es geht also nicht allein um die Frage des anwendbaren Rechts, sondern auch darum, wie das nationale Recht internationale Sachverhalte behandelt. Vgl. Einführung zu Kapitel 5 zum Begriff des Internationalen Steuerrechts und *Fezer* (in Staudinger, Kommentar zum BGB IntWirtR Rz. 3) zum Begriff des Internationalen Wirtschaftsrechts.
[505] Vgl. *Kaligin* DB 1985, 1449.
[506] Als Grund für die Zurückhaltung des Gesetzgebers wird der Umstand aufgeführt, dass es hierzu auf EU-Ebene zu Vereinheitlichungsbestrebungen kam (*Ebenroth/Eyles* DB 1988 Beilage Nr. 2 S. 4). Das Brüsseler EWG-Übereinkommen über die gegenseitige Anerkennung von Gesellschaften und juristischen Personen vom 29.02.1968 (BT Drs. 10/504 S. 29) ist mangels Ratifizierung durch die Niederlande jedoch nicht in Kraft getreten.
[507] *Kaligin* DB 1985, 1449.
[508] *Großfeld* in Staudinger, Kommentar zum BGB IntGesR Rz.17; *Kaligin* DB 1985, 1449.

gen nach einem einheitlichen Recht beurteilt.[509] Dabei wird von der h. M. eine gleichartige kollisionsrechtliche Behandlung von Personengesellschaften und Körperschaften gefordert.[510] Wie das Gesellschaftsstatut zu ermitteln ist, ist die Grundlage des Internationalen Gesellschaftsrechts und zugleich eine der umstrittensten Fragen dieses Rechtsgebiets.[511]

I. Sitztheorie versus Gründungstheorie

Nach der bereits in Kapitel 1 angesprochenen[512] Sitztheorie ist Gesellschaftsstatut das Recht des Ortes, in dem die Gesellschaft ihren tatsächlichen Verwaltungssitz hat.[513] Angeknüpft wird also an ein weitgehend objektives Merkmal. Die Gesellschafter können nicht direkt entscheiden, welches Recht für ihre Gesellschaft gelten soll. Sie müssen zumindest ihren Verwaltungssitz an den Ort verlegen, an dem das gewünschte Recht angewendet wird. Dies scheidet aus praktischen Erwägungen in den meisten Fällen aus. Die Gründungstheorie – auch Inkorporationstheorie genannt – sieht als Gesellschaftsstatut das Recht vor, nach dem die Gesellschaft gegründet wurde und welches damit an ihrem Satzungssitz anzuwenden ist.[514] Das Gesellschaftsstatut wird damit subjektiv angeknüpft. Einzig entscheidend ist der Wille der Gründer.[515]

Die Sitztheorie möchte das Recht des Staates durchsetzen, der von der Tätigkeit der Gesellschaft normalerweise am stärksten betroffen ist. Sie will zugleich die Flucht unter ein regelungsärmeres Recht und Eingriffe des Auslands in die inländische Sozialstruktur verhindern.[516] Die Gründungstheorie gewährt dagegen den Gründern internationalen Bewegungsspielraum und achtet nicht auf die tatsächliche Verankerung.[517]

Als Argument für die Sitztheorie wird insbesondere vorgebracht, die Aushöhlung des inländischen Gesellschaftsrechtsstandards werde verhindert.[518] Bei fehlerhafter Gründung käme es zu einer automatischen Sanktion.[519] Dem Eigeninteresse des hauptbeteiligten Staats werde

---

[509] Sog. Einheitslehre (vgl. *Kindler* in Rebmann/Säcker/Rixecker, Münchener Kommentar Bd. 11 IntGesR Rz. 6; *Großfeld* in Staudinger, Kommentar zum BGB IntGesR Rz.16). Nach der Differenzierungslehre (*Grasmann*, System des internationalen Gesellschaftsrechts Rz. 625 ff) bzw. der Überlagerungstheorie (*Sandrock* in Wildhaber/Großfeld/Sandrok/Birk, Multinationale Korporationen S. 191) wird das zwar angezweifelt. Diese Ansichten konnten sich allerdings bislang nicht durchsetzen, s. sogleich.

[510] *Kindler* in Rebmann/Säcker/Rixecker, Münchener Kommentar Bd. 11 IntGesR Rz. 191. Dazu im Detail unten unter Kapitel 3 D.

[511] *Großfeld/König* RIW 1992, 433.

[512] Kapitel 1 D II.

[513] *Großfeld* in Staudinger, Kommentar zum BGB IntGesR Rz. 20.

[514] *Kindler* in Rebmann/Säcker/Rixecker, Münchener Kommentar Bd. 11 IntGesR Rz. 7.

[515] *Großfeld* in Staudinger, Kommentar zum BGB IntGesR Rz. 20.

[516] *Großfeld* in Staudinger, Kommentar zum BGB IntGesR Rz. 21.

[517] *Großfeld* in Staudinger, Kommentar zum BGB IntGesR Rz. 22.

[518] *Grothe*, Die Ausländische Kapitalgesellschaft & Co. S. 124; *Kaligin* DB 1985, 1449, 1450; *Ebenroth/Eyles* DB 1988 Beilage Nr. 2 S. 8.

[519] *Großfeld* in Staudinger, Kommentar zum BGB IntGesR Rz. 43.

Rechnung getragen.[520] Ein weiterer Vorteil der Sitztheorie wird in einem einheitlichen Gesellschaftsstatut gesehen. Die Anwendung des durch die Kollisionsnorm für anwendbar erklärten Rechts steht nämlich grundsätzlich unter dem Vorbehalt des ordre public (Art. 6 EGBGB), was bedeutet, dass die einschlägigen Vorschriften im konkreten Einzelfall nicht gegen deutsche fundamentale Rechtsgrundsätze verstoßen dürfen.[521] Der ordre public brauche nach der Sitztheorie jedoch kaum angerufen zu werden.[522] Würde man hingegen der Gründungstheorie folgen, wäre die Anwendung eines Rechts denkbar, zu dem keinerlei Bezug bestehe.[523] Zudem sei ein Wettbewerb der Rechtsordnungen zu befürchten, wonach gerade die Rechtsordnung mit dem schwächsten Schutz dritter Interessen sich durchsetzen würde („race to the bottom").[524]

Gegen die Sitztheorie wird vorgebracht, der tatsächliche Verwaltungssitz sei schwer zu bestimmen.[525]

Als tatsächlicher Verwaltungssitz wird nach dem Gesellschaftsrecht der Ort angesehen, an dem sich die Hauptverwaltung befindet.[526] Es ist der Ort, an dem nach außen erkennbar die grundlegenden Entscheidungen der Unternehmensleitung effektiv in laufende Geschäftsführungsakte umgesetzt werden.[527] Hinsichtlich der Frage der Beweislast für den Ort des tatsächlichen Verwaltungssitzes gilt ein Erfahrungsgrundsatz, wonach eine nach ausländischem Recht gegründete Kapitalgesellschaft ihren effektiven Verwaltungssitz in ihrem Gründungsstaat hat.[528] Dies gilt auch, wenn Gründungsstaat ein solcher ist, in dem in der Praxis gerne sog. Briefkastenfirmen gegründet werden.[529]

Außerdem führe die Rechtsfolge der Nichtigkeit wegen Nichteinhaltung der Gründungsvorschriften des Sitzstaates zu Rechtsunsicherheit; es entstünden „hinkende Rechtsgebilde".[530] Die grenzüberschreitende Sitzverlegung nach der Sitztheorie sei schwierig, wenn nicht sogar unmöglich.[531] Das Argument der Rechtsunsicherheit aufgrund der „Nichtanerkennung" wird

---

[520] BGH Beschluss vom 31.03.2000 DB 2000, 1114, 1115; *Großfeld* in Staudinger, Kommentar zum BGB IntGesR Rz. 41.
[521] *Bungert* AG 1995, 489, 494.
[522] *Großfeld* in Staudinger, Kommentar zum BGB IntGesR Rz. 42.
[523] *Großfeld* in Staudinger, Kommentar zum BGB IntGesR Rz. 52.
[524] BGH Beschluss vom 31.03.2000 DB 2000, 1114, 1116.
[525] *Ebenroth/Eyles* DB 1988 Beilage Nr. 2 S. 9.
[526] BGH vom 30.01.1970 BGHZ 53, 181, 184; BGH vom 21.03.1986 BGHZ 97, 269.
[527] BGH vom 21.03.1986 BGHZ 97, 269, 272; OLG Hamm vom 04.10.1996 RIW 1997, 236, 237; OLG Düsseldorf vom 15.12.1994 IPRax 1996, 128. Bei grenzüberschreitenden Konzernverbindungen werden häufig wesentliche Geschäftsführungsentscheidungen, die für die Tochtergesellschaften relevant sind, am Verwaltungssitz der in einem anderen Staat ansässigen Muttergesellschaft getroffen. Würde man auf den Ort abstellen, an dem die Willensbildung hinsichtlich der Geschäftsführung der Tochtergesellschaft stattfindet, so könnte man zu dem Schluss kommen, dass sich der Verwaltungssitz einer Tochtergesellschaft am Sitz der Muttergesellschaft befindet. Stellt man aber darauf ab, wo die Entscheidungen der Unternehmensleitung effektiv in laufende Akte der täglichen Geschäftsführung umgesetzt werden, so hat jede Tochtergesellschaft auch im Sinne der Sitztheorie ihren eigenen Verwaltungssitz und damit ein von der Muttergesellschaft unabhängiges Gesellschaftsstatut (so *Behrens* ZGR 1994, 1, 6).
[528] OLG Hamm vom 18.08.1994 DB 1995, 137, 138; dazu ausführlich *Bungert* DB 1995, 963; *Werner*, Nachweis des Verwaltungssitzes S. 89 f; anders *Kösters* NZG 1998, 241, 242; vgl. allgemein zur Beweislastfrage *Traves*, Der Beweis des Anknüpfungskriteriums tatsächlicher Sitz der Hauptverwaltung im Internationalen Gesellschaftsrecht.
[529] *Bungert* DB 1995, 963, 964.
[530] Vgl. *Großfeld* in Staudinger, Kommentar zum BGB IntGesR Rz. 45.
[531] Vgl. *Großfeld/Beckmann* ZVglRWiss 91 (1992), 351, 361.

nach Ansicht der Vertreter der Sitztheorie erheblich dadurch abgeschwächt, dass nach der Gründungstheorie ein Rückgriff auf mehr Sonderanknüpfungspunkte oder den ordre public nötig sei, also auch nach dieser Theorie keine Rechtssicherheit gegeben sei.[532] Die Tatsache, dass eine grenzüberschreitende Sitzverlegung schwierig sei, stehe im legitimen Interesse des Sitzstaates.[533]

Neben der Gründungstheorie und der Sitztheorie gibt es noch eine Reihe von vermittelnden Ansichten. *Sandrock* beurteilt mit seiner Überlagerungstheorie Gründung und Rechtsfähigkeit nach dem Gründungsstatut. Im Übrigen werde das Gründungsrecht von dem zwingenden Recht des Sitzstaates „überlagert".[534] Prinzipiell soll dabei nur ein Statut, nämlich das des Gründungsstaates gelten, jedoch sollen zwingende Vorschriften des Sitzstatuts die entsprechenden Vorschriften des Gründungsstatuts verdrängen, wenn unmittelbare privatrechtliche Interessen an der Gesellschaft eine rechtliche und wirtschaftliche Einbuße erleiden. Das Recht des Sitzstaates soll immer dann Anwendung finden, wenn es die privatrechtlichen Interessen der Gesellschaft besser schützt, als das Recht des Gründungsstaates und wenn sich der Betroffene darauf beruft. Problematisch an dieser Theorie ist jedoch, dass aus der kumulativen Anwendung der Vorschriften des Heimatstaates und des Aufnahmestaates zwangsläufig Anpassungsprobleme und Unvereinbarkeiten resultieren, weil hier Teile eines in sich geschlossenen und homogenen Rechtsgebildes aus ihrem Funktionszusammenhang gerissen und in einen häufig vollkommen anders strukturierten Regelungsbereich eingebracht werden.[535] *Großfeld/Erlinghagen* nennen als Beispiel das Problem der Arbeitnehmermitbestimmung. So werden ausländische Gesellschaftsformen häufig kein dem Aufsichtsrat einer GmbH oder AG entsprechendes Gremium haben, weshalb unklar bleibe, wie die Anforderungen des Mitbestimmungsgesetzes in einer fremden Rechtsform umgesetzte werden sollen.[536] Ferner führt die Überlagerungstheorie auch zu einer erhöhten Rechtsunsicherheit. Das Gesellschaftsstatut wird nicht mehr nach objektiven Kriterien bestimmt. Unklar bleibt auch, wie bei sich widersprechenden Interessen einer Mehrheit von Gläubigern zu verfahren ist.[537]

Nach der von *Grasmann* entwickelten Differenzierungslehre ist zwischen der Innen- und Außengesellschaft zu unterscheiden. Für das „Innen" gelte das Gründungsrecht, für das „Außen" das Vornahme-, Wirkungs- oder Gründungsstatut.[538] Auch diese Theorie hat den Nachteil des Nebeneinanders zweier Rechtsordnungen – hier stellt sich die Statutenkumulierung sogar als Normalfall dar. Einzelne Regelungsbereiche aus dem Gesellschaftsrecht können nicht aus

---

[532] Vgl. *Großfeld* in Staudinger, Kommentar zum BGB IntGesR Rz. 55 ff.
[533] Vgl. *Großfeld* in Staudinger, Kommentar zum BGB IntGesR Rz. 45.
[534] *Sandrock* in Wildhaber/Großfeld/Sandrok/Birk, Multinationale Korporationen S. 169, 191; ders. RIW 1989, 505.
[535] *Großfeld* in Staudinger, Kommentar zum BGB IntGesR Rz. 64, 69; *Kaligin* DB 1985, 1449, 1450; *Kindler* in Rebmann/Säcker/Rixecker, Münchener Kommentar Bd. 11 IntGesR Rz. 293.
[536] *Großfeld/Erlinghagen* JZ 1993, 217; vgl. auch *Kindler* in Rebmann/Säcker/Rixecker, Münchener Kommentar Bd. 11 IntGesR Rz. 293.
[537] *Kindler* in Rebmann/Säcker/Rixecker, Münchener Kommentar Bd. 11 IntGesR Rz. 295.
[538] *Grasmann*, System des internationalen Gesellschaftsrechts Rz. 625 ff.

ihrem Funktionszusammenhang gerissen und in ein anderes Normensystem implementiert werden. Innen- und Außenverhältnis hängen in starkem Maße voneinander ab.[539]

Mangels Praktikabilität und aufgrund daraus resultierender Rechtsunsicherheit werden im Ergebnis sowohl die Differenzierungslehre als auch die Überlagerungstheorie bisher von der h. M. in der Literatur[540] und der Rechtsprechung[541] abgelehnt.[542]

Insgesamt bleibt festzuhalten, dass zumindest in Fällen außerhalb des Geltungsbereichs des Rechts der EU[543] die ganz h. M. in Deutschland der Sitztheorie folgt.[544] Inwieweit sich das aufgrund der kürzlich ergangenen Entscheidung des EuGH in der Rechtssache Überseering[545] ändern wird, ist kaum absehbar. Zumindest für Sachverhalte ohne EU-Bezug ist aber kaum damit zu rechnen, dass die Rechtsprechung die Sitztheorie kurz- und mittelfristig völlig aufgeben wird, weshalb im Rahmen dieses Kapitels auf eine Darstellung der sich aus der Sitztheorie ergebenden Rechtsfolgen nicht verzichtet werden soll.

II. Handels- und Niederlassungsabkommen

Zu berücksichtigen ist, dass Deutschland mit einer Reihe von Staaten Handels- und Niederlassungsabkommen abgeschlossen hat, die eigene Regelungen zum Gesellschaftsstatut enthalten. Darunter sind insbesondere die Staatsverträge mit den USA[546] und mit Spanien[547] von besonderer Bedeutung, da diese es als ausreichend für die gegenseitige Anerkennung ansehen, dass die Gesellschaften nach den jeweiligen Rechtsvorschriften jeder Vertragspartei wirksam gegründet wurden.[548] Nach h. M. sollen hier die aus dem autonomen Kollisionsrecht stammenden Folgerungen der Sitztheorie zugunsten der Gründungstheorie abbedungen sein.[549]

---

[539] *Kindler* in Rebmann/Säcker/Rixecker, Münchener Kommentar Bd. 11 IntGesR Rz. 298.

[540] Beispielsweise *Ebenroth/Eyles* DB 1988 Beilage Nr. 2 S. 8; *Großfeld* in Staudinger, Kommentar zum BGB IntGesR Rz. 62 ff; *Kindler* in Rebmann/Säcker/Rixecker, Münchener Kommentar Bd. 11 IntGesR Rz. 258; *Meilicke* RIW 1990, 449, 451 zur Überlagerungstheorie; *Wiedemann*, Gesellschaftsrecht S. 198 Fn. 51 m. w. N.

[541] Zuletzt eindeutig Beschluss vom 30.03.2000 DB 2000, 1114, 1115 f; aber auch schon BayObLG vom 07.05.1992 GmbHR 1992, 529.

[542] Da die Rechtsfähigkeit zukünftig für Gesellschaften, die ihren Satzungssitz in einem EU-Mitgliedstaat haben, nach dem Recht des Gründungsstaates zu beurteilen sein wird (vgl. Urteil in Rs. Überseering, dazu sogleich Kapitel 3 E II), ist aber durchaus denkbar, dass die Rechtsprechung in diesen Fällen doch auf die Differenzierungslehre oder die Überlagerungstheorie zurückgreifen wird.

[543] Zur Vereinbarkeit der Gründungstheorie mit der Niederlassungsfreiheit von Gesellschaften gleich unten unter Punkt E.

[544] Vgl. zum Meinungsstand BGH Beschluss vom 30.03.2000 DB 2000, 1114, 1115.

[545] EUGH vom 05.11.2002 Rs C-208/00 Überseering BV/Nordic Construction Company Baumanagement GmbH NJW 2002, 3614; vgl. hierzu Kapitel 3 E II und Kapitel 5 B III 2.

[546] Deutsch-amerikanischer Freundschafts-, Handels- und Schifffahrtsvertrag vom 29.10.1954 BGBl II 1956, 487 ff.

[547] Niederlassungsvertrag zwischen der Bundesrepublik Deutschland und dem spanischen Staat vom 23.04.1970 BGBl II 1972, 1041 ff.

[548] Vgl. *Ebenroth/Auer* RIW 1992 Beilage Nr. 1 S. 9 ff.

[549] Vgl. jüngst BGH vom 29.01.2003, DB 2003, 818; *Ebenroth/Auer* RIW 1992 Beilage Nr. 1 S. 9 ff; *Ebenroth/Bippus* NJW 1988, 2137; *Hausmann/Raupach*, Steuergestaltung durch doppelt ansässige Gesellschaften S. 13, 36 f; *Kindler* in Rebmann/Säcker/Rixecker, Münchener Kommentar Bd. 11 IntGesR Rz. 241 ff; *Braun* RIW

Nach a. A. werden in beiden Fällen keine Aussagen zur Sitzverlegung getroffen, so dass diesbezüglich weiterhin die Sitztheorie einschlägig sein soll.[550] Zudem lege der Oberste Gerichtshof der USA Staatsverträge dahin aus, dass sie das geltende nationale Recht nicht ändern dürften, weshalb auch in Deutschland bei Sitzverlegungen die Sitztheorie Vorrang haben müsse.[551] Jedenfalls erforderlich für die Anerkennung einer in den USA gegründeten Gesellschaft in Deutschland soll aber nach beiden Ansichten sein, dass diese tatsächliche Beziehungen zu den USA unterhält.[552] Die deutsche Finanzverwaltung verlangt eine Neugründung US-amerikanischer Gesellschaften in Deutschland, wenn sie lediglich ihren tatsächlichen Verwaltungssitz in das Inland verlegen.[553] Auch der BFH hält den Staatsvertrag für grenzüberschreitende Sitzverlegungen nicht zwingend für einschlägig.[554]

III. Rück- und Weiterverweisungen

Zu beachten sind ferner die allgemeinen Bestimmungen des Internationalen Privatrechts zu Rück- und Weiterverweisungen, die auch im Internationalen Gesellschaftsrecht einschlägig sind.[555] Eine Rückverweisung kann in den Grenzen des Art. 27 EGBGB dann für die Bundesrepublik Deutschland eingreifen, wenn eine nach deutschem Recht gegründete Gesellschaft ihren Verwaltungssitz in einem ausländischen Staat hat. Folgt dieser ausländische Staat der Gründungstheorie, so liegt darin eine beachtliche Verweisung auf das deutsche Recht.[556] Ist die Bundesrepublik weder Gründungs- noch Sitzstaat und gilt im Sitzstaat die Gründungstheorie, so ist dies eine – auch für die Bundesrepublik verbindliche – Weiterverweisung auf das Recht des Gründungsstaates.[557] Zu Überschneidungen kann es in anderen Fällen grenzüberschreitender Sitzverlegungen kommen.[558] Probleme entstehen insbesondere in der Konstellation, dass eine Gesellschaft ihren Verwaltungssitz in Deutschland einnimmt, im Inkorporationsstaat hingegen die Gründungstheorie angewendet wird. Nach deutschem Internationalen Gesellschaftsrecht ist für alle Sachverhalte, die aus deutscher Sicht zu klären sind, die Gesell-

---

1995, 499, 500; *Kösters* NZG 1998, 241, 244; *Bungert* (AG 1994, 489, 493) unterscheidet zwischen Außenverhältnis (für das die Gründungstheorie gelten soll) und Innenverhältnis.

[550] *Baranowski* IWB Fach 3 Gruppe 4 S. 331, 334; *Dötsch* DB 1989, 2296, 2297; *Debatin* GmbHR 1991, 2296, 2297; *Großfeld/Erlinghagen* JZ 1993, 127, 224.

[551] Société Nationale Industrielle Aérospatiale and Société de Construction d'Avions de Tourisme v. United States District Court for the Southern District of Iowa, 107 S.Ct. 2542 (1987); Volkswagen AG v. Schlunk, 108 S.Ct. 2104 (1988); Avagliano v. Sumitomo Choji America, Inc., 102 S.Ct. 2374 (1982).

[552] Vgl. völkerrechtliches Erfordernis des „genuine link“: *Kindler* in Rebmann/Säcker/Rixecker, Münchener Kommentar Bd. 11 IntGesR Rz. 250 ff; *Ebenroth/Kemner/Willburger* ZIP 1995, 972, 974 f; a. A. *Ulmer* IPRax 1996, 100, 101 f.

[553] Vgl. *Großfeld/Erlinghagen* JZ 1993, 127, 224.

[554] BFH Beschluss vom 13.11.1991 BStBl II 1992, 263, 264. Anders OLG Düsseldorf vom 15.12.1994 IPRax 1996, 238, das zwar die Gründungstheorie anwendet, jedoch einen „genuine link“ zu den USA verneint, weshalb die Anerkennung auch nach der Gründungstheorie zu versagen sei.

[555] *Kaligin* DB 1985, 1449, 1451.

[556] BGH vom 06.03.1969 IPRspr. 1968/69 Nr. 256, 659.

[557] RG vom 03.06.1927 RGZ 117, 215, 217.

[558] Zum Begriff der grenzüberschreitenden Kapitalgesellschaft oben Einleitung B.

schaft nach deutschem Gesellschaftsrecht zu beurteilen. Eine Rückverweisung auf das Recht des Gründungsstaates liegt nicht vor. Andererseits kann sich auch der Gründungsstaat mit der gleichen, in Deutschland tätigen Gesellschaft beschäftigen. Dabei wird dessen Internationales Gesellschaftsrecht einschlägig. Aus Sicht des Gründungsstaates ist dann nach der Gründungstheorie das eigene Recht anwendbar, so dass im Ergebnis ein und die selbe Gesellschaft nach zwei verschiedenen Rechtsordnungen unterschiedlich behandelt wird.[559] Um auf europäischer Ebene derartige Kollisionen zu vermeiden, ist eine 14. Richtlinie zur Sitzverlegung in Planung.[560] Diese soll jedoch nur die Fälle der Verlegung sowohl des Satzungs- als auch des Verwaltungssitzes, beschränkt auf Kapitalgesellschaften, regeln und wird damit in Fällen von Auseinanderfallen von Satzungssitz und Verwaltungssitz nicht weiterhelfen.[561]

IV. Zusammenfassung

Im deutschen Internationalen Gesellschaftsrecht gilt bislang nach ganz überwiegender Auffassung die Sitztheorie. Das bedeutet, dass sich das Gesellschaftsstatut, also das auf die Rechtsbeziehungen einer Gesellschaft anwendbare Recht, nach dem tatsächlichen Verwaltungssitz der Gesellschaft bestimmt und nicht nach dem Ort der Gründung. Soweit in Staatsverträgen die Geltung der Gründungstheorie vereinbart ist – insbesondere im deutsch-amerikanischen Freundschafts-, Handels- und Schifffahrtsvertrag vom 29.10.1954 – kann sich daraus u. U. die Anwendung des Rechts des Gründungsstaats ergeben. Gleiches kann aufgrund Rück- oder Weiterverweisung dann gelten, wenn eine deutsche Gesellschaft ihren Verwaltungssitz in einen Staat verlegt, welcher der Gründungstheorie folgt, oder wenn eine ausländische Gesellschaft weder Verwaltungs- noch Satzungssitz in Deutschland hat.

C Rechtsfolgen der Sitztheorie für die gesellschaftsrechtliche Behandlung grenzüberschreitender Körperschaften

Obgleich die Sitztheorie eine lange Tradition hat, wird erst seit kurzer Zeit näher erörtert, welche gesellschaftsrechtlichen Folgen sie mit sich bringt. Die Konsequenzen der Sitztheorie sind insbesondere bei grenzüberschreitenden Gesellschaften problematisch und bisher nicht abschließend geklärt. Für den Typenvergleich kann es jedoch nicht ausreichen, sich damit auseinander zu setzen, nach welchem Recht eine Gesellschaft zu beurteilen ist. Ausschlaggebend für die Einordnung ausländischer Gesellschaften in das deutsche System der Einkommensbesteuerung muss die gesellschaftsrechtliche Situation sein, in der sich die grenzüberschreitende Gesellschaft tatsächlich befindet.

---

[559] *Di Marco* ZGR 1999, 4, 5; vgl. die oben angesprochen Problematik der sog. "hinkenden Rechtsgebilde" Kapitel 3 B I.

[560] Vorschlag abgedruckt in ZIP 1997, 1721.

[561] *Di Marco* ZGR 1999, 4 ff.

Wie in Kapitel 1 bereits dargestellt,[562] beruft sich die Rechtsprechung zum Typenvergleich lediglich bei der Frage der Rechtsfähigkeit ausdrücklich auf das Internationale Gesellschaftsrecht und damit auf die Sitztheorie. Bei Gesellschaften mit tatsächlichem Verwaltungssitz im Gründungsstaat ist die dort verliehene Rechtsfähigkeit im Inland anzuerkennen. Auch für den Fall, dass der Gründungstheorie zu folgen wäre, käme man zu dem Ergebnis, dass das Recht des Heimatstaates Anwendung finden muss. Daher braucht dieser „Normalfall" in den folgenden Ausführungen dieses Kapitels nicht weiter problematisiert zu werden.

Um so mehr Probleme bereiten dafür die grenzüberschreitenden Gesellschaften. Liegt bei einer nach ausländischem Recht gegründeten Gesellschaft der tatsächliche Verwaltungssitz im Inland, so erkennt die Rechtsprechung der grenzüberschreitenden Gesellschaft die Rechtsfähigkeit ab. Die Sitztheorie trifft aber nicht nur Aussagen zur Anerkennung von juristischen Personen, sondern sie gilt für sämtliche Rechtsbeziehungen.[563] Die Sitztheorie kann, entgegen der überwiegenden Ansicht von Literatur und früherer Rechtsprechung, nicht auf die „Anerkennungsproblematik" reduziert werden.[564] Sie sagt lediglich aus, dass deutsches Recht auf die grenzüberschreitende Gesellschaft anzuwenden ist. Zu prüfen ist daher, was sich aus der Anwendung deutschen Rechts auf sämtliche Rechtsbeziehungen der Gesellschaft ergibt.

I. Rechtsnatur der „nicht anerkannten" ausländischen Gesellschaft

Grundlegend für die Betrachtung der gesellschaftsrechtlichen Konsequenzen der Sitztheorie ist die Beurteilung der Rechtssubjektivität der grenzüberschreitenden Gesellschaft bei Anwendung der Sitztheorie. Während die Rechtsprechung lange Zeit ohne weitere Begründung die Existenz der Gesellschaft negiert hat, gibt es in der Literatur eine Reihe von Ansätzen dahingehend, das ausländische Rechtsgebilde dem deutschen Gesellschaftsrecht zu unterwerfen. Im Ergebnis wird – zumindest von einigen gewichtigen Stimmen – vertreten, dass es sich bei der vermeintlich ausländischen Gesellschaft um eine echte deutsche OHG, GbR oder um einen nichtrechtsfähigen Verein handelt.[565] Sollte dieser Ansicht zuzustimmen sein, wird die – dogmatisch ohnehin unsaubere – pauschale steuerrechtliche Einordnung der „nicht existierenden" grenzüberschreitenden Kapitalgesellschaft als nichtrechtsfähiger Verein nach § 1 Abs. 1 Nr. 5, § 3 KStG[566] durch die Finanzrechtsprechung in Zweifel zu ziehen sein. Es ist kaum zu begründen, warum eine grenzüberschreitende Gesellschaft, die sich nach dem Internationalen Privatrecht als unbeschränkt steuerpflichtige „echte" deutsche GbR oder OHG darstellt, nach den Auffangtatbeständen der §§ 1 bis 3 KStG der Körperschaftsbesteuerung unterworfen werden soll, wo sie doch wie jede andere deutsche Personengesellschaft behan-

---

[562] Kapitel 1 D I.
[563] Vgl. auch *Roth* ZIP 2000, 1597, 1599.
[564] *Schmidt* ZGR 1999, 20, 22 f; *Kaligin* DB 1985, 1449.
[565] Ausdrücklich abgelehnt wird das von *v. Halen* (EWS 2002, 107, 114), der untragbare Nachteile in der Entstehung eines „hinkenden Rechtsgebildes" sieht.
[566] Vgl. hierzu Ausführungen in Kapitel 1 D II.

delt werden könnte. Daher erscheint es erforderlich, insbesondere die Rechtsubjektivität, aber auch die daraus resultierenden Fragen der Rechtsfähigkeit, Haftung und Vertretung als Schwerpunkt dieses Kapitels ausführlich zu untersuchen.

Zunächst ist festzustellen, dass bei Anwendung der Sitztheorie bei grenzüberschreitenden Gesellschaften ein „Handeln unter falschem Recht" vorliegt.[567] Das Gebilde muss daher nach dem „richtigen Recht", also dem Recht des tatsächlichen Verwaltungssitzes behandelt werden.[568] Für Körperschaften stellt sich dann insbesondere das Problem, dass die Gründungsvoraussetzungen in aller Regel nicht erfüllt sind, da insbesondere die zwingende Eintragung in das Vereins-, Handels- oder Genossenschaftsregister fehlt.[569] Bei Personengesellschaften ergibt sich dieses Problem grundsätzlich nicht, da eine Eintragung lediglich deklaratorischen Charakter hat.[570] Damit sind die Folgen der Sitzverlegung für Körperschaften stärker zu spüren, aber auch sitzverlegende Personengesellschaften müssen sich dem deutschen Recht unterwerfen. Auch wenn sich bezüglich der Vertretung und Haftung bei Personengesellschaften ganz ähnliche Konsequenzen wie bei Körperschaften ergeben können, sollen die Rechtsfolgen der grenzüberschreitenden Sitzverlegung bei Personengesellschaften zunächst ausgeklammert werden und im Anschluss an die Ausführungen zu den Körperschaften gesondert dargestellt werden.

1. Ansicht der Zivilrechtsprechung

Für den Fall, dass eine ausländische Körperschaft ihren tatsächlichen Verwaltungssitz in die Bundesrepublik verlegt, sich aber nicht unter Annahme einer deutschen Rechtsform in das entsprechende deutsche Handels-, Vereins- oder Genossenschaftsregister eintragen lässt, verliert die Körperschaft nach bis vor kurzem vertretener Ansicht der Rechtsprechung ihre Rechtsfähigkeit.[571] Aus den zu grenzüberschreitenden Körperschaften ergangenen Urteilen ergibt sich, dass unter dem Begriff der fehlenden Rechtsfähigkeit nicht lediglich die Aberkennung der uneingeschränkten Rechtsfähigkeit, wie sie juristischen Personen zukommt, verstanden wird. Vielmehr wird der grenzüberschreitenden Gesellschaft auch die „eingeschränkte" Rechtsfähigkeit, wie sie GbR, OHG oder KG innehaben, versagt. Das führt beispielsweise dazu, dass eine zugunsten der ausländischen Gesellschaft eingetragene Vormerkung mangels Einigung unwirksam sein soll.[572] Aus der fehlenden Rechtsfähigkeit wurde von der Rechtsprechung bisher auch fehlende Parteifähigkeit abgeleitet, so dass eine grenzüberschreitende

---

[567] *Großfeld* in Staudinger, Kommentar zum BGB IntGesR Rz. 426.
[568] *Großfeld* in Staudinger, Kommentar zum BGB IntGesR Rz. 426.
[569] S. Kapitel 2 D III.
[570] Vgl. oben unter Kapitel 2 C III.
[571] BGH vom 21.03.1986 BGHZ 97, 269; OLG Koblenz 31.03.1988 RIW 1988, 903; OLG Frankfurt vom 03.06.1964 NJW 1964, 2355; so auch *Großfeld* in Staudinger, Kommentar zum BGB IntGesR Rz. 430.
[572] BGH vom 21.03.1986 BGHZ 97, 269.

Gesellschaft keine vertraglichen oder deliktischen Ansprüche gerichtlich geltend machen kann.[573]

Im Ergebnis wurde die Existenz der Gesellschaft bisher von der Rechtsprechung negiert.[574] So heißt es explizit in einer Entscheidung des OLG Düsseldorf:[575]

> „Da nach der Sitztheorie eine rechtsfähige juristische Person mit Verwaltungssitz in der Bundesrepublik *nur existiert*, wenn sie nach Maßgabe deutschen Rechts organisiert ist, wäre eine Rechtsfähigkeit der Klägerin als Gesellschaft niederländischen Rechts nur dann gegeben, wenn sich der Sitz ihrer Hauptverwaltung nach wie vor auf niederländischem Staatsgebiet befände." (Hervorhebung d. Verf.)

Auch der BGH – der inzwischen mit diesem Urteil des OLG Düsseldorf befasst ist – beurteilt die Folgen der Sitztheorie in diesem Sinne. Das bringt die Vorlagefrage in der Rechtssache Überseering, die er mit Beschluss vom 30.03.2000 an den EuGH[576] gerichtet hat, zum Ausdruck:

> „Sind Art. 43 und Art. 48 EGV dahin auszulegen, dass es im Widerspruch zur Niederlassungsfreiheit für Gesellschaften steht, wenn die Rechtsfähigkeit und die Parteifähigkeit einer Gesellschaft, die nach dem Recht eines Mitgliedstaates wirksam gegründet worden ist, nach dem Recht des Staates beurteilt werden, in den die Gesellschaft ihren tatsächlichen Verwaltungssitz verlegt hat, und *wenn sich aus dessen Recht ergibt, dass sie vertraglich begründete Ansprüche dort nicht mehr gerichtlich geltend machen kann? ...*" (Hervorhebung d. Verf.)

In keiner der bis zu diesem Zeitpunkt ergangenen Entscheidungen wird jedoch – abgesehen von dem Argument der fehlenden Eintragung – begründet, weshalb die Anwendung deutschen Gesellschaftsrechts zur „Nichtexistenz" der grenzüberschreitenden Körperschaft führt. Die gesellschaftsrechtlichen Konsequenzen der fehlenden Eintragung werden überhaupt nicht näher geprüft.

Kindler[577] geht hingegen davon aus, der BGH wäre in seinem Vorlagebeschluss vom 30.03.2000 implizit davon ausgegangen, dass die grenzüberschreitende Gesellschaft lediglich vermögensverwaltend tätig sei, womit kein Gewerbebetrieb vorläge und die Klägerin als GbR nicht rechts- und parteifähig sei. Diese Ansicht war zwar zu dem Zeitpunkt noch insoweit zutreffend, als die Anerkennung der Partei- und Rechtsfähigkeit der GbR erst später erfolgte (BGH vom 29.01.2001). Jedoch stellt sich zum einen die Frage, warum kein rechtlicher Hinweis dahingehend erging, dass die Klage nur durch die Gesellschafter in gesamthänderischer Verbindung zulässig sei. Zum anderen hat auch in früheren Entscheidungen der BGH der grenzüberschreitenden Körperschaft pauschal die Existenz aberkannt und die Möglichkeit der Einordnung als deutsche OHG, GbR oder als deutscher Einzelunternehmer ignoriert. Beispielsweise hätte es sich in der Entscheidung des BGH vom 30.01.1970[578] bei der grenzüberschreitenden Einmann-Anstalt liechtensteinischen Rechts entweder um einen Einzelkaufmann oder

---

[573] OLG Düsseldorf vom 10.09.1998 JZ 2000, 203 (nicht rechtskräftig; Grundlage für Vorlagebeschluss des BGH vom 30.03.2000 DB 2000, 1114 zur Vereinbarkeit der Sitztheorie mit der Niederlassungsfreiheit).

[574] OLG Frankfurt vom 03.06.1964 NJW 1964, 2355, 2356; BGH vom 30.01.1970 NJW 1970, 998, 999; OLG Düsseldorf vom 10.09.1998 JZ 2000, 203; OLG Hamm vom 04.10.1996 RIW 1997, 236, 237.

[575] OLG Düsseldorf vom 10.09.1998 JZ 2000, 203; ähnlich auch OLG Hamm vom 04.10.1996 RIW 1997, 236, 237, das von Nichtanerkennung als Rechtssubjekt spricht. Auch *Ebenroth* (ZIP 2002, 2233, 2235) spricht davon, dass die Rechtsprechung die grenzüberschreitende Gesellschaft bisher als rechtliches Nullum behandelt hat.

[576] Beschluss vom 30.03.2000 DB 2000, 1114. Zuletzt hat das OLG Brandenburg (vom 31.05.2000 ZIP 2000, 1616) ausdrücklich an der Sitztheorie festgehalten.

[577] RIW 2000, 649, 650.

[578] NJW 1970, 998.

eine natürliche Person gehandelt, der bzw. die durchaus in der Lage gewesen wäre, sich schuldrechtlich zu verpflichten. Schließlich heißt es in der Begründung des Vorlagebeschlusses vom 30.03.2000:[579] „Um am Rechtsverkehr teilnehmen zu können, muss sie sich in einer Weise neu gründen, die zur Rechtsfähigkeit nach deutschem Recht führt." Auch als GbR hätte die grenzüberschreitende Gesellschaft selbst nach damaliger Auffassung zumindest am Rechtsverkehr teilnehmen können. Aus der bisherigen Rechtsprechung geht damit klar hervor, dass die grenzüberschreitende Körperschaft von der bisherigen Rechtsprechung schlichtweg als nicht existent behandelt wurde.[580]

Für den Fall, dass die als nicht existent angesehene Gesellschaft Schuldnerin von Verbindlichkeiten ist, macht die bisherige Rechtsprechung in Analogie zu § 11 Abs. 2 GmbHG, § 42 Abs. 1 S. 2 AktG die für die Gesellschaft Handelnden haftbar.[581]

Eine unerwartete und erstaunlicherweise in der Literatur zunächst wenig beachtete[582] Kehrtwende hat der BGH in seinem Urteil vom 01.07.2002 vollzogen.[583] Im Wesentlichen mit der Begründung, dass die bisherigen Einwände gegen eine Anerkennung der grenzüberschreitenden Gesellschaft als deutsche Personengesellschaft erst seit der neuen Rechtsprechung zur Rechts- und Parteifähigkeit der GbR[584] entfallen seien, soll nunmehr eine grenzüberschreitende Gesellschaft sich als deutsche rechtsfähige Personengesellschaft darstellen und damit insbesondere aktiv und passiv parteifähig sein. Diese Ansicht kann jedoch schon deshalb nicht als gefestigte Rechtsprechung gewertet werden, weil die Folgen der Sitztheorie von einem anderen Senat des BGH bislang noch anders bewertet werden.[585]

2. Ansicht der Literatur und eigene Stellungnahme

In der Literatur haben sich in den letzten Jahren vereinzelte Stimmen näher mit den Konsequenzen der Sitztheorie und der Bedeutung der angeblichen Nichtanerkennung grenzüberschreitender Körperschaften auseinandergesetzt. Grundtenor der geäußerten Ansichten ist, dass das ausländische Gebilde im deutschen Rechtsverkehr auftritt und daher auch als existent behandelt werden muss. In der Diskussion sind die Einordnung als fehlerhafte Gesellschaft, als Vorgesellschaft, als GbR, OHG oder nichtrechtsfähiger Verein.

---

579 DB 2000, 1114, 1115.

580 Vgl. auch *Leible/Hoffmann*, RIW 2002, 925, 927.

581 OLG Düsseldorf vom 15.12.1994 ZIP 1995, 1009, 1013; KG vom 13.06.1989 NJW 1989, 3100, 3101; OLG Hamburg vom 20.02.1986 NJW 1986, 2199.

582 Kurze Stellungnahme aber von *Sieb* (GmbHR 2002, R 377), der in dieser Rechtsprechung jedoch gerade nicht eine konsequente Umsetzung der Sitztheorie sieht, sondern eine Abkehr von dieser. In einer ausführlichen Stellungnahme stimmen *Leible/Hoffmann* (DB 2002, 2203, 2204) der Entscheidung des BGH „vorbehaltslos" zu. S. ferner kurze Anmerkungen von *Gronstedt* BB 2002, 2033 und *Goette* DStR 2002, 1679.

583 DStR 2002, 1678; Vgl. nachfolgend auch BayObLG vom 20.02.2003 DB 2003, 819.

584 Vgl. oben Kapitel 2 D II 3 zum Urteil des BGH vom 29.01.2001 BB 2001, 374.

585 Der Baurechtssenat, der die Voralge in der Rechtssache Überseering an den EuGH gerichtet hat, hat die Vorlagefrage unter Zugrundelegung der bisherigen Auffassung der Rechtsprechung an den EuGH formuliert.

a) *Fehlerhafte Gesellschaft*

Würde es sich um eine *deutsche* Körperschaft mit fehlerhafter oder fehlender Eintragung handeln, würde das Recht der fehlerhaften Gesellschaft Anwendung finden.[586] Bis zur Auflösung wäre die Gesellschaft als bestehend zu behandeln. Daher liegt es nahe, diese Vorgehensweise auf ausländische Körperschaften zu übertragen.[587] Dies wäre jedoch nicht sachgerecht. Die Sitztheorie soll gerade verhindern, dass die deutschen Normen unterlaufen werden. Anders als bei rein nationalen Sachverhalten kann der rechtswidrige Zustand auch nicht ohne Weiteres beseitigt werden, denn die Auflösung der Gesellschaft liegt in der Hand des Heimatstaates. Die Lehre von der fehlerhaften Gesellschaft endet nach der Rechtsprechung dort, wo gewichtige Interessen der Allgemeinheit oder einzelner schutzwürdiger Personen ihrer Anerkennung entgegenstehen.[588] Ein solcher Fall liegt hier vor, denn es stellt ein schutzwürdiges Interesse der Allgemeinheit dar,[589] dass die strengen Schutzvorschriften nach deutschem Gesellschaftsrecht nicht durch Gründung im Ausland umgangen werden können.[590]

b) *Vorgesellschaft*

Auch das Recht der Vorgesellschaft[591] kann auf grenzüberschreitende Kapitalgesellschaften keine Anwendung finden.[592] Zwar ist die tatsächliche Stellung der ausländischen Gesellschaft durchaus mit der einer Vorgesellschaft zu vergleichen. Die Gesellschaft ist kapitalistisch geprägt. Ziel der Gesellschafter ist es, die Rechtsstellung einer juristischen Person zu erlangen. Hierfür fehlen aber die Voraussetzungen. Die ausländische Gesellschaft konzentriert sich nicht auf die Gründung einer werbenden Gesellschaft. Sie ist voll unternehmerisch tätig und strebt die Eintragung (§ 7 GmbHG, § 36 AktG) nicht an.[593] Daher kann ihr der rechtliche Status einer Vorgesellschaft – und damit insbesondere die Haftungserleichterung[594] – nicht zukommen.[595]

---

[586] Vgl. hierzu Kapitel 2 C III Fn. 245.

[587] Eine fehlerhafte Körperschaft kann eigentlich erst dann vorliegen, wenn es zur Eintragung gekommen ist; bis dahin gelten die Grundsätze zur Vorgesellschaft. Soll die Eintragung im Ausland gerade nicht anerkannt werden, kommen die Grundsätze der fehlerhaften Gesellschaft nicht in Betracht. Indes wird wohl in der ausländischen Eintragung eine fehlerhafte deutsche Eintragung gesehen.

[588] BGH vom 24.10.1951 BGHZ 3, 285, 288; BGH vom 30.04.1955 BGHZ 17, 160, 166; BGH vom 06.02.1958 BGHZ 26, 330, 335; BGH vom 29.06.1070 BGHZ 55, 5, 9; BGH vom 25.03.1974 BGHZ 62, 234, 241; BGH vom 24.09.1979 BGHZ 75, 214, 217.

[589] Insbesondere der inländischen Gläubiger, aber auch der deutschen Arbeitnehmer (Bestimmungen zum Betriebsrat, zu Arbeitszeiten oder Mitbestimmung).

[590] So auch *Müller* ZIP 1997, 1049, 1050; *v. Falkenhausen* RIW 1987, 818, 820; *Kruse*, Sitzverlegung S. 38; a. A. *Kegel*, Internationales Privatrecht § 17 II 1.

[591] Vgl. Kapitel 2 C III.

[592] So auch *Kruse*, Sitzverlegung S. 39; a. A. *Dinkhoff*, Internationale Sitzverlegung S. 127 ff. Er sieht die Voraussetzungen der Vorgesellschaft in vielen Fällen als erfüllt an, insbesondere versteht er die ausländische notarielle Beurkundung als ausreichend.

[593] *Heymann* JherJb 75 (1925), 408, 422.

[594] Zur Haftung der Gesellschafter der Vorgesellschaft Kapitel 2 C III.

[595] BGH vom 09.03.1981 BGHZ 80, 129, 142 f.

Etwas anderes soll nach *Herz*[596] jedoch gelten, wenn die ausländische Rechtsform nicht nur zur Gesetzesumgehung gewählt wurde, sondern die zuziehende Gesellschaft eine Anpassung an das deutsche Gesellschaftsrecht anstrebt. In diesen Fällen fehlt es jedoch an einem notariellen Gesellschaftsvertrag für die zu gründende AG oder GmbH.[597] Damit kommt allenfalls eine Vorgründungsgesellschaft in Betracht mit der Folge, dass eine GbR oder OHG gegeben wäre.[598]

c) OHG, GbR oder nichtrechtsfähiger Verein

Da weder die Voraussetzungen einer fehlerhaften Gesellschaft, noch die einer Vorgesellschaft vorliegen, kommen für eine Einordnung in das deutsche Gesellschaftsrecht nur die Rechtsformen des nichtrechtsfähigen Vereins, der Personengesellschaft oder das Recht der Einzelpersonen in Betracht.[599] Die Rechtsform soll sich je nach Struktur der ausländischen Gesellschaft bestimmen.[600] An dieser Stelle kann damit wieder die Abgrenzung zwischen nichtrechtsfähigem Verein und Personengesellschaft (GbR oder – bei notwendig kaufmännisch eingerichtetem Geschäftsbetrieb – OHG) relevant werden.[601] Wie bereits in Kapitel 2[602] dargestellt, ist es umstritten, ob ein nichtrechtsfähiger Verein sich wirtschaftlich betätigen kann. Nach zustimmungswürdiger h. M. soll eine wirtschaftliche Betätigung des nichtrechtsfähigen Vereins dann in Frage kommen, wenn dieser entweder gar kein Handelsgewerbe betreibt, oder lediglich Kleingewerbetreiber ist.[603] Relevant werden hier insbesondere Fälle der reinen Vermögensverwaltung,[604] der freiberuflichen Tätigkeit und Fälle, in denen kein in kaufmännischer Weise eingerichteter Geschäftsbetrieb erforderlich ist.[605] Demzufolge ist die wohl h. M. in der Literatur abzulehnen, nach der die Einordnung als nichtrechtsfähiger Verein von vornherein nicht zur Diskussion gestellt wird.[606] Richtigerweise ist zunächst zu prüfen, ob das ausländische Gebilde einen kaufmännisch eingerichteten Gewerbebetrieb unterhält. Ist das nicht

---

[596] Grenzüberschreitende Kapitalgesellschaften S. 96.

[597] Wurde für die Gründung im Herkunftsstaat ein notarieller Vertrag geschlossen, so wird es regelmäßig an den Voraussetzungen des § 3 GmbHG, § 23 AktG fehlen, da zumindest keine Firma mit deutschem Rechtsformzusatz vorgesehen sein wird.

[598] So wohl auch *Müller* ZIP 1997, 1059, 1050.

[599] Ausdrücklich abgelehnt wird diese Lösung von *Heidenhain* NZG 2002, 1141 und *Forsthoff* DB 2002, 2471, 2476.

[600] *Heymann*, JherJb 75 (1925), 408, 416. Der BGH hat dies bisher für ähnlich gelagerte Fälle ohne Auslandsbezug entschieden, vgl. Nachweise bei *Eidenmüller/Rehm* ZGR 1991, 89, 9.

[601] *Assmann* in Staub, HGB Einl. Rz. 563; *Heymann* JherJb 75 (1925), 408, 416; vgl. hierzu ausführlich Kapitel 2 C I.

[602] Dort Punkt C I.

[603] So auch ausdrücklich im Zusammenhang mit der gesellschaftsrechtlichen Behandlung grenzüberschreitender Kapitalgesellschaften *Kruse*, Sitzverlegung S. 40.

[604] Vgl. § 105 Abs. 2 HGB.

[605] Zum Begriff des Gewerbes vgl. Kapitel 2 B I.

[606] *Müller* ZIP 1997, 1049, 1051; *Eidenmüller/Rehm* ZGR 1991, 89, 91 (ohne weitere Begründung); *Leible/Hoffmann* DB 2002, 2203, 2204; ähnlich auch *Dinkhoff*, Internationale Sitzverlegung S. 116. Nicht haltbar ist andererseits die nicht näher begründete Ansicht von *Herrmann* (Einordnung ausländischer Gesellschaften S. 53), der grenzüberschreitende Kapitalgesellschaften immer als nichtrechtsfähigen Verein einordnet.

der Fall, muss zwischen GbR[607] und nichtrechtsfähigem Verein abgegrenzt werden. Bejahendenfalls kommt allein die OHG in Betracht.

Insgesamt stellt sich die Frage, ob es sich bei der ausländischen Gesellschaft mit Sitz im Inland weiterhin um ein Rechtsgebilde sui generis handelt, für die deutsches Gesellschaftsrecht analog anzuwenden ist, oder ob eine echte deutsche Gesellschaft entsteht. Teilweise wird wohl davon ausgegangen, dass deutsches Gesellschaftsrecht auf das ausländische Gebilde lediglich analog anzuwenden ist,[608] was der bisherigen Ansicht der Rechtsprechung nahe kommt. Überwiegend wird aber die Meinung vertreten, dass mit der Sitzverlegung tatsächlich eine reale deutsche Gesellschaft entstanden ist.[609] Letzterer Auffassung ist zuzustimmen. Dagegen spricht nicht schon, dass die Gesellschafter keinen nichtrechtsfähigen Verein, keine GbR oder OHG betreiben wollen, sondern eine ausländische Gesellschaftsform. Auf die subjektiven Vorstellungen und Absichten der Gründer kommt es nämlich nicht an.[610] Die Einordnung in den numerus clausus der Gesellschaftsformen erfolgt allein auf Grund der objektiv gegebenen Verhältnisse.[611] Mit Aufnahme der Geschäfte im Inland besteht die Gesellschaft mit deutscher Rechtsform.[612]

Interessant ist der Vorschlag von *Frowein*,[613] wonach lediglich kapitalmäßig beteiligte Kleinanleger der grenzüberschreitenden Kapitalgesellschaft nach Auslegung des Gesellschaftsvertrags nur als stille Gesellschafter der OHG zu betrachten sein sollen. Diese Lösung erscheint interessensgerecht und kann Unbilligkeiten gerade im Hinblick auf die Haftung vermeiden. Ob eine derartige Auslegung möglich ist, kann aber nur im konkreten Einzelfall entschieden werden.[614]

---

[607] Eine OHG kommt dann nicht Betracht, da bei Nicht- oder Kleingewerbetreibern die – regelmäßig fehlende – Eintragung in das Handelsregister von konstitutiver Bedeutung ist (*Baumbach/Hopt*, Handelsgesetzbuch § 1 Rz. 6).

[608] *Fischer* IPRax 1991, 100, 101. So wohl auch *Großfeld*, der von dem „auf das Gebilde anwendbaren Recht" spricht; dieses „Ersatzrecht" gelte nur begrenzt. Das Ersatzgebilde werde nicht – anstelle des nichtigen Gebildes – Träger der Rechte (in Staudinger, Kommentar zum BGB IntGesR Rz. 435 f). Anders sieht Großfeld jedoch die Frage der Haftung, für die das Recht der Personengesellschaften unmittelbar Anwendung finden soll (Rz. 441).

[609] *Herz*, Grenzüberschreitende Kapitalgesellschaften S. 95; *Grothe*, Die Ausländische Kapitalgesellschaft & Co. S. 117; *Eidenmüller/Rehm* ZRG 1997, 69, 70 f; ausdrücklich *Müller* ZIP 1997, 1049, 1051; *Bogler* DB 1991, 848, 850

[610] Vgl. nur BGH vom 17.06.1953 BGHZ 10, 91, 97; BGH vom 29.11.1956 BGHZ 22, 240, 245.

[611] BGH vom 17.06.1953 BGHZ 10, 91, 97; BGH vom 29.11.1956 BGHZ 22, 240, 244; BGH vom 19.05.1960 BGHZ 32, 307, 310; vgl. aber abweichend die Ausführung zur Abgrenzung zwischen GbR und nichtrechtsfähigem Verein (Kapitel 2 C I). Da in diesen Fällen beide Rechtsformen gleichermaßen in Frage kommen – es also keine zwingenden gesellschaftsrechtlichen Vorgaben zur Einordnung gibt – soll letztendlich der Parteiwille ausschlaggebend sein.

[612] Soweit *Herz* (Grenzüberschreitende Kapitalgesellschaften S. 95) die Gründung einer OHG mangels Bereitschaft der kapitalmäßig beteiligten Gesellschafter zur Mitunternehmerschaft verneinen will, so ist dem entgegenzuhalten, dass in diesem Fall ein unbeachtliches venire contra factum proprium vorliegen würde. Wird in Deutschland mit Wissen des Gesellschafters eine OHG betrieben, so muss der Gesellschafter auch die daraus entstehenden Konsequenzen mittragen.

[613] Grenzüberschreitende Sitzverlegung von Kapitalgesellschaften S. 87.

[614] Zu beachten ist jedoch, dass eine stG nur auf vertraglicher Grundlage bestehen kann. Ein faktisches Rechtsverhältnis ist nicht ausreichend, vgl. Kapitel 2 D III 2.

3. Identität der grenzüberschreitenden Gesellschaft

Zweifel können sich aber ergeben, ob die deutsche Gesellschaft identisch mit der nach deutschem Recht nicht anzuerkennenden ausländischen Gesellschaft ist, oder ob sie nicht vielmehr neben dieser entsteht. In der zuerst genannten Alternative läge bei anfänglicher Sitzeinnahme in die Bundesrepublik eine Gründung unter falschem Namen vor, bei einer späteren Sitzverlegung käme eine „identitätswahrende Umwandlung" in Betracht. Soll die inländische Gesellschaft neben der ausländischen Gesellschaft entstehen, käme es zu einer Neugründung nach deutschem Recht. Bedeutend ist diese Unterscheidung im Hinblick auf die Frage, wer durch Handeln unter der ausländischen Firma verpflichtet wird und ob bereits vor Verlegung des Verwaltungssitzes begründete Forderungen und Verbindlichkeiten auf die deutsche Gesellschaft übergegangen sind. Dieses Problem wurde bislang – soweit ersichtlich – nur von *Roth* überhaupt angesprochen,[615] in der Literatur aber sehr widersprüchlich tatsächlich umgesetzt. So gehen beispielsweise *Eidenmüller/Rehm* und *Kösters* in ihren Ausführungen davon aus, dass die ausländische Gesellschaft auch aus Sicht des deutschen Rechts neben der GbR, OHG bzw. dem nichtrechtsfähigen Verein weiter fortbesteht.[616] Auch die Finanzverwaltung scheint dieser Ansicht zu folgen.[617] Meist jedoch wird angenommen, dass die deutsche Gesellschaft mit dem der Form nach ausländischen Gebilde identisch ist.[618] Der BFH geht, jedenfalls was die stillen Reserven des Betriebstättenvermögens angeht, von Identitätswahrung bei Sitzverlegung aus.[619] Aus zwei Gesichtspunkten könnte man die Identität der inländischen GbR, OHG oder des inländischen nichtrechtsfähigen Vereins mit der nach ausländischem Recht gegründeten Kapitalgesellschaft ablehnen:

Probleme bereitet zum einen die Tatsache, dass die ausländische Gesellschaft nach dem Recht des statuarischen Heimatstaates dort zumindest dann fortbesteht, wenn dieser Staat die Gründungstheorie vertritt. Damit hätte die Gesellschaft zwei Rechtspersönlichkeiten, einmal als deutsche Personengesellschaft bzw. deutscher nichtrechtsfähiger Verein, zum anderen – allerdings nur aus Sicht des früheren Heimatstaates – als Kapitalgesellschaft. Es wäre dann durchaus denkbar, dass Gläubiger in Deutschland und im Heimatstaat gleichzeitig auf das Gesellschaftsvermögen zugreifen wollen und es zu Kollisionen kommt. Die Gläubiger sind jedoch insoweit geschützt, als die Gesellschafter, sollte das Gesellschaftsvermögen nicht ausreichen,

---

[615] *Roth* ZIP 2000, 1597, 1601; angedeutet auch von *Frowein*, Grenzüberschreitende Sitzverlegung von Kapitalgesellschaften S. 89. Diskutiert wird die Zuordnung des früheren Vermögens einer grenzüberschreitenden Kapitalgesellschaft auch von *Buyer* (DB 1990, 1682) wobei er jedoch nicht davon ausgeht, dass es sich bei dem Gebilde nach Sitzverlegung um eine Rechtsform deutschen Rechts handelt.

[616] *Eidenmüller/Rehm* ZGR 1997, 89, 92 f; *Eidenmüller* ZIP 2002, 82, 84; *Kösters* NZG 1998, 241, 245, 247; so auch *v. Halen*, Gesellschaftsstatut S. 280 und *Deininger*, Verlegung des Hauptverwaltungssitzes S. 97.

[617] OFD Düsseldorf vom 23.07.1997 Tz. 1 *Felix/Carlé*, StEK Nr. 47 zu § 1 KStG.

[618] *Müller* ZIP 1997, 1049, 1051; *Schuck*, BB 1994, 1538, 1539; *Zimmer*, Internationales Gesellschaftsrecht S. 300; *Kösters* NZG 1998, 241, 247; *Forsthoff* DB 2000, 1109, 1110; *Kindler* RIW 2000, 649, 650; *Meilicke* GmbHR 2000, 693; *Rehbinder* IPRax 1985, 324; *Dinkhoff*, Internationale Sitzverlegung S. 137 der die grenzüberschreitende Gesellschaft als unechte Vorgesellschaft bezeichnet, was aber gerade auch eine Einordnung als OHG bzw. GbR bedeutet.

[619] BFH vom 17.05.2000 GmbHR 2000, 1056.

nach deutschem Recht persönlich haften müssen.[620] Diese Situation ist insgesamt zwar misslich, muss aber hingenommen werden. Dass sich durch das verschiedene Internationale Privatrecht der einzelnen Staaten Unterschiede in der rechtlichen Würdigung eines identischen Sachverhalts ergeben können, ist ein allgemeines Problem des internationalen Rechtsverkehrs, das nur durch Angleichung der jeweiligen Vorschriften des Internationalen Privatrechts oder durch Abschluss bilateraler Verträge gelöst werden kann.[621] Würde man das nach deutschem Internationalen Privatrecht anzuwendende Recht immer dann modifizieren, wenn ein anderer Staat den Sachverhalt anders beurteilt, würde man dieses Rechtsgebiet fast völlig aushöhlen.

Ein ähnliches Problem besteht, wenn der Herkunftsstaat der Sitztheorie folgt und die sitzverlegende Gesellschaft daher nach dessen Recht zu liquidieren ist.[622] Eine identitätswahrende Sitzverlegung soll aber nur dann in Betracht kommen, wenn nach dem Recht beider betroffener Staaten die Gesellschaft fortgeführt werden kann.[623] Regelmäßig wird es aber noch nicht zur Liquidation gekommen sein, wenn die Gesellschaft in der Bundesrepublik unter ihrer bisherigen Firma auftritt. Bis dahin kann die Gesellschaft jedenfalls in der deutschen Rechtsform fortbestehen. Abgesehen davon erklärt der Heimatstaat aufgrund des Verwaltungssitzes in Deutschland ohnehin deutsches Recht für anwendbar, weshalb gar kein Anlass zur Liquidation der nunmehr deutschen Gesellschaftsform besteht.[624]

Ein anderes Probleme bezüglich der Identität der grenzüberschreitenden Körperschaft mit der Gesellschaft deutschen Rechts ergibt sich im Falle einer nachträglichen Sitzverlegung. Hier liegt keine Gründung nach deutschem Recht mit falscher Rechtsformbezeichnung vor, sondern zum Zeitpunkt der Sitzverlegung eine „Umwandlung" der bisher nach ausländischem

[620] *Walden* (EWS 2001, 256, 259) sieht die Gefahr einer doppelten Inanspruchnahme von Gläubigern aus der selben Anspruchsgrundlage, und zwar einmal nach dem Recht des Heimatstaates und einmal nach deutschem Recht. Voraussetzung ist dann aber jedenfalls, dass auch für ein Gericht des Heimatstaats eine Zuständigkeit zur Geltendmachung der Ansprüche besteht, woran es häufig fehlen wird. Jedenfalls wird sich eine sachrechtliche Lösung finden lassen, etwa über die Annahme der Erfüllung aufgrund Leistung an Dritte.

[621] *V. Hoffmann*, Internationales Privatrecht S. 10. So besteht auch immer die Gefahr, dass ein Kläger unter mehreren international zuständigen Gerichten gezielt dasjenige ausgewählt, welches das für ihn günstigste Sachrecht für anwendbar erklärt (sog. forum shopping).

[622] Auch hier wird vertreten, dass der Beschluss einer deutschen Kapitalgesellschaft zur Verlegung des Verwaltungssitz in das Ausland als Liquidationsbeschluss zu verstehen ist (vgl. *Röhricht/v. Westphalen*, Handelsgesetzbuch § 13 h Rz. 15).

[623] OLG Frankfurt vom 24.04.1990 NJW 1990, 2204; OLG Zweibrücken vom 27.06.1990 IPRax 1991, 406; *Kösters* NZG 1998, 241, 243.

[624] Die Eintragung im Handelsregister des Herkunftsstaates ist dann jedoch fehlerhaft und muss nach dortigem Recht berichtigt oder gelöscht werden. *Roth* (ZIP 2000, 1597, 1598) geht davon aus, dass allein im Falle der Liquidation im Ausland eine eigenständige, neu gegründete Gesellschaft im Inland entsteht, die nicht Rechtsnachfolger der ausländischen Gesellschaft ist. Für den Fall, dass keine Liquidation erfolgt, soll die deutsche Gesellschaft hingegen mit der dem ausländischen Recht unterstehenden Gesellschaft identisch sein. Problematisch ist daran jedoch, dass die Liquidation nicht im Zeitpunkt der Sitzverlegung erfolgt, sondern zeitlich nachfolgt. Die Gesellschaft könnte daher zunächst in Deutschland völlig frei über das bis dahin begründete Vermögen verfügen, beispielsweise Vermögensgegenstände wirksam veräußern. Später kommt es dann zur Liquidation im Ausland und die deutsche Gesellschaft wird plötzlich rückwirkend zur neu gegründeten Gesellschaft, die als Unberechtigte über das Vermögen verfügt hat.

Recht von allen Rechtsordnungen anerkannten Gesellschaft in eine deutsche Personengesellschaft bzw. einen deutschen nichtrechtsfähigen Verein.[625] Dass man allein aufgrund der Weiterführung der Geschäfte in Deutschland einen Rechtsformwechsel von der ausländischen Kapitalgesellschaft in eine inländische OHG annehmen kann, erscheint deshalb zweifelhaft, weil eine identitätswahrende Sitzverlegung für Kapitalgesellschaften selbst dann umstritten ist, wenn es sich um eine Sitzverlegung innerhalb der EU handelt und wenn die Gesellschaft noch dazu bereit ist, ihren Gesellschaftsvertrag dem deutschen Recht anzupassen sowie sich in das deutsche Handelsregister eintragen zu lassen.

Die identitätswahrende grenzüberschreitende Sitzverlegung unter der Geltung der Sitztheorie wird stetig diskutiert. Dabei geht es um die Frage, ob eine ausländische Gesellschaft, die sowohl Satzungs- als auch Verwaltungssitz bewusst in die Bundesrepublik verlegen will, dies unter Wahrung ihrer Rechtspersönlichkeit tun kann, oder ob Liquidation im bisherigen Heimatstaat und Neugründung erforderlich werden. In der Literatur wird immer häufiger vertreten, eine formwahrende Umwandlung zuzulassen.[626] Die Sitztheorie allein müsse nicht notwendigerweise die identitätswahrende Verwaltungssitzverlegung unmöglich machen. Maßgeblich sei vielmehr das gesellschaftsrechtliche Sachrecht des Wegzugs- und des Zuzugstaates. Die auf jeden Fall erforderliche Neufassung des Gesellschaftsvertrags könnte man nach deutschem Recht wie eine formwahrende Umwandlung (§§ 190 ff UmwG) betrachten.[627] Von der noch h. M. in der Literatur[628] und Rechtsprechung[629] wird die Möglichkeit einer identitätswahrenden Sitzverlegung hingegen abgelehnt. Probleme werden insbesondere hinsichtlich der Haftung der Gesellschaft für im Ausland entstandene Verbindlichkeiten und beim Handeln nach dem Umzug, aber vor der Eintragung der Gesellschaft in das deutsche Handelsregister gesehen.[630] Diese Auffassung ist abzulehnen. Sie ist nach dem geltenden Recht nicht zwingend. Der mit den Gründungsvorschriften vor allem verfolgte Zweck des Gläubigerschutzes wird hinreichend verwirklicht, wenn die ausländische Gesellschaft in ihrer Kapitalausstattung und Satzung an das deutsche Recht angepasst wird und wenn sie in das Handelsregister eingetragen wird.[631] Bis zur Eintragung können die Regelungen zur Vorgründungs- bzw. Vorgesellschaft angewendet werden. Es gibt auch bereits Beispiele dafür, das sich Registerrichter dieser Einsicht nicht verschlossen haben.[632] Auf EU-Ebene ist ferner zu beachten, dass nach der geplanten 14. Richtlinie über die Verlegung des Sitzes einer Gesellschaft eine identitätswahrende Sitzverlegung von Kapitalgesellschaften zukünftig möglich sein soll.[633]

Vorliegend geht es zwar nicht um die Umwandlung einer ausländischen Kapitalgesellschaft in eine inländische Kapitalgesellschaft, sondern „nur" um die Umwandlung in eine Personengesellschaft; das allerdings ohne Bereitschaft zu einer Handelsregistereintragung[634] und zur Anpassung der Vorschriften des Gesellschaftsvertrags. Die Gläubigerschutzgesichtspunkte, die als Argumente gegen eine identitätswahrende Sitzverlegung bei Kapitalgesellschaften vorge-

---

[625] So auch *Schuck* in BB 1994, 1538, 1539.
[626] *Großfeld/König* IPRax 1991, 380, 381 f.
[627] So schon *Behrens* RIW 1986, 590, 593, ders. EuZW 1991, 97.
[628] *Ebenroth/Auer* RIW 1992 Beil. 1 Rz. 12; *Großfeld* in Staudinger, Kommentar zum BGB IntGesR Rz. 617 zumindest für den Wegzug einer deutschen Gesellschaft aus der EU hinaus; so auch *Frowein*, Grenzüberschreitende Sitzverlegung von Kapitalgesellschaften S. 64; *Dinkhoff*, Internationale Sitzverlegung S. 148.
[629] BGH vom 21.03.1986 NJW 1986, 2194, 2195; OLG Nürnberg vom 07.06.1984 RIW 1985, 494; OLG Zweibrücken vom 27.06.1990 WM 1990, 1298; für den Wegzug aus deutscher Sicht OLG Hamm vom 30.04.1997 EWS 1998, 470 (nach Ansicht von *Kruse* EWS 1998, 444 hätte sich diese Entscheidung zur Vorlage an den EuGH geeignet).
[630] Vgl. *Großfeld/König* RIW 1992, 433, 437.
[631] *Behrens* ZGR 1994, 1, 10.
[632] *Behrens* ZGR 1994, 1, 11.
[633] Vgl. hierzu verschiedene Beiträge zum 10. Bonner Europa-Symposion ZGR 1999, 3-157. Angesichts der Centros-Entscheidung hatte die Kommission die Arbeiten an der Sitzverlegungs-RL vorläufig eingestellt (vgl. *Leible/Hoffmann* DB 2002, 2203, 2206 f).
[634] Die OHG ist auch ohne Eintragung gegenüber Dritten wirksam (§ 123 Abs. 2 HGB).

bracht werden, greifen bei Umwandlung in eine OHG, GbR oder einen nichtrechtsfähigen Verein jedenfalls nicht ein. Denn neben der Gesellschaft haften bei OHG, GbR und nichtrechtsfähigem Verein immer auch alle Gesellschafter unbeschränkt,[635] so dass der Gläubiger in jedem Fall besser gestellt wird, als wenn man die identitätswahrende Umwandlung nicht zulassen würde.[636] Es stellt sich jedoch die Frage, ob nicht die Vorschriften des UmwG für formwahrende Umwandlung einzuhalten sind. Auch bei Umwandlung einer inländischen Kapitalgesellschaft in eine inländische Personengesellschaft sind die Bestimmungen des UmwG bezüglich des Formwechsels (§§ 190 ff UmwG) zu beachten.[637] In den Fällen einer Sitzverlegung nach Deutschland wird es regelmäßig an den formellen Voraussetzungen – insbesondere Umwandlungsbericht und Umwandlungsbeschluss (§§ 192 ff UmwG) – fehlen. Allerdings gilt das UmwG gemäß § 1 Abs. 1 UmwG nur für umzuwandelnde Rechtsträger mit Sitz im Inland,[638] die grenzüberschreitende Körperschaft fällt also gar nicht in den Anwendungsbereich des Gesetzes.[639] Zudem sind nach einhelliger Meinung Methoden der Umwandlung vom UmwG nicht berührt, die praeter legem anerkannt sind.[640] Gemeint ist hiermit beispielsweise der Fall, dass eine KG zur OHG wird, sobald der einzige Kommanditist ausscheidet oder dass aus einer Handelsgesellschaft alle Mitglieder bis auf einen persönlich haftenden Gesellschafter ausscheiden und damit die Änderung der Rechtsform in ein einzelkaufmännisches Unternehmen erfolgt.[641] Ein vergleichbarer Fall liegt hier vor. Mit Verlegung des Verwaltungssitzes unterfällt die bis dato wirksame ausländische Kapitalgesellschaft dem deutschen Gesellschaftsrecht und wird zur Handelsgesellschaft oder zum nichtrechtsfähigen Verein, ob die Gesellschafter diese Rechtsform wünschen oder nicht. Eine Umwandlung nach dem UmwG hingegen folgt immer auf den Willen der Gesellschafter hin. Daher kann die ausländische Gesellschaft mit Aufnahme der Geschäfte nach der Sitzverlegung zu einer deutschen Gesellschaft werden, ohne dass die Vorgaben des UmwG zu beachten wären.[642] Dem steht auch nicht entgegen, dass eine in Deutschland eingetragene und damit wirksam entstandene Kapitalgesellschaft nicht automatisch zur OHG, GbR oder zum nichtrechtsfähigen Verein wird, wenn die Voraussetzung einer Kapitalgesellschaft später wegfallen. In diesem Fall wird die Gesellschaft, soweit sie nicht eine Umwandlung betreibt, aufgelöst.[643] Bei der grenzüber-

---

[635] Vgl. zur Haftung von nichtrechtsfähigem Verein, OHG und GbR Kapitel 2 D VII.

[636] Soweit bei Umwandlung einer ausländischen in eine inländische Kapitalgesellschaft das Tätigwerden der Gesellschaft *vor Eintragung* als problematisch angesehen wird, spielt das für OHG und GbR keine Rolle, da die fehlende Handelsregistereintragung gegenüber Dritten gem. § 123 Abs. 2 HGB nicht schadet.

[637] Vgl. *Decher* in Lutter, UmwG § 191 Rz. 8.

[638] A. A. *Frowein*, (Grenzüberschreitende Sitzverlegung von Kapitalgesellschaften S. 57); er sieht aber in § 1 Abs. 2 UmwG ein Beschränkung auf nationale Sachverhalte (S. 58 f).

[639] Nach richtiger Ansicht bedeutet dies nicht, dass das UmwG die grenzüberschreitende Umwandlung ausdrücklich verbietet, sondern bloß, dass der Anwendungsbereich des UmwG auf Inlandsumwandlungen beschränkt wird (so beispielsweise *Kronke* ZGR 1994, 26, 34 f).

[640] *Decher* in Lutter, UmwG § 191 Rz. 14 m. w. N.

[641] Vgl. zur Behandlung der fehlerhaften Gesellschaft schon oben Kapitel 2 C III Fn. 245.

[642] A. A. *Kösters* NZG 1998, 241, 247.

[643] Vgl. bei fehlerhafter Satzung § 144 a FGG. Strittig ist diese Rechtsfolge bei innerdeutscher Sitzverlegung entgegen § 4 a Abs. 2 GmbHG (vgl. zuletzt BayObLG Beschluss vom 20.02.2002 BB 2002, 907).

schreitenden Gesellschaft gibt es jedoch gerade keine Eintragung in das deutsche Handelsregister, mit der die Gesellschaft entstanden ist und auf die die Gläubiger der Gesellschaft vertrauen können. Zudem wird durch die Sitzverlegung ja gerade die Umwandlung betrieben.

Problematisch kann der Fall aber dann werden, wenn nicht alle Gesellschafter von der Sitzverlegung Kenntnis erlangen. Das ist durchaus denkbar bei großen Körperschaften mit einer Reihe von nur kapitalmäßig beteiligten Gesellschaftern, die keinen Einfluss auf die Geschäftsführung haben. Mit der Sitzverlegung muss konkludent die Zustimmung zur Umwandlung erteilt werden. Das erfolgt regelmäßig durch willentliche Fortführung der Geschäfte, auch wenn die Umwandlung als Konsequenz eigentlich nicht gewollt ist.[644] Ohne Kenntnis vom zugrundeliegenden Sachverhalt kann aber kein konkludenter Wille auf Änderung des Gesellschaftsvertrags gegeben sein.[645] Ein derartiger Beschluss, der gerade für die bisher nur als Kapitalgeber beteiligten Gesellschafter zur Folge hat, zukünftig voll zu haften, bedarf jedoch der Einstimmigkeit.[646] Ob damit eine wirksame OHG ohne die Gesellschafter, die keine Kenntnis von der Sitzverlegung hatten, entstanden ist, oder ob nun tatsächlich eine fehlerhafte OHG bzw. eine Schein-OHG[647] vorliegt, ist durch Auslegung des konkludenten Umwandlungsbeschlusses zu bestimmen.

Im Ergebnis ist die Übertragung der Rechtspersönlichkeit der grenzüberschreitenden Körperschaft auf die mit Errichtung des Verwaltungssitzes in Deutschland entstandene Personengesellschaft bzw. den nichtrechtsfähigen Verein möglich. Die deutsche Gesellschaft ist nicht neben der ausländischen Gesellschaft, sondern an deren Stelle bzw. – bei nachträglicher Sitzverlegung – aufgrund identitätswahrender Umwandlung entstanden. Dieses Ergebnis ist auch allein sachgerecht. Denn das deutsche Internationale Privatrecht unterwirft die ausländische Gesellschaft dem deutschen Recht – es spricht nicht von einem Ersatzgebilde, das nach deutschem Recht anzuerkennen sei. Die Kapitaleinlage, die in die vermeintlich ausländische Gesellschaft eingezahlt wurde und das ggf. später dazugekommene Gesellschaftsvermögen sollen gerade der deutschen Gesellschaft zugerechnet werden und als Haftungsmasse dienen.[648] Auch die bisher begründeten Forderungen und Verbindlichkeiten sollen fortbestehen und nicht bei einem anderen – nach deutschem Recht nicht existenten – Gebilde hängen bleiben. Das deutsche Recht erkennt eindeutig nur das sich im Inland befindliche Rechtsgebilde, das unter falscher Bezeichnung firmiert.[649] Die Fiktion zweier getrennter Gesellschaften führt zu erheblichen Verwirrungen was das Gesellschaftsvermögen und die vertraglichen Verpflichtungen angeht.

4. Zusammenfassung und Würdigung

Zusammenfassend lässt sich feststellen, dass mit Gründung nach ausländischem Recht bzw. späterer Sitzverlegung die „ausländische Gesellschaft" als deutsche Personengesellschaft oder

---

[644] Vgl. schon oben Fn. 610.

[645] So auch *Frowein*, Grenzüberschreitende Sitzverlegung von Kapitalgesellschaften S. 84.

[646] Vgl. *Decher* in Lutter, UmwG § 193 Rz. 9. Etwas Anderes muss jedoch dann gelten, wenn die lediglich kapitalmäßig beteiligten Gesellschafter zu stillen Gesellschaftern der OHG werden (vgl. soeben dargestellter Vorschlag von *Frowein*).

[647] *Baumbach/Hopt*, Handelsgesetzbuch § 105 Rz. 79 bzw. 98 ff.

[648] Zu der steuerlichen Behandlung der stillen Reserven s. *Siegers* in Dötsch/Eversberg/Jost/Witt, Die Körperschaftsteuer § 2 n. F. Rz. 189 ff.

[649] So auch *Frowein*, Grenzüberschreitende Sitzverlegung von Kapitalgesellschaften S. 89.

nichtrechtsfähiger Verein entsteht bzw. fortbesteht.[650] Das deutsche Gesellschaftsrecht findet daher direkt und nicht etwa analog Anwendung. Das Rechtsgebilde nach deutschem Recht ist identisch mit dem ausländische Rechtsgebilde, die deutsche Gesellschaft firmiert lediglich unter einem falschen Namen.

Die bisherige Ansicht der Rechtsprechung, die schlichtweg von einer Nichtexistenz des Gebildes ausgeht, ist abzulehnen. Wenn in der Bundesrepublik eine Einzelperson oder ein Zusammenschluss von Personen in Erscheinung tritt und deutsches Recht anwendbar ist, muss das Handeln dieser Personen dem deutschen Recht unterworfen werden.[651] Das Gesellschaftsrecht findet Anwendung, sobald die Voraussetzungen für eine Gesellschaft vorliegen. Nur in den wenigsten Fällen wird jedoch daran gezweifelt werden können, dass es sich bei einem gemeinschaftlichen Auftreten der Gesellschafter der grenzüberschreitenden Gesellschaft im Rechtsverkehr um einen nichtrechtsfähigen Verein, eine GbR oder eine OHG handelt.[652] Gestützt wird das hier gefundene Ergebnis auch durch die Praxis im Umgang mit der unechten Vorgesellschaft, d. h. einer Gesellschaft, die bereits wie eine Kapitalgesellschaft behandelt werden will, die Eintragung als Kapitalgesellschaft jedoch nicht oder nicht mehr anstrebt. Bei innerdeutschen Sachverhalten werden unechte Vorgesellschaften regelmäßig als OHG bzw. GbR behandelt.[653]

Es gibt keinen Anlass und erst recht keine dogmatische Begründung dafür, die grenzüberschreitende Gesellschaft zu ignorieren, sollte sie gegen einen Vertragspartner Ansprüche geltend machen, andererseits eine Handelndenhaftung zu konstruieren, sollte der Vertragspartner Ansprüche gegen das Gebilde haben. Ein solches „Rosinenpicken" ist auch nicht mit dem Schutzanliegen der Sitztheorie begründbar.[654] Inwieweit der BGH mit dem oben angesprochenen Urteil vom 01.07.2002 seine jahrzehntelang verfolgte Rechtsprechung zu den Folgen der Sitztheorie zugunsten der auch hier vertretenen Ansicht tatsächlich und vollumfänglich aufgegeben hat, bleibt abzuwarten.

Dadurch, dass die grenzüberschreitende Gesellschaft zur OHG, GbR oder zum nichtrechtsfähigen Verein wird, haften alle Gesellschafter unbeschränkt.[655] Auch gelten alle weiteren, grundsätzlich auf eine personalistische Struktur angelegten Vorgaben von Gesetz und Rechtsprechung, sofern nicht der Gesellschaftsvertrag dort, wo diese Vorschriften abdingbar sind, in zulässiger Weise andere Regelungen trifft. Damit ist die Umgehung des deutschen Gesell-

---

[650] *Thiel* (GmbHR 1994, 277, 279) nimmt die Beibehaltung der (steuerrechtlichen) Identität bei grenzüberschreitenden Kapitalgesellschaften an, wobei er davon ausgeht, dass eine Umwandlung einer rechtsfähigen in eine nichtrechtsfähige Kapitalgesellschaft erfolgt.
[651] So auch ausdrücklich *Roth* ZIP 2000, 1597 ff.
[652] Vgl. auch die Fälle der Rechtsformverfehlung bei rein innerstaatlichen Sachverhalten. Auch hier wird die Gesellschaft einer anderen, als der gewünschten Rechtsform unterworfen (BGH vom 29.11.1956 NJW 1957, 218 und Ausführungen in Kapitel 2 B III 2).
[653] Vgl. nur *Schmidt* in Scholz, Kommentar zum GmbH-Gesetz § 11 Rz. 143.
[654] So auch *Forsthoff* DB 2000, 1109, 1110 und *Zimmer* BB 2000, 1361, 1364.
[655] Dazu gleich noch unter C IV.

schaftsrechts gescheitert. Auch nach der hier vertretenen Ansicht macht eine Umgehung deutschen Gesellschaftsrechts durch Wahl eines ausländischen Satzungssitzes keinen Sinn und zwingt die Gesellschaft – sollte sie mit den Rechtsfolgen der ihr zugewiesenen Rechtsform nicht einverstanden sein – zur Annahme der Rechtsform einer deutschen Kapitalgesellschaft.

II. Rechtsfähigkeit

Die grenzüberschreitende Gesellschaft kann als deutsche OHG, GbR oder als nichtrechtsfähiger Verein Trägerin von Rechten und Pflichten in dem in Kapitel 2[656] dargestellten Umfang sein. Die Ansicht der Rechtsprechung, die der grenzüberschreitenden Gesellschaft die Rechtsfähigkeit abspricht, ist aus oben dargestellten Gründen abzulehnen.

III. Frage nach dem Vertragspartner

Es ist allgemein anerkannt, dass derjenige, der unternehmensbezogene Rechtsgeschäfte vornimmt, im Namen des wahren Unternehmensträgers handelt, auch wenn dieser falsch bezeichnet worden ist.[657] Ob der Vertragspartner bei Vertragsschluss richtige Vorstellungen über die Person des Betriebsinhabers hatte, ist unerheblich.[658] Damit ist Vertragspartner der unter der ausländischen Firma geschlossenen Verträge die deutsche OHG, GbR oder der deutsche nichtrechtsfähige Verein. Voraussetzung ist jedoch, dass der Handelnde die Gesellschaft auch wirksam vertreten konnte.[659]

Auch im Prozess schadet die Erhebung einer Klage unter falscher Bezeichnung nicht. Die Parteibezeichnung ist für die Parteistellung nicht allein ausschlaggebend.[660] Es kommt darauf an, wie die vom Kläger gewählte Parteibezeichnung objektiv zu deuten ist. Bei unrichtiger äußerer Bezeichnung ist grundsätzlich die Person als Partei anzusehen, die erkennbar durch die Parteibezeichnung betroffen werden soll.[661] Eine Berichtigung ist ohne Weiteres möglich, wenn die Identität der Partei trotz Berichtigung gewahrt bleibt.[662]

Von *Großfeld* wird vertreten, dass das deutsche „Ersatzgebilde" nicht Träger der neubegründeten Rechte der ausländischen Gesellschaft werden soll.[663] Als Argument dafür führt er an, dass auch bei der Vorgesellschaft der nach § 44 Abs. 1 S. 2 AktG, § 11 Abs. 2 GmbHG Haftende nicht Berechtigter werde.[664] Dem ist entgegenzuhalten, dass gerade keine Vorgesellschaft gegeben ist. Auch handelt es sich bei der auftretenden deutschen Gesellschaft gerade

[656] Dort unter D II 3, 4 und E II 2.
[657] *Kösters* NZG 1998, 241, 245; BGH vom 07.05.1984 BGHZ 91, 148, 152; BGH vom 18.03.1974 NJW 1974, 1191.
[658] BGH vom 18.03.1974 BGHZ 62, 216, 221; BGH vom 03.02.1975 NJW 1975, 1166.
[659] Zur Vertretungsmacht gleich unten unter Punkt C V.
[660] *Forsthoff* DB 2000, 1109, 1110.
[661] BGH vom 24.01.1952 BGHZ 4, 328, 334; OLG Köln vom 24.09.1964 NJW 1964, 2424; BGH vom 24.11.1980 NJW 1981, 1453, 1454; BGH vom 16.05.1983 NJW 1983, 2448, 2449; BGH vom 26.02.1987 NJW 1987, 1946, 1947; BGH vom 12.10.1987 NJW 1988, 1585, 1587.
[662] *Vollkommer* in Zöller, Zivilprozessordnung Vor. § 50 Rz. 7 m. w. N.
[663] *Großfeld* in Staudinger, Kommentar zum BGB IntGesR Rz. 436.
[664] *Großfeld* in Staudinger, Kommentar zum BGB IntGesR Rz. 436.

nicht um ein Ersatzgebilde sondern um die ausländische Gesellschaft mit neuer Rechtsform. Die im Geschäftsverkehr auftretende Gesellschaft verpflichtet sich daher selbst. Schließlich steht auch § 15 Abs. 1 HGB einer Verpflichtung der Gesellschaft nicht entgegen.[665] Die dort verankerte negative Publizität des Handelsregisters führt lediglich dazu, dass sich die grenzüberschreitende Gesellschaft zu ihren Gunsten nicht darauf berufen kann, eine OHG zu sein, wenn sie nicht im Handelsregister eingetragen ist.[666] Dem Gläubiger kann dann beispielsweise die Kaufmannstellung nicht entgegengehalten werden. Sollte der Vertragspartner sich an dem Geschäft mit der unter falschem Namen auftretenden Gesellschaft nicht festhalten lassen wollen, besteht u. U. die Möglichkeit der Anfechtung gemäß § 119 Abs. 2, § 123 BGB.[667]

IV. Haftung für die Verbindlichkeiten der grenzüberschreitenden Gesellschaft

Aus der Tatsache, dass die grenzüberschreitende Gesellschaft in ihrer deutschen Rechtsform Vertragspartner wird, folgt die Haftung der Gesellschaft selbst. Dies gilt auch für Verbindlichkeiten, die von der ausländischen Gesellschaft wirksam vor der Sitzverlegung eingegangen worden sind, falls man der hier vertretenden identitätswahrenden Umwandlung in eine deutsche Gesellschaftsform folgt.

Daneben haften die Gesellschafter der OHG, GbR oder des nichtrechtsfähigen Vereins unbeschränkt mit ihrem Privatvermögen.[668] Sollte im Gesellschaftsvertrag der grenzüberschreitenden Kapitalgesellschaft eine Haftungsbeschränkung auf das Gesellschaftsvermögen vorgesehen sein, so ist diese Regelung unwirksam.[669]

Hinzutreten kann eine Haftung des Handelnden. Bei einem nichtrechtsfähigen Verein haftet auch der für die Gesellschaft Handelnde gemäß § 54 S. 2 BGB aus sämtlichen Rechtsgeschäften, die im Namen des nicht rechtsfähigen Gebildes Dritten gegenüber vorgenommen werden.[670] Problematischer gestaltet sich eine Handelndenhaftung bei der GbR bzw. der OHG. Hier findet § 54 S. 2 BGB keine analoge Anwendung. Befürwortet wird von der h. M. eine analoge Anwendung von § 11 Abs. 2 GmbHG, § 41 Abs. 1 S. 2 AktG.[671] Begründet wird das mit der Schwierigkeit, die grenzüberschreitende Gesellschaft selbst oder ihre Gesellschafter in Anspruch nehmen zu können.[672] Zugleich bewirke das Haftungsrisiko einen mittelbaren

[665] So jedoch *Großfeld* in Staudinger, Kommentar zum BGB IntGesR Rz. 426.
[666] Dabei ist schon umstritten, ob § 15 HGB überhaupt schon für die Eintragung selbst als Primärtatsache Anwendung finden kann (*Koller/Roth/Morck*, Handelsgesetzbuch Kommentar § 15 Rz. 5).
[667] Vgl. auch *Braun* RIW 1995, 499, 500.
[668] Vgl. zur Haftung der Gesellschaft und der Gesellschafter Kapitel 2 D VII.
[669] Für die OHG ergibt sich das direkt aus dem Gesetz (§ 128 Abs. 2 HGB).
[670] Die Haftung aus § 54 S. 2 gilt nicht nur für den Erfüllungsanspruch, sondern auch für Sekundäransprüche (*Heinrichs* in Palandt, BGB § 54 Rz. 13).
[671] OLG Oldenburg vom 04.04.1989 NJW 1990, 1422, 1423; *Heldrich* in Palandt, BGB Anh. zu Art. 12 EGBGB Rz. 18; *Ebenroth/Eyels* DB 1988 Beil. 2 S. 9; *Berndt* JZ 1996, 187, 188; *Grothe*, Die Ausländische Kapitalgesellschaft & Co. S. 123 (Fn. 9).
[672] *Fischer* IPRax 1991, 100, 102; *Grothe*, Die Ausländische Kapitalgesellschaft & Co. S. 123.

Zwang zur Neu- oder Umgründung der ausländischen Kapitalgesellschaft nach dem einschlägigen Sitzrecht.[673] Geht man jedoch wie hier von einer Existenz der Gesellschaft als OHG, GbR oder nichtrechtsfähiger Verein aus, überzeugen diese Argumente nicht.[674] Wenn sowohl die Gesellschaft als auch die Gesellschafter haften, braucht es nicht zusätzlich eine Handelndenhaftung, die noch dazu dogmatisch kaum zu begründen ist. Eine Vorgesellschaft liegt gerade nicht vor. Für eine unechte Vorgesellschaft oder eine Vorgründungsgesellschaft kommt eine Handelndenhaftung nicht in Betracht.[675] Mit einer Mindermeinung in der Literatur ist daher eine analoge Anwendung dieser Vorschriften abzulehnen.[676] Eine entsprechende Anwendung von § 179 BGB als falsus procurator kann ebenso nicht relevant werden, denn die dahinterstehende Gesellschaft wird, wie bereits gezeigt, i. d. R. wirksam verpflichtet.[677]

V. Vertretung der Gesellschaft

Regelmäßig wird der Gesellschaftsvertrag Regelungen zur Vertretung der Gesellschaft enthalten. Soweit hierzu ein oder mehrere Gesellschafter bestimmt sind, ergeben sich keine Probleme. Handeln die Gesellschafter im Namen der Gesellschaft – regelmäßig unter dem falschen Namen der ausländischen Rechtsform –, können sie die Gesellschaft wirksam berechtigen und verpflichten. Zu Problemen kann es kommen, wenn es sich bei Vorstand oder Geschäftsführer um Nichtgesellschafter handelt. Denn für Personengesellschaften gilt der Grundsatz der Selbstorganschaft.[678] Grundsätzlich wirkt der Beschluss der Gesellschafter der grenzüberschreitenden Gesellschaft zur Vertretung als Auftrag und Vollmacht fort.[679] Dabei ist jedoch im Einzelfall zu prüfen, inwieweit die Bevollmächtigung gesellschaftsfremder Dritter noch mit dem Prinzip der Selbstorganschaft vereinbar ist.[680] Alle Gesellschafter zusammen müssen jedenfalls weisungsbefugt bleiben. Auch müssen sie die Möglichkeit haben, eine Generalvollmacht zu widerrufen.[681] Sind die Rechte des Vorstandes bzw. der Geschäftsführung im Gesellschaftsvertrag so ausgestaltet, dass die Gesellschafterversammlung kein Weisungsrecht und Abberufungsrecht hat, wird daher ein Verstoß gegen das Prinzip der Selbstorganschaft vorliegen. Für den Fall, dass die gesetzliche Vertretung abbedungen ist, die vereinbarte aber wegen Verstoßes gegen das Prinzip der Selbstorganschaft nicht wirksam ist, gilt zumindest für die OHG Gesamtvertretung aller Gesellschafter.[682] Damit wird ein gesellschaftsfremder

[673] *Fischer* IPRax 1991, 100, 102; *Grothe*, Die Ausländische Kapitalgesellschaft & Co. S. 123.
[674] A. A. *Kruse*, Sitzverlegung S. 43.
[675] BGH vom 07.05.1984 BGHZ 91, 148, 152 f.
[676] *Müller* ZIP 1997, 1049, 1053; *Kösters* NZG 1998, 241, 246.
[677] Anderes gilt, falls der Handelnde nicht Gesellschafter ist und auch sonst nicht wirksam für die Gesellschaft auftreten konnte. Dazu gleich in Kapitel 3 Punkt C V.
[678] Vgl. hierzu Kapitel 2 D V 2.
[679] So auch *Schuck* BB 1994, 1538, 1539.
[680] Zu den Voraussetzungen der Selbstorganschaft s. ausführlich oben Kapitel 2 D V 2.
[681] *Baumbach/Hopt*, Handelsgesetzbuch § 125 Rz. 7.
[682] *Baumbach/Hopt*, Handelsgesetzbuch § 125 Rz. 12.

Dritter, der als vermeintlicher Geschäftsführer im Namen der Gesellschaft auftritt, zum falsus procurator mit den Folgen des § 179 BGB.

VI. Inhalt des Gesellschaftsvertrags

Für das Innenverhältnis der Gesellschaft kann auch eine deutsche Gesellschaft ausländisches Recht wählen, wobei jedoch die zwingenden Vorgaben des deutschen Rechts, insbesondere zur Kündigung, Auflösung und Anteilsübertragung, zu beachten sind.[683] Der Inhalt des Gesellschaftsvertrags bleibt damit grundsätzlich wirksam, auch wenn er in verschiedenen Punkten auf ausländische Normen verweist. Gerade im Innenverhältnis sind viele Bestimmungen des HGB oder BGB abdingbar.[684] So gelten beispielsweise die Regeln zur Beschlussfassung einschließlich der dafür festgelegten Mehrheitserfordernisse überwiegend ebenso weiter, wie die vereinbarten Rechte und Pflichten der Gesellschafter.

D Rechtsfolgen der Sitztheorie für die gesellschaftsrechtliche Behandlung sitzverlegender Personengesellschaften

Nach h. M. soll das Gesellschaftsstatut bei nichtrechtsfähigen Personenvereinigungen nach denselben Grundsätzen bestimmt werden, wie bei juristischen Personen.[685] Dies sei Folge des Gedankens der kollisionsrechtlichen Gleichbehandlung aller Gesellschaftsformen.[686] Nach a. A. können die aufgrund der Situation der Körperschaften entwickelten kollisionsrechtlichen Regelungen auf Personengesellschaften nicht übertragen werden.[687] Der Schutz von Gesellschaftern und Arbeitnehmern sei hier nicht erforderlich. Ein Gläubigerschutz lasse sich über eine Sonderanknüpfung analog Art. 12 EGBGB erreichen.[688] Zu berücksichtigen sei auch, dass das nationale Recht bei Personengesellschaften und nichtrechtsfähigen Vereinen häufig weniger strikt und weitgehender dispositiv sei, als beispielsweise das Aktienrecht.[689] Für Personengesellschaften wird daher ein mehrstufiges Anknüpfungssystem vorgeschlagen, wonach bei registrierten Personengesellschaften das Recht des Registrierungsstaates anzuwenden sei. In den anderen Fällen sei das von den Gesellschaftern ausdrücklich gewählte Recht einschlägig, solange hierzu ein substantieller Bezug bestehe. Wurde kein Recht ausdrücklich gewählt, so greife hilfsweise das Recht des tatsächlichen Verwaltungssitzes.[690] Diese Ansicht ist je-

---

[683] *Baumbach/Hopt*, Handelsgesetzbuch Vor. § 105 Rz. 29.
[684] Vergleiche hierzu die detaillierte Darstellung in Kapitel 2 D.
[685] *Großfeld* in Staudinger, Kommentar zum BGB IntGesR Rz. 747 ff; *Bungert* AG 1995, 489, 494; EUGH Rs. C-64/96 Regione Piemonte/Saiagricola SpA EWS 1997, 428; BGH vom 26.09.1966 NJW 1967, 36, 38.
[686] *Heldrich* in Palandt, BGB Anh. zu Art. 12 EGBGB Rz. 20; *Hohloch* in Erman, BGB Kommentar Art. 37 EGBGB Rz. 32; *Kindler* in Rebmann/Säcker/Rixecker, Münchener Kommentar Bd. 11 IntGesR Rz. 191 ff; *Großfeld* in Staudinger, Kommentar zum BGB IntGesR Rz. 746 ff.
[687] Hierzu insbesondere *Walden*, Kollisionsrecht der Personengesellschaften S. 51-206.
[688] *Walden*, Kollisionsrecht der Personengesellschaften S. 206.
[689] *Beitzke*, Kollisionsrecht S. 122.
[690] *Walden*, Kollisionsrecht der Personengesellschaften S. 208 f.

doch abzulehnen. Zu berücksichtigen ist insbesondere, dass die Übergänge zwischen Personengesellschaften und Körperschaften schon im nationalen Recht fließend sind.[691] So sind bei Publikumspersonengesellschaften durchaus ähnliche Schutzvoraussetzungen zu erfüllen, wie bei einer GmbH und AG. Noch schwerer wiegt aber, dass international viele Personengesellschaften den Status einer juristischen Personen innehaben, ohne dass sich diese ansonsten inhaltlich von deutschen Personengesellschaften unterscheiden.[692] Es würde wenig Sinn machen, eine französische KG, die in Frankreich den Status einer juristischen Person genießt[693] nach anderen kollisionsrechtlichen Vorgaben zu behandeln, als eine italienische KG ohne eigene Rechtspersönlichkeit.[694] Auch das Argument, das Recht der Personengesellschaften sei im stärkeren Maße abdingbar, als das Recht der Körperschaften, überzeugt nicht. Diese Feststellung allein bringt schon zum Ausdruck, dass die Frage des anwendbaren Rechts gar nicht so entscheidend sein kann, da zwingende gesetzliche Vorgaben ohnehin die Ausnahme bilden. Demnach ist der h. M. zu folgen, wonach für alle Gesellschaften das gleiche Kollisionsrecht zu gelten hat. Das Gesellschaftsstatut ist – folgt man auch hier der Sitztheorie – für juristische und nicht juristische Personen mit Verwaltungssitz in Deutschland gleichermaßen deutsches Recht.

Die Personenhandelsgesellschaft hat nur einen Sitz, und zwar den Sitz der tatsächlichen Verwaltung. Einen davon unterschiedlichen gesellschaftsvertraglichen Sitz wie bei den Kapitalgesellschaften kann die OHG oder KG nach herrschender Lehre nicht begründen.[695] Bei einer Sitzverlegung ist damit nur auf den tatsächlichen Verwaltungssitz abzustellen.[696] Die Rechtsfolgen treten aufgrund der tatsächlichen Änderung ein, es ist unerheblich, ob ein wirksamer Gesellschafterbeschluss – der Einstimmigkeit verlangt – vorliegt.[697] Bei Zuzug in das Inland ist deutsches Gesellschaftsrecht anzuwenden. Analog zu den Ausführungen zur Sitzverlegung von Körperschaften muss auch hier davon ausgegangen werden, dass die Personengesellschaft eine deutsche Rechtsform annimmt. Anhand der Regelungen im Gesellschaftsvertrag ist zu prüfen, ob eine deutsche OHG, KG, GbR, stG oder ein nichtrechtsfähiger Verein vorliegt. Eine PartG kann allein durch Sitzverlegung nicht entstehen, da für die Gründung eine Eintragung zwingende Voraussetzung ist.[698] Bei der KG stellt sich die Frage, ob die Haftungsbeschränkungen der Kommanditisten gegenüber den Gläubigern gelten, solange keine Eintragung in das deutsche Handelsregister erfolgt ist. Da deutsches Recht Anwendung fin-

[691] Vgl. die umfassenden Ausführungen zu den verschiedenen Strukturmerkmalen und zu den immer geringer werdenden Unterschieden zwischen Personengesellschaften und Körperschaften Kapitel 2 D und E.
[692] So haben in einigen Rechtsordnungen beispielsweise die KG oder OHG die Stellung einer juristischen Person; vgl. hierzu schon die Stellungnahme des RFH in der Venezuela-Entscheidung Kapitel 1 D I.
[693] Vgl. *Tillmanns* in Hohloch, EU-Handbuch des Gesellschaftsrechts Frankreich Rz. 142, 100.
[694] *Seibold/Vergine* in Hohloch, EU-Handbuch des Gesellschaftsrechts Italien Rz. 110.
[695] *Baumbach/Hopt*, Handelsgesetzbuch § 106 Rz. 8.
[696] BGH vom 27.05.1957 BB 1957, 799.
[697] BGH vom 27.05.1957 BB 1957, 799.
[698] Vgl. Kapitel 2 D III 2.

det, muss insofern § 176 Abs. 1 S. 1 HGB greifen, wonach der Kommanditist bis zur Eintragung unbeschränkt haften muss.

Die gesellschaftsrechtlichen Folgen der Sitzverlegung von Personengesellschaften sind damit weniger einschneidend, als bei Körperschaften. Die Gesellschaft bleibt i. d. R. Personengesellschaft, wird aber zukünftig an deutschem Recht gemessen, was insbesondere für Kommanditisten haftungsrechtliche Folgen haben kann.

E Besonderheiten aufgrund des Rechts der Europäischen Union

Eine schon seit langem umstrittene und gerade in den letzten Jahren ausgiebig diskutierte Frage ist die Vereinbarkeit der Sitztheorie mit der Niederlassungsfreiheit.[699] Probleme bereitet die Anwendung der Sitztheorie auf Gesellschaften, die nach dem Recht eines Mitgliedstaates der europäischen Union gegründet sind. Einschlägig sind in diesem Zusammenhang die Art. 43 und 48 EG. Nach Art. 43 EG sind Beschränkungen der freien Niederlassung von Staatsangehörigen eines Mitgliedstaates der EU im Hoheitsgebiet eines anderen Mitgliedstaates verboten. Die Niederlassungsfreiheit natürlicher Personen wird in Art. 48 Abs. 1 EG auf Gesellschaften i. S. des Art. 48 Abs. 2 EG erstreckt, soweit diese nach dem Recht eines Mitgliedstaates gegründet sind und ihren satzungsmäßigen Sitz, ihre Hauptverwaltung oder ihre Hauptniederlassung innerhalb der Gemeinschaft haben.

Im Rahmen dieser Arbeit ist die Vereinbarkeit der Sitztheorie mit der Niederlassungsfreiheit durchaus von Relevanz. Sollte sich herausstellen, dass die Sitztheorie für Sachverhalten im Geltungsbereich der Art. 43 und 48 EG keine Anwendung finden darf, hat das für den Typenvergleich zur Folge, dass die grenzüberschreitende Gesellschaft eines Mitgliedstaates gesellschaftsrechtlich nach dem Recht des Herkunftsstaates zu beurteilen ist. Statt einer nichtrechtsfähigen deutschen Gesellschaft muss dann ein anerkanntes ausländisches Gebilde in das System der Einkommensbesteuerung eingeordnet werden.

I. Daily-Mail- und Centros-Entscheidung des EuGH

Die Vereinbarkeit der Sitztheorie mit der Niederlassungsfreiheit war bis vor kurzem nicht einmal ansatzweise geklärt.[700] Dies zeigt sich an den völlig unterschiedlichen Reaktionen auf die beiden diesbezüglich relevanten EuGH-Entscheidungen Daily-Mail[701] und Centros.[702] Gerade im Nachgang des Centros-Urteils aus dem Jahr 1999 wurde diese Frage europaweit in

[699] Der Streit über die Europaverträglichkeit der Sitztheorie wird schon seit über 30 Jahren geführt, vgl. *Forsthoff* BB 2002, 318.
[700] So auch *Eidenmüller* ZIP 2002, 82; *Forsthoff* BB 2002, 318, 319.
[701] EuGH Rs 81/87 Daily Mail Slg. 1988, 5483, 5509 ff.
[702] EuGH Rs C-212/97 Centros Ltd./Erhvervs-og Selskabsstyrelsen JZ 1999, 669.

einer Vielzahl von Veröffentlichungen heftig diskutiert,[703] ohne dass man zu einem klaren Ergebnis gekommen wäre. Beide Urteile hatten zwar eine grenzüberschreitende Sitzverlegung zum Inhalt. Hingegen waren jeweils nur Mitgliedstaaten involviert, die der Gründungstheorie folgen. Jedenfalls wurden sowohl aus der Daily-Mail-[704] als auch aus der Centros-[705] Entscheidungen Aussagen zu einer (Un-)Vereinbarkeit der Sitztheorie mit der Niederlassungsfreiheit abgeleitet. Aufgrund der Tatsache, dass die kürzlich ergangene Entscheidung in der Rechtssache Überseering[706] erstmals zur Vereinbarkeit der Sitztheorie mit der Niederlassungsfreiheit konkret Stellung nimmt und zudem in den Gründen auf die Aussagekraft von Daily-Mail und Centros eingeht, soll auf eine vertiefte Auseinandersetzung mit Daily-Mail und Centros verzichtet werden.

II. Entscheidung in der Rechtssache Überseering

Wesentliche Erkenntnisse zur Vereinbarkeit der Sitztheorie mit der Niederlassungsfreiheit lassen sich aus dem Urteil des EuGH in der Rechtssache Überseering gewinnen.[707] So hatte der BGH neben der oben bereits angesprochenen Frage nach der Vereinbarkeit der Aberken-

[703] *Forsthoff* (DB 2000, 1109) hat allein in deutschen Zeitschriften über 50 Anmerkungen und Aufsätze zu diesem Thema gezählt.

[704] Die Vereinbarkeit der Sitztheorie mit der Niederlassungsfreiheit wurde aus dieser Entscheidung von *Großfeld/Erlinghagen* (JZ 1993, 217, 219), *Ebenroth/Eyles* (DB 1989, 363, 372 sowie 413, 417), *Hachenburg/Behrens* (GmbHG Einl. Rz. 123) und *Rindisbacher* (Anerkennung gesellschaftsrechtlicher Gebilde im Internationalen Privatrecht S.145) hergeleitet. Nach anderer Ansicht habe die Vereinbarkeit der Sitztheorie mit dem Europarecht nicht zur Debatte gestanden (*Behrens* IPRax 1989, 354, 360 f; *Knobbe-Keuk* ZHR 154 (1990), 325, 333, 356; *Sandrock/Austermann* RIW 1989, 249; *Forsthoff* DB 2000, 1109, 1111).

[705] Für die Einen ist die Sitztheorie mit den Aussagen in Centros unvereinbar (*Meilicke* DB 1999, 627; *Freitag* EuZW 1999, 267, 269; *Roth* ZIP 1999, 861, 863; ders. ZGR 2000, 311, 313; *Geyrhalter* EWS 1999, 201, 203; *Eilers/Wienands* IStR 1999, 289, 291; *Sandrock* BB 1999, 1337, 1342, der die Sitztheorie sogar nicht nur in Bezug auf Gesellschaften aus EU-Mitgliedstaaten als überholt ansieht; *Kruse*, Sitzverlegung S. 243; *v. Halen*, Gesellschaftsstatut S. 116; *Behrens* IPRax 1999, 323, 329 sieht in der Begründung zur Entscheidung sogar eine umfassende Entscheidung für die Gründungstheorie). Nach a. A. sei durch Centros keineswegs die Sitztheorie völlig in Frage gestellt worden (*Sonnenberger/Großerichter* RIW 1999, 721, 731 f; *Ebke* JZ 1999, 656, 660; *Kindler* NJW 1999, 1993, 1996; *Roth* ZGR 2000, 311, 313; *Dinkhoff*, Internationale Sitzverlegung S. 98; *Deininger*, Verlegung des Hauptverwaltungssitzes S. 175). Auch die Gerichte kamen zu unterschiedlichen Schlussfolgerungen. So hat der OGH in Österreich, wo die Geltung der Sitztheorie gesetzlich verankert ist, nach Centros entschieden, dass die Bestimmung der Rechtsfähigkeit einer juristischen Person nach Gründungsrecht zu erfolgen habe, wenn die Gesellschaft ihren Sitz aus einem Mitgliedstaat der EU nach Österreich verlege. Das gelte zumindest im Zusammenhang mit der Errichtung von Zweigniederlassungen (vgl. *Höfling* EuZW 2000, 145). In Deutschland haben die Gerichte auch nach dem Centros-Urteil an der Sitztheorie festgehalten. So hat das OLG Hamm (Beschluss vom 01.02.2001 BB 2001, 744; ähnlich auch OLG Düsseldorf Beschluss vom 26.03.2001) die Handelsregistereintragung der Sitzverlegung einer deutschen GmbH nach England abgelehnt. Auch das OLG Köln hat die Frage nach dem anwendbaren Recht zur Bestimmung der Parteifähigkeit einer GmbH anhand der Sitztheorie beurteilt (OLG Köln vom 27.10.2000 LRE 39, 357).

[706] EUGH vom 05.11.2002 Rs C-208/00 Überseering BV/Nordic Construction Company Baumanagement GmbH NJW 2002, 3614.

[707] Eine weitere Vorlagefrage zur Vereinbarkeit der Sitztheorie mit der Niederlassungsfreiheit hatte das AG Heidelberg (RIW 2000, 557) mit Beschluss vom 03.03.2000 gestellt. Hierbei ging es die Frage der Sitzverlegung aus Deutschland. Es kam jedoch zu keiner Entscheidung, da sich der EuGH nach Art. 92 § 1 seiner Verfahrensordnung für unzuständig erklärt hat (EuGH Rs C-86/00 HSB-Wohnbau GmbH EuZW 2001, 499; vgl. *Klinke* ZGR 2002, 163, 172).

nung von Rechts- und Parteifähigkeit grenzüberschreitender Kapitalgesellschaften mit der Niederlassungsfreiheit[708] folgende zweite Frage an den EuGH gestellt:[709]

> „... Gebietet es die Niederlassungsfreiheit für Gesellschaften (Art. 43 und Art. 48 EGV), die Rechtsfähigkeit und die Parteifähigkeit nach dem Recht des Gründungsstaates zu beurteilen?"

Der Entscheidung lag folgender Sachverhalt zu Grunde: Die Klägerin – eine nach niederländischem Recht gegründete Gesellschaft mit beschränkter Haftung (Überseering BV) – möchte Gewährleistungsansprüche aus einem Werkvertrag gegen eine deutsche Firma (Nordic Construction Company Baumanagement GmbH – NCC) geltend machen, die der Klägerin durch Arbeiten der NCC an einem in Deutschland belegenen Grundstück entstanden sein sollen. Nach Vertragsschluss über die Arbeiten hatten die ursprünglich niederländischen Anteilseigner ihre an der Überseering gehaltenen Geschäftsanteile an zwei in Deutschland lebende und arbeitende natürliche Personen veräußert, womit die Gesellschaft ihren Verwaltungssitz – zumindest aus Sicht des deutschen Rechts – nach Deutschland verlegt hatte. Der BGH möchte die Klage unabhängig davon, ob tatsächlich ein Gewährleistungsanspruch besteht, mangels Rechtsfähigkeit und daraus resultierender fehlender Parteifähigkeit der Überseering abweisen. Er fragt nun, ob die Aberkennung der Rechts- und Parteifähigkeit bei späterer Sitzverlegung gegen die Niederlassungsfreiheit verstößt und – falls dies der Fall sei – ob Rechts- und Parteifähigkeit nach der Gründungstheorie zu bestimmen sind.

Der EuGH hat diese Fragen wie folgt entschieden:

> „1. Es verstößt gegen die Artikel 43 EG und 48 EG, wenn einer Gesellschaft, die nach dem Recht des Mitgliedstaates, in dessen Hoheitsgebiet sie ihren satzungsmäßigen Sitz hat, gegründet worden ist und von der nach dem Recht eines anderen Mitgliedstaates angenommen wird, dass sie ihren tatsächlichen Verwaltungssitz dorthin verlegt hat, in diesem Mitgliedstaat die Rechtsfähigkeit und damit die Parteifähigkeit vor seinen nationalen Gerichten für das Geltendmachen von Ansprüchen aus einem Vertrag mit einer in diesem Mitgliedstaat ansässigen Gesellschaft abgesprochen wird.
>
> 2. Macht eine Gesellschaft, die nach dem Recht des Mitgliedstaates gegründet worden ist, in dessen Hoheitsgebiet sie ihren satzungsmäßigen Sitz hat, in einem anderen Mitgliedstaat von ihrer Niederlassungsfreiheit Gebrauch, so ist dieser andere Mitgliedstaat nach den Artikeln 43 EG und 48 EG verpflichtet, die Rechtsfähigkeit und damit die Parteifähigkeit zu achten, die diese Gesellschaft nach dem Recht ihres Gründungstaats besitzt."

Der EuGH begründet seine Entscheidung zunächst damit, dass die nationalen Regelungen, die sich aus der Anwendung der Sitztheorie auf grenzüberschreitende Gesellschaften mit Satzungssitz in einem Mitgliedstaat ergeben, beim gegenwärtigen Stand des Gemeinschaftsrechts nicht aus dem Anwendungsbereich der Gemeinschaftsvorschriften über die Niederlassungsfreiheit fallen. Wenn Art. 293 EG bestimme, die Mitgliedstaaten sollen Verhandlungen aufnehmen, um die gegenseitige Anerkennung der Gesellschaften bei Sitzverlegung sicherzustel-

[708] Zum Wortlaut der ersten Vorlagefrage unter Kapitel 3 C I 1.
[709] BGH Beschluss vom 30.03.2000 DB 2000, 1114.

len und dies bislang nicht erreicht sei, so stelle dies keinen Rechsetzungsvorbehalt zugunsten der Mitgliedstaaten dar. Die Aufforderung, Verhandlungen aufzunehmen gelte nur „soweit erforderlich", also für den Fall, dass die Bestimmungen des EG-Vertrags nicht die Erreichung der Vertragsziele ermöglichen. Aus der Niederlassungsfreiheit ergäbe sich für die Gesellschaften der Mitgliedstaaten aber bereits das Recht, ihre Tätigkeit in einem anderen Mitgliedstaat auszuüben.

Auch mit den Aussagen im Daily-Mail-Urteil lässt sich nach Ansicht des EuGH eine Vereinbarkeit der Sitztheorie mit der Niederlassungsfreiheit nicht begründen. Diese Entscheidung sei zu einem Fall ergangen, in dem der Gründungsmitgliedstaat die Sitzverlegung in einen anderen Mitgliedstaat unter Beibehaltung der Identität nicht zulassen wollte. Vorliegend gehe es jedoch nicht um die Beziehungen zwischen der grenzüberschreitenden Gesellschaft und dem Inkorporationsstaat, sondern um die Beziehungen zwischen der grenzüberschreitenden Gesellschaft und dem Aufnahmemitgliedstaat. Ein entscheidender Unterschied zur Sachlage in der Daily-Mail-Entscheidung sei damit, dass die Gesellschafter der Überseering eine Sitzverlegung gar nicht gewollt hätten, diese nur nach deutschem Internationalen Privatrecht angenommen werde. Daily-Mail habe keine Aussage dahingehend getroffen, dass die Frage der Anerkennung der Rechtsfähigkeit im *Aufnahme*mitgliedstaat nicht den Vorschriften über die Niederlassungsfreiheit unterlägen. Das gelte auch dann, wenn der Aufnahmemitgliedstaat annähme, dass es zu einer Verlegung des tatsächlichen Verwaltungssitzes gekommen sei.

Auch ergäbe sich aus dem Allgemeinen Programm[710] nicht, dass der Anwendungsbereich von Art. 48 EG auf Gesellschaften beschränkt sei, bei denen eine tatsächliche und dauerhafte Verbindung mit dem Gründungsmitgliedstaat bestünde. Denn diese Beschränkung aus dem Allgemeinen Programm könnte nur für Gesellschaften gelten, die lediglich den Satzungssitz, nicht aber auch den Verwaltungssitz innerhalb der Gemeinschaft hätten. Voraussetzung dafür, dass sich eine Gesellschaft auf die Niederlassungsfreiheit berufen könne, sei allein, dass diese den satzungsmäßigen Sitz, die Hauptverwaltung oder die Hauptniederlassung innerhalb der Gemeinschaft habe.[711]

Eine Beschränkung der Niederlassungsfreiheit liege vor. Da eine Gesellschaft jenseits der nationalen Rechtsordnung, die ihre Gründung und ihre Existenz regelt, keine Realität habe,[712] hinge die Existenz der Überseering untrennbar mit der Eigenschaft als niederländische Gesellschaft zusammen. Das Erfordernis, dieselbe Gesellschaft in Deutschland neu zu gründen, käme einer Negierung der Niederlassungsfreiheit gleich.

---

[710] Allgemeines Programm zur Aufhebung der Beschränkungen der Niederlassungsfreiheit vom 18.12.1961 (ABl. EG 1962 Nr. 2 S. 36).

[711] So sei das bereits in der Centros Entscheidung (EuGH Rs C-212/97 Centros Ltd./Erhvervs-og Selskabsstyrelsen JZ 1999, 669) – dort Rz. 19 – entschieden worden.

[712] So schon Daily-Mail (EuGH Rs 81/87 Daily Mail Slg. 1988, 5483, 5509 ff) Tz. 19.

Schließlich sei die Beschränkung der Niederlassungsfreiheit nicht gerechtfertigt. Zwingende Gründe des Gemeinwohls, wie der Schutz der Interessen der Gläubiger, der Minderheitsgesellschafter, der Arbeitnehmer oder auch des Fiskus könnten unter bestimmten Umständen eine Beschränkung der Niederlassungsfreiheit begründen. Solche Ziele könnten es jedoch nie rechtfertigen, dass einer Gesellschaft, die in einem anderen Mitgliedstaat ordnungsgemäß gegründet worden ist und dort ihren satzungsmäßigen Sitz hat, die Rechtsfähigkeit und damit die Parteifähigkeit abgesprochen werde. Eine solche Maßnahme käme wiederum der Negierung der den Gesellschaften in Art. 43 und 48 EG zuerkannten Niederlassungsfreiheit gleich.

Aus dieser Antwort auf die erste Vorlagefrage folge, dass ein Mitgliedstaat aus den Art. 43 und 48 EG verpflichtet sei, die Rechtsfähigkeit zu achten, die eine Gesellschaft nach dem Recht ihres Gründungsstaats besitzt.

III. Reaktionen in der Literatur

In der Literatur wird der Entscheidung in der Rechtssache Überseering eine ausgesprochen große Bedeutung zugemessen.[713] Zu Recht wird aber auch betont, dass sich die Entscheidung ausschließlich auf die konkrete Fallgestaltung bezieht und damit nicht ganz allgemein den Mitgliedstaaten die Anwendung der Gründungstheorie vorschreibt.[714] *Eidenmüller*[715] geht davon aus, dass noch nicht entschieden sei, ob es mit der Niederlassungsfreiheit vereinbar sei, wenn sich die Rechtsfähigkeit aus einer Anerkennung der Überseering als deutsche OHG bzw. GbR ergäbe. Denn der EuGH sei von der falschen Prämisse ausgegangen, dass die Sitztheorie zwangsläufig zu einer Aberkennung der Rechtsfähigkeit und damit auch der Parteifähigkeit führe. Sollte der BGH die Überseering BV als deutsche GbR anerkennen wollen, müsse er die Frage erneut dem EuGH vorlegen.[716] *Kindler* erkennt in dem Urteil keinerlei Aussagen des EuGH zum Kollisionsrecht.[717] Auch nach *Großerichter* liegt in der Überseering-Entscheidung kein Eingriff in das Kollisionsrecht. Der EuGH spreche nur davon, dass die vom Gründungsmitgliedstaat verliehene Rechtsfähigkeit zu „achten" sei, nicht, dass sie nach dem Recht des Gründungsmitgliedstaats zu „beurteilen" sei. Zudem gelte die Aussage der

---

[713] *Großerichter* DStR 2003, 159; *Leible/Hoffmann* RIW 2002, 925; *Großfeld* RIW 2002 Heft 12 I; *Lutter* BB 2003, 7; *Forsthoff* DB 2002, 2471.

[714] Insbesondere für den Fall des Wegzugs sei daher ein Festhalten an der Sitztheorie weiterhin möglich, vgl. *Großfeld* RIW 2002 Heft 12 I; *Eidenmüller* ZIP 2002, 2233, 2234; *Stieb* GmbHR 2002, R 473, 474; *Wernicke* EuZW 2002, 758, 761; *Forsthoff* DB 2002, 2471, 2474; *Dubovizkaja* GmbHR 2003, 694, 696; *Birk* IStR 2003, 469, 473. *Behrens* (IPrax 2003, 193) erwartet, dass sich der EuGH zukünftig hinsichtlich der Wegzugsproblematik von seiner bisherigen Linie, wonach die Folgen der Sitztheorie europarechtskonform seien, distanzieren werde.

[715] *Eidenmüller* ZIP 2002, 2233, 2239; im Ansatz auch *Wernicke* EuZW 2002, 758, 760.

[716] *Eidenmüller* ZIP 2002, 2233, 2239. Eine erneute Vorlagepflicht erscheint widersinnig. Würde eine Rechtsfähigkeit als deutsche GbR bzw. deutsche OHG für die Überseering im konkreten Fall angenommen werden, könnte Überseering ihre Ansprüche gegen NCC – so sie denn bestehen – durchzusetzen. Damit wäre die Frage, ob die Rechtsfähigkeit nach deutschem oder niederländischen Recht zu bestimmen wäre, gar nicht mehr entscheidungsrelevant.

[717] *Kindler* NJW 2003, 1973, 1076.

zweiten Vorlagefrage nur für den Fall, dass der Gesellschaft nach dem Recht des Zuzugstaates die Rechts- und Parteifähig tatsächlich aberkannt werde.[718] Andere Stimmen in der Literatur gehen hingegen ohne jeden Zweifel davon aus, dass nach der Überseering-Entscheidung die Rechtsfähigkeit grenzüberschreitender Kapitalgesellschaften zwingend nach dem Recht des Gründungsmitgliedstaats zu bestimmen sei.[719]

IV. Entscheidung des BGH

Am 13.03.2003 hat der BGH nunmehr das Urteil in der Rechtssache Überseering verkündet.[720] Er stellt die Rechts- und Parteifähigkeit der Überseering BV fest und verweist die Sache zur anderweiten Entscheidung an das Berufungsgericht zurück. Ohne auf die zweifelnden Stimmen in der Literatur einzugehen stellt er fest, dass dem Urteil des EuGH unmissverständlich zu entnehmen sei, dass eine Anerkennung der Rechts- und Parteifähigkeit der Überseering BV als deutsche Personengesellschaft ebenfalls gegen die Niederlassungsfreiheit verstoßen würde. Die Rechtsfähigkeit von grenzüberschreitenden Kapitalgesellschaften aus EU-Mitgliedstaaten sei daher nach dem Recht des Gründungsstaates zu beurteilen.

V. Eigene Wertung und Ausblick

Erfreulich ist, dass der EuGH zur Vereinbarkeit der Sitztheorie mit der Niederlassungsfreiheit eindeutig Stellung bezieht und dabei auch die Daily-Mail- und die Centros-Entscheidung in seine Entscheidungsbegründung mit einbezieht. Er kommt zu dem Ergebnis, dass trotz fehlender Harmonisierung im Gesellschaftsrecht die Niederlassungsfreiheit uneingeschränkt Anwendung findet, dass die Daily-Mail-Entscheidung nur für die Beziehungen einer Gesellschaft mit ihrem Gründungsmitgliedstaat Geltung haben kann, dass die Aberkennung der Rechts- und Parteifähigkeit einen Verstoß gegen die Niederlassungsfreiheit darstellt und eine Rechtfertigung dieses Schrittes schlichtweg nicht möglich ist.

Zu erwarten war, dass die bisherige Nichtanerkennung der Gesellschaft, wie sie nach deutschem Internationalen Privatrecht durch die Rechtsprechung bisher gehandhabt wurde, als mit der Niederlassungsfreiheit unvereinbar erklärt wird. Überraschend war die Entscheidung jedoch hinsichtlich der Beantwortung der zweiten Vorlagefrage. Der Generalanwalt *Colomer*

[718] *Großereichter* DStR 2003, 159, 165 ff.
[719] *Fortshoff* DB 2002, 2471, 2476; *Leible/Hofmann* RIW 2002, 925, 929; *Zimmer* BB 2003, 1, 5; *Lutter* BB 2003, 7, 9; *Heidenhain* NZG 2002, 1141, 1143, der der Überseering-Entscheidung zwar keine kollisionsrechtliche Aussagekraft beimisst, den Weg über die GbR dennoch für europarechtswidrig hält; *Deininger* IStR 2003, 214; *Dubovizkaja* GmbHR 2003, 694, 695; *Geyrhalter/Gänßler* NZG 2003, 409, 410; *Merkt* RIW 2003, 458, 459; *Haase* IWB 10/2003, Fach 11, Europäische Gemeinschaft, Gruppe 2, 529. Auch *Müller* (NZG 2003, 414, 416) hält ein Festhalten an der Sitztheorie nach der Überseering-Entscheidung für unzulässig und folgert daraus die Insolvenzfähigkeit der ausländischen Kapitalgesellschaft als juristische Person.
[720] NJW 2003, 1461.

hatte am 04.12.2001 seine Schlussanträge vorgelegt.[721] *Colomer* hatte die zweite Vorlagefrage für nicht entscheidungserheblich gehalten und daher vorgeschlagen, diese in der Entscheidung unbeantwortet zu lassen. Er hatte mehrfach betont, dass es nicht Sache des Gemeinschaftsrechts sei, sondern es dem nationalen Recht vorbehalten sei, das anwendbare Recht zu bestimmen. Lediglich die daraus resultierenden Konsequenzen hätten europarechtskonform zu sein.[722] Für den Fall, dass der EuGH auch die zweite Vorlagefrage beantworten wolle, hatte *Colomer* vorgeschlagen, diese zu verneinen.

Auch wenn der EuGH mit der Antwort auf die zweite Vorlagefrage letztendlich nur aussagt, die Rechtsfähigkeit, die der Gründungsstaat einer Gesellschaft verliehen hat, sei durch den Aufnahmestaat zu achten, heißt das nichts anderes, als dass die Rechtsfähigkeit zukünftig nicht nach der Sitztheorie bestimmt werden darf.[723] Anders sehen das – wie oben angesprochen – *Eidenmüller,*[724] *Wernicke,*[725] *Großerichter*[726] und *Kindler,*[727] die davon ausgehen, dass bisher nicht darüber entschieden sei, ob sich die Rechtsfähigkeit auch aus deutschem Recht ergeben könnte.[728] Würde man die grenzüberschreitende Gesellschaft als deutsche Personengesellschaft behandeln, wäre die Gesellschaft rechtsfähig.[729] Der EuGH hat mit Beantwortung der zweiten Vorlagefrage jedoch erklärt, dass die Rechts- und Parteifähigkeit, die eine Gesellschaft *nach dem Recht ihres Gründungsstaates* besitzt, zu achten ist. Verleiht der Aufnahmemitgliedstaat eine Rechts- und Parteifähigkeit als deutsche GbR oder OHG, kann dies eine „andere Rechtsfähigkeit" sein, als die Rechtsfähigkeit nach dem Recht des Gründungsstaates. An dieser Stelle stellt sich die Frage, ob es überhaupt Unterschiede in der Qualität der Rechtsfähigkeit geben kann. Von der traditionellen Lehre[730] wird das verneint. Rechtsfähigkeit bedeute nur, dass eine Person oder ein Rechtsgebilde grundsätzlich die Möglichkeit habe, als Rechtsträger zu fungiere. Es gäbe somit keine „bessere" oder „schlechtere" Rechtsfähigkeit. Damit erscheint es nach dieser Ansicht zunächst unerheblich, ob sich die Rechtsfähigkeit nach dem Recht des Gründungsstaates oder nach deutschem Recht bestimmt, solange sie nur überhaupt zugesprochen wird. Aber auch wenn man dieser traditionellen Lehre folgt, wird der Umfang der Möglichkeit einer Gesellschaft, Träger von Rechten und Pflichten zu

---

[721] Vgl. hierzu in Auszügen ZIP 2002, 75.
[722] Schlussantrag Tz. 39, 64 f (ZIP 2002, 75, 80); so auch schon EuGH Rs C-213/89 Factortame DB 1996, 619; vgl. hierzu auch *Sonnenberger/Großerichter* RIW 1999, 721, 722.
[723] So auch *Großfeld* RIW 2002 Heft 12 I; *Stieb* GmbHR 2002, R 473.
[724] *Eidenmüller* ZIP 2002, 2233, 2239.
[725] *Wernicke* EuZW 2002, 758, 760.
[726] *Großerichter* DStR 2003, 159, 166.
[727] *Kindler* NJW 2003, 1073, 1076 f, nach dem die Aussage in Leitsatz 2 überhaupt nur für Mitgliedstaaten gelten solle, die der grenzüberschreitenden Gesellschaft jede Parteifähigkeit versagten.
[728] So wohl auch *Heidenhain* NZG 2002, 1141, 1143 der jedoch den Weg über eine Anerkennung als deutsche Personengesellschaft ablehnt. *Zimmer* (BB 2003, 1, 4) ist ebenfalls der Ansicht, dass bzgl. der Rechtsfähigkeit die Lösung über die deutsche Personengesellschaft mit dem Wortlaut der Überseering-Entscheidung vereinbar wäre. Die weiteren, sich daraus ergebenden, Rechtsfolgen würden aber gegen die Aussagen im Überseering-Urteil verstoßen.
[729] Vgl. hierzu Kapitel 2 D II.
[730] Vgl. Ausführungen in Kapitel 2 D II 1.

sein, durch die nationalen Vorschriften konkretisiert. So ist beispielsweise eine deutsche GbR trotz ihrer Rechtsfähigkeit nicht grundbuchfähig und nicht in der Lage, Gesellschafterin einer OHG zu sein.[731] Soll der Begriff der Rechtsfähigkeit so verstanden werden, dass es Abstufungen hinsichtlich des Umfangs der Rechtsfähigkeit gibt – so die Lehre von der Relativität der Rechtsfähigkeit – wird die Rechtsfähigkeit per se im Heimatstaat immer anders ausgestaltet sein, als die der deutschen OHG oder GbR. Nach beiden Ansichten macht es im Ergebnis durchaus einen Unterschied, welches Recht für die Anerkennung der Rechtsfähigkeit angewendet wird. Wäre es nun dem EuGH allein darum gegangen, dass die grenzüberschreitende Gesellschaft nicht durch die Aberkennung jeder Rechtsfähigkeit rechtlos gestellt wird, hätte er die zweite Vorlagefrage – wie von Generalanwalt *Colomer* vorgeschlagen – offengelassen oder verneint. Denn schon mit der Antwort auf die erste Vorlagefrage bringt der EuGH eindeutig zum Ausdruck, dass eine Aberkennung der Rechtsfähigkeit mit der Niederlassungsfreiheit unvereinbar ist.[732] Der EuGH verlangt jedoch, dass *die(jenige)* Rechtsfähigkeit zu achten ist, die eine Gesellschaft nach dem Recht ihres Gründungsstaates besitzt. Damit unterliegt die Frage der Rechtsfähigkeit dem Recht des Gründungsstaates – ein Festhalten an der Sitztheorie bzgl. der Beurteilung der Rechtsfähigkeit verbietet sich.[733] Mit der Rechtsfähigkeit eng verknüpft ist die Frage nach der Rechtssubjektivität. Achtet man die ausländische Rechtsfähigkeit, so muss die Gesellschaft zukünftig auch als ausländisches Rechtssubjekt anerkannt werden.

So erscheint es nicht möglich, die grenzüberschreitende Gesellschaft weiterhin nach der Sitztheorie als deutsche GbR bzw. OHG einzuordnen und nur bzgl. des Umfangs der Rechtsfähigkeit auf das Gründungsrecht als „Sonderanknüpfung" zurückzugreifen. Denn Rechtsträger wäre dann regelmäßig nicht, wie vom EuGH gefordert, die ausländische Kapitalgesellschaft, sondern die aus dieser entstandene inländische Personengesellschaft.[734]

Geht man davon aus, dass es lediglich ein Gesellschaftsstatut geben kann, ist somit für Gesellschaften die aus einem EU-Mitgliedstaat stammen, der der Gründungstheorie folgt,[735] vollumfänglich die Gründungstheorie anzuwenden. Deutsche Schutzstandards können dann nur über Sonderanknüpfungen durchgesetzt werden. Erachtet man eine Kumulierung von Sitztheorie und Gründungstheorie für zulässig, könnte auf die Differenzierungslehre oder die Überlagerungstheorie zurückgegriffen werden.[736]

---

[731] Kapitel 2 D II 3.

[732] Allein die Tatsache, dass der EuGH lediglich von „achten" an Stelle von „anerkennen" spricht, kann an dieser Sicht nichts ändern (so aber *Wernicke* EuZW 2002, 758, 760). Denn wenn ein Mitgliedstaat *die im Ausland verliehene* Rechtsfähigkeit achten will, muss er sie zwangsläufig anerkennen.

[733] So auch eindeutig *Leible/Hoffmann* RIW 2002, 925, 927 und *Lutter* BB 2003, 1, 7 (jeweils mit weiterer Begründung).

[734] *Leible/Hoffmann* RIW 2002, 925, 928.

[735] Zu klären ist, ob die Überseering-Entscheidung auch für Gesellschaften gilt, die aus einem EU-Mitgliedstaat, der der Sitztheorie folgt, nach Deutschland ziehen. Denn dieser erkennt der grenzüberschreitenden Gesellschaft zum Zeitpunkt der Sitzverlegung ja gerade selbst die Rechtsfähigkeit ab, so dass gar keine Rechtsfähigkeit besteht, die aufgrund der Niederlassungsfreiheit zu achten wäre.

[736] Vgl. dazu oben Kapitel 3 B.

Bedauerlich ist, dass der EuGH seine Antwort auf die zweite Vorlagefrage nicht näher begründet. Wird die Rechtsfähigkeit der grenzüberschreitenden Gesellschaft nicht im Sinne der im Heimatstaat gegründeten Gesellschaft, aber als unter Wahrung der Identität entstandene deutsche Gesellschaft anerkannt, liegt zwar weiterhin ein Eingriff in die Niederlassungsfreiheit vor, da sich der Umfang der Rechtsfähigkeit durch die Sitzverlegung nachteilig geändert haben kann. In diesem Fall wäre jedoch eine eigene Verhältnismäßigkeitsprüfung vorzunehmen. Eine diesbezügliche eigenständige Prüfung hat der EuGH allerdings unterlassen.

Würde man die grenzüberschreitende Gesellschaft als deutsche GbR behandeln, wäre sie in fast gleichem Umfang fähig, Träger von Rechten und Pflichten zu sein, wie sie es nach dem Recht des Heimatstaates wäre.[737] Sie wäre in ihrer Rechtsstellung – zumindest was die Rechtsfähigkeit betrifft – kaum beeinträchtigt. Ein Verstoß gegen die Niederlassungsfreiheit könnte eher aufgrund der weiteren Folgen, die sich aus der Behandlung der grenzüberschreitenden Gesellschaft als deutsche Personengesellschaft ergeben würden, angenommen werden. Als belastend stellen sich insbesondere die Änderungen hinsichtlich der Haftungsverhältnisse dar. Während die Gesellschafter der ausländischen Kapitalgesellschaft regelmäßig nicht persönlich haften, besteht mit Verlegung des Verwaltungssitzes nach Deutschland bei Anwendung der Sitztheorie eine Außenhaftung der Gesellschafter, wie sie für alle deutschen Gesamthandsgesellschaften gilt. Hierbei geht es genaugenommen nicht um die Niederlassungsfreiheit der Gesellschaft, sondern um die der Gesellschafter.[738] Diesen Nachteil könnte man damit begründen, dass die Haftungsverfassung der ausländischen Gesellschaft den deutschen Schutzstandards nicht entspräche und die persönliche Haftung daher zum Schutz der Gläubiger erforderlich sei. Auch ließe sich geltend machen, dass nur durch eine solche Maßnahme die Gesellschaft dazu gebracht werden könne, eine deutsche Rechtsform anzunehmen, was erforderlich sei, um weitere deutsche Schutzbestimmungen – beispielsweise zugunsten der Arbeitnehmer – durchzusetzen. Schließlich würde auch für den Fall, dass die Rechtspersönlichkeit der Gesellschaft nach der Gründungstheorie beurteilt wird, den deutschen Schutzvorschriften in legitimer Weise durch Sonderanknüpfungen Rechnung getragen werden können. Da allerdings nicht immer die Haftungsverfassung ausländischer Gesellschaften ungünstiger ausgestaltet sein wird, als die der deutschen Kapitalgesellschaften, der EuGH aber zu einer konkreten Einzelfallprüfung neigt, würde er wohl auch unter Berücksichtigung der hier vorgebrachten Argumente aufgrund der haftungsrechtlichen Nachteile einen Verstoß gegen die Niederlassungsfreiheit annehmen.[739]

M. E. sind die Folgen der Sitztheorie, selbst wenn man den hier vertretenen Weg der Anerkennung als deutsche Gesamthandsgesellschaft geht, in der Tat aus europarechtlicher Sicht nur schwer als verhältnismäßig und mit der Niederlassungsfreiheit vereinbar anzusehen. An-

[737] Zum Umfang der Rechtsfähigkeit von Personengesellschaften Kapitel 2 D II 3.
[738] *Leible/Hoffmann* DB 2002, 2203, 2207.
[739] Zu diesem Ergebnis gelangen auch *Eidenmüller* ZIP 2002, 2233, 2241, *Leible/Hoffmann* DB 2002, 2203, 2207, *Lutter* BB 2003, 1, 9 und *Gronstedt* BB 2002, 2033.

dererseits muss es auch in einem vereinten Europa möglich sein, nach nationalem Recht bewährte gesellschaftsrechtliche Schutzstandards wirksam durchzusetzen. Solange eine identitätswahrende Umwandlung einer ausländischen Kapitalgesellschaft in eine deutsche Kapitalgesellschaft nicht möglich ist,[740] sind die Sanktionen der Sitztheorie jedenfalls zu hart. Denn die Gesellschaft, die von Deutschland aus tätig werden will, kann dies als Kapitalgesellschaft nur dann tun, wenn sie liquidiert und in Deutschland neu gegründet wird. Sobald aber eine identitätswahrende Verlegung von Satzungssitz *und* Verwaltungssitz möglich ist, hat der Aufnahmestaat ein legitimes Interesse daran, dass die sitzverlegende Gesellschaft hiervon auch Gebrauch macht und den Satzungssitz am Ort des Verwaltungssitzes einnimmt. Denn bei Anwendung der Gründungstheorie würde durch ein kompliziertes System von Sonderanknüpfungen, das zwangsläufig zu erheblicher Rechtsunsicherheit führt, gesellschaftsrechtlich im Wesentlichen das gleiche Ergebnis durchgesetzt werden, das genau so gut durch Annahme der inländischen Rechtsform erzielt werden kann.[741] In dieser Konstellation erscheint die Anwendung der Sitztheorie, soweit sie zu einer Umwandlung in eine deutsche Personengesellschaft bzw. einen deutschen nichtrechtsfähigen Verein führt, gerechtfertigt. Ein gewisser Sanktionscharakter muss auch unter Berücksichtigung europäischer Interessen erlaubt sein. Die Tatsache, dass nunmehr aufgrund des klaren Urteilsspruchs des EuGH für diese Fälle ein Festhalten an der Sitztheorie nicht mehr möglich ist, hat der BGH selbst verschuldet. Die schon fast provokant anmutende erste Vorlagefrage wäre im Ausgangsverfahren überhaupt nicht entscheidungsrelevant gewesen, wäre der BGH schon früher von seiner „Nichtanerkennungstheorie" abgerückt und hätte der Überseering als deutsche GbR bzw. den beiden Gesellschaftern als Gesamtgläubigern ihre Gewährleistungsansprüche zuerkannt. Die nun ergangene Entscheidung bringt aber auf jeden Fall Schwung in den Harmonisierungsprozess des europäischen Gesellschaftsrechts. Für Sachverhalte ohne Europarechtsbezug erscheint ein Festhalten an der Sitztheorie aus den genannten Gründen jedenfalls sachgerecht.

Wie die deutsche Rechtsprechung zukünftig grenzüberschreitende Gesellschaften zivilrechtlich behandeln wird, ist noch nicht abschließend geklärt.[742] Fest steht bisher allein, dass die Rechtsfähigkeit einer aus einem Mitgliedstaat zuziehenden Gesellschaft zukünftig nach der Gründungstheorie zu bestimmen ist.[743] Es besteht aber die Möglichkeit, auf differenzierende Theorien in der Literatur, insbesondere *Sandrocks* Überlagerungstheorie oder auf die Diffe-

[740] Vgl. zum Meinungsstand Kapitel 3 C I 3.

[741] Die Durchsetzung des deutschen Mitbestimmungsrechts aufgrund von Sonderanknüpfungen ist zudem praktisch kaum durchführbar (vgl. auch *Eidenmüller* ZIP 2002, 2233, 2242).

[742] So auch *Geyrhalter/Gänßler* NZG 2003, 409, 411.

[743] Vgl. Entscheidung des BGH in der Rechtssache Überseering vom 13.03.2003 NJW 2003, 1461. Aber auch Entscheidung des OLG Zweibrücken vom 26.03.2003 (Az. 3 W 21/03), wonach eine Zweigniederlassung in das deutsche Handelsregister einzutragen ist, auch wenn der effektive Verwaltungssitz **nicht** im Heimatstaat (vorliegend Großbritannien) liegt. In der Vergangenheit wurde in derartigen Fällen die Eintragung der Zweigniederlassung mangels Rechtsfähigkeit der Stammgesellschaft verweigert. Dies sei nach der Überseering-Entscheidung nicht mehr möglich.

renzierungstheorie zurückzugreifen[744] und die übrigen Verhältnisse der Gesellschaft weiter nach deutschem Recht zu bestimmen. Angesichts der an diesen Theorien bisher geübten Kritik ist jedoch eher zu erwarten, dass die Rechtsprechung die Sitztheorie für Europasachverhalte – zumindest für Zuzugsfälle – vollständig aufgeben und versuchen wird, die Schutzvorschriften des deutschen Gesellschaftsrechts zukünftig über ein eigenes System von Sonderanknüpfungen[745] oder durch ein dem britischen Recht vergleichbares Aufsichtsrecht durchzusetzen.[746] Für grenzüberschreitende Körperschaften aus Drittstaaten wird die Rechtsprechung wohl zumindest so lange an der Sitztheorie festhalten, bis sich die aufgrund der Vorgaben des Europarechts gefundenen Alternativen bewährt haben.[747]

F Internationales Konzernrecht

Im Internationalen Gesellschaftsrecht spielt auch das Konzernrecht eine Rolle. Bei verbundenen Unternehmen ist zu beachten, dass gesellschaftliche Machtwirkung nicht mit tatsächlichem Verwaltungssitz gleichzusetzen ist; die eigenständige Rechtsfähigkeit der Untergesellschaft ist also zu beachten. Maßgeblich für die Bestimmung des Gesellschaftsstatuts ist daher der Ort, an dem die Geschäftsführungs- und Vertretungsorgane der Untergesellschaft tätig sind. Auf den Verwaltungssitz der Obergesellschaft kommt es nicht an.[748]

Umstritten ist die Zulässigkeit von grenzüberschreitenden Beherrschungs- und Gewinnabführungsverträgen.[749] Teilweise werden dagegen Bedenken erhoben, denn es sei nicht gewährleistet, dass das deutsche Konzernrecht im Ausland durchsetzbar ist.[750] Inzwischen hält die überwiegende Meinung derartige Verträge für zulässig.[751] Da das deutsche Steuerrecht jedoch

---

[744] Hierzu oben Kapitel 3 B I.

[745] *V. Halen* (Gesellschaftsstatut S. 280) schlägt diesbezüglich vor, grenzüberschreitende Gesellschaften hinsichtlich des Register- und Firmenrechts, der unternehmerischen Mitbestimmung, des Insolvenzrechts und der Mindestkapitalaufbringungs- und erhaltungsvorschriften dem deutschen Recht zu unterwerfen. *Geyrhalter/Gänßler* (NZG 2003, 409, 413) fordern die Schaffung von Sonderanknüpfungen im EGBGB um u. a. Regelungen zum Gläubigerschutz, materiellem Konzernrecht, Minderheitenschutz und zur Mitbestimmung durchsetzen zu können.

[746] So auch *Forsthoff* DB 2002, 2471, 2476.

[747] Vgl. hierzu auch BGH vom 29.01.2003 DB 2003, 818. Der BGH hatte zu entscheiden, ob die Rechtsfähigkeit einer US-amerikanischen Gesellschaft in Deutschland anzuerkennen sei. Dies hat er mit Verweis auf den deutsch-amerikanischen Freundschafts-, Handels- und Schifffahrtsvertrag vom 29.10.1954 (vgl. hierzu Kapitel 3 B II) bejaht. Auf die Sitztheorie wird in der Entscheidungsbegründung eingegangen, ohne dass deren Fortgeltung in Frage gestellt wird (vgl. hierzu auch *Kindler* BB 2003, 812; *Weller* IPRax 2003, 324; anders *Merkt* RIW 2003, 458, 459). Vgl. auch BayObLG vom 20.02.2003 (DB 2003, 819), das für einen Drittstaaten-Sachverhalt die Rechtsfähigkeit einer grenzüberschreitenden Gesellschaft wie der BGH vom 01.07.2002 (vgl. hierzu Kapitel 3 C I 1 a. E.) nach der Sitztheorie über die „GbR-Lösung" herleitet.

[748] *Kaligin* DB 1985, 1449, 1450.

[749] Hierbei handelt es sich im Grunde nicht um Internationales Gesellschaftsrecht, sondern um Sachrecht. Dieser Teilaspekt des Internationalen Konzernrechts kann jedoch für den Typenvergleich Bedeutung haben, während Internationales Konzernrecht ansonsten auf die Einordnungsproblematik unmittelbar keine Auswirkungen hat.

[750] So noch *Ebenroth* in Rebmann/Säcker/Rixecker, Münchener Kommentar 1. Aufl. Bd. 10 nach Art. 10 Rz. 356, 360; *Ebenroth*, Verdeckte Vermögenszuwendungen S. 403, 420.

[751] BGH vom 05.10.1981 NJW 1982, 1817; BGH vom 15.06.1992 AG 1992, 450 (dort wohl stillschweigend vorausgesetzt); OLG Karlsruhe 07.21.1990 ZIP 1991, 101; *Assmann* in Staub, HGB Einl. Rz. 641.

nach wie vor keine internationale steuerrechtliche Organschaft kennt (§ 14 KStG), spielen derartige Organschaftsverträge für den Typenvergleich keine Rolle. Steuerlich relevant werden die Gewinne bei internationalen Konzernen immer bei der (Tochter-) Gesellschaft, bei der sie entstehen. Diese Gesellschaften gilt es, in das deutsche System der Einkommensbesteuerung einzuordnen.[752]

G Zulässigkeit einer „ausländischen Gesellschaft & Co. KG“

Stark umstritten ist die Frage, ob es rechtlich zulässig ist, dass sich eine ausländische Gesellschaft an einer inländischen KG als Komplementärin beteiligt. Für den Typenvergleich ist diese Frage insofern von Bedeutung, als zu klären ist, ob eine ausländische Gesellschaft & Co. KG als Vergleichsform für ähnliche ausländische international gemischte Gesellschaftsformen zur Verfügung steht. Zudem kann sich nur bei Zulässigkeit der Beteiligung die Frage stellen, wie die ausländische Gesellschaft, die sich an einer deutschen KG beteiligt, steuerlich zu behandeln ist. Schließlich lassen sich wiederum Rückschlüsse darauf ziehen, wie streng der Grundsatz der Typengesetzlichkeit in der Praxis gehandhabt wird.[753]

Problematisch ist die Rechtsform der ausländischen Gesellschaft & Co. KG zunächst aufgrund der Sitztheorie. Denn wenn die ausländische Gesellschaft zur Wahrnehmung ihrer Komplementärstellung ihren tatsächlichen Verwaltungssitz in das Inland verlegt, wurde sie nach der deutschen Rechtsprechung bisher als nicht existent behandelt. Damit würde dann auch nach deutschem Recht keine wirksame KG bestehen.[754] Nach der hier vertretenen Ansicht handelt es sich in diesen Fällen bei der ausländischen Gesellschaft i. d. R. um eine OHG, was schon wegen des Handelns in falschem Namen zumindest langfristig von den Gesellschaftern nicht gewünscht sein kann.[755] Es kann aber – insbesondere bei reiner Vermögensverwaltung – auch eine GbR vorliegen, deren Komplementärfähigkeit momentan von der Rechtsprechung noch abgelehnt wird.[756] Auch für den Fall, dass die ausländische Gesellschaft ihren Verwaltungssitz im Ausland belässt, stellen sich Probleme. Dann ist fraglich, ob die KG ihren tatsächlichen Verwaltungssitz weiterhin in Deutschland haben kann, oder ob dieser richtigerweise am Ort der – ggf. allein geschäftsführenden – Komplementärin liegen muss.

Ferner ist im Hinblick auf das Verbot einer Grundtypenvermischung zweifelhaft, ob eine Gesellschaftsform, bei der sogar verschiedene Gesellschaftsstatute anzuwenden sind, noch zuläs-

---

[752] Vgl. hierzu schon Fn. 148 in Kapitel 2.

[753] Siehe hierzu auch die Ausführungen in Kapitel 2 B III 1 und C II zur GmbH & Co. KG, wo bereits zum Ausdruck gebracht wurde, dass das Prinzip der Typengesetzlichkeit sehr extensiv gehandhabt wird, was dazu führt, dass die Unterscheidung zwischen Personengesellschaften und Körperschaften in erheblichen Maße aufgeweicht wird.

[754] *Großfeld/Erlinghagen* JZ 1993, 217, 223.

[755] Vgl. auch *Duys*, Auslands-Kapitalgesellschaft und Co. KG S. 12.

[756] Vgl. Kapitel 2 D II 3 und E II 2.

sig sein kann.[757] Die ausländische Gesellschaft muss als persönlich Haftende der Kommanditgesellschaft auftreten, also innerhalb der Kommanditgesellschaft eine besondere Vertrauensstellung einnehmen.[758] Dem Handelsregister lassen sich die Haftungsbedingungen nicht entnehmen.[759] Die Gleichwertigkeit der inländischen Kapitalgesellschaften und einiger ausländischer Gesellschaftsformen ist zudem zweifelhaft.[760] Auch bereitet die Sitztheorie an dieser Stelle wieder Probleme. Nach der Sitztheorie umfasst das für die Gesellschaft maßgebliche Recht die Gesellschaft in ihrem gesamten Bestand einschließlich aller ihrer Teile.[761] Beruht aber die Stellung des Komplementärs auf ausländischem Recht, so unterliegt der wesentliche Teil der als Einheit gesehenen Gesamtkonstruktion, ihr strukturbestimmendes Element, ausländischem Recht.[762] Schließlich ist es schwierig, der ausländischen Gesellschaft & Co. die nationalen Vorgaben hinsichtlich der Mitbestimmung aufzuzwingen.[763] Demnach wir diese Gestaltungsform in weiten Teilen der Literatur abgelehnt.[764] Die Rechtsprechung hat in verschiedenen Entscheidungen die ausländische Kapitalgesellschaft & Co. grundsätzlich zugelassen.[765] Dabei wurde vom BayObLG sogar die Sitztheorie in Frage gestellt, zumindest insoweit, wie sie die allgemeine Rechtsfähigkeit versagt.[766]

Auch wenn die Akzeptanz der ausländischen Gesellschaft & Co. im Hinblick auf den Rechtsformzwang und das Schutzbedürfnis von Gesellschaftern und Gläubigern problematisch erscheint, wird sie von der Rechtsprechung und ihr folgend von der Verwaltungspraxis akzeptiert. Ihre Existenz ist daher auch für den Typenvergleich zu berücksichtigen. Dabei handelt es sich bei der ausländischen Kapitalgesellschaft & Co. KG genau wie bei der GmbH & Co. KG um eine KG deutschen Rechts.

---

[757] Hierbei handelt es sich nicht um ein Problem des Internationalen Gesellschaftsrecht, da Sachrecht und nicht Kollisionsrecht in Frage steht. Dennoch soll dieser Aspekt in diesem Zusammenhang mitberücksichtigt werden.
[758] *Großfeld/Erlinghagen* JZ 1993, 217, 223 f.
[759] *Ebke* ZGR 1987, 245, 268.
[760] Vgl. nur das fehlende haftbare Mindestkapital bei der britischen *company limited by share.*
[761] Vgl. zur Einheitstheorie Einführung zu Kapitel 3 B.
[762] *Großfeld/Erlinghagen* JZ 1993, 217, 223.
[763] *Großfeld/König* RIW 1992, 438.
[764] *Kindler* in Rebmann/Säcker/Rixecker, Münchener Kommentar Bd. 11 IntGesR Rz. 439; *Kaligin* DB 1985, 1449, 1452; *Großfeld/Erlinghagen* JZ 1993, 217, 223; *Ebenroth* JZ 1988, 18, 24; *Ebenroth/Eyles* DB 1988 Beilage Nr. 2 S. 16 ff; *Ebke* ZGR 1987, 245, 265; a. A. *Grothe* (Die Ausländische Kapitalgesellschaft & Co. S. 207 ff) der keine gesellschaftsrechtlichen Bedenken hat, jedoch von der Nichtanwendbarkeit der Sitztheorie auf EU-Ebene ausgeht (S. 125 ff); auch *Duys* (Auslands-Kapitalgesellschaft und Co. KG S. 39 ff insbesondere S. 87) sieht – bei Erfüllung von Mindestvoraussetzungen bzgl. Mindestkapital – keine Probleme.
[765] BayObLG vom 21.03.1986 BayObLGZ 1986, 61; OLG Saarbrücken vom 21.04.1989 DB 1989, 1076; LG Stuttgart vom 11.05.1993 BB 1993, 1541; OLG Stuttgart vom 30.03.1995 ZIP 1995, 1004.
[766] BayObLG vom 21.03.1986 BayObLGZ 1986, 61.

H Ergebnis aus den Untersuchungen zum Internationalen Gesellschaftsrecht

Das Internationale Gesellschaftsrecht gibt das auf eine Gesellschaft anwendbare Recht vor. In Deutschland gilt dafür – von wenigen Ausnahmen abgesehen[767] – bisher die Sitztheorie, wonach sich das anwendbare Recht nach dem tatsächlichen Verwaltungssitz bestimmt. Für Gesellschaften, die in Deutschland tätig werden und sowohl Satzungssitz als auch Verwaltungssitz im Ausland haben, bedeutet dies, dass sich ihre Rechtsverhältnisse auch in Deutschland nach dem Recht ihres Heimatstaates bestimmen. Problematisch wird jedoch die Behandlung grenzüberschreitender Kapitalgesellschaften. Nach deutschem Recht können diese Gesellschaften regelmäßig keine juristischen Personen sein, da hierfür zumindest die Eintragung in das deutsche Handelsregister fehlt. Bei konsequenter Anwendung deutschen Gesellschaftsrechts handelt es sich bei einer grenzüberschreitenden Gesellschaft im Falle eines nicht zwingend kaufmännisch eingerichteten Geschäftsbetriebs entweder um eine deutsche GbR oder einen nichtrechtsfähigen Verein, anderenfalls um eine deutsche OHG. Der dieser Rechtsfolge regelmäßig entgegenstehende Wille der Gesellschafter schadet nicht. Die bisherige Ansicht der Rechtsprechung, die bei einer grenzüberscheitenden Kapitalgesellschaft schlichtweg von einer Nichtexistenz der Gesellschaft ausgeht, ist abzulehnen, weil sie verkennt, dass es sich bei der Sitztheorie nicht um eine bloße „Anerkennungstheorie" handelt. Für Gesellschaften, die nach dem Recht eines EU-Mitgliedstaates gegründet wurden und sich damit auf die Niederlassungsfreiheit berufen können, wird die Sitztheorie zukünftig nicht mehr oder nur noch eingeschränkt Anwendung finden können. Der EuGH hat im kürzlich ergangenen Urteil in der Rechtssache Überseering ausdrücklich bestimmt, dass zumindest Rechts- und Parteifähigkeit nach dem Recht des Gründungsstaates zu beurteilen sind. Ob der BGH damit die Sitztheorie mittel- und langfristig auch für Sachverhalte ohne EU-Bezug aufgeben wird, bleibt abzuwarten.

[767] Vgl. unter B II und III.

Kapitel 4 Deutsches Steuerrecht

Das deutsche nationale Steuerrecht beschäftigt sich mit rein nationalen Steuersachverhalten. Sobald ein Auslandsbezug besteht, spricht man vom Internationalen Steuerrecht, auch wenn letztendlich lediglich deutsches Recht angewendet wird.[768] Als relevante Normen für die Einordnung *deutscher* Gesellschaften in das System der Einkommensbesteuerung sind insbesondere § 1 Abs. 1 Nr. 1, § 3 Abs. 1 KStG und § 15 Abs. 1 S.1 Nr. 2 und 3 EStG zu nennen. Der Regelungsgehalt dieser Normen ist im Folgenden zu untersuchen. Denn für die Einordnung ausländischer Gesellschaften ist die Behandlung rein deutscher Sachverhalte grundlegend. Im Zusammenhang mit dem deutschen Steuerrecht ist insbesondere zu klären, was überhaupt die Gründe für eine unterschiedliche Besteuerung von Personengesellschaften und Körperschaften sind und ob das Steuerrecht sich streng an die zivilrechtlichen Gesellschaftsformen zu halten hat, oder vielmehr eine eigene steuerrechtliche Einordnung der Gesellschaften geboten ist.

A Rechtfertigung des Dualismus von Einkommen- und Körperschaftsteuer

Allein der Dualismus von Einkommensteuer und Körperschaftsteuer bedeutet eine rechtsformabhängige Unternehmensbesteuerung.[769] Diese muss mit dem Gebot der Rechtsformneutralität der Besteuerung vereinbar sein, das seine Grundlage in der Forderung nach einer Wettbewerbsgleichheit von Steuerpflichtigen, die gleichartige Leistungen am Markt anbieten, hat.

Die Besteuerung von Körperschaften und Personengesellschaften unterscheidet sich, wie in Kapitel 1[770] dargestellt, nicht nur hinsichtlich der formalen Abwicklung, sondern auch hinsichtlich der tatsächlichen Steuerbelastung der Gesellschaft bzw. der Gesellschafter. Nachdem durch die Einführung des körperschaftsteuerlichen Anrechnungsverfahrens die Besteuerung von Körperschaften und Personengesellschaften zumindest näherungsweise einander angepasst wurde, haben sich die Belastungsunterschiede seit der Unternehmenssteuerreform[771] wieder erhöht. So werden insbesondere thesaurierte Gewinne von Körperschaften nunmehr sehr viel niedriger besteuert, als nicht ausgezahlte Gewinne von Personengesellschaften.

Eine nicht legitimierte Ungleichbehandlung von Wettbewerbern kann einen Verstoß gegen Art. 3 Abs. 1 GG darstellen.[772] Die Legitimation der unterschiedlichen Besteuerung von Personengesellschaften und Körperschaften ist für den Typenvergleich von erheblicher Bedeutung, denn diese ist eng verknüpft mit dem Sinn und Zweck dieser Unterscheidung. Der RFH

[768] Vgl. zum Begriff des Internationalen Steuerrechts Einführung zu Kapitel 5.
[769] *Jachmann*, Steuergesetzgebung S. 60; so auch *Birk* StuW 2000, 328, 333.
[770] Dort Punkt B I und II.
[771] Gesetz zur Senkung der Steuersätze und zur Reform der Unternehmensbesteuerung (StSenkG) vom 23.10.2000 BGBl I 2000, 1433.
[772] BVerfG vom 29.10.1999 DB 1999, 2397 (zur Umsatzsteuer); für direkte Steuern *Jachmann*, Steuergesetzgebung S. 60 ff; aus dem Gleichheitssatz wird auch die Geltung des Leistungsfähigkeitsprinzips abgeleitet, vgl. *Birk* StuW 2000, 328, 329.

hat in seiner grundlegenden Venezuela-Entscheidung[773] zur Einordnung ausländischer Gesellschaften eine teleologische Auslegung der relevanten Normen verlangt. Auch wenn dieser Aspekt in der Venezuela-Entscheidung nicht näher ausgeführt und in den folgenden Entscheidungen nicht einmal mehr erwähnt wird, muss dennoch geklärt werden, inwieweit er bei der Einordnung ausländischer Gesellschaften Berücksichtigung finden muss. Gerade die Frage, inwieweit das Steuerrecht von den Vorgaben des Gesellschaftsrechts abhängig sein soll, kann nur dann beantwortet werden, wenn feststeht, was mit der unterschiedlichen Besteuerung von Personengesellschaften und Körperschaften letztendlich bezweckt werden soll.

I. Begründungsansätze für eine Differenzierung bei der Besteuerung von Personengesellschaften und Körperschaften

In der Begründung zum KStG 1920, mit dem erstmalig eine flächendeckende Besteuerung von Körperschaften eingeführt wurde, wurde die steuerliche Belastung der Körperschaft als Gegenleistung für die von der Rechtsordnung verliehene Rechtspersönlichkeit und den mit der körperschaftlichen Struktur verbundenen Vorteilen, insbesondere der erleichterten Eigenkapitalaufnahme, angesehen.[774] In der Entwurfsbegründung wurde ferner auf die besondere Wirtschaftskraft der Kapitalgesellschaften hingewiesen.[775] Hingegen hat das BVerfG im Urteil vom 24.01.1962[776] ausgeführt, dass die Körperschaftsteuer eine notwendige Konsequenz aus der Verselbständigung der juristischen Person sei, deren nicht ausgeschüttete Gewinne ansonsten überhaupt steuerfrei bleiben würden. Unter Bezugnahme auf dieses Urteil hat auch die Bundesregierung in der Begründung zur Körperschaftsteuerreform 1976[777] argumentiert, dass insbesondere dem Grundgedanken der wettbewerbsgerechten Besteuerung bei den einzelnen Steuerarten Rechnung getragen werden müsse. Das setze voraus, dass jeweils derjenige als Steuersubjekt heranzuziehen sei, der im Wettbewerb tätig ist. Auch wenn die juristischen Personen durch natürliche Personen geführt würden, so stellten sie sich doch selbst als im Wettbewerb tätige Gebilde dar. Der Grundsatz der Wettbewerbsneutralität gebiete es deshalb, den von diesen Gebilden erwirtschafteten Gewinn – zumindest soweit er wieder im betreffenden Unternehmen eingesetzt wird – gleichermaßen unter Berücksichtigung der persönlichen Leistungsfähigkeit der Körperschaft zu besteuern, wie den Gewinn mit ihr vergleichbar im Wettbewerb stehender natürlicher Personen. Als Argumente gegen eine Gleichstellung von Personengesellschaften und Körperschaften werden schließlich im Rahmen der Diskussion zur Unternehmenssteuerreform[778] auch praktische Argumente vorgebracht. Es

[773] Vgl. Kapitel 1 D I.
[774] Vgl. Begründung zum Entwurf des KStG 1920 Drs. der dt. Nationalversammlung Nr. 1976 S. 15.
[775] Begründung zum Entwurf des KStG 1920 Drs. der dt. Nationalversammlung Nr. 1976 S. 15.
[776] BVerfGE 13, 331.
[777] BT Drs. 7/1470 D. 323 ff.
[778] Gesetz zur Senkung der Steuersätze und zur Reform der Unternehmensbesteuerung (StSenkG) vom 23.10.2000 BGBl I 2000, 1433.

wäre nicht angemessen, die Bilanzierungs- und Dokumentationspflichten und die strikte Trennung der Vermögenssphären der Gesellschaft von derjenigen des Gesellschafters, wie sie für Kapitalgesellschaften selbstverständlich und notwendig sind, zwangsweise auf alle Personenunternehmen zu übertragen.[779]

In der Literatur werden die Argumente von Gesetzgeber und Rechtsprechung aufgegriffen und weitergeführt. So soll ein Unternehmen, sofern es sich noch nicht zu einer organischen Betriebseinheit verselbständigt hat, allein durch den seine Berufsausübungsfreiheit zur Ertragserzielung wahrnehmenden Unternehmer repräsentiert werden.[780] Lang[781] führt aus, dass eine Besteuerung rechtsform- und entscheidungsneutral sei, wenn wirtschaftlich gleichförmige Sachverhalte mit gleicher Belastungswirkung besteuert werden. Dabei müsse die genaue wirtschaftliche Analyse der Zivilrechtslage stets den Ausgangspunkt der Überlegung zu einer rechtsformneutralen Unternehmensbesteuerung bilden. Es müssten die unterschiedlichen Wirkungen der Rechtsform bezüglich beschränkter/unbeschränkter Haftung etc. respektiert werden. So sei das Körperschaftsteuersystem besonders mit der Situation des großen Publikumsunternehmens zu vereinbaren, während es der zivilrechtlichen und wirtschaftlichen Situation des Einzelunternehmens nicht hinreichend Rechnung trage.[782] Auch nach anderen Stimmen in der Literatur könne eine unterschiedliche Besteuerung von Personengesellschaften und Körperschaften aufgrund der zivilrechtlichen und haftungsrechtlichen Unterschiede gerechtfertigt sein,[783] so beispielsweise der Verlustausgleich auf Ebene der Personenunternehmer.[784]

Die Differenzierung zwischen ausgeschütteten und thesaurierten Gewinnen seit der Unternehmenssteuerreform[785] wird mit der wirtschaftspolitischen Vorstellung begründet, dass die im Unternehmen verbleibenden Gewinne sich als besonders förderungswürdig erweisen, während ausgeschüttete Gewinne – weil sie nicht unmittelbar in diesem Unternehmen reinvestiert werden – stärker belastet werden dürfen.[786] Die Sondertarifierung des einbehaltenen Gewinns sei somit sachlich gerechtfertigt und verfassungsrechtlich unbedenklich.[787] Damit ist jedoch noch nicht die unterschiedliche Behandlung von thesaurierten Gewinnen bei Körperschaften und Personengesellschaften zu begründen. Diese wird in der Literatur teilweise als mit dem

[779] Bundesministerium der Finanzen Brühler Empfehlungen S. 73.
[780] *Jachmann*, Steuergesetzgebung S. 17.
[781] In Brühler Empfehlungen Anh. 1 S. 14.
[782] *Lang* in Brühler Empfehlungen Anh. 1 S. 14.
[783] *Weber*, Grundgesetz/Gesellschaftsrecht S. 90 ff insbesondere S. 99 f.
[784] *Balmes* in Pelka, Unternehmenssteuerreform S. 34.
[785] Gesetz zur Senkung der Steuersätze und zur Reform der Unternehmensbesteuerung (StSenkG) vom 23.10.2000 BGBl I 2000, 1433.
[786] Vgl. Bundesministerium der Finanzen, Brühler Empfehlungen S. 36; kritisch hierzu *Schön* StuW 2000, 151.
[787] Bundesministerium der Finanzen, Brühler Empfehlungen S. 36 mit Verweis auf BFH vom 24.09.1999 BStBl II 1999, 450 (wo gerade eine Unterscheidung zwischen thesaurierten und ausgeschütteten Gewinnen gefordert wird) und BVerfG vom 22.06.1995 BVerGE 93, 165, 175.

Leistungsfähigkeitsprinzip unvereinbar und verfassungsrechtlich bedenklich angesehen.[788] Nach anderer Ansicht ist die Ungleichbehandlung mit der wirtschaftlichen Typik der durch die Rechtsform der Gesamthand geprägten mitunternehmerischen Ertragserzielung gerechtfertigt.[789] Wesentliches Element der personalistischen Komponente der Rechtsform der Personengesellschaften sei das grundsätzliche Recht auf anteilige Gewinnauszahlung (§ 721 Abs. 2 BGB; §§ 121, 122 HGB). Der Mitunternehmer, der das ihm unmittelbar zugerechnete Einkommen im Unternehmen beließe, verwende es.[790] Soweit der Anspruch auf Gewinnauszahlung im Gesellschaftsvertrag abbedungen sei,[791] liege es jedenfalls in der Gestaltungsfreiheit des Gesetzgebers, schon dies als Disposition über den Gewinnanteil zu werten.[792] Auch *Reiß*[793] spricht von einer zumindest vertretbaren Regelung, wenn der Steuergesetzgeber angesichts der zivilrechtlichen Unterschiede auch die anteilig auf den Gesellschafter entfallende Gesamthandsmehrung als vom Gesellschafter bereits realisierten Gewinn ansieht.

II. Wertung

1. Argument der höheren Leistungsfähigkeit von Körperschaften

Das Argument der höheren Leistungsfähigkeit von Körperschaften ist zum einen verfassungsrechtlich bedenklich, zum anderen bereits überholt. Es lassen sich keine generellen Aussagen zu einer rechtsformbezogenen Leistungsfähigkeit treffen. Insbesondere kann der persönliche Arbeitseinsatz der Gesellschafter einer Personengesellschaft gegenüber Gesellschaftern einer Körperschaft nicht als höherrangig eingestuft werden. Denn die Mitwirkungsmöglichkeiten der Gesellschafter an Sachentscheidungen beeinflusst nicht typischerweise die Höhe des Unternehmenserfolgs.[794] Eine gesteigerte wirtschaftliche Leistungsfähigkeit von Kapitalgesellschaften kann auch nicht aus einer Verstärkung der Kreditfähigkeit, der Kapitalhäufung, einer besonderen Wirtschaftlichkeit oder einer gesteigerten Wettbewerbsfähigkeit abgeleitet werden. Denn diese Vorteile bestehen nicht für alle Körperschaften gleichermaßen. Die Besteuerung soll nicht an die bloße Möglichkeit einer erhöhten Leistungsfähigkeit anknüpfen, sondern an die tatsächliche Ertragssituation.[795] Entscheidend ist jedenfalls, dass eine höhere Be-

---

[788] *Lang* StuW 1990, 107, 112; *Schön* StuW 2000, 151, 152; a. A. *Birk* (StuW 2002, 328, 335), der aufgrund fehlender Doppelbelastung bei Personengesellschaften keine Vergleichbarkeit der Sachverhalte sieht.

[789] *Jachmann*, Steuergesetzgebung S. 72.

[790] *Tipke*, Steuerrechtsordnung Teil II § 23 2.4 (S. 1038).

[791] Es ist umstritten, ob ein „Steuerentnahmerecht" des Gesellschafters besteht. Darunter versteht man, dass der Gesellschafter im Falle der Thesaurierung die auf seinen Gewinnanteil entfallende Steuer nicht aus eigenem Vermögen aufbringen muss, sondern diesen Betrag von der Gesellschaft zur Verfügung gestellt bekommt (*Baumbach/Hopt*, Handelsgesetzbuch § 122 Rz. 17).

[792] *Jachmann*, Steuergesetzgebung S. 703. Andererseits soll nach Jachmann eine Ungleichbehandlung thesaurierter Gewinne von Körperschaften und verwendeter – aber nicht ausgezahlter – Gewinne der Personengesellschaften nicht gerechtfertigt sein (S. 81 f).

[793] DStJG Bd. 17 (1994), 3, 18.

[794] So auch *Jachmann*, Steuergesetzgebung S. 62.

[795] Vgl. *Tipke*, Steuerrechtsordnung Teil II § 13 4 (S. 737).

steuerung von Körperschaften heute gar nicht mehr angestrebt wird und damit auch nicht gerechtfertigt werden muss. Spätestens seit Einführung des körperschaftsteuerlichen Anrechnungsverfahrens mit dem KStG 1977 wird gerade versucht, Belastungsunterschiede zwischen Körperschaften und Personengesellschaften auszugleichen.[796]

2. Argument der Verselbständigung der Körperschaft zur juristische Person

Dem Argument, eine eigene Körperschaftsteuer sei aufgrund der Verselbständigung der Körperschaft zur juristischen Person erforderlich, ist zunächst entgegenzuhalten, dass nicht nur juristische Personen, sondern auch Gesamthandsgemeinschaften, etwa der nichtrechtsfähige Verein, die nichtrechtsfähige Genossenschaft oder die Vorgesellschaft körperschaftsteuerpflichtig sind.[797] Die Körperschaftsteuersubjektivität knüpft nicht an die Stellung als juristische Person, sondern an die Einordnung als Körperschaft an.[798]

Wenn argumentiert wird, derjenige, der im Wettbewerb tätig ist, müsse selbst zur Steuer herangezogen werden, ist zu berücksichtigen, dass auch die Personengesellschaft selbst als Teilnehmer im Wettbewerb angesehen werden kann.[799] Der Personengesellschaft wird inzwischen eine eigene, allerdings beschränkte, Steuersubjektivität zugesprochen. Der BFH hat sich hierzu wie folgt geäußert:[800]

> „Eine Personengesellschaft ist jedoch für die Einkommensteuer und die Körperschaftsteuer insoweit Steuersubjekt, als sie in der Einheit ihrer Gesellschafter Merkmale eines Besteuerungstatbestandes verwirklicht, welche den Gesellschaftern für deren Besteuerung zuzurechnen sind."

Bedeutung hat diese Aussage einmal insofern, als die Personengesellschaft zum Subjekt der Gewinnermittlung wird, der Gewinn also einheitlich für alle Gesellschafter ermittelt wird. Zum anderen ist die Qualifikation der Einkünfte auf Ebene der Gesellschaft maßgebend für die Qualifikation der Einkünfte auf Ebene der Gesellschafter.[801] Wenn auch die Personenge-

---

[796] Anders sieht das *Herz* (Grenzüberschreitende Kapitalgesellschaften S. 178), der aus der Tatsache, dass sich durch das Körperschaftsteuergesetz 1977 der Kreis der in §§ 1 bis 3 KStG genannten Subjekte nicht geändert hat, ableitet, dass auch der Grund für die Körperschaftsbesteuerung weiterhin in der Möglichkeit einer höheren Leistungsfähigkeit gesehen wird.

[797] *Großfeld* (Basisgesellschaften S. 54-61) betont in diesem Zusammenhang, dass Kapitalgesellschaften aufgrund ihrer besonderen wirtschaftlichen Organisationsform und nicht aufgrund ihrer juristischen Personenqualität zu selbständigen Steuerrechtsträgern erhoben werden.

[798] Abzulehnen ist daher die Ansicht von *Wurster* FR 1980, 588, der – mit Verweis auf § 3 KStG – die Verselbständigung des Vermögens als allein entscheidendes Merkmal für die Körperschaftsteuersubjektivität ansieht.

[799] Zivilrechtlich ist eine Verselbständigung der Personengesellschaft gegenüber ihren Mitgliedern inzwischen anerkannt (vgl. hierzu insbesondere Kapitel 2 D II). Aber auch im Steuerrecht wird zwischen der Gesellschaft und den dahinter stehenden Gesellschaftern differenziert (vgl. *Bodden* DStZ 2002, 391).

[800] BFH vom 25.06.1984 BStBl II 1984, 751, 761 f; ähnlich auch BFH vom 02.09.1985 BStBl II 1986, 10; BFH vom 05.11.1985 BFHE 145, 58, 60; BFH vom 07.08.1986 BFHE 147, 224, 230; BFH vom 19.08.1986 BFHE 147, 453, 456; BFH vom 20.11.1990 BStBl II 1991, 345, 346.

[801] *Schmidt*, Einkommensteuergesetz § 15 Rz. 164; *Herz*, Grenzüberschreitende Kapitalgesellschaften S. 144.

sellschaft nicht Steuersubjekt i. e. S. ist, so bildet sie doch eine wesentliche Grundlage für die aus ihrer Tätigkeit stammenden Einkünfte bei den Gesellschaftern.[802]

Ursprünglich war auch umstritten, ob juristische Personen als Steuersubjekt in Frage kommen. Kritisiert wurde, dass das im Unternehmen bleibenden Einkommen nicht zur Bedürfnisbefriedigung diene, kein Steueropfer zugunsten der Allgemeinheit darstelle und damit außerhalb des Leistungs-Opfer-Zusammenhangs zwischen Staat und Staatsbürger stehe.[803] Körperschaften könnten kein Einkommen erzielen, da Begriffsmerkmal des Einkommens die Verfügbarkeit zum Bestreiten des Lebensunterhalts sei.[804] Die Gegenansicht qualifizierte die Körperschaftsteuer als Einkommensteuer der Körperschaften und begriff die Verwendbarkeit für den Lebensunterhalt nicht als wesentliches Merkmal für den Einkommensbegriff.[805] Heute wird die Leistungsfähigkeit als die Fähigkeit verstanden, Steuern aus dem verfügbaren Einkommen bzw. Gewinn bezahlen zu können.[806]

Die Erhebung der Körperschaftsteuer soll dazu dienen, auch auf die Gewinne zugreifen zu können, die mangels Ausschüttung nicht direkt beim Gesellschafter erfasst werden können. Diese Problematik beruht jedoch nicht auf der Verselbständigung zur juristischen Person, sondern könnte sich durchaus auch bei Personengesellschaften stellen. Hier besteht zwar – anders als bei Körperschaften [807] – grundsätzlich ein Auszahlungsanspruch der Gesellschafter. Dieser ist jedoch häufig durch Gesellschaftsvertrag abbedungen oder zumindest eingeschränkt. Bei Personengesellschaften wird der Zugriff auf nicht ausgezahlte Gewinne dadurch erreicht, dass die Gewinne den Gesellschaftern zugerechnet werden und von diesen unabhängig von der Auszahlung zu besteuern sind. Ein ähnliches System, die sog. Teilhabersteuer wird auch bei Körperschaften immer wieder diskutiert.[808] Andererseits wäre es durchaus möglich, auch Personengesellschaften zum eigenständigen Steuersubjekt zu machen und diese wie Körperschaften zu behandeln. Im Gewerbesteuerrecht ist die Personengesellschaft selbst Steuerschuldnerin.[809] Auch die Tatsache, dass in den Brühler Empfehlungen zur Unternehmenssteuerreform vorgesehen war, den Personengesellschaften ein Optionsrecht zur Körperschaftsteuer einzuräumen,[810] bringt zum Ausdruck, dass eine Differenzierung bei der Besteuerung von Personengesellschaften und Körperschaften nicht unbedingt erforderlich ist. Das Optionsmodell ist nicht aufgrund systematischer oder verfassungsrechtlicher Bedenken nicht Gesetz geworden, sondern es galt als zu kompliziert und unkalkulierbar.[811] Somit hätte der Gesetzgeber jedenfalls grundsätzlich die Gestaltungsfreiheit, Personengesellschaften als Kör-

[802] *Herz*, Grenzüberschreitende Kapitalgesellschaften S. 147.
[803] *Haller*, Die Steuern S. 176 f.
[804] *Fuisting*, Einkommensteuergesetz § 1 Rz. 5.
[805] *Kennerknecht*, Körperschaftsteuergesetz § 1 Rz. 4.
[806] *Jachmann*, Steuergesetzgebung S. 18.
[807] In der AG stellt beispielsweise der Vorstand den Jahresabschluss fest und entscheidet so über die Bildung von Rücklagen. Der Aktionär hat jedoch ein Anfechtungsrecht, falls Gewinnrücklagen oder Gewinnvortrag nicht kaufmännisch notwendig sind und den Gewinnbezug unter 4 % des eingezahlten Grundkapitals schmälern (*Schmidt*, Gesellschaftsrecht § 29 IV 3 e). Für die GmbH galt nach § 29 Abs. 1 GmbHG a. F. der Grundsatz des Gesellschafteranspruchs auf Vollausschüttung. Nach § 29 Abs. 2 GmbHG n. F. kann die Bildung offener Rücklagen mit einfacher Mehrheit beschlossen werden.
[808] Vgl. *Tipke*, Steuerrechtsordnung Teil II § 13 5 (S. 738).
[809] § 5 Abs. 1 Satz 3 GewStG (vgl. hierzu auch *Seer* StuW 1993, 114, 115).
[810] Vgl. Bundesministerium der Finanzen Brühler Empfehlungen S. 72 ff.
[811] *Streck* NJW 2000, 3629.

perschaftsteuersubjekte zu behandeln.[812] Da er jedoch bislang an einer unterschiedlichen Besteuerung festhält, ist die Verselbständigung der meisten Körperschaften zur juristischen Person aus steuerlicher Sicht als das Hauptargument für eine eigene Körperschaftsbesteuerung anzusehen.

3. Zivilrechtliche Unterschiede zwischen Körperschaften und Personengesellschaften

Auch die Unterschiede aufgrund der zivilrechtlichen Struktur werden als Argument für eine unterschiedliche Besteuerung geltend gemacht. Besondere Bedeutung ist hier insbesondere der Haftungsverfassung von Personengesellschaften beizumessen. Einem Gesellschafter, der mit seinem Vermögen persönlich für Verbindlichkeiten der Gesellschaft haftet, müssen auch entstehende Verluste direkt zugerechnet werden.

Bilanzierungs- und Dokumentationspflichten, wie sie für Kapitalgesellschaften gelten, sollen nicht zwingend kleinen Personengesellschaften aufgezwungen werden, die ihrer Struktur nach mit derartigen Pflichten überfordert wären. Dieses Argument ist jedoch aufgrund der weiten Verbreitung personalistisch strukturierter Körperschaften und körperschaftlich strukturierter Personengesellschaften nur bedingt geeignet, eine unterschiedliche Besteuerung von Körperschaften und Personengesellschaften zu begründen.

Die Konsequenzen aus der Tatsache, dass Personengesellschaften im Gegensatz zu den meisten Körperschaften gesamthänderisch gebunden sind und sich daraus die Möglichkeit ergibt, den Gewinn direkt den Gesellschaftern der Personengesellschaft zuzurechnen, wurde bereits im vorangegangenen Punkt gewürdigt.

4. Argumente für die Begünstigung thesaurierter Gewinne von Körperschaften

Die Besteuerung beim Gesellschafter einer Personengesellschaft wird damit begründet, dass nur so der von der Gesellschaft erwirtschaftete gewerbliche Gewinn in demselben Umfang für den gleichen Zeitraum wie bei dem Einzelunternehmen und der Kapitalgesellschaft steuerlich erfasst wird.[813] Entscheidend für die volle Erfassung des Gesellschaftsgewinns im Zeitpunkt der Realisierung bei der Gesellschaft ist somit nicht die gesteigerte Leistungsfähigkeit des Gesellschafters, sondern die indirekte Besteuerung der Gesellschaft nach Maßgabe der im Gesellschaftsvermögen gebundenen Leistungsfähigkeit.[814] Diese Aussage bringt deutlich zum Ausdruck, dass auch die thesaurierten Gewinne der Personengesellschaft steuerlich in der gleichen Höhe erfasst werden müssen, wie bei Körperschaften. Thesaurierte Gewinne sind sowohl für die Gesellschafter einer Kapitalgesellschaft als auch für die Gesellschafter einer

---

[812] So auch *Raupach* DStJG Bd. 20 (1997), 21, 73.
[813] Auch der BFH spricht vom „Einkommen der Personenvereinigung", das nicht bei ihr, sondern bei ihren Gesellschaftern unmittelbar zu versteuern ist (BFH vom 25.06.1984 BStBl II 1984, 751, 759).
[814] *Schön* StuW 1988, 253, 258.

Personengesellschaft weder rechtlich noch wirtschaftlich disponibel, so dass es sich verbietet, diese Erträge den Gesellschaftern zuzurechnen und sie nach deren individuellen Besteuerungsmerkmalen steuerlich zu erfassen.[815] Wirtschaftspolitische Gründe für eine Differenzierung bzgl. der Höhe der Besteuerung gerade für den Bereich der Vermögensverwaltung – in dem die steuerliche Behandlung von thesaurierten Gewinnen besonders relevant wird – lassen sich nicht anführen, da die Investitions- und Beschäftigungswirkung dieser Vermögensanlagen nicht von der Rechtsform des Investors abhängt.[816] Die oben angesprochene Argumentation, bei Personengesellschaften würde der Gesellschafter mit der Entscheidung, die Gewinne in der Gesellschaft zu belassen, über diese Gewinne verfügen, kann im Ergebnis nicht greifen. Denn regelmäßig enthält der Gesellschaftsvertrag von Personengesellschaften feste Regelungen zur Gewinnverwendung.[817] Gerade bei Publikumspersonengesellschaften haben die Gesellschafter daher einen kaum größeren Einfluss auf die Gewinnverwendung, als bei Kapitalgesellschaften. Als Ziel der Privilegierung von thesaurierten Gewinnen wird die Investitionsförderung angegeben. Dies muss für Personengesellschaften gleichermaßen gelten, wie für Körperschaften. Wenn die Besteuerungsunterschiede deshalb rechtmäßig sein sollen, weil es angesichts der Tatsache, dass der Gewinn von Personengesellschaften im Gegensatz zu Körperschaften keiner Doppelbelastung unterliegt, bereits an einer Vergleichbarkeit der Sachverhalte fehle,[818] mag dies verfassungsrechtliche Bedenken ausräumen. Diese Argumentation gibt jedoch keinen Aufschluss über die hier relevante Frage, zu welchem Zweck eine unterschiedliche Besteuerung von Körperschaften und Personengesellschaften vorzunehmen ist.

5. Zusammenfassung

Zusammenfassend lässt sich feststellen, dass eine Unterscheidung bei der Besteuerung von Personengesellschaften und Körperschaften weder aus zivilrechtlicher, noch aus steuerrechtlicher Sicht zwingend ist.[819] Sie ist jedoch möglich, soweit daraus keine erheblichen Belastungsunterschiede resultieren.[820] Solange der Gesetzgeber an der Differenzierung festhält,[821] müssen die hierfür vorgebrachten Argumente berücksichtigt werden. Nicht mehr haltbar ist das Argument, Körperschaften seien per se leistungsfähiger und daher höher zu besteuern als

---

[815] *Tipke/Lang*, Steuerrecht § 17 Rz. 60 (16. Aufl.); ähnlich auch *Lang* in Brühler Empfehlungen Anh. 1 S. 12 f.
[816] *Schön* StuW 2000, 151, 152.
[817] *Schmidt*, Gesellschaftsrecht § 47 IV 2.
[818] So *Birk* StuW 2000, 328, 335.
[819] Problematisch sieht das *Weber* Grundgesetz/Gesellschaftsrecht S. 64.
[820] Zur grundsätzlichen Vereinbarkeit einer unterschiedlichen Besteuerung mit Art. 3 GG vgl. *Weber*, Grundgesetz/Gesellschaftsrecht S. 61. Kritischer hierzu äußern sich *Pezzer* (in FS Tipke S. 419, 427) und *Jachmann* (Steuergesetzgebung S. 65), nach deren Sicht sich die Untauglichkeit der Rechtsform als generelle Rechtfertigung von Besteuerungsunterschieden an der wirtschaftlichen Vergleichbarkeit von großen Publikumsaktiengesellschaften, deren Aktien sich mehrheitlich in Streubesitz befinden, und Publikumspersonengesellschaften zeige.
[821] Eine rechtsformneutrale Unternehmensbesteuerung wird seit langer Zeit von verschiedenen Stimmen in der Literatur gefordert, vgl. *Tipke*, Steuerrechtsordnung Teil II § 23 2.1 (S. 1027) m. w. N.

Personengesellschaften. Problematisch ist auch die Rechtfertigung einer höheren Besteuerung nicht ausgeschütteter Gewinne von Personengesellschaften mit dem Argument, die Gesellschafter hätten mit dem Beschluss, den Gewinn in der Gesellschaft zu belassen, bereits über den Gewinn verfügt. Das eigentliche steuerliche Argument für die Erhebung einer eigenen Körperschaftsteuer ist, dass diese erforderlich ist, um auch nicht ausgeschüttete Gewinne von verselbständigten juristischen Personen zu erfassen. Eigene Bedeutung kommt auch der Rechtfertigung von Besteuerungsunterschieden aufgrund zivilrechtlicher Vorgaben zu. So lässt die persönliche Haftung der Gesellschafter die Möglichkeit der Verlustzurechnung an die einzelnen Gesellschafter als legitim erscheinen.

B Verhältnis von Steuerrecht und Zivilrecht

Das Verhältnis von Steuerrecht und Zivilrecht wurde in der Vergangenheit immer wieder ausgiebig diskutiert. Im Zusammenhang mit dem Typenvergleich stellt sich insbesondere die Frage, inwieweit bei der steuerrechtlichen Unterscheidung zwischen Körperschaften und Personengesellschaften von den zivilrechtlichen – hier insbesondere gesellschaftsrechtlichen – Vorgaben allgemein oder im Einzelfall abgewichen werden kann. Konkret ist zu klären, ob für den Fall, dass bei rein nationalen Sachverhalten eine der in § 15 Abs. 1 S. 1 Nr. 2 EStG und §§ 1 bis 3 KStG genannten Gesellschaftsformen aus zivilrechtlicher Sicht eindeutig vorliegt, das Steuerrecht eine abweichende Beurteilung vornehmen kann. Damit geht es weniger darum, ob das Steuerrecht generell dem Zivilrecht untergeordnet werden muss. Entscheidend ist, ob es aus Gründen der Rechtssicherheit[822] erforderlich ist, in den Fällen, in denen das Steuerrecht auf zivilrechtliche Begriffe zurückgreift, diese auch wie im Zivilrecht zu verwenden.

Für den Typenvergleich ist zwar ein Rückgriff auf deutsches Zivilrecht nicht relevant, da bei ausländischen Gesellschaften regelmäßig ausländisches Zivilrecht zu Grunde liegt. Aus den folgenden Darstellungen lässt sich jedoch erschließen, ob das Steuerrecht die tatsächliche rechtliche Ausgestaltung der Gesellschaft berücksichtigt und damit dem Sinn und Zweck der steuerlichen Unterscheidung zwischen Personengesellschaften und Körperschaften Rechnung trägt, oder aus Gründen der Rechtssicherheit rein formell an die Zivilrechtsform anknüpft. Abgesehen davon ist es für die Einordnung ausländischer Rechtsformen selbstverständlich von grundlegender Bedeutung, wie die deutschen Gesellschaftsformen steuerlich behandelt werden. Denn daraus ergibt sich nach Durchführung des Typenvergleichs die steuerliche Behandlung der ausländischen Gesellschaft. Ist beispielsweise eine ausländische Gesellschaft nach ihrer gesellschaftsrechtlichen Ausgestaltung einer deutschen GmbH & Co. KG ver-

[822] Vgl. *Tipke* Jus 1970, 149, 152.

gleichbar, muss geklärt sein, ob diese nach deutschem Recht nach dem EStG oder KStG zu besteuern ist.

I. Allgemeines Verhältnis von Steuerrecht und Zivilrecht

Das BVerfG hat schon früh erklärt, dass der Grundsatz der Gleichmäßigkeit der Besteuerung dem Grundsatz der Einheitlichkeit der Rechtsordnungen vorgehe.[823] Eine sehr eindeutige Stellungnahme hat das BVerfG in seinem Beschluss vom 27.12.1991 abgegeben:[824]

> „Knüpft eine steuerrechtliche Norm an eine zivilrechtliche Gestaltung an, so ist die Auslegung der steuerrechtlichen Bestimmung weder zwingend an dem Vertragstyp auszurichten, der der von den Parteien gewählten Bezeichnung entspricht, noch wird sie notwendigerweise von der zivilrechtlichen Qualifikation des Rechtsgeschäfts beeinflusst. Auch gilt keine Vermutung, das dem Zivilrecht entlehnte Tatbestandsmerkmal einer Steuerrechtsnorm sei im Sinne des zivilrechtlichen Verständnisses zu interpretieren. ... Ein Vorrang oder eine Maßgeblichkeit der zivilrechtlichen Würdigung der von den Parteien gewählten Sachverhaltsgestaltung für die Auslegung der betreffenden steuerrechtlichen Vorschrift besteht schon deshalb nicht, weil Zivilrecht und Steuerrecht nebengeordnete, gleichrangige Rechtsgebiete sind, die denselben Sachverhalt aus einer anderen Perspektive und unter anderen Wertungsgesichtspunkten beurteilen. ... Das Steuerrecht prägt – wie jedes andere Rechtsgebiet – seine eigenen Tatbestände. Auch wenn ein Steuergesetz Begriffe enthält, die einem anderen Rechtsgebiet entnommen sind, ist durch Auslegung zu ermitteln, ob das Steuerrecht insoweit den Wertungen des jeweiligen Rechtsgebietes ... folgt, oder mit Hilfe der entlehnten Begriffe eigenständige steuerrechtliche Tatbestände bildet ... . Steuerrechtliche Tatbestandsmerkmale sind danach, auch wenn sie einem anderen Rechtsgebiet entnommen sind, nach dem steuerrechtlichen Bedeutungszusammenhang, nach dem Zweck des jeweiligen Steuergesetzes und dem Inhalt der einschlägigen Einzelregelung zu interpretieren. Es besteht weder eine Vermutung für ein übereinstimmendes noch für ein abweichendes Verständnis ... ."

Etwas restriktiver geht die Finanzrechtsprechung[825] bei der Beurteilung des Verhältnisses von Zivilrecht und Steuerrecht vor, wobei es aber an einer klaren Linie fehlt.[826] In der Literatur wird jedenfalls die Eigenständigkeit von Steuer- und Zivilrecht betont.[827] Ob aber zivilrechtliche Begriffe im Steuerrecht regelmäßig oder nur im Einzelfall steuerrechtlich auszulegen sind, ist umstritten. Jedenfalls sei der Sinn und Zweck der steuerrechtlichen Norm zu berücksichtigen.[828] Zudem ist relevant, dass zivilrechtliche Begriffe häufig gar nicht völlig losgelöst vom Zivilrecht beurteilt werden können, da diese Begriffe vom Steuerrecht nicht ausgefüllt werden.[829] Damit steht im Ergebnis fest, dass grundsätzlich auch bei dem Rückgriff des Steuerrechts auf konkrete zivilrechtliche Begriffe diese abweichend vom Zivilrecht steuerrechtlich ausgelegt werden können.

---

[823] BVerfG vom 26.03.1969 BVerfGE 25, 309, 313.
[824] BVerfG vom 27.12.1991 BStBl II 1992, 212 ff.
[825] BFH vom 02.12.1970 BStBl II 1971, 187; BFH vom 13.01.1959 BStBl III 1959, 197; BFH vom 05.05.1959 BStBl III 1959, 369; BFH 23.07.1959 BStBl III 1957, 306; BFH vom 27.02.1963 BStBl III 1963, 370.
[826] Vgl. *Herz*, Grenzüberschreitende Kapitalgesellschaften S. 32 f.
[827] Vgl. Nachweise bei *Tipke*, Steuerrechtsordnung Teil I § 3 3.22 (S. 50).
[828] Zum Ganzen ausführlich *Herz*, Grenzüberschreitende Kapitalgesellschaften S. 32 ff.
[829] Vgl. *Meincke* StuW 1992, 188, 189 (speziell für §§ 1 bis 3 KStG).

II. Bindung an das Zivilrecht hinsichtlich der in §§ 1 bis 3 KStG und § 15 Abs. 1 S. 1 Nr. 2 EStG genannten Gesellschaftsformen

Fraglich bleibt aber, ob eine eigene steuerrechtliche Auslegung im Falle der in §§ 1 bis 3 KStG und § 15 Abs. 1 S. 1 Nr. 2 EStG aufgezählten zivilrechtlichen Gesellschaftsformen Sinn machen kann. Denn anders als in den meisten Fällen, in denen das Verhältnis von Zivilrecht und Steuerrecht hinsichtlich eines einzelnen Begriffs diskutiert wird, handelt es sich hier um einen ganzen Katalog gesellschaftsrechtlicher Gestaltungsformen, die im Steuerrecht keine eigenständige Bedeutung haben.

Insbesondere aus der Begründung zum KStG 1977[830] wird deutlich, dass der Gesetzgeber von einer strengen Bindung an die zivilrechtliche Rechtsform ausgeht. An verschiedenen Stellen wird betont, dass allein die zivilrechtlichen Vorgaben ausschlaggebend seien.[831] Mit welchen Argumenten sich auch Literatur und Rechtsprechung bei der steuerlichen Einordnung der deutschen Gesellschaftsformen an die zivilrechtlichen Vorgaben gebunden fühlen, zeigt sich am deutlichsten an der Diskussion über die steuerliche Behandlung der einzelnen Gesellschaften, insbesondere der gesellschaftsrechtlichen Mischformen.

1. Die steuerliche Einordnung der Körperschaften

Die in § 1 Abs. 1 Nr. 1 KStG geregelte Körperschaftsteuersubjektfähigkeit einer Kapitalgesellschaft knüpft nach der Rechtsprechung streng an deren Zivilrechtsfähigkeit an.[832] Damit sind eingetragene AG, KGaA und GmbH nach der Rechtsprechung ganz unproblematisch Körperschaftsteuersubjekte. Andererseits ist Kapitalgesellschaft i. S. v. § 1 Abs. 1 Nr. 1 KStG auch nur ein solches Gebilde, das die Rechtsform einer AG, KGaA oder GmbH hat.[833] Unproblematisch als Körperschaftsteuersubjekt einzuordnen sind nach § 1 Abs. 1 Nr. 2 und 3 KStG auch die eG und der VVaG. Eine Auseinandersetzung mit der Einordnungsproblematik ist hingegen bei Vorgesellschaften, Einmann- bzw. Familienkapitalgesellschaften und nicht eingetragenen Genossenschaften erforderlich. Besonderheiten ergeben sich auch für die Behandlung des Komplementärs der KGaA.

a) Vorgesellschaft

Die Vorgesellschaft der AG und GmbH ist nach fast einheitlicher Ansicht in Literatur und Rechtsprechung körperschaftsteuerpflichtig, wenn sie sich nach außen derart betätigt, dass

---

[830] BT Drs. 7/1470 S. 326.

[831] Vgl. *Herz*, Grenzüberschreitende Kapitalgesellschaften S. 179.

[832] BFH vom 13.12.1989 BStBl II 1990, 468; BFH vom 29.10.1986 DB 1987, 258; BFH vom 29.10.1986 DB 1987, 260.

[833] BFH vom 25.06.1984 BStBl II 1984, 751; BFH vom 02.12.1970 BStBl II 1971, 187; BFH vom 04.11.1958 BStBl III 1959, 50; BFH vom 16.09.1958 BStBl III 1958, 462; BFH vom 14.03.1961 BStBl III 1961, 363; RFH vom 31.03.1944 RStBl 1944, 39.

darin der Anfang einer einheitlichen Beteiligung am Wirtschaftsleben liegt und die Rechtsfähigkeit tatsächlich nachfolgt.[834] Begründet wird das damit, dass die Vorgesellschaft mit dem späteren rechtsfähigen Gebilde identisch[835] ist und dass die Vorgesellschaft zivilrechtlich bereits wie die spätere Kapitalgesellschaft behandelt wird.[836] Die Vorgesellschaft soll damit körperschaftsteuerlich selbst bereits Steuersubjekt im Sinne von § 1 Abs. 1 Nr. 1 KStG sein. Das gelte entsprechend für die Vorgesellschaft einer eG und eines rechtsfähigen Vereins.[837] Diese eindeutige Rechtsprechung ist interessant, da regelmäßig betont wird, die Aufzählung der Körperschaften in § 1 Abs. 1 Nr. 1 KStG sei abschließend.[838] Die Behandlung der Vorgesellschaft durch die finanzgerichtliche Rechtsprechung wird teilweise als Durchbrechung der strengen Rechtsformabhängigkeit im KStG gesehen.[839] Dem ist insoweit zuzustimmen, als die Einordnung einer Kapitalgesellschaft vor Eintragung unter § 1 Abs. 1 Nr. 1 KStG mit der Begründung, diese Gesellschaft sei mit der späteren Kapitalgesellschaft identisch, gesellschaftsrechtlich problematisch ist.[840] Schon aufgrund der fehlenden Stellung als juristische Person kann eine Identität nicht angenommen werden. Das Gesellschaftsrecht geht daher bei der Vorgesellschaft von einer Rechtsform sui generis aus.[841]

Konsequent wäre ein Rückgriff auf § 3 Abs. 1 KStG. Denn bei der Vorgesellschaft handelt es sich weder um eine juristische Personen i. S. d. § 1 Abs. 1 Nr. 1 KStG, noch um die Rechtsform eines nichtrechtsfähigen Vereins nach § 1 Abs. 1 Nr. 5 KStG. Problematisch an einer Körperschaftsteuerpflicht der Vorgesellschaft nach § 3 Abs. 1 KStG könnte sein, dass nach dieser Bestimmung nur dann eine Körperschaftsteuerpflicht besteht, wenn nicht eine Besteuerung nach dem EStG direkt beim Gesellschafter gegeben ist. Falls die Gesellschafter der Vorgesellschaft im Einzelfall Mitunternehmerinitiative und Mitunternehmerrisiko tragen, ist der Tatbestand des § 15 Abs. 1 S. 1 Nr. 2 EStG erfüllt. Eine Besteuerung nach dem KStG würde aus Subsidiaritätsgründen ausscheiden. Damit käme man zu dem systematisch und praktisch ungewollten Ergebnis, dass Vorgesellschaften – sofern eine Mitunternehmerstellung der Gesellschafter angenommen werden kann – wie Personengesellschaften zu besteuern wären, obwohl es sich um Körperschaften handelt. Jedoch wird § 15 Abs. 1 S. 1 Nr. 2 EStG anerkanntermaßen generell nicht auf Körperschaften angewendet. Dies gilt auch in den Fällen, in

---

[834] BFH vom 11.04.1973 BStBl II 1973, 568; BFH 09.03.1978 BStBl II 1978, 486; BFH vom 09.11.1989 BStBl II 1990, 91; BFH 14.10.1992 BStBl II, 1993, 352; *Gummert* in Priester/Mayer, Münchener Handbuch des Gesellschaftsrechts Bd. 3 § 16 II Rz. 44; *Lange/Reiß*, Körperschaftsteuer S. 53 Rz. 46.

[835] So erstmals RFH vom 19.09.1923 RFHE 12, 326.

[836] BFH vom 11.04.1973 BStBl II 1973, 568.

[837] *Graffe* in Dötsch/Eversberg/Jost/Witt, Die Körperschaftsteuer § 1 Rz. 109.

[838] Beispielsweise BFH vom 02.12.1970 BStBl II 1971, 187; BFH vom 25.06.1984 BStBl II 1984, 84; BFH vom 17.04.1996 BFH NV 1998, 116.

[839] So auch *Salditt* StuW 1971, 191; *Streck* BB 1972, 261, 264.

[840] *Schmidt* (Gesellschaftsrecht § 11 IV 3 c) sieht in der Annahme einer Identität nach Wegfall des Vorbelastungsverbots hingegen keine Probleme.

[841] Dies ist im Zivilrecht die h. M., vgl. Nachweis bei *Maulbetsch* DB 1984, 1561. Daher wird auch davon ausgegangen, dass das Vermögen der Vorgesellschaft auf die Kapitalgesellschaft *als Rechtsnachfolgerin* übergeht, vgl. hierzu schon Kapitel 2 C III.

denen beispielsweise eine GmbH und AG so ausgestaltet ist, dass die Voraussetzungen einer Mitunternehmerstellung im Einzelfall vorliegen und damit der Tatbestand des § 15 Abs. 1 S. 1 Nr. 2 EStG erfüllt ist.[842] Damit kann auch die Besteuerung der Gesellschafter einer Vorgesellschaft nach § 15 Abs. 1 S. 1 Nr. 2 S. 1 EStG mit der Begründung abgelehnt werden, hierbei handele es sich um eine Körperschaft, die von § 15 Abs. 1 S. 1 Nr. 2 EStG gerade nicht erfasst werden soll.

Die Einordnung als Körperschaftsteuersubjekt ist indes nicht zwingend. Die Vorgesellschaft ist eine Gesamthandsgemeinschaft, da es an einer Verselbständigung zur juristischen Person fehlt.[843] Bei Gesamthandsgesellschaften besteht aber grundsätzlich die Möglichkeit, den Gewinn der Gesellschaft nach dem EStG direkt bei den Gesellschaftern zu besteuern.[844] Für die Rechtsprechung hätte also auch die Möglichkeit bestanden, mit entsprechender Begründung die Vorgesellschaft wie eine Personengesellschaft zu behandeln.

Eine Körperschaftsteuerpflicht der Vorgesellschaft lässt sich daher auch über § 3 KStG begründen. Dieser Weg ist gegenüber einer Einordnung als Kapitalgesellschaft nach § 1 Abs. 1 Nr. 1 KStG die dogmatisch sauberere Lösung.[845] Die strenge Anknüpfung an das Zivilrecht ist aber auch mit der Behandlung der Vorgesellschaft als Kapitalgesellschaft nicht völlig durchbrochen. Denn bei der Vorgesellschaft handelt es sich um die einzige deutsche Körperschaft, die von dem Katalog des § 1 KStG nicht erfasst ist. Unterwirft man diese Körperschaft dem KStG, ist das auch aus zivilrechtlicher Sicht nur konsequent. Denn die Besteuerung knüpft – wie vom Gesetzgeber vorgegeben – an die Unterscheidung zwischen Körperschaften und Personengesellschaften und nicht zwischen juristischen Personen und Gesamthandsgesellschaften an.

Das Hauptargument für die gesonderte Besteuerung von Körperschaften, nämlich die Möglichkeit der Erfassung nicht ausgeschütteter Gewinne auch bei juristischen Personen, ist für die steuerliche Beurteilung der Vorgesellschaft nicht ausschlaggebend. Im Vordergrund steht vielmehr die zivilrechtliche Anerkennung als Körperschaft.

b) Einmanngesellschaften und Familienkapitalgesellschaften

Es gibt eine Reihe von Körperschaften, die nach dem Gesellschaftsvertrag personalistisch ausgestaltet sind, was insbesondere für die Einmanngesellschaft und die Familien-GmbH gilt. Daher stellt sich die Frage, ob diese Gesellschaften, die einer Personengesellschaft stark angenähert sind, nicht auch wie Personengesellschaften besteuert werden sollen. Eine direkte Besteuerung bei den Gesellschaftern könnte aufgrund der engen persönlichen Beziehung der Gesellschafter zur Gesellschaft geboten sein. Rechtsprechung und ihr folgend die Literatur

[842] Vgl. *Schmidt*, Einkommensteuerrecht § 15 Rz. 169.
[843] Vgl. Kapitel 2 C III.
[844] *Schuhmann* (GmbHR 1981, 196) geht daher davon aus, dass § 15 Abs. 1 S. 1 Nr. 2 EStG auf die Gesellschafter der Vorgesellschaft Anwendung findet.
[845] Ansonsten käme noch eine analoge Anwendung des § 1 Abs. 1 Nr. 1 KStG, wie sie *Streck* (BB 1972, 261, 264) vorschlägt, in Betracht.

haben jedoch immer wieder die strenge Abhängigkeit des § 1 KStG von der zivilrechtlichen Rechtsform betont.[846] Nach der Rechtsprechung des BFH würde zwar bei wirtschaftlicher Betrachtung einiges dafür sprechen, den Gesellschafter einer Einmann-GmbH wie einen Einzelunternehmer zu behandeln. Gerade die Rechtssicherheit und die Parallelität mit dem bürgerlichen Recht würden es aber gebieten, der Rechtsform die ausschlaggebende Bedeutung beizumessen.[847] Auch Einmanngesellschaften und Familienkapitalgesellschaften sind damit, soweit sie die zivilrechtlichen Voraussetzungen erfüllen, Körperschaftsteuersubjekte i. S. d. § 1 Abs. 1 Nr. 1 KStG.[848]

c) Erwerbs- und Wirtschaftsgenossenschaften

Unter § 1 Abs. 1 Nr. 2 KStG fallen auch die nicht in das Genossenschaftsregister eingetragenen und deshalb nichtrechtsfähigen Erwerbs- und Wirtschaftsgenossenschaften, wie etwa nichtrechtfähige Molkerei- oder Keltergenossenschaften, soweit sie die Merkmale einer Genossenschaft im Sinnes des GenG erfüllen.[849] Auch nichtrechtsfähige Genossenschaften sind somit ein Beispiel für eine Körperschaftsteuerpflicht von Gesamthandsgesellschaften.

d) KGaA

Die KGaA unterliegt als Kapitalgesellschaft nach § 1 Abs. 1 Nr. 1 KStG der Körperschaftsteuerpflicht. Jedoch ist der Teil des Gewinns, der an den Komplementär auf seine nicht auf das Grundkapital getätigte Einlage oder als Geschäftsführervergütung verteilt wird, bei der KGaA als Aufwand abziehbar (§ 9 Abs. 1 Nr. 1 KStG). Beim Komplementär selbst ist dieser Gewinnanteil im Rahmen seiner Einkommensteuerveranlagung den Einkünften aus Gewerbebetrieb zuzurechnen (§ 15 Abs. 1 S. 1 Nr. 3 EStG). Damit trägt der Gesetzgeber der Mischform der KGaA aus Kapitalgesellschaft und Personengesellschaft dadurch Rechnung, dass er den persönlich haftenden Gesellschafter zwar nicht als, sondern nur wie einen Mitunternehmer behandelt und die Gewinne insoweit der Einkommensteuer unterwirft.[850] Diese Regelung bringt zum Ausdruck, dass dem Merkmal der persönlichen Haftung vom Gesetzgeber besondere Bedeutung zugemessen wird.

---

[846] RFH vom 21.03.1944 RStBl 1944, 396; BFH vom 04.11.1958 BStBl III 1959, 50; BFH vom 02.12.1970 BStBl II 1971, 187.
[847] BFH vom 05.05.1959 BStBl III, 1959, 369, 371.
[848] *Graffe* in Dötsch/Eversberg/Jost/Witt, Die Körperschaftsteuer § 1 Rz. 19.
[849] *Graffe* in Dötsch/Eversberg/Jost/Witt, Die Körperschaftsteuer § 1 Rz. 35.
[850] BFH vom 08.02.1984 BStBl II 1984, 381; BFH vom 23.10.1985 BStBl II 1986, 72; BFH vom 17.10.1990 BStBl II 1991, 211; *Theisen* DB 1989, 2191; *Mathiak* DStR 1989, 661, 667; *Gosch* FR 1991, 345.

2. Die steuerliche Einordnung der Personengesellschaften

Für die Besteuerung der Gesellschafter der Personengesellschaften ist relevant, welche Gesellschaften von der Regelung in § 15 Abs. 1 S. 1 Nr. 2 EStG überhaupt erfasst sind. Die gesetzliche Regelung lautet:

> „Einkünfte aus Gewerbebetrieb sind ... die Gewinnanteile der Gesellschafter einer Offenen Handelsgesellschaft, einer Kommanditgesellschaft und einer anderen Gesellschaft, bei der der Gesellschafter als Unternehmer (Mitunternehmer) des Betriebs anzusehen ist ..."

Anders als in § 1 KStG werden damit nicht alle vom Regelungsbereich der Norm erfassten Gesellschaftsformen explizit aufgezählt. Damit stellt sich hier noch stärker als bei der Beurteilung des § 1 Abs. 1 KStG die Frage, ob unter Gesellschaft streng zivilrechtlich die Personengesellschaften zu verstehen sind, oder ob hierzu ein eigenständiger steuerrechtlicher Begriff entwickelt wurde. Die Rechtsprechung hat ursprünglich den Begriff der Mitunternehmerschaft[851] als einziges Beurteilungskriterium zu Grunde gelegt und hat die Frage, ob der Mitunternehmer an einer Gesellschaft beteiligt ist und um was für eine Gesellschaft es sich handeln muss, gar nicht weiter thematisiert.[852] Sogar Gesellschafter einer KG oder OHG werden mit der Begründung, das Erfordernis der Mitunternehmerschaft beziehe sich auch auf den gesamten ersten Halbsatz und nicht nur auf die „andere Gesellschaft" nicht automatisch als Mitunternehmer angesehen.[853] Später verlangt der BFH dann als Voraussetzung der Mitunternehmerstellung zwar nicht zwingend, dass der Mitunternehmer formell wirksam Gesellschafter geworden ist, wohl aber, dass tatsächlich eine Gesellschaft vorliegt.[854] Damit orientiert sich die neuere Rechtsprechung auch bei der Besteuerung nach dem EStG zumindest dem Grundsatz nach an den gesellschaftsrechtlichen Vorgaben. Sie geht bei der Beurteilung vom Zivilrecht aus, wobei der Sinn und Zweck des Steuerrechts nicht weiter berücksichtigt wird.[855] Damit sind neben der OHG und KG die weiteren Personengesellschaften als „andere Gesellschaften" von der Regelung in § 15 Abs. 1 S. 1 Nr. 2 grundsätzlich erfasst.[856]

Für die PartG hat die Finanzverwaltung explizit erklärt, dass es sich dabei um kein Körperschaftsteuersubjekt handelt[857] und die Partner gemäß § 15 Abs. 1 S. 1 Nr. 2 nach dem EStG zu besteuern sind. Auch die EWIV wird steuerrechtlich als Personengesellschaft und nicht als

[851] Voraussetzung für die Mitunternehmerstellung ist jedenfalls Mitunternehmerinitiative und Mitunternehmerrisiko, vgl. hierzu ausführlich *Jakob*, Einkommensteuer § 6.
[852] BFH vom 29.01.1976 BStBl II 1976, 332, 335.
[853] BFH vom 08.02.1979 BStBl II 1979, 405, 407. Einem Kommanditisten kann die Anerkennung als Mitunternehmer versagt werden, wenn seine Stellung nach Gesellschaftsvertrag und tatsächlicher Handhabung wesentlich hinter dem zurückbleibt, was handelsrechtlich das Bild des Kommanditisten bestimmt (BFH vom 30.07.1875 BStBl II 1875, 818; BFH vom 11.10.1988 BStBl II 1989, 762).
[854] BFH vom 27.02.1980 BStBl II 1981, 210; BFH vom 25.04.1984 BStBl II 1984, 751, 768; BFH vom 22.01.1985 BStBl II 1985, 363; BFH vom 27.08.1993 BStBl II 1994, 282.
[855] BFH vom 25.02.1991 BStBl II 1991, 691. In der Literatur ist das z. T. auf erhebliche Kritik gestoßen, vgl. *Tipke/Lang*, Steuerrecht § 9 Rz. 505, 545; *Schulze-Osterloh* in FS Schmidt S. 314.
[856] Unter § 15 Abs. 1 S. 1 Nr. 1 werden aber auch vergleichbare Gemeinschaftsverhältnisse, beispielsweise Gütergemeinschaft oder Erbengemeinschaft subsumiert, vgl. *Schmidt*, Einkommensteuergesetz § 15 Rz. 169.
[857] BMF vom 21.12.1994 DB 1995, 183.

Körperschaft behandelt, das Ergebnis ihrer Tätigkeit muss ertragsteuerlich bei ihren Mitgliedern erfasst werden.[858] Die Partenreederei ist steuerlich einer OHG gleichzusetzen.[859] Die Vorgründungsgesellschaft wird gesellschaftsrechtlich als GbR oder OHG eingeordnet[860] – eine steuerliche Einordnung führt zu gleichen Ergebnissen.[861]

Die zentrale Frage, inwieweit das Steuerrecht tatsächlich an die zivilrechtlichen Vorgaben bzgl. der Gesellschaftsformen gebunden sein soll, wurde besonders intensiv bei der Einordnung der typischen GmbH & Co. KG diskutiert.[862]

a) GmbH & Co. KG

Im Gesellschaftsrecht wird die GmbH & Co. KG zumindest formal als „echte" Personengesellschaft eingeordnet.[863] Schon früh hatte die Rechtsprechung die GmbH & Co. KG auch steuerrechtlich als zulässige Gestaltungsform einer KG und nicht als in die Form einer Personengesellschaft gekleidete Kapitalgesellschaft anerkannt.[864] Gegen diese ständige Rechtsprechung wurden Anfang der 80er Jahre schon überwunden geglaubte Bedenken erhoben. So sollte nach einer im steuerrechtlichen Schrifttum vertretenen Ansicht zumindest die Publikums-GmbH & Co. KG gemäß § 1 Abs. 1 Nr. 5 KStG körperschaftsteuerpflichtig sein, weil sie körperschaftlich strukturiert und zivilrechtlich in Wahrheit keine Personengesellschaft, sondern ein wirtschaftlich tätiger nichtrechtsfähiger Verein sei.[865] Über die Besteuerung als Körperschaft könne man unterbinden, dass die Gesellschafter den Verlustausgleich nutzten. Der Große Senat des BFH hat in seiner Grundsatzentscheidung vom 25.06.1984[866] alle Zweifel beseitigt und klargestellt, dass es sich bei der GmbH & Co. KG um eine nicht körperschaftsteuerpflichtige Personengesellschaft und nicht um eine Körperschaft handelt.[867] Zunächst stellt er fest, dass der Begriff der Kapitalgesellschaften in § 1 Abs. 1 Nr. 1 KStG an die Zivilrechtsform anknüpft und abschließend ist; einer erweiternden Auslegung sei er nicht zugänglich. Die verfassungskonforme Auslegung des § 1 Abs. 1 Nr. 1 KStG gebiete es, die Ordnungsstruktur des Zivilrechts durchgehend zu wahren. Die GmbH & Co. KG sei auch

---

858 BMF vom 15.11.1988 DB 1989, 354.

859 BFH vom 21.08.1961 BStBl III 1961, 500; BFH vom 03.07.1997 BStBl II 1998, 86.

860 Vgl. Kapitel 2 C III.

861 BFH vom 08.11.1989 BStBl II 1990, 91. Eine vertragliche Rückbeziehung der Gründung einer Kapitalgesellschaft wird körperschaftsteuerlich i. d. R. nicht anerkannt (BFH vom 20.10.1982 BStBl II 1983, 247).

862 Als typische GmbH & Co. KG wird eine KG bezeichnet, deren einzig geschäftsführungsbefugte und persönlich haftende Gesellschafterin eine GmbH ist.

863 Vgl. hierzu Ausführungen in Kapitel 2 C II.

864 Erstmals RFH vom 30.05.1932 StuW 1932 Nr. 1183; RFH vom 18.12.1933 RStBl 1933, 375; BFH vom 16.09.1958 BStBl III 1958, 463; BFH vom 14.03.1961 BStBl III 1961, 363; BFH vom 17.03.1966 BStBl III 1966, 17; BFH vom 03.08.1972 BStBl II 1972, 799; BFH vom 10.11.1977 BStBl II 1978, 15; BFH vom 13.03.1980 BStBl II 1980, 499; BFH vom 13.11.1980 BStBl II 1981, 272.

865 *Uelner* DStZ 1980, 363; *Groh* BB 1982, 1229, 1233 m. w. N.

866 BStBl II 1984, 84; vgl. auch BFH vom 17.04.1996 BFH NV 1998, 116.

867 Gleiches gilt für die Stiftung & Co. KG, vgl. *Graffe* in Dötsch/Eversberg/Jost/Witt, Die Körperschaftsteuer § 1 Rz. 57.

nicht als nichtrechtsfähiger Verein i. S. des § 1 Abs. 1 Nr. 5 KStG körperschaftsteuerpflichtig, da dieser streng an die zivilrechtliche Rechtsform des nichtrechtsfähigen Vereins gemäß § 54 BGB anknüpfe. Eine Publikums-KG steuerrechtlich als nichtrechtsfähigen Verein einzuordnen komme aber nicht in Betracht, da diese zivilrechtlich eine KG sei. Zudem bestünden erhebliche Abgrenzungsschwierigkeiten; es sei schwer zu beurteilen, unter welchen Umständen es sich noch um eine KG handele und wann ein Verein vorliege; dem Gesetzgeber könne kaum unterstellt werden, er hätte eine solche Subsumtion gewollt. Schließlich müsse auch eine Besteuerung nach § 3 KStG ausscheiden, da diese voraussetze, dass das Einkommen nicht direkt bei den Mitgliedern besteuert werde.[868] Da es sich bei einer GmbH & Co. KG zivilrechtlich um eine KG handele, gehöre sie zu den nichtrechtsfähigen Personenvereinigungen, deren Einkommen unmittelbar bei deren Mitgliedern zu versteuern sei.[869]

b) Typisch und atypisch stille Gesellschaft

Eine Sonderstellung bei der Besteuerung nimmt die typisch stG ein. Die in §§ 230 ff HGB geregelte stG ist keine Gesellschaft i. S. des § 15 Abs. 1 S. 1 Nr. 2 EStG, weil es bei dem stillen Gesellschafter an den Merkmalen, die den Mitunternehmer kennzeichnen, mangelt.[870] Die dem stillen Gesellschafter gezahlten Vergütungen stellen steuerlich Einnahmen aus Kapitalvermögen dar (§ 20 Abs. 1 Nr. 4 EStG). Laufende Verluste bis zur Höhe der geleisteten Einlage sind nach h. M. auch bei § 20 Abs. 1 Nr. 4 EStG zu berücksichtigen.[871] Auch wenn bei der typisch stillen Gesellschaft der stille Gesellschafter steuerlich wie der Gesellschafter einer Körperschaft behandelt wird, durchbricht diese gesetzliche Regelung nicht das System, wonach bei Personengesellschaften die Besteuerung direkt bei den Gesellschaftern vorgenommen wird. Die stG ist nicht körperschaftsteuerpflichtig. Die Gesellschafter, also der stille Gesellschafter und das Handelsgewerbe, an dem dieser beteiligt ist, werden direkt besteuert. Hat der stille Gesellschafter nach den vertraglichen Vereinbarungen eine Stellung, die der eines Mitunternehmers entspricht, so handelt es ich um eine Gesellschaft i. S. des § 15 Abs. 1 S. 1 Nr. 2 EStG, eine sog. atypisch stG.

---

[868] Wobei es nicht darauf ankommen soll, ob es tatsächlich zu einer Besteuerung kommt, soweit die Tatbestandsvoraussetzungen erfüllt sind.

[869] Nicht positiv entschieden ist damit jedoch über die Mitunternehmerschaft der einzelnen Gesellschafter einer (Publikums-) GmbH & Co. KG. Fehlende Mitunternehmerinitiative wegen der Eliminierung der Rechte aus den §§ 164, 166 HGB kann dazu führen, dass der Kapitalanleger-Kommanditist wie ein stiller Gesellschafter zu behandeln ist und Einkünfte aus Kapitalvermögen bezieht, die § 20 Abs. 1 Nr. 4 S. 12. Halbsatz EStG unterliegen (vgl. *Bitz* in Littmann/Bitz/Pust, Das Einkommensteuerrecht § 15 Rz. 43).

[870] *Endriss/Haas/Küpper*, Steuerkompendium S. 84.

[871] *Schmidt*, Einkommensteuer § 20 Rz. 143.

3. Die steuerliche Abgrenzung zwischen nichtrechtfähigem Verein und Personengesellschaft

Auch die Abgrenzung zwischen nichtrechtsfähigem Verein und GbR nach der Finanzrechtsprechung gibt Aufschluss darüber, inwieweit sich das Steuerrecht an die gesellschaftsrechtlichen Vorgaben[872] gebunden fühlt. Sowohl Rechtsprechung als auch Finanzverwaltung haben in einer Reihe von Urteilen bzw. Erlassen zur Abgrenzung von Einzelfällen Stellung genommen.[873] Der BFH hat in einer Entscheidung zur steuerlichen Einordnung einer unechten Vor-GmbH festgestellt, dass die Rechtsform eines nichtrechtsfähigen Vereins bei einem größeren Kreis von beteiligten Personen, dem Vorhandensein einer Verfassung sowie geschäftsführender Organe angenommen werden kann; ansonsten liege eine GbR vor.[874] Im Urteil vom 18.10.1960[875] sah der BFH in einem gesellschaftsrechtlichen Grenzfall als entscheidend für die Bejahung der Körperschaftsteuerpflicht – und damit die Einordnung des Rechtsgebildes als nichtrechtsfähigen Verein – an, dass aus praktischen Gründen der Überschuss nicht unmittelbar bei den Empfängern erfasst werden konnte.[876] Als ausschlaggebend in Grenzfällen kann nach der Rechtsprechung zudem die steuerliche Behandlung eines Rechtsgebildes in der Vergangenheit sein.[877] Auch in der steuerrechtlichen Literatur wird die gesellschaftsrechtliche Abgrenzung, wie sie in Kapitel 2[878] ausführlich dargelegt wurde, der steuerlichen Abgrenzung von GbR und nichtrechtsfähigem Verein zu Grunde gelegt.[879]

III. Gesamtwürdigung in Literatur und Rechtsprechung sowie Stellungnahme

Der Gesetzgeber ist für die Einordnung von Körperschaften und Personengesellschaften von einer strengen Anknüpfung an die Zivilrechtsform ausgegangen, wobei die zivilrechtlich anerkannten Körperschaften ausnahmslos nach dem KStG und die Personengesellschaften nach dem EStG zu besteuern sind. Eine Spezialnorm enthält das EStG für den Komplementär der KGaA, der steuerlich teilweise nicht wie ein Gesellschafter einer Kapitalgesellschaft, sondern wie ein Mitunternehmer einer Personengesellschaft zu behandeln ist. Eine gesetzliche Sonderregelung ist ferner für die typisch stG vorgesehen, bei der der Stille wie ein Gesellschafter einer Kapitalgesellschaft zu besteuern ist. Diese Ausnahmen bringen zum Ausdruck, dass der Gesetzgeber zivilrechtliche Besonderheiten durchaus auch steuerlich berücksichtigen will.

---

[872] Vgl. dazu ausführlich Kapitel 2 C I.
[873] BFH vom 18.10.1960 BStBl III 1960, 496; BFH vom 15.06.1965 BStBl III 1965, 554; BFH vom 18.12.1996 BStBl II 1997, 361; BFH vom 08.11.1989 BStBl II 1990, 91; BMF Schreiben vom 18.10.1988 BStBl I 1988, 443; FinMin NRW vom 29.05.1970 S 2705 2 V - B 4; Fin Min Nds vom 26.05.1978 BB 1978, 899.
[874] BFH vom 06.05.1952 BStBl III 1952, 172.
[875] BStBl III 1960, 496.
[876] Vgl. BFH vom 15.06.1965 BStBl III 1965, 554.
[877] BFH vom 15.06.1965 BStBl III 1965, 554.
[878] Kapitel 2 C I.
[879] Vgl. *Dötsch/Cattelaens/Gottstein/Stegmüller/Zenthöfer*, Körperschaftsteuer Rz. 35.

In den Entscheidungen der Rechtsprechung zur Einordnung inländischer Gesellschaften in das System der Einkommensbesteuerung wird eindeutig und ganz ausdrücklich auf die gewählte Zivilrechtsform abgestellt. Dies gilt auch für kapitalistisch strukturierte Personengesellschaften und personalistisch geprägte Körperschaften. Ausschlaggebend ist die Stellung als Körperschaft, auch wenn es sich – wie bei der nicht eingetragenen Genossenschaft, dem nichtrechtsfähigen Verein oder der Vorgesellschaft – um Gesamthandsgesellschaften handelt. Nur für den Fall, dass die Rechtsform nicht eindeutig feststeht, also insbesondere für die Abgrenzung zwischen nichtrechtsfähigem Verein und GbR, werden Zweckmäßigkeitserwägungen aus steuerrechtlicher Sicht angestellt. Dies gilt aber auch nur für die Fälle, in denen anhand der zivilrechtlichen Kriterien keine eindeutige Zuordnung getroffen werden kann. Die Rechtsprechung hat immer wieder betont, dass es für die Abgrenzung körperschaftsteuerpflichtiger und nicht körperschaftsteuerpflichtiger Personenvereinigungen auf die von diesen gewählte Rechtsform ankomme.[880] Das Abstellen auf die Rechtsform diene einer zuverlässigen Vorausberechnung der steuerlichen Belastung und damit der Rechtssicherheit.[881] Die verfassungskonforme Auslegung des § 1 Abs. 1 Nr. 1 KStG gebiete es, die Ordnungsstruktur des Zivilrechts zu wahren.[882] Eine erweiternde Auslegung sei nicht zulässig.[883] Der BFH führt aus, die Finanzbehörden hätten grundsätzlich die körperschaftsteuerpflichtigen Gebilde so hinzunehmen, wie sie aus der Hand ihres Schöpfers hervorgegangen seien ohne Rücksicht darauf, ob sie vom wirtschaftlichen Standpunkt aus zweckmäßig geschaffen seien. Nur wenn eine andere Rechtsform zwingend sei, dürften die Finanzbehörden die Rechtsform beanstanden.[884]

In der Literatur wird die Ansicht der Rechtsprechung überwiegend geteilt. Auch hier ist ganz h. M., dass § 1 KStG streng an die Rechtsform anknüpfen müsse.[885] Der Gesetzgeber habe sich mit der Körperschaftsteuer ganz bewusst dafür entschieden, sich nach der zivilrechtlichen Rechtsform zu richten.[886] Vereinzelte Stimmen in der Literatur fordern hingegen eine eigene, an steuerrechtlichen Kriterien orientierte Einordnung.[887] Durch Gesellschaftsvertrag sei es möglich, die Struktur einer anderen Gesellschaftsform herzustellen, ohne äußerlich die andere Rechtsform annehmen zu müssen.[888] Die Anknüpfung an das Zivilrecht sei nicht Selbstzweck, sondern nur ein Hilfsmittel zur Erfassung wirtschaftlicher Sachverhalte und als Beitrag zur Einheit der Rechtsordnung mit der Teleologie des Steuerrechts nur insoweit zu ver-

---

[880] BFH vom 13.01.1959 BStBl III 1959, 197; BFH vom 02.12.1970 BStBl II 1971, 187.
[881] S. BFH vom 05.05.1959 BStBl III 1959, 369.
[882] BFH vom 20.10.1976 BStBl III 1977, 96.
[883] *Graffe* in Dötsch/Eversberg/Jost/Witt, Die Körperschaftsteuer § 1 Rz. 27.
[884] BFH vom 07.11.1950 BStBl III 1951, 12, 14
[885] *Lange/Reiß*, Körperschaftsteuer S. 56; *Blümich*, EStG/KStG/GewStG § 1 Rz. 45; *Graffe* in Dötsch/Eversberg/Jost/Witt, Die Körperschaftsteuer § 1 Rz. 18; *Frotscher/Maas*, Körperschaftsteuergesetz/Umwandlungssteuergesetz § 1 Rz. 3; *Gail/Goutier/Grützner*, Körperschaftsteuergesetz § 1 Rz. 43; *Streck*, KStG § 1 Rz. 3, 12.
[886] *Jachmann*, Steuergesetzgebung S. 60; *Tipke/Lang*, Steuerrecht § 11 Rz. 8.
[887] *Walz* JZ 1985, 192; *Uelner* DStZ 1980, 363.
[888] *Weber*, Grundgesetz/Gesellschaftsrecht S. 34.

einbaren, als sie bei gleicher wirtschaftlicher Leistungsfähigkeit zu einer gleichen Belastung und nicht zu einer Verletzung des Gleichheitssatzes führe.[889]

Im Ergebnis ist der h. M. in der Literatur und der Ansicht der Rechtsprechung, die streng an die Zivilrechtsform anknüpfen und die tatsächliche Stellung der Gesellschaft unberücksichtigt lassen, zuzustimmen. Abweichungen bei der Einordnung aus wirtschaftlicher Sicht bei Familienkapitalgesellschaften oder bei Publikumspersonengesellschaften sind praktisch nicht durchführbar, da die gesellschaftsrechtlichen Gestaltungsmöglichkeiten zu vielfältig sind. Es wäre schlichtweg nicht möglich, praktikable Abgrenzungskriterien aufzustellen. Dies wird allein schon aus der Tatsache heraus deutlich, dass der gesellschaftsrechtliche Unterschied zwischen Personengesellschaften und Körperschaften immer mehr verwischt.[890] Zu berücksichtigen ist auch, dass sich die Gesellschafter mit der Wahl der Rechtsform entschieden haben, ob sie gesellschaftsrechtlich und steuerrechtlich als Körperschaft oder Personengesellschaft angesehen werden wollen, also ob grundsätzlich das personalistisch geprägte Recht der Personengesellschaften oder das auf die kapitalistische Struktur angepasste Recht der Körperschaften Anwendung finden soll. Hiervon kann dann im Rahmen der gesetzlichen Möglichkeiten durch den Gesellschaftsvertrag abgewichen werden. Aus Gründen der Rechtssicherheit ist diese Entscheidung der Gesellschafter anzuerkennen.

Auch aus der Argumentation mit Sinn und Zweck der unterschiedlichen Besteuerung von Personengesellschaften und Körperschaften ergibt sich nichts anderes. Erstaunlich ist zunächst, dass die Rechtsprechung in keiner Entscheidungsbegründung zur Abhängigkeit der Einordnung von der Zivilrechtsform auf den Sinn und Zweck der Ungleichbehandlung abgestellt hat. Dies wird daran liegen, dass diesem im Grunde keine besondere Bedeutung zukommt. Hauptargumente für eine eigene Körperschaftsteuer sind die Besteuerung von Gewinnen einer zur juristischen Person verselbständigten Körperschaft und die direkte Gewinnzurechnung an den persönlich stark involvierten Gesellschafter einer Personengesellschaft. Wenn die Gestaltungsform einer GmbH & Co. KG zivilrechtlich anerkannt wird, fehlt es jedenfalls an einer Verselbständigung zur juristischen Person, weshalb eine Besteuerung bei den Gesellschaftern möglich – eine Körperschaftsteuerpflicht mithin nicht nötig – ist. Da die Komplementär-GmbH unbeschränkt haftet, erscheint es durchaus sachgerecht, dieser eine Verlustverrechnung zu ermöglichen. Damit sprechen keine Bedenken dagegen, eine zivilrechtlich anerkannte Personengesellschaft auch steuerlich als Personengesellschaft einzuordnen.

[889] *Tipke/Lang*, Steuerrecht § 17 Rz. 2 (16. Aufl.).
[890] Vgl. hierzu ausführlich Kapitel 2.

C Weiterer Regelungsinhalt der für die steuerrechtliche Einordnung von Gesellschaften relevanten Normen

I. Begriff der Geschäftsleitung in § 1 Abs. 1 KStG

Der steuerrechtliche Begriff der Geschäftsleitung, der in § 10 AO als „Mittelpunkt der geschäftlichen Oberleitung" legaldefiniert ist, entspricht im Wesentlichen dem gesellschaftsrechtlichen Begriff des tatsächlichen Verwaltungssitzes.[891] So wird im Gesellschaftsrecht für die Präzisierung des Begriffs Verwaltungssitz sogar auf die umfangreiche Judikatur und Literatur im Steuerrecht zu § 1 Abs. 1 KStG und § 10 AO verwiesen.[892] Mit dem Sitz der Geschäftsleitung ist der Ort gemeint, von dem aus das Unternehmen tatsächlich geleitet wird. Es kommt wesentlich darauf an, wo die für den Geschäftsbetrieb erforderlichen Entscheidungen von einigem Gewicht getroffen werden.[893] Wo der Geschäftsverkehr tatsächlich stattfindet, ist hingegen nicht entscheidend. Der Geschäftsführer kann seine leitende Funktion u. U. auch von seiner inländischen Wohnung wahrnehmen, wenn Handel und Produktion im Ausland erfolgen.[894] Letztendlich muss der Ort der Geschäftsleitung anhand einer Einzelfallentscheidung bestimmt werden.[895]

II. Bedeutung des § 3 Abs. 1 KStG

Die Bedeutung des § 3 KStG, insbesondere im Verhältnis zu § 1 Abs. 1 Nr. 5 KStG, ist in der Literatur umstritten. Gerade bei der Einordnung ausländischer Gesellschaften kann es jedoch durchaus von Bedeutung sein, welche Fälle von dieser Norm erfasst werden sollen. Von einer Ansicht wird § 3 KStG lediglich als Abgrenzungsnorm zwischen der Besteuerung nach dem EStG oder dem KStG verstanden.[896] Eine andere Ansicht sieht § 3 Abs. 1 KStG zum einen als Auffangtatbestand für § 1 Abs. 1 Nr. 5 KStG, indem er den Anwendungsbereich des § 1 Abs. 1 Nr. 5 KStG hinsichtlich bestimmter nichtrechtsfähiger Personenvereinigungen erweitere.[897] Zum anderen solle er der Vermeidung einer Doppelbesteuerung von Einkommen nach dem EStG und dem KStG dienen.[898] Das gelte insbesondere für § 2 Abs. 1 KStG, der alle

[891] *Graffe* in Dötsch/Eversberg/Jost/Witt, Die Körperschaftsteuer § 1 Rz. 22; vgl. zum Begriff des Verwaltungssitzes Kapitel 3 B I; zu Unterschieden im Einzelfall *Eilers/Wienands* IStR 1999, 289, 291 f; zum Begriff des gesellschaftsrechtlichen Verwaltungssitzes s. oben Kapitel 3 B I.
[892] *Kaligin* DB 1985, 1449, 1450.
[893] BFH vom 17.07.1968 BStBl II 1968, 695.
[894] BFH 23.01.1991 BStBl II 1991, 554.
[895] Ausführlich zum Verhältnis von Verwaltungssitz und Ort der Geschäftsleitung *Deininger*, Verlegung des Hauptverwaltungssitzes S. 117 sowie *Herz*, Grenzüberschreitende Kapitalgesellschaften S. 58 ff.
[896] *Streck*, KStG § 3 Rz. 1; *Dötsch/Cattelaens/Gottstein/Stegmüller/Zenthofer*, Körperschaftsteuer S. 9 ff.
[897] *Bornheim* in Herrmann/Heuer/Raupach, Einkommensteuer- und Körperschaftsteuergesetz § 3 Rz. 22; *Graffe* in Dötsch/Eversberg/Jost/Witt, Die Körperschaftsteuer § 3 Rz. 7; angesprochen werden hier insbesondere grenzüberschreitende Kapitalgesellschaften mit Verwaltungssitz in Deutschland.
[898] *Graffe* in Dötsch/Eversberg/Jost/Witt, Die Körperschaftsteuer § 3 Rz. 4; so wohl auch die Rechtsprechung (BFH Beschluss vom 25.06.1984 BStBl II 1984, 751); ebenso *Herz*, Grenzüberschreitende Kapitalgesellschaften S. 140.

Personenvereinigungen, also auch Personengesellschaften erfasse; über § 3 Abs. 1 KStG werde hier eine Doppelbesteuerung vermieden.[899] Die Rechtsprechung geht davon aus, dass es sich bei § 3 KStG um einen Auffangtatbestand handelt, dessen Zweck es ist, das in bestimmten Personenvereinigungen und Vermögensmassen erzielte Einkommen jeweils einmal entweder bei dem Rechtsgebilde selbst oder bei den dahinter stehenden Personen der originären Besteuerung zu unterwerfen.[900] Dabei kann § 3 KStG auch eine eigene Anspruchsgrundlage darstellen, die einen erweiternden Steuertatbestand begründet.[901] Der Ansicht der Rechtsprechung ist zu folgen. Eine Erweiterung des Katalogs der Körperschaftsteuersubjekte durch § 3 KStG ist denkbar, da § 3 KStG anders als § 1 Abs. 1 Nr. 5 KStG den weiteren Begriff der „nichtrechtsfähigen Personenvereinigungen" anstatt der „nichtrechtsfähigen Vereine" verwendet. Eigenständige Bedeutung kommt § 3 KStG m. E. für die Einordnung der Vorgesellschaft zu.[902] Hierbei handelt es sich um eine Körperschaft, die im Katalog des § 1 Abs. 1 KStG nicht genannt ist. Alle weiteren nach deutschem Recht bekannten „nichtrechtsfähigen Personenvereinigungen" werden hingegen entweder von § 15 Abs. 1 S. 1 Nr. 2 EStG oder § 1 Abs. 1 KStG erfasst, so dass bei rein nationalen Sachverhalten eine Erweiterung des § 1 Abs. 1 KStG durch § 3 Abs. 1 KStG nicht erforderlich ist. § 3 KStG muss des Weiteren als Abgrenzungsnorm verstanden werden, die eine Doppelbesteuerung ausschließen soll.

D Ergebnis der Betrachtung des deutschen Steuerrechts

Das deutsche Steuerrecht sieht eine rechtsformabhängige Besteuerung vor, indem es zwischen Personengesellschaften und Körperschaften unterscheidet. Eine einheitliche Unternehmensbesteuerung wäre durch gesetzgeberische Maßnahmen inzwischen durchaus möglich, was insbesondere aus der immer weiter voranschreitenden Verselbständigung der Personengesellschaft gegenüber ihren Gesellschaftern resultiert.

Gesetzgebung, Rechtsprechung und Literatur messen den steuerlichen Gründen für eine unterschiedliche Besteuerung von Körperschaften und Personengesellschaften keine entscheidende Bedeutung bei. Sie stellen konsequent und ausnahmslos auf die gesellschaftsrechtliche Einordnung und nicht auf die tatsächliche rechtliche Stellung einer Gesellschaft ab. Als Begründung hierfür wird im Wesentlichen das Argument der Rechtssicherheit angeführt. Damit darf auch im Rahmen des Typenvergleichs die Argumentation mit dem Sinn und Zweck der unterschiedlichen Besteuerung nicht überbewertet werden.

---

[899] *Graffe* in Dötsch/Eversberg/Jost/Witt, Die Körperschaftsteuer § 3 Rz. 7.

[900] BFH Beschluss vom 25.06.1984 BStBl II 1984, 751, 759.

[901] So ausdrücklich FG Köln vom 13.08.2000 EFG 2001, 39, 41 (nicht rechtskräftig); im Ergebnis auch BFH vom 01.07.1992 BStBl II 1993, 222.

[902] Ähnliche Überlegungen können auch über die Liquidationsgesellschaft angestellt werden.

Für den Typenvergleich – zumindest für die dogmatisch saubere Einordnung von grenzüberschreitenden Kapitalgesellschaften – ist ferner relevant, dass § 1 Abs. 1 Nr. 1 KStG von der fast einhelligen Ansicht als abschließend angesehen wird, dass § 1 Abs. 1 Nr. 5 KStG nur nichtrechtsfähige Vereine nach § 54 BGB erfassen soll und dass § 3 KStG als Auffangtatbestand mit eigener Anspruchsgrundlage sowie als Abgrenzungsnorm zu verstehen ist.

Kapitel 5 Internationales Steuerrecht

Die Begriffe Internationales Steuerrecht und Außensteuerrecht werden nicht immer ganz einheitlich verwendet. Im Rahmen dieser Arbeit sollen unter Internationalem Steuerrecht alle Sachverhalte mit Auslandsbezug verstanden werden.[903] Das rein nationale Recht, welches internationale Sachverhalte im Auge hat, wird dagegen als Außensteuerrecht bezeichnet.[904] Damit ist der Begriff des Außensteuerrechts enger, als der des Internationalen Steuerrechts. Außensteuerrecht i. e. S. umfasst demgegenüber ausschließlich den Regelungsinhalt des Außensteuergesetzes, welches ein Maßnahmengesetz gegen Wohnsitzwechsel und Einkünfteverlagerungen in niedrigbesteuernde Gebiete darstellt.[905] Anders als bei den Kollisionsnormen des Internationalen Privatrechts verweist das Internationale Steuerrecht grundsätzlich nicht in den ausländischen Rechtskreis, so dass es nicht von Belang ist, wie der Auslandsstaat den Steuerfall beurteilt.[906]

Dieses Kapitel ist in zwei Teilbereiche untergliedert, die eine unterschiedliche Zielrichtung haben. Im ersten Teil (Gliederungspunkt A) geht es wie in den vorangegangenen Kapiteln darum, die für den Typenvergleich relevanten Vorgaben eines Rechtsgebiets – hier des Internationalen Steuerrechts – darzustellen und zu untersuchen. Der zweite Teil (Gliederungspunkt B) bildet das Kernstück der Arbeit. Hier wird unter Berücksichtigung aller zuvor gewonnenen Erkenntnisse der Typenvergleich grundlegend analysiert.

A Aspekte des Internationalen Steuerrechts mit Relevanz für den Typenvergleich

I. Verfassungsrecht

Die Besteuerung ausländischer Gesellschaften hat sich nicht nur an den einfachgesetzlichen Vorgaben, sondern auch an den Verfassungsprinzipien zu orientieren. Dabei soll hier nicht geprüft werden, ob die derzeitige Handhabung der Einordnung ausländischer Gesellschaften verfassungskonform ist. Denn daran bestehen im Grunde keine ernsthaften Zweifel. Vielmehr geht es darum, die verfassungsrechtlichen Vorgaben für die Besteuerung ausländischer Gesellschaften abstrakt aufzuzeigen, um auch alternative Lösungsansätze zur Einordnung ausländischer Gesellschaften aus verfassungsrechtlicher Sicht beurteilen zu können.

[903] *Jakob*, Einkommensteuer § 8 Rz. 1.
[904] Vgl. *Tipke/Lang*, Steuerrecht § 2 Rz. 39.
[905] *Wilke*, Internationales Steuerrecht Rz. 5.
[906] *Jakob*, Einkommensteuer § 8 Rz. 4; *Ebenroth/Eyles* DB 1988 Beilage Nr. 2 S. 7.

1. Art. 3 Abs. 1 GG

Es stellt sich die Frage, ob beim Typenvergleich der verfassungsrechtliche Gleichheitssatz zu berücksichtigen ist und, bejahendenfalls, welche Anforderungen dieser an die Besteuerung ausländischer natürlicher oder juristischer Personen stellt. Im deutschen Steuerrecht hat der in Art. 3 Abs. 1 GG normierte Gleichheitssatz als Gebot der Steuergerechtigkeit zentrale Bedeutung.[907] Für ausländische Gesellschaften stellt sich die Frage, ob diese sich darauf berufen können, steuerrechtlich genau so behandelt zu werden, wie die entsprechende deutsche Rechtsform.

a) Persönlicher Schutzbereich

Ob auch ausländische Gesellschaften vom Schutzbereich des Art. 3 Abs. 1 GG, der nur von der Gleichheit aller „Menschen" spricht, erfasst sind, ist umstritten. Nach Art. 19 Abs. 3 GG gelten Grundrechte auch für inländische juristische Personen, soweit sie dem Wesen nach auf diese anwendbar sind. Dabei ist anerkannt, dass der Begriff der juristischen Person nicht wie im Gesellschaftsrecht zu verstehen ist, sondern auch Gesamthandsgemeinschaften erfassen soll.[908] Dem Sinn und Zweck des Art. 19 Abs. 3 GG würde es strikt zuwiderlaufen, rechtlich weniger verselbständigte Gebilde – wie etwas die OHG – vom Grundrechtsschutz auszuschließen, obwohl der personale Hintergrund hier viel deutlicher ist, als bei mancher juristischen Person.[909] Eine generelle Erweiterung des Anwendungsbereichs des Art. 19 Abs. 3 GG auf ausländische Gesellschaften wird hingegen von der h. M. abgelehnt.[910] Begründet wird das damit, dass die automatische Ausweitung der Grundrechtsberechtigung der Bundesrepublik Deutschland jeglichen diplomatischen Spielraum nehme.[911] Die Beschränkung der Grundrechtsberechtigung auf inländische Gesellschaften sei auch deshalb berechtigt, weil sich ausländische Gesellschaften deutscher Kontrolle leichter entziehen könnten.[912] Die Gegenansicht will hingegen auch ausländische Gesellschaften vom Schutzbereich des Art. 3 Abs. 1 GG erfasst wissen. Als Begründung wird insbesondere aufgeführt, dass ausländische Gesellschaften nach dem Zivilrecht die gleiche Rechtsstellung wie inländische Gesellschaften hätten. Es sei ein Widerspruch, wenn ihnen dennoch der verfassungsrechtliche Schutz versagt

---

[907] *Tipke/Lang*, Steuerrecht § 4 Rz. 70; *Tipke*, Steuerrechtsordnung Teil 1 § 7 5.4 (S. 293); BVerfG vom 22.02.1984 BVerfGE 66, 214, 233.

[908] Beispielsweise BVerfG vom 20.07.1954 BVerfGE 4, 7, 13; BVerfG vom 24.01.1962 BVerfGE 13, 318, 323.

[909] *Jarass* in Jarass/Pieroth, Grundgesetz Art. 19 Rz. 13; *Schmidt-Aßmann* in Maunz/Düring, Grundgesetz Art. 19 Abs. 3 Rz. 29.

[910] BVerfG vom 01.03.1967 BVerfGE 21, 207, 208 f; BGH vom 28.02.1980 NJW 1980, 649, 651; *v. Mutius* in Dolzer/Vogel/Graßhof, Bonner Kommentar zum Grundgesetz Art. 19 Rz. 50; *Dürig* in Maunz/Dürig, Grundgesetz Art. 19 Rz. 30; *Rittner* in Rowedder, GmbHG Einl. Rz. 301.

[911] *V. Mutius* in Dolzer/Vogel/Graßhof, Bonner Kommentar zum Grundgesetz Art. 19 Abs. 3 Rz. 50.

[912] *Düring* in Maunz/Düring, Grundgesetz Art. 19 Abs. 3 Rz. 30.

werde.[913] Diese Ansicht ist jedoch aufgrund des klaren Wortlauts des Art. 19 Abs. 3 GG abzulehnen.

Es stellt sich aber die Frage, inwieweit die Grundrechte für jene juristischen Personen und Personenvereinigungen gelten, die ihren Sitz in einem Mitgliedstaat der EU haben. Eine grundrechtliche Gleichstellung von juristischen Personen aus anderen Mitgliedstaten ist nur dort denkbar, wo das Unionsrecht im Gewährleistungsbereich der deutschen Grundrechte auch tatsächlich Diskriminierungsverbote normiert.[914] Das ist insbesondere im Geltungsbereich der Grundfreiheiten der Fall.[915] Alle in der EU ansässigen Gesellschaften müssen dann auch im Blick auf die Grundrechte gleich behandelt werden.[916] Damit wird ausländischen Gesellschaften insbesondere der Zugang zur Verfassungsbeschwerde eröffnet, wenn etwa ein Verstoß gegen die Niederlassungsfreiheit im Raum steht.

Für die Frage, ob es sich um eine inländische oder ausländische juristische Person handelt, ist auch bei Art. 19 Abs. 3 GG auf den tatsächlichen Verwaltungssitz und nicht auf den Satzungssitz abzustellen. Damit sind jedenfalls grenzüberschreitende Gesellschaften, die zwar nicht den Satzungssitz, wohl aber den Verwaltungssitz in Deutschland haben, direkt vom Anwendungsbereich des Art. 3 Abs. 1 GG erfasst.[917] Die übrigen ausländischen Gesellschaften können hingegen selbst keine Verletzung des Art. 3 Abs. 1 GG geltend machen. Es besteht jedoch die Möglichkeit, dass sich die einzelnen Gesellschafter auf den Gleichheitssatz berufen, der auf ausländische natürliche Personen unbestritten anwendbar ist.

b) Voraussetzungen für einen Eingriff in Art. 3 Abs. 1 GG und mögliche Rechtfertigung

Zunächst stellt sich die Frage, ob die Regelungen zur Einordnung ausländischer Gesellschaften überhaupt zu einem Eingriff in das Gleichheitsgrundrecht führen können. Soweit Unternehmen betroffen sind, stellt sich die Gleichheit vor allem als Wettbewerbsneutralität dar,[918] welche auch zwischen In- und Ausländern zu wahren ist.[919] Wenn ausländische Gesellschaften bei der Einordnung in das Steuersystem anders behandelt werden, als die entsprechende inländische Rechtsform und daraus steuerliche Nachteile resultieren, die zu einem Wettbewerbsnachteil führen, kann ein Eingriff in das Grundrecht auf Gleichbehandlung vorliegen. Auch wenn der Gesetzgeber seit Jahren eine steuerliche Gleichbehandlung von Körperschaften und Personengesellschaften ausdrücklich anstrebt, wurde diese bisher nicht erreicht;[920] aus der Einordnung als Personengesellschaft bzw. Körperschaft können sich gerade im Thesaurierungsfall nicht ganz unerhebliche Unterschiede hinsichtlich der tatsächlichen steuerlichen Belastung der Gesellschaft und des Gesellschafters ergeben.

---

[913] *Krebs* in v. Münch/Kunig, Grundgesetz Art. 19 Abs. 3 Rz. 33.
[914] *Huber* in v. Mangoldt/Klein/Strack, Bonner Grundgesetz Art. 19 Rz. 323.
[915] *Huber* in v. Mangoldt/Klein/Strack, Bonner Grundgesetz Art. 19 Rz. 323.
[916] Vgl. auch *Jachmann*, Steuergesetzgebung S. 21.
[917] *Dürig* in Maunz/Düring, Grundgesetz Art. 19 Abs. 3 Rz. 31; v. Mutius in Dolzer/Vogel/Graßhof Bonner Kommentar zum Grundgesetz Art. 19 Abs. 3 Rz. 54; *Huber* in v. Mangoldt/Klein/Strack Bonner Grundgesetz Art. 19 Rz. VI 2.
[918] *Tipke*, Steuerrechtsordnung Teil 1 § 7 5.86 (S. 324).
[919] BVerfG vom 26.10.1976 BVerfGE 43, 58, 70; BFH vom 08.10.1975 BFHE 117, 390, 393, 394.
[920] Kapitel 1 B.

Da, wie soeben dargestellt, ausländische Gesellschaften grundsätzlich nicht als Grundrechtsträger anzusehen sind, stellt sich die Frage, ob auch der einzelne Gesellschafter sich auf einen Grundrechtseingriff berufen kann, wenn die Einordnung der Gesellschaft unter Verletzung des Gleichheitssatzes steuerlich nachteilig ist.[921] Durch die Höhe der steuerlichen Belastung kann der Gesellschafter unmittelbar betroffen sein. Bei Personengesellschaften ist das offensichtlich, da hier nicht die Gesellschaft, sondern der Gesellschafter selbst steuerpflichtig ist. Aber auch bei Körperschaften hängt die Höhe der Dividende zumindest auch von der Höhe der auf die Gewinne entfallenden Steuer ab. Vor allem die Frage, ob eine Verlustverrechnung direkt beim Gesellschafter möglich ist, was die Einordnung als Personengesellschaft voraussetzt, betrifft allein den Gesellschafter. Damit wird sich i. d. R. auch bzw. in einigen Fällen sogar nur der Gesellschafter auf einen Eingriff in sein Grundrecht auf Gleichbehandlung berufen können.

Die Rechtsprechung des BVerfG interpretiert den Gleichheitssatz als Willkürverbot.[922] Dabei ist eine Verletzung von Art. 3 Abs. 1 GG anzunehmen, „wenn der Staat eine Gruppe von Normadressaten anders behandelt, obwohl zwischen beiden Gruppen keine Unterschiede von solcher Art und solchem Gewicht bestehen, dass sie die ungleiche Behandlung rechtfertigen können".[923] Bezogen auf das Steuerrecht darf sich der Gesetzgeber bei der Ausübung seines Steuererfindungsrechts von finanzpolitischen, volkswirtschaftlichen, sozialpolitischen und steuertechnischen Erwägungen leiten lassen.[924]

Bei der Besteuerung von Steuerausländern können durchaus finanzpolitische und volkswirtschaftliche Aspekte eine Rolle spielen, etwa wenn durch Steuervergünstigungen oder Steuernachteile ausländische Investoren angezogen bzw. abgehalten werden sollen.[925] Bei der Einordnung ausländischer Gesellschaften in das deutsche System der Einkommensbesteuerung kommt diesen Faktoren jedoch keine Bedeutung zu. Hier geht es vielmehr um ein rein steuertechnisches Problem; es ist schwer zu beurteilen, welche ausländischen Gesellschaften sich als Körperschaftsteuersubjekte darstellen sollen und welche nicht. Eine abschließende Auflistung aller ausländischen Gesellschaften im Gesetz ist nicht zuletzt deshalb praktisch kaum durchführbar, weil die ausländischen Rechtsordnungen einem steten Wandel unterliegen. Damit kann nur eine abstrakte Regelung dieses Sachverhalts (in § 2 Nr. 1, § 3 Abs. 1 KStG sowie § 1 Abs. 4, § 49 EStG) getroffen werden. Werden in Verwaltungsmassenverfahren Sachverhalte nicht mehr unter Würdigung aller Umstände, sondern nur nach einer Aus-

---

[921] Mittelbar hierzu *Bleckmann*, Staatsrecht II § 9 Rz. 155; vgl. direkt hierzu – aber ohne Lösungsvorschlag – *Herrmann*, Einordnung ausländischer Gesellschaften S. 55.
[922] Dazu *Tipke/Lang*, Steuerrecht § 4 Rz. 73; *Leibholz/Rinck/Hasselberger*, GG für die BRD Art. 3 Rz. 21.
[923] „Neue Formel" des BVerfG vom 07.10.1980 BVerfGE 55, 72, 88.
[924] BVerfG vom 30.10.1961 BVerfGE 13, 181, 203; BVerfG vom 12.10.1978 BVerfGE 49, 343, 360; BVerfG vom 13.03.1979 BVerfGE 50, 386, 392; BVerfG vom 06.06.1983 BVerfGE 65, 325, 354; BVerfG vom 10.02.1987 BVerfGE 74, 182, 200.
[925] Vgl. *Herrmann*, Einordnung ausländischer Gesellschaften S. 59; *Bungert*, Recht ausländischer Kapitalgesellschaften S. 433.

wahl von Kriterien überprüft, so wird dies als Typisierung bezeichnet.[926] Solche Typisierungen sind gerechtfertigt, wenn der Vereinfachungseffekt durch die Typisierung und das Maß der daraus resultierenden Ungleichbehandlung in einem angemessenen Verhältnis stehen.[927] Die Typisierung muss ferner zur Vereinfachung geeignet sein.[928] Bei der Einordnung ausländischer Gesellschaften könnte insofern von einer Typisierung gesprochen werden, als von der Rechtsprechung ein Katalog von Kriterien aufgestellt wird, anhand derer der Typenvergleich vorzunehmen ist. Hier erfolgt eine Typisierung für die Einordnung ausländischer Gesellschaften nicht lediglich zu Vereinfachungszwecken, sondern ist vielmehr zwingend notwendig, um überhaupt zu einem Ergebnis zu kommen. Damit muss eine gewisse Typisierung jedenfalls verfassungskonform sein. Verfassungsrechtliche Bedenken können aber dann entstehen, wenn eine Typisierung in einer Weise vorgenommen wird, die nicht mehr zu sachgerechten Ergebnissen führt.[929]

2. Freiheitsrechte

Die Freiheitsrechte spielen im Zusammenhang mit dem Typenvergleich hingegen keine nennenswerte Rolle.

Eine Verletzung der Berufsfreiheit ist schon hinsichtlich der Eröffnung des Schutzbereiches problematisch. Denn Art. 12 GG schützt nur deutsche Staatsangehörige, womit anders als bei Art. 3 Abs. 1 GG auch ausländische Gesellschafter sich nicht auf die Berufsfreiheit berufen können. Zudem kann allein die Tatsache, dass die Besteuerung die wirtschaftliche Betätigung einer Gesellschaft erschweren könnte, noch keinen Eingriff in die Berufsfreiheit darstellen. Eine steuerliche Regelung berührt die Berufsfreiheit nur, wenn sie in engem Zusammenhang mit der Ausübung eines bestimmten Berufes steht und eine berufsregelnde Tendenz aufweist.[930] Allein die Art der Besteuerung hat auf den Inhalt der beruflichen Betätigung keinen Einfluss und hat damit keine berufsregelnde Tendenz.[931]

Auch Art. 14 GG wird durch die Einordnung ausländischer Gesellschaften regelmäßig nicht beeinträchtigt sein. Schutzobjekt des Art. 14 Abs. 1 GG ist gerade nicht das Vermögen in seiner Gesamtheit.[932] Auch beim eingerichteten und ausgeübten Gewerbebetrieb wird die Eigentumsgarantie grundsätzlich auf die vermögenswerten subjektiven Rechte beschränkt.[933] So hat

---

[926] *Tipke/Lang*, Steuerrecht § 4 Rz. 132.
[927] BVerfG vom 09.09.1988 BVerfGE 79, 87,100; BVerfG vom 16.03.1971 BVerfGE 30, 292, 327; BVerfG vom 24.07.1963 BVerfGE 17, 1 , 23.
[928] *Tipke/Lang*, Steuerrecht § 4 Rz. 132.
[929] Das Maß der Typisierung ist beim Typenvergleich, wie die Rechtsprechung ihn vornimmt, relativ gering. Denn jede Gesellschaftsform wird anhand einer Vielzahl von Kriterien mit der deutschen Vergleichsform abgeglichen.
[930] *Jarass* in Jarass/Pieroth, Grundgesetz, Art. 12 Rz. 13.
[931] *Herrmann*, Einordnung ausländischer Gesellschaften 60.
[932] BVerfG vom 20.07.1954 BVerfGE 4, 7, 17.
[933] *Bleckmann*, Staatsrecht II § 35 Rz. 31.

das BVerfG die Auferlegung einer Geldleistungspflicht und insbesondere einer Steuer nicht als Eingriff in das Eigentum bewertet, weil hier nur in das Vermögen eingegriffen werde.[934] Etwas anderes gelte allenfalls im Falle einer erdrosselnden Wirkung der steuerlichen Belastung.[935] Die Besteuerung ausländischer Gesellschaften wird aber kaum die hohen Anforderungen an eine erdrosselnde Wirkung erfüllen.

3. Zusammenfassung der Vorgaben des Verfassungsrechts

Bei der Einordnung ausländischer Gesellschaften in das deutsche System der Einkommensbesteuerung ist aus verfassungsrechtlicher Sicht allein der Gleichheitssatz zu beachten, auf den sich zwar nicht die ausländischen Gesellschaften, wohl aber die Gesellschafter der ausländischen Gesellschaften berufen können. Ein Eingriff in Art. 3 Abs. 1 GG liegt dann vor, wenn eine ausländische Gesellschaft steuerlich anders behandelt wird, als die vergleichbare inländische Rechtsform und daraus eine höhere Steuerbelastung resultiert. Der Grundrechtseingriff kann jedoch aufgrund steuertechnischer Gegebenheiten gerechtfertigt sein. Damit ist es verfassungsrechtlich unbedenklich, wenn die Rechtsprechung pauschale Vorgaben zur Handhabung des Typenvergleichs aufstellt. Problematisch sind jedoch Methoden, die der steuerlichen Unterscheidung zwischen Personengesellschaften und Körperschaften nach deutschem Recht nicht hinreichend gerecht werden.

II. Einschlägige Normen des Internationalen Steuerrechts

Als einschlägige Normen des Internationalen Steuerrechts für die Einordnung ausländischer Gesellschaften sind insbesondere § 1 Abs. 4, § 15 und § 49 EStG sowie § 2 Nr. 1, § 3 Abs. 1 und § 8 Abs. 1 S. 1 KStG zu nennen.

1. Beginn und Ende der beschränkten Steuerpflicht

Während die unbeschränkte Körperschaftsteuerpflicht bereits durch die Entstehung bzw. das Vorhandensein der in § 1 Abs. 1 KStG genannten Subjekte eintritt, wird für den Beginn der beschränkten Körperschaftsteuerpflicht eine Körperschaft vorausgesetzt, die weder Geschäftsleitung noch Sitz im Inland hat und die inländische Einkünfte i. S. d. § 49 EStG erzielt.[936] Entwickelt ein bereits bestehendes ausländisches Körperschaftsteuersubjekt im Laufe eines

[934] BVerfG vom 20.07.1954 BVerfGE 4, 7, 17; BVerfG vom 29.07.1959 BVerfGE 10, 89, 116; BVerfG vom 25.02.1960 BVerfGE 10, 354, 371; BVerfG vom 24.09.1965 BVerfGE 19, 119, 128; BVerfG vom 24.12.1965 BVerfGE 19, 253, 267; BVerfG vom 14.05.1968 BVerfGE 23, 288, 314; BVerfG vom 22.03.1983 BVerfGE 63, 343, 368.
[935] Beispielsweise BVerfG vom 24.07.1962 BVerfGE 14, 221, 241; BVerfG vom 25.09.1992 BVerfGE 87, 153, 169 (mit Präzisierung der „erdrosselnden Wirkung").
[936] *Siegers* in Dötsch/Eversberg/Jost/Witt, Die Körperschaftsteuer § 2 n. F. Rz. 187.

Kalenderjahres ein Inlandsengagement, beginnt die Steuerpflicht z. B. mit Zufluss von Kapitalerträgen, Vermietungserträgen oder sonstigen Einkünften.[937] Die beschränkte Steuerpflicht einer natürlichen Person, d. h. des ausländischen Gesellschafters einer Personengesellschaft, beginnt, sobald diese inländische Einkünfte erzielt. Wechselt die Steuerpflicht während eines Kalenderjahres infolge Zuzugs oder Wegzugs, so wird nur eine Veranlagung durchgeführt; die während der beschränkten Einkommensteuerpflicht erzielten inländischen Einkünfte sind in eine Veranlagung zur unbeschränkten Einkommensteuerpflicht einzubeziehen (§ 2 Abs. 7 S. 3 EStG).

Die beschränkte Körperschaftsteuerpflicht endet mit Beendigung des Inlandsengagements oder wenn das Körperschaftsteuersubjekt erlischt.[938] Bei natürlichen Personen endet die beschränkte Steuerpflicht mit dem Tode oder mit dem Zeitpunkt, ab dem keine inländischen Einkünfte mehr erzielt werden.

2. § 1 Abs. 4 EStG

Die Steuersubjektivität der ausländischen Gesellschafter einer ausländischen Personengesellschaft ergibt sich aus § 1 Abs. 4 EStG. Tatbestandsvoraussetzung ist, dass inländische Einkünfte erzielt werden.[939] Die Besteuerung von Gewinnanteilen der Gesellschafter von Personengesellschaften ist in § 15 Abs. 1 S. 1 Nr. 2 EStG geregelt. I. d. R. werden auch ausländische Gesellschafter über § 49 Abs. 1 Nr. 2 lit. a EStG ihre Gewinnanteile gemäß § 15 Abs. 1 S. 1 Nr. 2 EStG zu versteuern haben. Voraussetzung dafür ist jedoch das Vorliegen einer inländischen Betriebstätte der ausländischen Personengesellschaft oder ein ständiger Vertreter (§ 49 Abs. 1 Nr. 2 lit. a EStG). Für den Fall, dass die ausländische Personengesellschaft etwa ein Grundstück im Inland vermietet oder an einer inländischen Kapitalgesellschaft beteiligt ist, werden diese Voraussetzungen nicht erfüllt sein. Hier muss die sog. isolierte Betrachtungsweise des § 49 Abs. 2 EStG herangezogen werden. Mit der schwer verständlichen Formulierung in § 49 Abs. 2 EStG ist folgendes gemeint: Wenn ein Steuertatbestand im Inland verwirklicht ist, also die Voraussetzungen für eine beschränkte Steuerpflicht einschließlich eines etwaigen Radizierungsmerkmals[940] in § 49 Abs. 1 EStG vorliegen, ein im Ausland verwirklichtes Besteuerungsmerkmal jedoch eine Subsidiaritätsklausel aktiviert, welche die Einkünfte umqualifiziert und damit das nun einschlägige Radizierungsmerkmal nicht erfüllt ist, so soll das im Ausland verwirklichte Besteuerungsmerkmal unberücksichtigt bleiben.[941] Als

---

[937] Vgl. hierzu *Siegers* in Dötsch/Eversberg/Jost/Witt, Die Körperschaftsteuer § 2 n. F. Rz. 187.
[938] *Siegers* in Dötsch/Eversberg/Jost/Witt, Die Körperschaftsteuer § 2 n. F. Rz. 188.
[939] *Jakob*, Einkommensteuer § 9 Rz. 3.
[940] In § 49 Abs. 1 EStG werden den Einkunftsarten im Katalog des § 2 EStG „Radizierungsmerkmale" hinzugefügt, die ihre Verwurzelung im Inland kennzeichnen (beispielsweise muss das vermietete Objekt im Inland belegen sein; der ausländische Gewerbebetrieb muss im Inland eine Betriebstätte haben...), vgl. *Jakob*, Einkommensteuer § 9 Rz. 8.
[941] Vgl. *Jakob* Einkommensteuer § 9 Rz. 8.

Schulbeispiel gilt der Fall, dass eine ausländische Kapitalgesellschaft im Inland Einkünfte aus VuV erzielt, ohne eine Betriebstätte zu unterhalten oder einen ständigen Vertreter bestellt zu haben. Die Voraussetzungen für inländische Einkünfte aus VuV nach § 49 Abs. 1 Nr. 6 EStG sind erfüllt. Nur weil es sich um einen Steuerpflichtigen in der Rechtsform einer Kapitalgesellschaft handelt, erzielt dieser gemäß § 8 Abs. 2 KStG, § 21 Abs. 3 EStG gewerbliche Einkünfte, die jedoch mangels Betriebstätte bzw. ständigen Vertreters den Anforderungen des § 49 Abs. 1 Nr. 2 lit. a EStG nicht genügen. § 49 Abs. 2 EStG führt nun dazu, dass dennoch inländische Einkünfte aus VuV vorliegen sollen.

Der Anwendungsbereich der isolierten Betrachtungsweise auf Personengesellschaften wird in der Literatur nicht gesondert dargestellt. Für das obige Beispiel der inländischen Mieteinkünfte liegt der Fall jedoch ähnlich wie bei Kapitalgesellschaften. Die Umqualifizierung der Einkünfte erfolgt nur nicht nach § 8 Abs. 2 KStG, sondern nach § 15 Abs. 3 Nr. 1 EStG, falls die Personengesellschaft im Ausland gewerbliche Einkünfte erzielt. Ungewohnt erscheint aber, dass die Gesellschafter nicht mehr ihren Gewinnanteil aus der Beteiligung an der Personengesellschaft versteuern müssen, sondern ihre Einkünfte aus VuV. Es fehlt an einer Zurechnungsnorm zur Verteilung der durch die Personengesellschaft erzielten Einkünfte an die einzelnen Gesellschafter, wie sie in § 15 Abs. 1 S. 1 Nr. 2 EStG für gewerbliche Einkünfte enthalten ist. Hingegen erfolgt die Besteuerung der Personengesellschaften auch bei rein nationalen Sachverhalten nicht ausschließlich über den Gewinnanteil nach § 15 Abs. 1 S. 1 Nr. 2 EStG. So haben beispielsweise die Gesellschafter einer rein vermögensverwaltenden Grundstücksgesellschaft keine Gewinnanteile zu versteuern, sondern Einkünfte aus VuV.[942] Schon nach dem Sinn und Zweck des § 49 Abs. 2 EStG, nämlich der Gleichstellung von Gesellschaften und natürlichen Personen sowie der Schließung von Besteuerungslücken,[943] muss auch eine ausländische Personengesellschaft Einkünfte aus VuV oder Kapitalvermögen erzielen können.

Auch wenn die Besteuerung der Gesellschafter ausländischer Personengesellschaften aufgrund der isolierten Betrachtungsweise nicht ausschließlich über § 15 Abs. 1 S. 1 Nr. 2 EStG läuft, bleibt dies die zentrale Abgrenzungsnorm gegenüber § 2 Nr. 1 bzw. § 3 KStG. Denn diese Vorschrift enthält eine Regelung zur Besteuerung von Gesellschaften. Dort heißt es, dass die Gewinnanteile von Gesellschaftern einer OHG, KG oder sonstigen Gesellschaft, bei der der Gesellschafter als Mitunternehmer anzusehen ist, als gewerbliche Einkünfte des Gesellschafters zu versteuern sind. Dabei sind nach dem Wortlaut – anders als in § 2 Nr. 1 KStG – nicht auch ausländische Personengesellschaften ausdrücklich von dem Begriff der „anderen Gesellschaft" erfasst. Die einhellige Meinung geht davon aus, dass § 15 Abs. 1 S. 1 Nr. 2 EStG gleichermaßen für solche ausländischen Gesellschaften gelten soll, die einer inländi-

[942] *Endriss/Haas/Küpper*, Steuerkompendium S. 71 f. Weitere Beispiele, in denen Gesellschafter einer Personengesellschaft nicht nach § 15 Abs. 1 S. 1 Nr. 2 EStG besteuert werden, sind die typisch stille Gesellschaft oder das Fehlen der Mitunternehmerstellung im Einzelfall.

[943] *Zenthöfer/Schulze zur Wiesche*, Einkommensteuer S. 1058 f.

schen Personengesellschaft vergleichbar sind.[944] Die grundsätzliche Anwendbarkeit des § 15 Abs. 1 S. 1 Nr. 2 EStG auf ausländische Gesellschaftsformen lässt sich aus der Regelung in § 49 Abs. 1 Nr. 2 lit. a EStG schließen.

3. § 2 Nr. 1 KStG

Zentrale Norm für die Besteuerung von ausländischen Körperschaften ist § 2 Nr. 1 KStG. Genau wie § 1 Abs. 4 EStG wird auch hier das Erzielen inländischer Einkünfte vorausgesetzt, wobei über § 8 Abs. 1 KStG ebenfalls § 49 EStG Anwendung findet.

§ 2 Nr. 1 KStG fehlt es einer § 1 Abs. 1 KStG vergleichbaren enumerativen Aufzählung der dem KStG zu unterwerfenden Subjekte. Der beschränkten Körperschaftsteuerpflicht unterliegen damit zunächst alle rechtsfähigen und nichtrechtsfähigen Gebilde, die weder Geschäftsleitung noch Sitz im Inland haben. Unter den in § 2 Nr. 1 KStG verwendeten Begriff der „Personenvereinigung" fallen dem Wortlaut nach auch Personengesellschaften.[945] Insofern erscheint es auf den ersten Blick möglich, alle ausländischen Personengesellschaften und Körperschaften nach dem KStG zu besteuern. Eine derartige Lösung hätte den Vorteil, dass ein Typenvergleich entbehrlich wäre und man zu einheitlichen und eindeutigen Ergebnissen bei der Besteuerung ausländischer Gesellschaften käme. Sie erscheint zudem deshalb nicht fernliegend, weil in Deutschland im Rahmen der Diskussion zur Unternehmenssteuerreform[946] die Option für Personengesellschaften zur Körperschaftsteuer ernsthaft in Betracht gezogen worden war, wodurch zum Ausdruck kommt, dass sich eine Besteuerung auch von Personengesellschaften nach dem KStG durchaus praktisch durchführen ließe. Hinzu kommt, dass eine Reihe von Personengesellschaften im Ausland die Stellung einer juristischen Person innehaben,[947] was eine Besteuerung der Gesellschaft und nicht der Gesellschafter nahe legt.

Der angedachten Lösung stehen jedoch verfassungsrechtliche Bedenken entgegen. Wie oben bereits ausgeführt, können Gesellschafter ausländischer Gesellschaften grundsätzlich verlangen, dass sie steuerlich so behandelt werden, wie die Gesellschafter der vergleichbaren inländischen Gesellschaft. Zwar können steuertechnische Aspekte eine Ungleichbehandlung rechtfertigen.[948] Man könnte argumentieren, dass ausländische Rechtsordnungen zum Teil vom deutschen Recht stark abweichende Gesellschaftsformen vorsähen und diese nicht alle eindeutig und ohne erheblichen Aufwand in das deutsche System der Einkommensteuer einge-

---

[944] Vgl. gesamte Rechtsprechung zum Typenvergleich Kapitel 1 D I; beispielsweise BFH vom 17.12.1997 BStBl II 1998, 296; *Schmidt*, Einkommensteuergesetz § 15 Rz. 169; *Richter/Markl* in Lademann/Söffing/Brockhoff, Kommentar zum Einkommensteuergesetz § 15 Rz. 226; *Kirchhof*, EStG § 15 Rz. 211.

[945] Beispielsweise *Blümich*, EStG/KStG/GewStG § 2 Rz. 13.

[946] Gesetz zur Senkung der Steuersätze und zur Reform der Unternehmensbesteuerung (StSenkG) vom 23.10.2000 BGBl I 2000, 1433.

[947] Vgl. zum Begründungsaufwand hinsichtlich einer Einordnung dieser Gebilde als Personengesellschaft RFH vom 12.02.1930 RFHE 27, 73; BFH vom 03.02.1988 BStBl II 1988, 588.

[948] S. soeben Fn. 924.

ordnet werden könnten. Damit sei eine einheitliche Besteuerung aller ausländischen Gesellschaften zweckmäßig. Jedoch zeigt die Rechtsprechung zum Typenvergleich, dass es möglich ist, einheitliche Regeln zur Einordnung aufzustellen und dennoch der Unterscheidung zwischen Personengesellschaften und Körperschaften Rechnung zu tragen. Dass eine einheitliche Besteuerung aller ausländischen Gesellschaftsformen nach dem KStG zu Zwecken der Vereinfachung noch verhältnismäßig wäre, ist zu bezweifeln.

Nach der Rechtsprechung und einer Ansicht in der Literatur ist der Begriff „Personenvereinigungen" in § 2 Nr. 1 KStG daher teleologisch dahingehend zu reduzieren, dass von dieser Regelung ausschließlich Körperschaften erfasst sind.[949] Eine ausländische Gesellschaft könne nur dann beschränkt köperschafsteuerpflichtig sein, wenn sie nach dem leitenden Gedanken des deutschen Einkommensteuer- und Körperschaftsteuerrechts einer der in § 1 Abs. 1 Nr. 1-5 KStG genannten Körperschaften, Personenvereinigungen und Vermögensmassen vergleichbar sei.[950]

In der Literatur wird dagegen überwiegend vertreten, der Geltungsbereich von § 2 Nr. 1 KStG sei durch § 3 Abs. 1 KStG gesetzlich eingeschränkt.[951] § 3 Abs. 1 KStG gilt zwar nach unbestrittener Ansicht auch für § 2 KStG.[952] Dennoch kann diese Ansicht nicht überzeugen. Die Abgrenzungsfrage würde letztendlich auf § 1 Abs. 4 EStG verlagert. Denn zunächst wären alle Körperschaften und Personengesellschaften unterschiedslos von § 2 Nr. 1 KStG erfasst. Auf Ebene von § 3 Abs. 1 KStG wäre dann zu prüfen, ob eine vorrangige Besteuerung der Gesellschafter nach § 1 Abs. 1 Nr. 4 EStG gegeben ist. Erst wenn eine Einkommensteuerpflicht der Gesellschafter abgelehnt wird, kommt es zu einer Körperschaftsteuerpflicht. Im Gegensatz zu § 2 Nr. 1 KStG enthält § 1 Abs. 4 EStG aber keine Regelung zur Besteuerung von Personenzusammenschlüssen und gibt damit für eine Abgrenzung wenig her.[953] Daher bietet es sich schon aus Praktikabilitätsgründen an, die Abgrenzung direkt auf Grundalge von § 2 Nr. 1 KStG durchzuführen. Das letztendlich ausschlaggebende Argument gegen die Literaturansicht ist jedoch, dass hiernach juristische Personen zwingend nach dem KStG zu besteuern wären. Denn § 3 Abs. 1 KStG würde § 2 Nr. 1 KStG nur hinsichtlich nichtrechtsfähiger Personenvereinigungen einschränken, da juristische Personen vom Regelungsbereich des § 3 Abs. 1 KStG ausgeschlossen sind. Die Rechtsfähigkeit ist jedoch nur eines der Typus-

---

949 BFH vom 03.02.1988 BStBl II 1988, 588 f; *Kläschen*, Körperschaftsteuergesetz § 2 Rz. 9; *Kießling/Pelikan/Jäger*, Körperschaftsteuer S. 59; *Streck*, KStG § 2 Rz. 3; *Lademann*, Kommentar zum Körperschaftsteuergesetz § 2 Rz. 4; *Greif/Schuhmann*, KStG § 2 Rz. 5.

950 BFH vom 03.02.1988 BStBl II 1988, 588 f.

951 *Siegers* in Dötsch/Eversberg/Jost/Witt, Die Körperschaftsteuer § 2 n. F. Rz. 9; *Bornheim* in Herrmann/Heuer/Raupach, Einkommensteuer- und Körperschaftsteuer § 2 Rz. 22; *Blümich*, EStG/KStG/GewStG § 2 Rz. 13.

952 BFH vom 03.02.1988 BStBl II 1988, 588,589.

953 § 15 Abs. 1 S. 1 Nr. 2 EStG kann nicht direkt als Abgrenzungsnorm verwendet werden, da diese Norm keine grundlegende Aussage zur Steuersubjektivität enthält. Bei einer beschränkten Steuerpflicht ist aber das Erzielen inländischer Einkünfte Tatbestandsvoraussetzung für eine Steuersubjektivität, was die Bedeutung von § 15 Abs. 1 S. 1 Nr. 2 EStG wieder aufwertet.

merkmale von Körperschaften und kann damit für die Einordnung in die Gruppe der Personengesellschaften oder Körperschaften nicht ausschlaggebend sein. Dieses Problem entsteht nicht, wenn man § 2 Nr. 1 KStG von vornherein auf solche – auch rechtsfähige – Personenvereinigungen teleologisch reduziert, die den deutschen Körperschaften vergleichbar sind.[954]

4. Ergebnis

Hinsichtlich der gesetzlichen Vorgaben zum Typenvergleich bleibt damit festzuhalten, dass nach § 2 Nr. 1 KStG ausländische Gesellschaften dann körperschaftsteuerpflichtig sind, wenn sie inländische Einkünfte erzielen und – auch wenn der Wortlaut des § 2 Nr. 1 KStG weiter gefasst ist – einer deutschen Körperschaft vergleichbar sind. Ist das ausländische Gebilde dagegen einer Personengesellschaft vergleichbar, müssen die Gesellschafter die inländischen Einkünfte der Gesellschaft nach § 1 Abs. 4 EStG versteuern. Ansatzpunkt für den Typenvergleich ist § 2 Nr. 1 KStG. Konkrete Anhaltspunkte dazu, wie die Abgrenzung zwischen ausländischen Personengesellschaften und Körperschaften zu erfolgen hat, enthält das Gesetz jedoch nicht.

III. Frage der Beweislast

Im Steuerrecht[955] gilt der Untersuchungsgrundsatz (§ 88 AO), so dass die Frage, ob eine ausländische Gesellschaft einer Körperschaft oder Personengesellschaft vergleichbar ist, grundsätzlich von Amts wegen zu klären ist. Allerdings besteht zwischen Sachaufklärungsintensität und Mitwirkung des Steuerpflichtigen naturgemäß ein wechselseitiger Zusammenhang. Finanzbehörde und Steuerpflichtiger bilden eine auf die Sachaufklärung bezogene Verantwortungsgemeinschaft, bei der die Letztverantwortung auf Seiten der Finanzbehörde verbleibt.[956] Wenn die Finanzbehörde außerstande ist, den Sachverhalt hinreichend aufzuklären, stellt sich die Frage, zu wessen Lasten das non-liquet geht. Die objektive Beweislast wird dahingehend verteilt, dass das Finanzamt grundsätzlich für steuerbegründende und steuererhöhende Tatsachen verantwortlich ist, der Steuerpflichtige dagegen für steuerentlastende und steuermindernde Tatsachen. Zu berücksichtigen ist dabei aber auch, ob die Beweisfrage in die Sphäre des Beweispflichtigen fällt.[957] Da es bei der Frage, ob eine ausländische Gesellschaft einer Körperschaft vergleichbar ist und damit eine Körperschaftsteuerpflicht besteht, um eine steuerbegründende Tatsache geht, trägt die objektive Beweislast grundsätzlich das Finanzamt. Zu beachten ist jedoch, dass bei Auslandssachverhalten eine erhöhte Mitwirkungspflicht des

---

[954] Damit käme § 3 KStG allerdings für beschränkt steuerpflichtige Personenvereinigungen keine eigenständige Bedeutung mehr zu (anders ggf. bei grenzüberschreitenden Kapitalgesellschaften s. unten Kapitel 5 B III c) cc)).
[955] Zur Frage, wer zivilrechtlich die Beweislast für den Ort des tatsächlichen Verwaltungssitzes trägt, bereits oben Kapitel 3 B I.
[956] *Tipke/Lang*, Steuerrecht § 21 Rz. 216.
[957] *Seer*, Verständigung Steuerverfahren S. 194.

Steuerpflichtigen besteht,[958] welche als Ausprägung des Sphärenprinzips verstanden wird.[959] Die erhöhte Mitwirkungspflicht gilt auch für beschränkt Steuerpflichtige.[960] Wird diese Mitwirkungspflicht verletzt, reduziert sich das Beweismaß entsprechend der Pflichtverletzung auf die größtmögliche Wahrscheinlichkeit.[961] Andererseits schränkt die Verletzung der Mitwirkungspflicht durch einen Beteiligten als solche die Aufklärungspflicht der Finanzbehörden nicht ein, solange sonstige Aufklärungsmittel zugänglich sind und ihre Beschaffung weder mit unverhältnismäßigem Aufwand verbunden noch unzumutbar ist.[962]

Bei der Einordnung ausländischer Gesellschaften geht es primär um die Frage, wie die gewählte Rechtsform im Ausland nach den dortigen gesellschaftsrechtlich Bestimmungen ausgestaltet ist. Allein die Tatsache, dass es sich bei dem Steuerpflichtigen um eine ausländische Gesellschaft handelt, kann nicht dazu führen, dass der gesamte Steuersachverhalt in die Sphäre des Steuerpflichtigen verlagert wird. Hier muss der Steuerpflichtige zwar bei der Ermittlung der relevanten gesellschaftsrechtlichen Vorgaben mitwirken. Fehlen weitere Erkenntnisse und sind diese – aus welchen Gründen auch immer – nicht oder nicht unter verhältnismäßigem Aufwand zu erlangen, darf das nicht per se zu Lasten des Steuerpflichtigen gehen. Andererseits muss eine Mitwirkungspflicht soweit uneingeschränkt gelten, wie Gesellschaftsinterna für die Sachaufklärung notwendig sind, etwa wenn zu klären ist, nach welchen Vorschriften die Gesellschaft gegründet wurde.[963] Eine besonders ausgeprägte Mitwirkungspflicht muss wohl dann gelten, wenn durch komplizierte steuerliche Gestaltungsmodelle, wie die Einschaltung von Basisgesellschaften, ein Steuerinländer eine Steuerersparnis erreichen will. In diesen Fällen gründet sich die erschwerte Sachverhaltsaufklärung auf eine gezielte Handlung des Steuerpflichtigen und nicht auf die rein zufällige örtliche Ansässigkeit.

IV. Parallelen zum Abkommensrecht

§ 49 EStG bestimmt den Rahmen der inländischen Steuerpflicht nach nationalem Recht. Das demnach bestehende nationale Besteuerungsrecht ist jedoch nicht selten durch DBA eingeschränkt oder ausgeschlossen. Wenn die Gesellschaft Sitz oder Geschäftsleitung in einem Staat hat, mit dem ein DBA besteht, ist bei Vorliegen einer beschränkten Steuerpflicht gemäß § 2, § 8 Abs. 1 KStG i. V. m. § 49 EStG immer in einem zweiten Schritt zu prüfen, ob Deutschland nach diesem DBA das Besteuerungsrecht für die fraglichen Einkünfte hat.[964] DBA haben auf die Einordnungsproblematik unmittelbar keinen Einfluss, denn erst wenn feststeht, nach welchem Gesetz welche inländischen Einkünfte in Deutschland zu versteuern

[958] § 90 Abs. 2 AO vgl. hierzu ausführlich *Söhn* in Hübschmann/Hepp/Spitaler, AO/FGO § 90 Rz. 63 ff.
[959] Beispielsweise BFH BStBl 1983, 760, 76.
[960] Vgl. Betriebstättenerlass des BMF vom 24.12.1999 BStBl I 1999, 1076 Tz. 1.1.3.2.
[961] *Tipke/Lang*, Steuerrecht § 21 Rz. 216.
[962] *Söhn* in Hübschmann/Hepp/Spitaler, AO/FGO § 88 Rz. 42 und § 90 Rz. 66 jeweils m. w. N.
[963] Vgl. hierzu BFH vom 17.07.1968 DB 1968, 1695, 1696.
[964] *Siegers* in Dötsch/Eversberg/Jost/Witt, Die Körperschaftsteuer § 2 n. F. Rz. 26.

sind, kann geprüft werden, ob sich aufgrund eines geschlossenen DBA etwas anderes ergibt.[965] Genau wie der Gesetzgeber im nationalen Steuerrecht festlegen muss, welche Wirtschaftsgebilde zu selbständigen Steuersubjekten erhoben werden, müssen die Vertragsstaaten von DBA bestimmen, welche Wirtschaftsgebilde die Vorteile dieser Abkommen in Anspruch nehmen dürfen. Insofern kann auch auf der Abkommensebene von einer Einordnung gesprochen werden.[966] In den meisten deutschen Abkommen zählen zu den Abkommenssubjekten juristische Personen und solche, die wie juristische Personen besteuert werden (vgl. Art. 1, 3 I lit. b OECD MA). Die abkommensrechtliche Einordnung lässt aber aus zwei Gründen keine greifbaren Rückschlüsse auf die hier betrachtete steuerrechtliche Einordnung zu. Zum einen spielt bei der abkommensrechtlichen Behandlung als „Gesellschaft" (d. h. juristische Person) im Gegensatz zur „Person" (d. h. natürliche Person oder Personengesellschaft) nicht nur die tatsächliche Struktur, sondern gerade auch die steuerliche Behandlung im Herkunftsstaat eine ganz erhebliche Rolle. Zum anderen muss Begriffen wie „Gesellschaft" oder „Person" in völkerrechtlichen Verträgen nicht die gleiche Bedeutung zukommen, wie im nationalen Recht.[967] Damit scheidet der ungeprüfte Rückgriff auf Aussagen der Rechtsprechung oder Finanzverwaltung hinsichtlich der abkommensrechtlichen Einordnung ausländischer Gesellschaften für die Einordnung als Körperschaft bzw. Personengesellschaft aus.[968] Einige Erlasse der Finanzverwaltung im Abkommensrecht nehmen aber auch Stellung zur rein gesellschaftsrechtlichen Vergleichbarkeit ausländischer Rechtsgebilde mit inländischen Rechtsformen. Derartige Aussagen sollen im weiteren Verlauf der Arbeit auf ihre Aussagekraft hin untersucht werden.[969]

V. Parallelen zum Außensteuerrecht i. e. S.

Interessant ist die Regelung in § 7 Abs. 1 AStG, der auf § 1 Abs. 1 KStG verweist. Durch § 7 AStG soll verhindert werden, dass Einnahmen durch Dazwischenschalten von Zwischengesellschaften in Niedrigsteuerländern steuerfrei bleiben bzw. niedrig besteuert werden. Als Zwischengesellschaften sind dabei vom Regelungsinhalt des § 7 AStG nur Körperschaften im Sinne des KStG erfasst. Zusätzliche Voraussetzung für die in den Anwendungsbereich des § 7 AStG fallenden Gesellschaften ist neben der Vergleichbarkeit mit deutschen Körperschaftsteuersubjekten, dass eine Beteiligung am Nennkapital möglich ist oder dass Anspruch auf Beteiligung an der Verteilung des Gewinns des ausländischen Rechtsträgers besteht.[970] Probleme bereiten in diesem Zusammenhang insbesondere Stiftungen und nichtwirtschaftliche

[965] Vgl. *Jakob*, Einkommensteuer § 8 Rz. 2 f.
[966] *Herrmann*, Einordnung ausländischer Gesellschaften S. 181.
[967] *Schaumburg*, Internationales Steuerrecht Rz. 16, 85.
[968] Wenig hilfreich für den Typenvergleich ist beispielsweise die Einordnung der slowakischen oder tschechischen KG als juristische Person i. S. v. Art. 3 Abs. 1 lit. c DBA-Tschechoslowakei (vgl. Verfügung der OFD Frankfurt am Main vom 25.10.1994 DB 1994, 2372 f).
[969] Vgl. hierzu Kapitel 5 Punkt B II 2.
[970] *Flick/Wassermeyer/Baumhoff*, Außensteuerrecht § 7 Rz. 10.1.

Vereine.[971] Auch wenn der Anwendungsbereich des § 7 AStG enger ist, als § 2 Nr. 1 KStG bzw. § 1 Abs. 1 KStG, kann die Rechtsprechung zu § 7 AStG – zumindest für den Fall, dass eine Vergleichbarkeit mit den in § 1 Abs. 1 KStG genannten Gesellschaftsformen bejaht wird – durchaus auch für den Typenvergleich nach § 2 Nr. 1 KStG herangezogen werden.

VI. Vorgaben des Europäischen Rechts

Auf Gemeinschaftsebene existieren erhebliche Unterschiede in der Besteuerung der Unternehmenseinkünfte, welche insbesondere aus den verschiedenen Körperschaftsteuersystemen, den Unterschieden in den Steuersätzen, der Ermittlung der steuerlichen Bemessungsgrundlage, verschiedenen Steuervergünstigungen, den Quellensteuern auf ausländische Einkünfte und den unterschiedlichen Maßnahmen zur Vermeidung der Doppelbesteuerung ausländischer Einkünfte resultieren. Unterschiede bestehen auch bei der Besteuerung von Unternehmen ohne eigene Rechtspersönlichkeit.[972]

Von besonderer Bedeutung für den Typenvergleich ist die bereits in Kapitel 3[973] diskutierte gesellschaftsrechtliche Frage, inwieweit die Anwendung der Sitztheorie mit der Niederlassungsfreiheit vereinbar ist. Da von dieser Frage jedoch primär grenzüberschreitende Gesellschaften betroffen sind, wird dieser europarechtliche Aspekt weiter unten im Zusammenhang mit der Einordnung dieser Gesellschaften näher untersucht werden.

Im Rahmen der Harmonisierung der Unternehmensbesteuerung wurden auf Gemeinschaftsebene bisher eine Reihe von Maßnahmen beschlossen oder vorgeschlagen.[974]

Von besonderem Interesse sind hierbei die Fusionsrichtlinie[975] und die Mutter-Tochter-Richtlinie.[976] Die Fusionsrichtlinie soll die Aufdeckung und Versteuerung stiller Reserven bei der Umstrukturierung grenzüberschreitend tätiger Unternehmen in der EU vermeiden. Betroffen sind hiervon lediglich Kapitalgesellschaften,[977] die im Anhang der Richtlinie ausdrücklich

---

[971] *Flick/Wassermeyer/Baumhoff*, Außensteuerrecht § 7 Rz. 10.1.

[972] Vgl. hierzu detailliert die Empfehlungen des Ruding-Ausschusses DB 1992 Beilage Nr. 5 S. 1 ff.

[973] Kapitel 3 E.

[974] Über die Zukunft der Unternehmensbesteuerung innerhalb der Gemeinschaft wurde und wird immer wieder diskutiert. Die Ergebnisse dieser Beratungen (vgl. beispielsweise Empfehlungen des Ruding-Komitees DB 1992 Beilage Nr. 5 S. 2, sog. Monti-Bericht, KOM(96) 546 und der Verhaltenskodex bei der Unternehmensbesteuerung KOM(97) 495) zeigen jedoch, wie schwer es nach wie vor ist, einen Grundkonsens aller Mitgliedstaaten zu erreichen.

[975] Richtlinie des Rates vom 23.07.1990 über das gemeinsame Steuersystem für Fusionen, Spaltungen, die Einbringung von Unternehmensteilen und den Austausch von Anteilen, die Gesellschaften verschiedener Mitgliedstaaten betreffen (ABl. EG vom 29.08.1990 Nr. L 225, 1).

[976] Richtlinie des Rates vom 23.07.1990 über das gemeinsame Steuersystem der Mutter- und Tochtergesellschaften verschiedener Mitgliedstaaten (ABl. EG 1990, Nr. L 225).

[977] Der Begriff der Kapitalgesellschaft wird zwar in den Normen nicht ausdrücklich erwähnt, aber in der Literatur wird einhellig davon ausgegangen, dass ausschließlich Kapitalgesellschaften in den Geltungsbereich der Richtlinie fallen sollen (*Knobbe-Keuk* DB 1991, 298, 304; *Herzig/Dautzenberg/Heyeres* DB 1991 Beilage Nr. 12 S. 1 ff; *Thiel* GmbHR 1994, 277 ff; *Tipke/Lang*, Steuerrecht § 19 Rz. 25 (16. Aufl.); *Herramnn*, Einordnung ausländischer Gesellschaften S. 268; *Sass* EG-Steuerrichtlinien).

aufgeführt werden.[978] Durch die Mutter-Tochter-Richtlinie soll die Doppelbesteuerung von Gewinnen, die von einer Tochtergesellschaft in der EU an ihre ebenfalls in der EU ansässige Muttergesellschaft ausgeschüttet werden, verhindert werden. Auch hier wurde ein Katalog der europäischen Kapitalgesellschaften aufgestellt (vgl. Anhang der Richtlinie bzw. Anlage 7 zu § 44 d EStG). Beide Richtlinien haben auf die Einordnung von in einem Mitgliedstaat ansässigen Gesellschaften unmittelbar keinen Einfluss, da sie erst einschlägig werden, wenn eine grundsätzliche Steuerpflicht feststeht. Jedoch kann die Aufzählung der vom Geltungsbereich dieser Richtlinien erfassten Körperschaften für den Typenvergleich insofern relevant sein, als hier Gesellschaftsformen der einzelnen Mitgliedstaaten genannt werden, die europaweit als Kapitalgesellschaften angesehen werden. Dies könnte dafür sprechen, die genannten Gesellschaften im Falle des Bezugs inländischer Einkünfte aufgrund Vergleichbarkeit mit den in § 1 Abs. 1 Nr. 1 KStG genannten Kapitalgesellschaften in Deutschland als körperschaftsteuerpflichtig zu behandeln. Kriterium für die Aufnahme in den Katalog der EU-Richtlinien ist zwar auch, dass im Heimatstaat ohne Wahlmöglichkeit eine Körperschaftsteuersubjektivität besteht. Körperschaftliche Struktur und intransparente steuerliche Behandlung sind aber kumulativ zu erfüllen. Dabei werden der Einordnung überwiegend die Typusmerkmale zu Grunde gelegt, die auch nach deutschem Recht den Unterschied zwischen Personengesellschaften und Körperschaften ausmachen sollen. Insbesondere die leichte Übertragbarkeit der Anteile soll eine Gesellschaftsform für die Einbeziehung in die geltenden EU-Richtlinien prädestinieren.[979] Aber auch das Merkmal der Haftungsbeschränkung[980] und die Möglichkeit der Geschäftsführung durch gesellschaftsfremde Dritte soll bei allen in den Richtlinien berücksichtigten Gesellschaften vorliegen.[981] Im Ergebnis kann die Einordnung einer Gesellschaft als Körperschaft i. S. d. genannten Richtlinien ein deutliches Indiz dafür darstellen, dass es sich hierbei auch aus Sicht des deutschen Steuerrechts um ein Körperschaftsteuersubjekt handelt. Der Umkehrschluss, dass nicht enthalte Gesellschaften als Personengesellschaften einzuordnen sind, lässt sich hingegen nicht ziehen. Denn erfasst sind lediglich Kapitalgesellschaften, nicht die weiteren Körperschaften wie Genossenschaften oder Vereine. Zudem kann für die fehlende Berücksichtigung einer Rechtsform in den Katalogen der Richtlinie die für den Typenvergleich als irrelevant angesehene Besteuerung im Heimatstaat ausschlaggebend sein.

---

[978] Die Rechtmäßigkeit der Beschränkung auf Kapitalgesellschaften bezweifelt *Knobbe-Keuk* DB 1991, 298, 304.
[979] S. *Herrmann*, Einordnung ausländischer Gesellschaften S. 267.
[980] Vgl. hierzu auch die Aussage in der Empfehlung des Ruding-Ausschusses zur Zukunft der Unternehmensbesteuerung innerhalb der Gemeinschaft vom 18.03.1992 (Empfehlungen des Ruding-Ausschusses DB 1992 Beilage Nr. 5 S. 15), wonach feststehe, dass heute in ganz Europa Unternehmen der Körperschaftsteuer unterliegen, wenn ihre Haftung gesetzlich beschränkt ist.
[981] Vgl. *Herrmann*, Einordnung ausländischer Gesellschaften S. 267.

Als weitere Harmonisierungsmaßnahmen bezüglich der Unternehmensbesteuerung sind bzw. waren die Schiedsverfahrens-Konvention,[982] der Vorschlag für eine Richtlinie des Rates über die gemeinsame Besteuerungsregelung für Zahlungen von Zinsen und Lizenzgebühren zwischen Mutter- und Tochtergesellschaften[983] und der Vorschlag für eine Richtlinie des Rates über eine Regelung für Unternehmen zur Berücksichtigung der Verluste ihrer in anderen Mitgliedstaaten belegenen Betriebstätten und Tochtergesellschaften[984] in der Diskussion. Für die Handhabung des Typenvergleichs sind diese Maßnahmen jedoch nicht von Bedeutung, da sie entweder nicht umgesetzt wurden oder keine Differenzierung zwischen Personengesellschaften und Körperschaften vornehmen.[985]

Von Interesse für die Zukunft des Typenvergleichs sind Bestrebungen innerhalb der EU, sich europaweit auf die Einführung eines Optionsrechts für Personengesellschaften zur Körperschaftsteuer zu einigen.[986] Auch wird angeregt, die Voraussetzungen für eine Besteuerung als Kapitalgesellschaft in allen Mitgliedstaaten einheitlich zu regeln.[987] Derartige Maßnahmen können jedoch nur einstimmig durchgesetzt werden,[988] so dass mit einer zeitnahen Umsetzung nicht zu rechnen ist.

B Handhabung des Typenvergleichs

Wenn es im Folgenden um die Frage gehen soll, wie ein Typenvergleich tatsächlich durchzuführen ist, auf welche Aspekte die Schwerpunkte zu setzten sind und wie Zweifelsfälle zu handhaben sind, soll dies anhand der Vorgaben der Rechtsprechung geschehen. Denn Finanzverwaltung und Literatur halten sich in vielen Punkten an diese Vorgaben, ohne daran nennenswerte Kritik zu üben. Soweit sich die Literatur der Rechtsprechung anschließt und die inhaltlichen Vorgaben der Rechtsprechung lediglich wiedergibt, soll sie in den folgenden Ausführungen nicht besonders hervorgehoben werden. Nur an den Stellen, wo zu einzelnen Punkten abweichende Ansichten vertreten werden, wird die Literatur explizit berücksichtigt. Anders stellt sich die Situation für den Teilbereich der grenzüberschreitenden Gesellschaften dar. Das Vorgehen der Rechtsprechung ist auf ganz erhebliche Kritik in der Literatur gestoßen. Da zudem aufgrund der europarechtlichen Vorgaben in Zukunft an der bisherigen Praxis nicht uneingeschränkt festgehalten werden kann, soll die Problematik der grenzüberschreitenden Gesellschaften in einem Teilabschnitt gesondert behandelt werden.

[982] Abkommen über die Beseitigung der Doppelbesteuerung im Falle einer Gewinnberichtigung bei Geschäftsbeziehungen zwischen verbundenen Unternehmen (ABl. EG 1990, Nr. L 225).
[983] ABl. EG 1991, Nr. C 53, 26.
[984] Vom 28.11.1990 ABl. EG 1991, Nr. C 53, 30.
[985] Letzteres trifft insbesondere auf die Schiedsverfahrenskonvention zu, die ohne jede Eingrenzung für alle Unternehmen gilt, vgl. Art. 4 Nr. 1 EG-Schiedsverfahrenskonvention.
[986] Empfehlungen des Ruding-Ausschusses DB 1992, Beilage Nr. 5 S. 15.
[987] Empfehlungen des Ruding-Ausschusses DB 1992, Beilage Nr. 5 S. 15; Monti-Bericht, KOM(96) 546 Punkt III 3.9.
[988] Die Kompetenz für eine Harmonisierung ergibt sich lediglich aus Art. 94, 95 EG mit der Maßgabe, das Einstimmigkeitsprinzip zu wahren und sich auf die Bereiche zu beschränken, die sich unmittelbar auf die Errichtung und Funktion des Gemeinsamen Marktes auswirken.

I. Analyse der Vorgaben der Rechtsprechung zum Typenvergleich unter Einbeziehung der Stellungnahmen aus der Literatur

1. Zusammenfassende Darstellung der Vorgaben der Rechtsprechung

Die Rechtsprechung zum Typenvergleich sowie die praktische Handhabung durch die Finanzverwaltung wurde in Kapitel 1[989] dargestellt. Die Aussagen der Rechtsprechung sind immer einzelfallbezogen, so dass es an einer allgemeinen Vorgabe zur Einordnung ausländischer Gesellschaften fehlt und die Aussagen aus allen einschlägigen Entscheidungen zusammengeführt werden müssen. Die Finanzverwaltung folgt den Vorgaben der Rechtsprechung und versucht, durch die Veröffentlichung von Vergleichslisten zu den wichtigsten ausländischen Gesellschaftsformen die Einzelfallprüfung zu erleichtern oder entbehrlich zu machen. Im Folgenden geht es darum, die einzelnen Aussagen der Rechtsprechung zum Typenvergleich zusammenzufassen sowie hinsichtlich Reichweite und praktischer Handhabbarkeit zu untersuchen.

Folgende generelle Aussagen der Rechtsprechung zum Typenvergleich lassen sich festhalten:

- Die einkommensteuerliche Behandlung ist nach den leitenden Gedanken des deutschen Einkommen- und Körperschaftsteuerrechts zu entscheiden.[990] Es ist grundsätzlich irrelevant, ob die Gesellschaft im Heimatstaat als steuerlich transparent oder intransparent angesehen wird.[991]
- d. R. hat ein konkreter Vergleich der betreffenden ausländischen Gesellschaftsform mit der entsprechenden Gesellschaftsform deutschen Rechts zu erfolgen.[992]
- Die Gesamtwürdigung der maßgebenden ausländischen Bestimmung, nicht die konkrete vertragliche Ausgestaltung im Einzelfall, ist entscheidend.[993]
- Der Sinn und Zweck der unterschiedlichen Besteuerung von Personengesellschaften und Körperschaften wird zur Begründung nicht herangezogen.[994]
- Die einzelnen gesellschaftsrechtlichen Typusmerkmale werden, mit Ausnahme des Merkmals der Rechtsfähigkeit, in ihrer Bedeutung für die Einordnung als gleichrangig behandelt.[995]

---

[989] Dort Punkt D I und II bzw. III.

[990] RFH vom 12.02.1930 RFHE 27, 73, 78; BFH vom 17.07.1968 DB 1968, 1694, 1695; BFH vom 06.11.1980 BStBl II 1981, 220; BFH vom 03.02.1988 BStBl II 1988, 588, 590.

[991] BFH vom 16.12.1992 BStBl 1993, 399; anders für die Einordnung einer liechtensteinischen Anstalt FG Hamburg vom 09.09.1987 EFG 1988, 281, 282.

[992] In RFH vom 12.02.1930 RFHE 27, 73, 78 f noch zweifelhaft, da zwar zum Einen ein konkreter Vergleich durchgeführt wird; zum Anderen soll aber darauf abgestellt werden, ob die ausländische Gesellschaft mehr dem Typ der Personengesellschaft oder dem Typ der Kapitalgesellschaft näher steht. Falls eine ausländische Gesellschaft keiner deutschen Gesellschaftsform vergleichbar ist, stellt der BFH hingegen regelmäßig abstrakt darauf ab, ob eher eine Körperschaft oder eher eine Personengesellschaft vorliegt (BFH vom 06.11.1980 BStBl II 1981, 220).

[993] BFH vom 17.07.1968 DB 1968, 1694, 1695; BFH vom 23.06.1992 DB 1992, 2067, 2069.

[994] Nur angesprochen in der grundlegenden Venezuela-Entscheidung RFH vom 12.02.1930 RFHE 27, 73, 79.

- Für die Beurteilung der Rechtsfähigkeit greifen die Grundsätze des Internationalen Privatrechts ein.[996] Juristische Personen des Auslands sind nicht zwingend nach dem KStG zu besteuern,[997] andererseits ist auch die Rechtsfähigkeit nicht Voraussetzung für die Einordnung als Körperschaftsteuersubjekt.[998]
- Die wirtschaftliche Stellung im Heimatstaat ist bei der Einordnung zu beachten.[999]

In der Literatur wird zur Umsetzung dieser Vorgaben der Rechtsprechung verschiedentlich ein mehrstufiges System der Prüfung vorgeschlagen, das häufig mehr zur Verwirrung als zur Vereinfachung führt. Nach einem Vorschlag soll zunächst die Konstitutionierung des ausländischen Gebildes ermittelt werden, sodann anhand dieser Merkmale eine Typisierung vorgenommen werden und in einem letzten Schritt unter Anwendung der deutschen steuerrechtlichen Vorschriften der gefundene Typus daraufhin überprüft werden, ob er eher einer deutschen Personengesellschaft oder einer deutschen Körperschaft entspricht.[1000] Bei dieser Darstellung bleibt insgesamt unklar, ob damit die Umsetzung obiger Vorgaben erreicht werden soll, oder ob das Ergebnis durch Bildung eines „ausländischen Typus" verfälscht wird. Noch widersprüchlicher erscheint das System von *Jacobs*:[1001] In einer ersten Stufe soll die ausländische Privatrechtsform auf ihre Vergleichbarkeit mit den Organisationsformen des inländischen Privatrechts überprüft werden. In einem zweiten Schritt soll die Zuordnung zu der Gruppe der Körperschaften oder Personengesellschaften nach Maßgabe des rechtlichen Aufbaus und der wirtschaftlichen Struktur des Auslandsengagements (Realtypus) erfolgen. M. E. ergibt sich das systematische Vorgehen – will man die Vorgaben der Rechtsprechung befolgen – ganz von selbst. Erst wenn die einzelnen gesellschaftsrechtlichen Merkmale der ausländischen Gesellschaft auf Grundlage ausländischen Gesetzesrechts erkannt sind, können diese Merkmale mit denen der entsprechenden inländischen Gesellschaft verglichen werden. Dabei liegt es im Wesen eines „Typen"-Vergleichs, dass zur Bejahung der Identität nicht zwingend völlige Vergleichbarkeit erforderlich ist, sondern die weitgehende Ähnlichkeit ausreicht.[1002] Steht die inländische Vergleichsform fest, wird die ausländische Gesellschaft steuerlich so behandelt, wie diese inländische Rechtsform.

[995] So werden in den Entscheidungen verschiedene Typusmerkmale erwähnt (beispielsweise in RFH vom 12.02.1930 RFHE 27, 73, 80; BFH vom 06.11.1980 BStBl II 1981, 229; FG Hamburg vom 09.09.1987 EFG 1988, 281, 282; BFH vom 23.06.1992 DB 1992, 2067, 2069 f; BFH vom 16.12.1992 BStBl II 1993, 399), jedoch wird kein Typusmerkmal – abgesehen von dem Merkmal der Rechtsfähigkeit – auf seine Aussagekraft hin untersucht.
[996] BFH vom 17.07.1968 DB 1968, 1694, 1695; BFH vom 19.03.1996 BStBl II 1996, 312, 314.
[997] RFH vom 12.02.1930 RFHE 27, 73, 78; BFH vom 03.02.1988 BStBl II 1988, 588.
[998] BFH vom 17.07.1968 DB 1968, 1694, 1695; BFH vom 16.12.1992 BStBl 1993, 399.
[999] RFH vom 12.02.1930 RFHE 27, 73, 79; BFH vom 17.07.1968 DB 1968, 1694, 1695.
[1000] Vgl. *Bornheim* in Herrmann/Heuer/Raupach Einkommensteuer- und Körperschaftsteuergesetz § 2 Rz. 25.
[1001] *Jacobs*, Unternehmensbesteuerung S. 336.
[1002] *Jacobs*, Unternehmensbesteuerung S. 337; vgl. auch *Wurster* FR 1980, 588, 589.

Im Folgenden soll unter Einbeziehung der Erkenntnisse aus den vorangegangenen Kapiteln analysiert werden, inwieweit die Vorgaben der Rechtsprechung zu einer aus steuerlicher Sicht tragfähigen Lösung der Einordnungsproblematik führen.

2. Einordnung nach leitenden Gedanken des deutschen Steuerrechts

Die Einordnung ausländischer Gesellschaften in das deutsche System der Einkommensbesteuerung soll nach den leitenden Gedanken des deutschen Einkommensteuer- und Körperschaftsteuerrechts erfolgen. Nicht relevant soll hingegen die Besteuerung im Heimatstaat sein.[1003] Auch die gesellschaftsrechtliche Einordnung im Heimatstaat als Körperschaft oder Personengesellschaft – sofern es eine vergleichbare Unterscheidung im Ausland überhaupt gibt – ist nicht allein entscheidend. Die Frage ist vielmehr, ob sich die ausländische Gesellschaft eher als deutsche Körperschaft oder Personengesellschaft darstellt. Da die zivilrechtliche und steuerrechtliche Wertung im Ausland von der zivilrechtlichen und steuerrechtlichen Wertung im Inland regelmäßig mehr oder weniger stark abweichen wird, kann nur so ein Verstoß gegen das Gleichbehandlungsgebot vermieden werden.[1004]

a) Anknüpfung des Steuerrechts an das Zivilrecht

Ein zentraler Leitgedanke des deutschen Steuerrechts ist die strenge Anknüpfung des Steuerrechts an die zivilrechtliche Gesellschaftsform eines Rechtsgebildes.[1005] Dieser Leitgedanke wird von einigen bedeutenden Stimmen in der Literatur als im Internationalen Steuerrecht durchbrochen angesehen.[1006] Die Rechtsprechung gehe von einer Eigenständigkeit des Körperschaftsteuerrechts gegenüber dem Zivilrecht aus, indem sie ausländische juristische Personen in bestimmten Fällen nicht als Körperschaft einordne.[1007] Diese Ansicht verkennt jedoch, dass die Körperschaftsteuersubjektivität nicht an die Stellung als juristische Person anknüpft, sondern an die Stellung als Körperschaft. So sind etwa der nichtrechtsfähige Verein, die nicht eingetragene Genossenschaft oder die Vorgesellschaft körperschaftsteuerpflichtig, ohne eine juristische Person zu sein. Eine strenge rechtsformabhängige Besteuerung kann bei ausländischen Gesellschaften gar nicht erfolgen, da das KStG die ausländischen körperschaftsteuerpflichtigen Rechtsformen nicht nennt. Der weite Begriff der „Personenvereinigungen" in § 2 Nr. 1 KStG muss durch den Typenvergleich konkretisiert werden, damit festgestellt werden kann, ob die ausländische Rechtsform überhaupt vom Anwendungsbereich des KStG erfasst

[1003] BFH vom 16.12.1992 BStBl 1993, 399.
[1004] Vgl. auch *Schlütter* DStJG Bd. 8 (1985), 215, 218.
[1005] Vgl. hierzu Ergebnisse Kapitel 4 B.
[1006] *Großfeld*, Basisgesellschaften S. 48; *Fock* RIW 2000, 42, 46; *Herrmann*, Einordnung ausländischer Gesellschaftsformen S. 98.
[1007] *Fock* RIW 2000, 42, 46 mit Hinweis auf die Venezuela-Entscheidung zur fehlenden Körperschaftsteuersubjektivität einer venezolanischen Kommanditgesellschaft; mit gleicher Begründung auch *Großfeld*, Basisgesellschaften S. 48 sowie *Jacobs*, Unternehmensbesteuerung S. 336.

sein soll. Ganz offensichtlich kann eine ausländische Gesellschaft mit einer entsprechenden inländischen Rechtsform nicht in allen Punkten identisch sein.[1008] Die Rechtsfähigkeit ist im Rahmen des Typenvergleichs nur ein typisches Körperschaftsmerkmal unter vielen.[1009] Die Einordnung einer ausländischen juristischen Person, die – abgesehen von der Rechtsfähigkeit – einer deutschen Personengesellschaft entspricht, als Personengesellschaft stellt damit keinen Bruch mit den zivilrechtlichen Vorgaben dar, sondern gerade die Befolgung dieser.

b) Berücksichtigung der Besteuerung im Heimatstaat

In der Literatur wird vereinzelt vertreten, dass im Hinblick auf die Wettbewerbsfähigkeit die im Ausland bestehende *steuerliche* Einordnung als Körperschaft für die deutsche Besteuerung zu übernehmen sei.[1010] Nach dieser Ansicht wäre ein Typenvergleich, wie ihn die Rechtsprechung vornimmt, überflüssig. *Hitzen* argumentiert vor allem mit der Gefahr der Doppelbesteuerung durch die Einordnung als transparentes Gebilde nach deutschem Recht gegenüber einer möglichen intransparenten Behandlung im Heimatstaat.[1011] Dieses Argument kann jedoch nicht greifen, da derartige Probleme nicht über eine Analogie im nationalen Recht – § 1 Abs. 1 Nr. 4 KStG soll nach Ansicht *Hitzens* für beschränkt steuerpflichtige transparente ausländische Personenvereinigungen gelten – sondern über Abkommensrecht zu lösen sind.[1012] Abgesehen davon widerspricht dieser Lösungsvorschlag der Maßgabe des Steuerrechts, wirtschaftlich gleichartige Verhältnisse nach Möglichkeit auch steuerlich gleichzustellen. Denn der steuerliche Behandlung von Gesellschaften werden in den einzelnen Nationen ganz unterschiedliche rechtliche und politische Erwägungen zu Grunde liegen. Auch wenn dieser Mindermeinung zu Gute zu halten ist, dass sie der ausländischen Gesellschaft schon im Zeitpunkt der Gründung Rechtssicherheit hinsichtlich der Besteuerung auch bei Auslandsaktivitäten geben würde, so ist diese Lösung aufgrund der steuerlichen Ungleichbehandlung der ausländischen Gesellschaften mit vergleichbaren inländischen oder anderen ausländischen Gesellschaften abzulehnen. Auch ist die ausländische Gesellschaft nicht schutzwürdig, da sie bei Aufnahme eines Auslandsengagements mit einer abweichenden steuerlichen Beurteilung nach ausländischem Recht rechnen muss.[1013]

[1008] *Jacobs*, Unternehmensbesteuerung S. 337.

[1009] Welche Bedeutung dem Strukturmerkmal der Rechtsfähigkeit im Rahmen des Typenvergleichs letztlich zukommen kann, wird in einem gesonderten Punkt darzustellen sein (vgl. Kapitel 5 B I 7).

[1010] *Hintzen* DStR 1971, 327; *Lüdicke* StbJb 1997/98, 449, 466; a. A. mit ausführlicher Auseinandersetzung mit der Argumentation Hitzens: *Schlütter* DStJG Bd. 8 (1985), 215, 224.

[1011] *Hintzen* DStR 1971, 327, 328 ff; vgl. hierzu aber *Kluge* DStR 1976, 365, 366.

[1012] So inzwischen auch weitgehend geschehen, vgl. beispielsweise Übersicht in DB 1994, 2372 f. Indirekt gibt auch *Hintzen* zu, dass der Gefahr der Doppelbesteuerung durch DBA zu begegnen ist, indem er argumentiert: „Da auch neuere Doppelbesteuerungsabkommen die auftretenden Fragen nicht ausgeräumt haben, ist es erforderlich, die Argumente für und gegen ....“ DStR 1971, 327, 330.

[1013] Vgl. hierzu auch *Herrmann*, Einordnung ausländischer Gesellschaften S. 107 f.

Zu überlegen ist jedoch, die steuerliche Behandlung im Heimatstaat in den Fällen zu berücksichtigen, in denen ein Typenvergleich mit einer konkreten inländischen Rechtsform mangels inländischer Vergleichsform nicht möglich ist. In diesen Fällen stellt die Rechtsprechung abstrakt darauf ab, ob eher körperschaftliche oder personalistische Elemente im Vordergrund stehen. Angesichts der Tatsache, dass die Gewichtung der Typusmerkmale bei extremen Mischformen nicht immer zu eindeutigen Ergebnissen führen muss, ist es erforderlich, ein Kriterium zu finden, das in Zweifelsfällen letztendlich ausschlaggebend ist. Hierfür kann die Besteuerung im Heimatstaat herangezogen werden. Dies bietet sich insbesondere deshalb an, weil dieses Kriterium im Rahmen der Gewichtung der Typenmerkmale zunächst keine Rolle spielt. Bei der Suche nach dem letztendlich entscheidenden Kriterium ist insbesondere auf die Rechtsprechung zur zivilrechtlichen Abgrenzung von GbR und nichtrechtsfähigem Verein zurückzugreifen,[1014] die sich – soweit eine Einordnung nicht eindeutig möglich ist – an dem tatsächlichen Willen der Parteien orientiert.[1015] Auch die Finanzrechtsprechung richtet sich bei der Abgrenzung zwischen GbR und nichtrechtsfähigem Verein in extremen Zweifelsfällen zumindest insofern nach dem Parteiwillen, als sie die Besteuerung in der Vergangenheit für ausschlaggebend hält.[1016] Häufig werden sich die Gesellschafter nämlich mit Abgabe der ersten Steuererklärung nach der Gesellschaftsgründung darauf festgelegt haben, als welche Rechtsform sie sich selber betrachten. Die Situation ist vorliegend ganz ähnlich, wie bei Zweifelsfällen i. R. d. Abgrenzung zwischen GbR und nichtrechtsfähigem Verein. In beiden Fällen kann anhand einer rein gesellschaftsrechtlichen Würdigung kein eindeutiges Ergebnis erzielt werden. Auch stellt sich der Typenvergleich in derart unklaren Fällen im Grunde als abstrakte Abgrenzung von Verein und GbR dar, welches die jeweilige Grundformen der Körperschaften bzw. Personengesellschaften sind. Ist eine Entscheidung für oder gegen eine Körperschaftsteuersubjektivität gleichermaßen möglich, so muss letztendlich der Parteiwille ausschlaggebend sein. Dabei geht es nicht um den Parteiwillen bezüglich der steuerlichen Einordnung in Deutschland, denn darüber werden sich die Gesellschafter bei der Gründung einer ausländischen Gesellschaft nur selten Gedanken machen. Bei der Wahl der ausländischen Rechtsform haben die Gesellschafter aber die Besteuerung im Heimatstaat berücksichtigt. Damit erscheint es in Zweifelsfällen legitim, letztendlich auf den Parteiwillen bzgl. der steuerlichen Handhabung im Heimatstaat abzustellen. So hat auch die Rechtsprechung in einer Entscheidung zur Einordnung einer liechtensteinischen Anstalt, für die keine vergleichbare deutsche Gesellschaftsform existiert, das Argument der steuerlichen Behandlung im Heimatstaat mit herangezogen,[1017] obwohl es in anderen Entscheidungen als Kriterium im Rahmen des Typenvergleichs strikt abgelehnt wurde.[1018] Auch nach *Großfeld*[1019] soll der Besteuerung im

[1014] Vgl. hierzu Kapitel 2 C I.
[1015] Vgl. zusammenfassend zur interessensbezogenen Rechtsprechung Kapitel 2 E II 9.
[1016] Vgl. Kapitel 4 B II 3.
[1017] BFH vom 06.11.1980 BStBl II 1981, 220; so auch FG Hamburg vom 09.09.1987 EFG 1988, 281, 282.
[1018] BFH vom 16.12.1992 BStBl II 1993, 399.
[1019] Basisgesellschaften S. 66.

Heimatstaat zumindest Indizwirkung zukommen, da der ausländische Gesetzgeber den Gesamtaufbau seines Rechtsinstituts besser übersehe, als das vom Ausland aus möglich sei. Mit dem hier vertretenen Lösungsansatz kann in Zweifelsfällen ein tragfähiges abschließendes Ergebnis erreicht werden. Nochmals zu betonen ist aber, dass die Besteuerung im Heimatstaat ausschließlich dann ausschlaggebend sein kann, wenn eine Einordnung anhand der Strukturmerkmale zu keinem Ergebnis führt.

3. Konkreter Vergleich zweier Gesellschaftsformen

Es stellt sich ganz allgemein die Frage, ob zur Einordnung ein Typenvergleich mit einer konkreten Gesellschaftsform deutschen Rechts zu erfolgen hat, oder ob ganz allgemein untersucht werden soll, ob die ausländische Gesellschaftsform eher Typusmerkmale der Körperschaft oder der Personengesellschaft erfüllt.

Schon in der grundlegenden Venezuela-Entscheidung des RFH hieß es ausdrücklich, dass in erster Linie zu untersuchen ist, „ob die betreffende Gesellschaft sich mit einer Gesellschaft des deutschen Rechts vergleichen lässt".[1020] Auch wenn die Rechtsprechung beide Methoden nicht immer ganz sauber trennt, wird doch nach Möglichkeit versucht, eine konkrete deutsche Gesellschaftsform zum Vergleich heranzuziehen. So wird eine ausländische Gesellschaft mit beschränkter Haftung nicht allgemein mit deutschen Körperschaften verglichen, sondern konkret mit einer deutschen GmbH. Denn wie in Kapitel 2 dargestellt[1021] erfüllt nicht jede deutsche Körperschaft zwingend alle typischen Merkmale einer Körperschaft. Würde man nun die ausländische Rechtsform abstrakt auf ihre typischen Strukturmerkmale untersuchen, wäre es kaum möglich, eine Einschätzung zu finden, ob diese Rechtsform noch eine Körperschaft darstellen kann. Gerade das disponible Gesetzesrecht, welches die Schaffung kapitalistischer Strukturen bei Personengesellschaften oder personalistischer Strukturen bei Körperschaften ermöglicht, kann abstrakt nicht ausreichend berücksichtigt werden.

Im Falle der Einordnung einer ausländischen Publikums-GmbH & Co. KG würde ein abstrakter Vergleich wohl zur Einordnung als Körperschaft führen, da fast ausschließlich Merkmale einer Körperschaft erfüllt sind. Zu dem Ergebnis würde man in vielen Fällen wohl selbst dann kommen, wenn man – wie es die Rechtsprechung fordert – nicht auf die vertragliche Gestaltung, sondern die gesetzliche Grundform der ausländischen KG abstellt. Denn auch hierbei sind allgemeine praktische Handhabung und wirtschaftliche Stellung zu berücksichtigen. Es gibt keine klare Regelung dazu, wie viele Merkmale einer Personengesellschaft durch Gesellschaftsvertrag allenfalls abbedungen werden dürfen, damit es sich abstrakt immer noch um eine Personengesellschaft handelt. Vergleicht man hingegen die ausländische Personengesellschaft und die inländische KG und berücksichtigt, dass nach beiden Rechtsordnungen die Ausgestaltung als beschränkt haftende Publikumsgesellschaft rechtlich zulässig und auch gebräuchlich ist, kommt man ohne Weiteres zur steuerlichen Einordnung als Personengesellschaft. Nur mit diesem Vorgehen wird sichergestellt, dass ausländische Publikumsgesellschaften wie inländische Publikumsgesellschaften behandelt werden.

[1020] Vgl. zum weiteren Wortlaut Kapitel 1 D I.

[1021] Dort insbesondere unter Punkt E.

Ein konkreten Vergleich hat den Vorteil, dass sich grundsätzlich vergleichbare Strukturen finden; Abweichungen im Einzelfall können damit einfacher bewertet werden.

Probleme bereiten jedoch die Fälle, in denen ein ausländisches Gebilde keiner inländischen Rechtsform gleicht. So hatte sich die Rechtsprechung mehrfach mit der steuerlichen Einordnung einer Anstalt liechtensteinischen Rechts zu beschäftigen. Da die Rechtsform der privatwirtschaftlichen Anstalt dem deutschen Gesellschaftsrecht unbekannt ist, kommt ein konkreter Vergleich von vornherein nicht in Betracht. Aber auch in den Fällen, in denen ein Typenvergleich mit der vermeintlichen deutschen Vergleichsform aufgrund Abweichungen in wesentlichen Punkten negativ ausgefallen ist, stellt sich weiterhin die Frage nach der steuerlichen Behandlung dieses Rechtsgebildes. In beiden Fällen bleibt nur die Möglichkeit, die einzelnen Strukturmerkmale abstrakt zu bestimmen und festzustellen, ob diese mehr einer Körperschaft oder mehr einer Personengesellschaft entsprechen. Von ganz erheblicher Bedeutung ist, dass in diesen Fällen nicht so sehr die Gefahr einer Ungleichbehandlung besteht, da es gerade keine inländischen Vergleichsformen gibt, gegenüber denen eine ungleiche Behandlung erfolgen könnte.

Nach *Henkel* soll schon für den Fall, dass beim konkreten Typenvergleich ein Merkmal nicht erfüllt ist, abstrakt auf eine personalistische oder körperschaftliche Struktur abzustellen sein.[1022] Da jedoch nur in absoluten Ausnahmefällen eine deutsche und eine ausländische Gesellschaftsform sich zu hundert Prozent entsprechen werden und damit faktisch immer ein abstrakter Vergleich notwendig wäre, ist dieser Vorschlag abzulehnen.[1023]

Die deutschen Gesellschaftsformen, die für einen konkreten Vergleich zur Verfügung stehen, wurden in Kapitel 2 aufgezählt[1024] und im Hinblick auf die jeweils wesentlichen Strukturmerkmale dargestellt.[1025] Zu beachten ist, dass der VVaG, die eG, die PartG und die EWIV als Vergleichsformen von vornherein nur dann in Betracht kommen, wenn der Unternehmensgegenstand der ausländischen Gesellschaft den jeweiligen Vorgaben dieser speziellen Gestaltungsformen entspricht.[1026]

[1022] RIW 1991, 565, 567.

[1023] Vgl. auch die Rechtsprechung zur Abgrenzung von GbR und nichtrechtsfähigem Verein; dort erklärt der BGH explizit, dass die Abweichung lediglich hinsichtlich eines Kriteriums regelmäßig nicht schaden soll (Kapitel 2 C I).

[1024] Andere Gestaltungsformen können aufgrund des numerus clausus der Gesellschaftsformen nicht herangezogen werden (vgl. Kapitel 2 B III 1). Eine gewisse Sonderstellung nimmt allerdings die Vorgesellschaft ein, die als Rechtsform sui generis anerkannt wird (vgl. Kapitel 2 C III 1).

[1025] Kapitel 2 Punkt B II bzw. D I bis VIII.

[1026] Vgl. hierzu die Ausführungen in Kapitel 2 E II 1.

4. Abstellen auf gesetzlichen Grundfall anstelle des konkreten Einzelfalls bei Beurteilung der ausländischen Gesellschaftsform

Die Rechtsprechung stellt im Rahmen des Typenvergleichs ausnahmslos nicht auf die konkrete zivilrechtliche Ausgestaltung des Gesellschaftsvertrags der einzuordnenden Gesellschaft ab, sondern auf die Vorgaben des Gesetzgebers zu der ausländischen Gesellschaftsform. Diese ständige Handhabung durch die Rechtsprechung wurde vom BFH in seiner Entscheidung vom 23.07.1992 ganz eindeutig als unabdingbare Vorgabe aufgestellt.[1027]

Neben dem gesetzlichen Regelfall soll nach der Rechtsprechung auch die „tatsächliche Handhabung" beachtet werden.[1028] Damit kann nur gemeint sein, dass, soweit gesetzliche Bestimmungen im Ausland disponibel sind, auch berücksichtigt werden soll, inwieweit von der Möglichkeit der Abdingbarkeit allgemein Gebrauch gemacht wird. So soll nicht unbeachtet bleiben, wenn beispielsweise für eine Gesellschaftsform nach dem gesetzlichen Regelfall ein Einstimmigkeitserfordernis vorgesehen ist, die Gesellschaftsverträge in der Praxis aber regelmäßig einfache oder qualifizierte Mehrheiten vorsehen. Ausschlaggebend ist jedoch nur, welche Möglichkeiten der konkreten Ausgestaltung der Heimatstaat zur Verfügung stellt, die konkrete vertragliche Regelung im Einzelfall soll hierdurch nicht an Bedeutung gewinnen.

In der Literatur wird indes überwiegend gefordert, dass neben den gesetzlichen Grundlagen gerade auch die konkrete Gestaltung, wie diese in der Satzung ihren Niederschlag gefunden hat, zu berücksichtigen ist.[1029] Begründet wird das damit, dass nur im Falle der Individualbetrachtung der wirtschaftliche Gehalt der ausländischen Struktur zutreffend in deutsches Steuerrecht transportiert werde.[1030] Nur so sei die wahre Natur des ausländischen Wirtschaftsgebildes zu erfassen.[1031] Es gehe gerade um die steuerliche Behandlung einer bestimmten Gesellschaft und nicht um einen abstrakten Fall.[1032] Anders als bei der abstrakten Betrachtung nach deutschem Recht seien dem Gesetzgeber die Gesellschaftstypen mit ihren zulässigen Abweichungen vom gesetzlichen Leitbild nicht bekannt.[1033] Dem ist jedoch entgegenzuhalten, dass die Argumente, die der BFH für die Beurteilung von Publikumspersonengesellschaften bei rein nationalen Sachverhalten vorbringt, in vergleichbarer Weise zutreffen, dass nämlich

---

[1027] BStBl II 1992, 972, 975. Auch in den Fällen, in denen ein konkreter Typenvergleich mangels vergleichbarer deutscher Gesellschaftsform nicht durchführbar ist, wird abstrakt auf den im Ausland „geregelten" rechtlichen Aufbau abgestellt (vgl. BFH vom 17.07.1968 DB 1968, 1695, 1695, BFH vom 06.11.1980 BStBl II 1981, 220; BFH vom 27.07.1988 BStBl II 1989, 101).

[1028] Beispielsweise BFH vom 23.07.1992 BStBl II 1992, 972, 975.

[1029] *Schlütter* DStJG Bd. 8 (1985), 215, 223; *Wurster* FR 1980, 588, 590; *Großfeld*, Basisgesellschaften S. 53; *Hey* in FS Debatin S. 121, 138 f; *Henkel* RIW 1991, 565, 567 aber auch nach der eindeutigen Entscheidung des BFH im Urteil vom 23.07.1992 (BStBl II 1992, 972, 975) *Bornheim* in Herrmann/Heuer/Raupach, Einkommensteuer- und Körperschaftsteuergesetz § 2 Rz. 24; nach *Jacobs* (Unternehmensbesteuerung S. 337) soll das zumindest dann gelten, wenn eine konkrete deutsche Vergleichsform nicht zur Verfügung steht.

[1030] *Bornheim* in Herrmann/Heuer/Raupach, Einkommensteuer- und Körperschaftsteuergesetz § 2 Rz. 24.

[1031] *Schlütter* DStJG Bd. 8 (1985), 215, 223.

[1032] *Hey* in FS Debatin S. 121, 138. Andererseits kommt Hey in seinen Betrachtungen zur Einordnung der US LLC zu dem Ergebnis, diese sei steuerlich wie eine Personengesellschaft zu behandeln, ohne dabei Einschränkungen aufgrund der Ausgestaltung im Einzelfall zu machen.

[1033] *Lüdicke* StbJb 1997/1998, 449, 453.

ein Abstellen auf die Zahl der Kommanditisten und die Gestaltungsmöglichkeiten innerhalb einer Vielzahl von Satzungsvorschriften keine klare Abgrenzung zuließe und leicht zu uneinheitlicher Rechtsanwendung führen könne.[1034] Würde man auf die konkrete Ausgestaltung im Einzelfall abstellen, müssten personaltistische Körperschaften als Personengesellschaften und körperschaftliche Personengesellschaften als Körperschaften besteuert werden. Damit würde man zwar der abstrakten Unterscheidung von Körperschaften und Personengesellschaften Rechnung tragen. Man würde sich aber weit von der tatsächlichen praktischen Handhabung im deutschen Steuerrecht entfernen und ausländische Gesellschaften in vielen Fällen anders behandeln als inländische Vergleichsformen.[1035] Denn aus der Fortentwicklung des Gesellschaftsrechts ergibt sich, dass die strikte Trennung zwischen Merkmalen, die eine Körperschaft ausmachen, und Merkmalen, die für eine Personengesellschaft typisch sind, nicht mehr möglich ist. Da das Steuerrecht aber streng an die zivilrechtliche Rechtsform anknüpft und damit dieser gesellschaftsrechtlichen Entwicklung folgt, führt eine Einordnung danach, ob eine konkrete Gesellschaft mehr körperschaftliche oder personalistische Typusmerkmale erfüllt, zu Ergebnissen, die der derzeitigen Handhabung des deutschen Steuerrechts nicht entsprechen.

Wenn man auf den gesetzlichen Grundfall im Ausland abstellt, heißt das andererseits nicht, dass dortige gesellschaftsrechtliche Gestaltungsmöglichkeiten unberücksichtigt bleiben dürften oder gar müssten. Wenn es im Ausland möglich ist, eine KG als Publikumsgesellschaft auszugestalten, kann das einer Einordnung als deutsche KG grundsätzlich nicht entgegenstehen. Ist der Gestaltungsspielraum nach ausländischem Recht so groß, dass auch unter Berücksichtigung des Gestaltungsspielraums im deutschen Recht eine Vergleichbarkeit ausscheidet, muss dies das Ergebnis der Einordnung hingegen beeinflussen. Dabei ist zu berücksichtigen, dass die Gestaltungsfreiheit nach deutschem Recht sehr weit geht. Sie hat ihre Grenzen, wenn es um das Wesen der Gesellschaft geht. Denn in diesen Fällen ist der Grundsatz der Typengesetzlichkeit verletzt.[1036] Betrachtet man die Zivilrechtsprechung zur GmbH & Co. KG, aber auch zu anderen anerkannten Gestaltungsformen wie GmbH & Co. OHG, AG & Co. KG, AG & Co. OHG oder insbesondere zur Stiftung & Co. KG[1037] sowie zur ausländischen Gesellschaft & Co.,[1038] zeigt sich, dass der BGH mit Hinweis auf den Grundsatz der Vertragsfreiheit dazu tendiert, Mischformen generell anzuerkennen, solange kein gesetzliches Verbot der vertraglichen Ausgestaltung konkret Grenzen setzt.

Erzielt ein ausländische personalistisch strukturierte Familien-GmbH inländische Einkünfte, ist zunächst die Grundform der ausländischen GmbH mit der inländischen GmbH zu vergleichen. Dabei kann natürlich nicht unberücksichtigt bleiben, inwieweit das ausländische Gesetzesrecht durch abdingbare Vorschriften personaltistische Strukturen zulässt. Gehen diese Gestaltungsmöglichkeiten erheblich über das hinaus, was im Rahmen einer

[1034] BFH vom 25.06.1984 BStBl II 1984, 751, 760; vgl. hierzu schon Kapitel 4 B II 2 a).
[1035] Vgl. hierzu allgemein Kapitel 2 E II 3.
[1036] Vgl. hierzu insgesamt Ausführungen in Kapitel 2 B III 1.
[1037] Vgl. zu diesen Mischformen Kapitel 2 B III 1.
[1038] Vgl. hierzu Kapitel 3 G.

deutschen GmbH zulässig ist und wird davon allgemein auch Gebrauch gemacht (praktische Handhabung), muss eine Vergleichbarkeit der Gesellschaftsformen ausscheiden. Unter Berücksichtigung der praktischen Handhabung ist in diesen Fällen abstrakt zu prüfen, ob die ausländische Rechtsform eher einer Personengesellschaft oder Körperschaft entspricht. Dieses Vorgehen trägt auch den Bedenken Rechnung, auf die sich die Ansicht der Literatur stützt. Denn bei der Frage, inwieweit von den gesetzlichen Vorgaben im Heimatstaat abgewichen werden kann, wird man schon aus Praktikabilitätserwägungen auch konkret den Gesellschaftsvertrag der einzuordnenden Gesellschaft berücksichtigen. Folgt man hingegen konsequent der in der Literatur vertretenen Ansicht, käme man zu einem zweifelhaften Ergebnis. Denn als Vergleichsform der ausländischen Familien-GmbH in ihrer individuellen Struktur würde man aufgrund der personalistischen Elemente eine deutsche OHG heranziehen müssen und damit im Falle geringfügiger Abweichungen die ausländische GmbH steuerlich als Personengesellschaft behandeln. Sehr anschaulich lässt sich das Problem, das sich aus der Ansicht der Literatur ergibt, am von *Bornheim*[1039] gewählten Beispiel der US-LLC zeigen. *Bornheim* erklärt, diese Gesellschaft sei dem gesetzlichen Grundfall nach eher als Personengesellschaft strukturiert. Dennoch müsse sie je nach vertraglicher Ausgestaltung als Körperschaft oder Personengesellschaft eingeordnet werden. Werde von den Dispositionsmöglichkeiten nach amerikanischen Recht dahingehend Gebrauch gemacht, dass die Gesellschaft bei Tod nicht aufgelöst wird, ein bestimmtes Kapital eingezahlt wird und die Geschäftsführung lediglich auf bestimmte Gesellschafter delegiert wird, so sei dieses Gebilde als Kapitalgesellschaft einzuordnen. Mit diesem Lösungsansatz bleibt aber völlig unberücksichtigt, dass diese Gestaltungsmöglichkeiten bei allen deutschen Personengesellschaften gleichermaßen möglich wären,[1040] ohne dass diese dadurch körperschaftsteuerpflichtig würden.

5. Sinn und Zweck der rechtsformabhängigen Besteuerung als Einordnungskriterium

Im Falle von rechtlichen Abgrenzungsproblemen liegt es immer nahe, auf den Sinn und Zweck einer Vorschrift abzustellen. Im Rahmen des Typenvergleichs wird der Sinn und Zweck einer unterschiedlichen Besteuerung von Personengesellschaften und Körperschaften hingegen nicht ausdrücklich berücksichtigt. Lediglich die Venezuela-Entscheidung des RFH geht auf den Sinn und Zweck der steuerlichen Unterscheidung ein:[1041] Der Stellung als juristische Person komme nach Sinn und Zweck bei der Frage der steuerlichen Einordnung eine geringere Bedeutung zu, als etwa bei der Frage nach den Eigentumsverhältnissen einer ausländischen juristischen Person. Damit schwächt schon der RFH die Bedeutung einer teleologischen Betrachtung ab. Die Ursache für die fehlende Berücksichtigung von Sinn und Zweck des dualistischen Steuersystems liegt in der strengen Anknüpfung an das Zivilrecht. Auch bei rein nationalen Sachverhalten wird die Rechtssicherheit, die sich aus der Rechtsformwahl ergibt, über den eigentlichen Zweck der unterschiedlichen Besteuerung der Gesellschaften gestellt.[1042] Wenn die Finanzrechtsprechung deutsche Publikums-Personengesellschaften als Personengesellschaften einordnet, obwohl sich die Stellung der Gesellschafter nicht von denen einer Kapitalgesellschaft unterscheidet, so zeigt dies eindeutig, dass für eigenständige steuerliche Argumente kein Raum bleibt. Ein weiterer Grund für die Vernachlässigung dieses Abgrenzungskriteriums ist, dass sich die unterschiedliche Besteuerung von Körperschaften und Personengesellschaften überhaupt nur sehr schwer begründen lässt. Als Ergebnis von Kapital 4 konnte festgehalten werden, dass die eigenständige Besteuerung von Körperschaf-

---

[1039] *Bornheim* in Herrmann/Heuer/Raupach, Einkommen- und Körperschaftsteuergesetz § 2 Rz. 27 a. E.

[1040] Vgl. hierzu Ausführungen in Kapitel 2 D IV 3 (Forbestand bei Ausscheiden), III 2 (Voraussetzungen der Gründung) sowie V 2 (Regelung der Geschäftsführung).

[1041] RFH vom 12.02.1930 RFHE 27, 73, 79.

[1042] Vgl. insgesamt Ergebnisse von Kapitel 4.

ten primär dazu dient, diese verselbständigten Gebilde steuerlich überhaupt greifen zu können. Da die ausländische Gesellschaft jedoch entweder als Personengesellschaft oder als Körperschaft zwangsläufig steuerlich erfasst wird, hilft dieses Argument bei der Einordnungsproblematik nicht weiter.[1043] Will man erreichen, dass ausländische Gesellschaften gegenüber inländischen Gesellschaften gleich behandelt werden, so darf auch bei der Einordnung der ausländischen Gesellschaften nicht auf steuerrechtliche Erwägungen abgestellt werden. Selbst wenn aus steuerrechtlicher Sicht den Merkmalen der beschränkten Haftung und der Verselbständigung zur juristischen Person u. U. eine größere Bedeutung zuzumessen wäre, als den übrigen Strukturmerkmalen,[1044] darf das auf die Abwägung im Rahmen des Typenvergleichs keinen Einfluss haben.

6. Umgang mit gesellschaftsrechtlichen Typusmerkmalen

a) Gesellschaftsrechtliche Vorgaben

Wie die Ausführungen in Kapitel 2 gezeigt haben, gibt es nicht ein Strukturmerkmal, das für alle Körperschaften oder alle Personengesellschaften nach deutschem Recht uneingeschränkt Gültigkeit beansprucht. Für die Einordnung ausländischer Gesellschaften mag diese Feststellung zunächst ungünstig erscheinen, da es dadurch an klaren Abgrenzungskriterien fehlt. Genauer betrachtet ergeben sich hieraus für die Einordnung ausländischer Gesellschaften jedoch eher Vorteile, da mehr Flexibilität besteht.

In aller Regel wird die ausländische Gesellschaftsform bezüglich fast aller Strukturmerkmale der inländischen Vergleichsform entsprechen. Denkbar wäre jedoch die Abweichung lediglich hinsichtlich eines bestimmten Merkmals. So mag beispielsweise eine ausländische GmbH im Heimatstaat nicht durch Eintragung in ein Register, sondern schon durch Abschluss des Gesellschaftsvertrags ihre volle Rechtspersönlichkeit erlangen. Allein diese Abweichung soll nicht zu einer Besteuerung als Personengesellschaft führen. Es ist also nur vorteilhaft, dass in diesem Fall argumentiert werden kann, das Registrierungssystem sei zwar typisches Merkmal für Körperschaften, es sei hingegen nicht zwingende Voraussetzung einer deutschen Körperschaft, wie man am Beispiel des nichtrechtsfähigen Vereins oder der Vorgesellschaft sehen könne.[1045]

Die Aussagekraft der einzelnen Strukturmerkmale wird allerdings besonders dann bedeutsam, wenn gerade keine deutsche Gesellschaftsform zum konkreten Vergleich zur Verfügung steht. Dies zeigt sich beispielsweise bei der Anstalt liechtensteinischen Rechts. Hier bleibt, wie oben gezeigt,[1046] kein anderer Weg, als die einzelnen Strukturmerkmale der Gesellschaft zu

[1043] Nur hilfsweise wird damit argumentiert, dass dem persönlich stark involvierten Gesellschafter einer Personengesellschaft im Gegensatz zum nur kapitalmäßig beteiligten Gesellschafter einer Körperschaft die Möglichkeit einer Verlustverrechnung mit Gewinnen aus anderen Einkunftsarten eingeräumt werden soll.
[1044] Vgl. Kapitel 4 A II 5.
[1045] Zudem unterliegen auch bestimmte Personengesellschaften dem Registrierungssystem, so die EWIV und die PartG (vgl. hierzu Kapitel 2 D III 1).
[1046] Kapitel 5 B I 2.

untersuchen und dann zu überprüfen, ob die Typusmerkmale der Personengesellschaft oder der Körperschaft in Anzahl und Bedeutung überwiegen.[1047]

Bezüglich der Wertung der einzelnen Strukturmerkmale kann grundsätzlich auf die Ausführungen in Kapitel 2 verwiesen werden.[1048] Denn das Steuerrechts knüpft streng an die gesellschaftsrechtliche Einordnung als Körperschaft oder Personengesellschaft an, weshalb eine eigne Wertung anhand der Berücksichtigung steuerrechtlicher Zielvorgaben ausscheiden muss.[1049] Soweit in der Rechtsprechung des BFH und der steuerrechtlichen Literatur eine eigene Diskussion der gesellschaftsrechtlichen Strukturmerkmale stattfindet, soll diese jedoch im Folgenden dargestellt werden.

b) Wertung der Strukturmerkmale in der steuerrechtlichen Literatur

Die gesellschaftsrechtlichen Ausführungen in Kapitel 2[1050] haben ergeben, dass insbesondere der Höhe der Mitgliederzahl keine eigenständige Bedeutung bezüglich der Abgrenzung von Körperschaften und Personengesellschaften zukommt. Eine gewisse Indizwirkung entfalten die Strukturmerkmale Verselbständigung zur juristischen Person, Gründung durch Vertrag/Eintragung, Personalfirma/Sachfirma, Abhängigkeit vom Bestand der Mitglieder, Abfindungsanspruch bei Ausscheiden, Einstimmigkeit/Mehrheitsprinzip sowie der Umfang der Treuepflichten. Der Selbstorganschaft bzw. Fremdorganschaft ist weiterhin eine nicht unerhebliche Aussagekraft beizumessen. Das Merkmal des Ausschlusses der persönlichen Haftung nimmt insgesamt betrachtet wohl die stärkste Stellung als typisches Körperschaftsmerkmal ein. Diese Einteilung ist jedoch nicht allgemeingültig und macht eine Wertung der Typusmerkmale im Einzelfall nicht entbehrlich. So kommt beispielsweise der Tatsache, dass es sich bei einer Gesellschaft um eine juristische Person handelt, im Grunde wenig Aussagekraft zu, was um so mehr gilt, wenn die ausländische Rechtsordnung gar keine Gesamthandsgesellschaften als Alternative kennt. Wenn die ausländische Gesellschaft hingegen überhaupt nicht in der Lage ist, Trägerin von Rechten und Pflichten zu sein, dürfte allein aufgrund dieses Merkmals viel für eine Einordnung als Personengesellschaft sprechen. Ähnliches gilt für das Merkmal der Abhängigkeit vom Mitgliederbestand. Falls für den Fall des Ausscheidens die Fortführung der Gesellschaft vorgesehen ist, kommt dem Merkmal keine nennenswerte Bedeutung zu, denn dies ist der gesetzliche Regelfall auch für Personenhandelsgesellschaften. Eine generell vorgesehene Auflösung bei Ausscheiden spricht hingegen durchaus für das Vorliegen einer Personengesellschaft. Ist Fremdorganschaft gesetzlich als Regelfall vorgesehen,

[1047] Zum Prinzip der Gewichtung vgl. auch *Großfeld*, Basisgesellschaften S. 68; *Raupach*, Durchgriff S. 142; *Schlütter* DStJG Bd. 8 (1985), 215, 223.

[1048] Vgl. dort insbesondere die zusammenfassende Würdigung der einzelnen Strukturmerkmale unter E II 1 bis 8.

[1049] S. soeben Kapitel 5 B I 5. Allerdings trägt der Gesetzgeber bestimmten Strukturmerkmalen Rechnung (vgl. Kapitel 4 B III). Diese gesetzlichen Bestimmungen – etwa zur typisch stillen Gesellschaft – finden auf vergleichbare ausländische Gesellschaftsformen genau so Anwendung.

[1050] Vgl. zur Wertung der Strukturmerkmale Kapitel 2 E II und (zusammenfassend) III.

ist dies ein deutliches Indiz für das Vorliegen einer Körperschaft. Ist eine Übertragung der Geschäftsführung auf Dritte dagegen nur durch einstimmigen Beschluss möglich, stellt sich die Sachlage nicht sehr viel anders dar, als bei deutschen Personengesellschaften.

In der steuerrechtlichen Literatur wird, genau wie im Gesellschaftsrecht, die Aussagekraft einzelner Strukturmerkmale nur vereinzelt kommentiert. *Großfeld* fordert allgemein, dass es sich für die Annahme der Körperschaftsteuersubjektivität um einen wirtschaftlich selbständigen Organismus handeln muss, dessen Vermögen und Einkommen von dem der Mitglieder getrennt ist.[1051] Diese Mindestanforderung stellt auch der BFH auf, wenn er verlangt, dass die ausländische Rechtsform „tatsächlich wie ein rechtsfähiges Gebilde lebt".[1052] Jedoch werden diese Voraussetzungen regelmäßig erfüllt sein, wenn die Abwägung zugunsten der Einordnung als Körperschaft ausfällt, zumal sogar die meisten Personengesellschaften nach deutschem Recht diesen Anforderungen genügen dürften.[1053] Aus diesen Feststellungen ergibt sich, dass der Vorschlag von *Wurster*,[1054] die Frage der Einkünftezurechnung als allein ausschlaggebend für die Einordnung als Körperschaft oder Personengesellschaft anzusehen, nicht weiterhilft.[1055]

Ein ähnliches Problem stellt sich beim Vorgehen der OFD Koblenz, die nach abgeschlossenem Typenvergleich in einem zweiten Schritt prüft, ob die weiteren Voraussetzungen der Einkünftezurechnung erfüllt sind, und zwar, ob die Einkünfte der ausländischen Gesellschaft selbst zuzurechnen sind, oder deren Gesellschaftern.[1056] Diese Auffassung ist problematisch, da der Typenvergleich selbst ja gerade schon abschließend über die Einkünftezurechnung entscheiden soll. Die angeführten Indizien für eine Einkünftezurechnung an die Gesellschaft (beispielsweise Eintragung der Gesellschaft – nicht der Gesellschafter – in das deutsche Grundbuch; Auftreten der Gesellschaft im eigenen Namen; Vertragsschlüsse im Namen der Gesellschaft)[1057] werden im Rahmen des Typenvergleichs bereits berücksichtigt. Sollte eine ausländische Gesellschaft so ausgestaltet sein, dass nicht die Gesellschaft, sondern die einzelnen Gesellschafter vertraglich verpflichtet werden, wird ein Typenvergleich nicht zur Einord-

---

[1051] *Großfeld*, Basisgesellschaften S. 68; *Wurster* FR 1980, 588, 590 sieht die Verselbständigung der Gesellschaft gegenüber ihren Gesellschaftern als einzig relevantes Abgrenzungskriterium an, verkennt dabei aber, dass eine Reihe deutscher Körperschaften keine juristischen Personen sind.
[1052] BFH vom 17.07.1968 DB 1968, 1694, 1695.
[1053] Vgl. gleich noch genauer zur Bedeutung der Rechtsfähigkeit Kapitel 5 B I 7.
[1054] FR 1980, 588, 590.
[1055] Wurster hat zudem gerade einen steuerrechtlichen Begründungsansatz gewählt. Die steuerrechtliche Wertung kann aber – aufgrund der strengen Anknüpfung an das Zivilrecht – nicht ausschlaggebend für die Einordnung sein.
[1056] Vgl. Kapitel 1 D III. Dabei orientiert sich diese Ansicht der OFD Koblenz vermutlich an einem Urteil des BFH zur Einordnung grenzüberschreitender Gesellschaften (BFH vom 23.06.1992 DB 1992, 2067, 2070). Die Rechtsprechung führt dort einen Typenvergleich durch und prüft auf einer zweiten Stufe, wem die Einkünfte tatsächlich zugerechnet werden sollen. Bei grenzüberschreitenden Gesellschaften ergibt sich – im Gegensatz zu den üblichen Fällen – das Problem, dass teilweise angenommen wird, es existiere neben der nicht greifbaren ausländischen Gesellschaft zusätzlich eine deutsche Gesellschaft (Kapitel 3 C I 3). Allein daraus stellt sich dann die Frage, welche der beiden in Betracht kommenden Gesellschaften Vertragspartner werden sollte.
[1057] Vgl. Aufzählung in Kapitel 1 D III.

nung als Körperschaft führen. Aufgrund der Tatsache, dass auch deutsche Personengesellschaften eine eigene Rechtspersönlichkeit besitzen und Träger von Rechten und Pflichten sind, i. d. R. also selbst Vertragspartner und damit Empfänger der zufließenden Einkünfte sind, ist dieser Prüfungsschritt der OFD Koblenz überflüssig und verwirrend.

Versteht man die Einkünftezurechnung an die einzelnen Gesellschafter unter Berücksichtigung der aufgeführten Indizien als zwingende Voraussetzung für die Einordnung als Personengesellschaft (so ist der Erlass eigentlich zu verstehen), führt dieser Weg schlichtweg zu falschen Ergebnissen. Denn im deutschen Gesellschaftsrecht treten alle Personengesellschaften im eigenen Namen auf, werden im Grundbuch eingetragen (Einschränkungen nur bei der GbR) und werden selbst vertraglich verpflichtet. Nach Ansicht der OFD Koblenz wären alle ausländischen Gesellschaften, die diesen deutschen Personengesellschaften vergleichbar sind, mangels Einkünftezurechnung an die Gesellschafter körperschaftsteuerpflichtig.

Entgegen einer Ansicht in der Literatur kann eine Besteuerung als Körperschaft nicht allein deshalb ausscheiden, weil die Kapitalmindestausstattung nicht der einer deutschen Körperschaft entspricht.[1058] Würde man dies als zwingende Voraussetzung annehmen, so käme man in vielen Fällen bei der Einordnung ausländischer Kapitalgesellschaften zu dem kaum gewünschten Ergebnis, dass diese wie Personengesellschaften zu besteuern wären. Dies liegt insbesondere daran, dass die Anforderungen an die Aufbringung und Erhaltung des Mindestkapitals in Deutschland überdurchschnittlich streng sind.[1059] Abgesehen davon handelt es sich bei der Kapitalausstattung um ein Körperschaftsmerkmal von Vielen, ohne dass ersichtlich ist, aus welchem Grund gerade diesem Merkmal besondere Bedeutung zuzumessen wäre.

c) Einordnung in Zweifelsfällen

Durchaus denkbar ist der Fall, dass auch nach einer Gewichtung der Strukturmerkmale ein eindeutiges Ergebnis nicht erzielt werden kann, die Einordnungsfrage also ungelöst bleiben würde. Für diese Situation werden verschiedene Lösungsansätze diskutiert.

Schwer nachvollziehbar ist die Aussage *Schlütters*, wonach nach h. M. für den Fall, dass eine Gewichtung zu keinen Ergebnissen führt, hilfsweise auf die zivilrechtliche Rechtsfähigkeit abzustellen sei.[1060] Das BFH-Urteil, auf das er zur Begründung verweist,[1061] stützt diese Aussage nicht. Nach der Handhabung in der Rechtsprechung kann die Frage der Rechtsfähigkeit durchaus berücksichtigt werden, sie soll nur nicht allein ausschlaggebend für die Einordnung sein. Auch in Zweifelsfällen bietet es sich aber nicht an, die Rechtsfähigkeit als letztendlich ausschlaggebendes Kriterium zu verwenden. Denn zumindest nach heutiger zivilrechtlicher Lage gibt es fast keine Unterschiede mehr hinsichtlich des Umfangs der Rechtsfähigkeit von

---

[1058] So aber *Gliech* (AWD 1967, 22 f), wonach zumindest die Grundsätze über die Kapitalaufbringung und Sicherung der GmbH erfüllt sein müssen; zustimmend *Großfeld*, Basisgesellschaften S. 68; wie hier *Raupach*, Durchgriff S. 142.

[1059] Vgl. *Göttsche* DStR 1999, 1403, 1406.

[1060] *Schlütter* DStJG Bd. 8 (1985), 215, 223.

[1061] BFH vom 17.07.1968 DB 1968, 1694.

juristischen Personen und Gesamthandsgesellschaften.[1062] Abgesehen davon wurde das Merkmal der Rechtsfähigkeit im Rahmen des Typenvergleichs bereits berücksichtigt. Konnte die (fehlende) Rechtsfähigkeit schon dort nicht ausschlaggebend für ein Entscheidung sein, so ist nicht verständlich, warum es letztendlich dennoch entscheidendes Kriterium sein soll.

Eine Ansicht in der Literatur möchte nicht uneingeschränkt an der „Gewichtungstheorie", wie sie anschaulich bezeichnet wird, festhalten, sondern verlangt Korrekturen in Form eines Wahlrechts des Steuerpflichtigen.[1063] Im deutschen Recht gebe es personalistische Körperschaften und körperschaftliche Personengesellschaften, was einen gewissen Gestaltungsspielraum bei der inländischen Besteuerung bewirke. Die Gewichtungstheorie trage dem bei internationalen Sachverhalten nicht Rechnung. So würde eine ausländische GmbH & Co. KG anders als eine deutsche GmbH & Co. KG als Körperschaft zu betrachten sein. Dies stelle einen Verstoß gegen das übergeordnete Ziel steuerlicher Gleichbehandlung dar.[1064] Sofern der Steuerpflichtige im Inland die Möglichkeit hätte, seine gesellschaftsrechtlichen Ziele sowohl in der Rechtsform einer Personengesellschaft als auch in der einer Körperschaft zu erreichen, solle er daher die steuerliche Einordnung bei Auslandssachverhalten selber entscheiden können. Diese Auffassung geht allerdings von einer falschen Ausgangsposition aus. Denn anders als von der überwiegenden Ansicht in der Literatur[1065] vertreten, ist nicht die individuelle Ausgestaltung im Einzelfall, sondern die gesetzliche Grundform im Ausland für die steuerliche Einordnung ausländischer Gesellschaften ausschlaggebend. Demnach wäre eine ausländische GmbH & Co. KG durchaus einer inländischen GmbH & Co. KG vergleichbar. Die Gesetzeslage im Ausland sieht als Grundform wie das deutsche Recht die KG vor. Das Konstrukt der GmbH & Co. ergibt sich nur aus der – im Rahmen des disponiblen Gesetzesrechts beider Rechtsordnungen zulässigen – einzelvertraglichen Ausgestaltung der KG. Eine Korrektur der „Gewichtungstheorie" ist damit nicht erforderlich. Zudem würde das vorgeschlagene Wahlrecht wiederum eine Besserstellung ausländischer Gesellschaften bedeuten. Denn die Entscheidung im Rahmen der Wahl der inländischen Rechtsform – insbesondere die Entscheidung zwischen GmbH und GmbH & Co. KG – fällt i. d. R. nicht ausschließlich aus steuerlichen Gründen. Der ausländische Steuerpflichtige könnte hingegen allein aus gesellschaftsrechtlichen Gesichtspunkten eine Rechtsform wählen und wäre dann in der Wahl der Besteuerung frei, solange die gesellschaftsrechtlichen Ziele im Großen und Ganzen[1066] in beiden deutschen Rechtsformen erreichbar wären.

[1062] Vgl. hierzu ausführlich in Kapitel 2 Punkt D II und zusammenfassend in Kapitel 2 Punkt E II 2 aber auch gleich noch unten Kapitel 5 B I 7.
[1063] *Schlütter* DStJG Bd. 8 (1985), 226; ähnlich auch *Lüdicke* StbJB 1997/1998, 449, 453 sowie 466, der jedoch betont, dass für ein derartiges Wahlrecht eine gesetzlichen Grundlage erforderlich sei.
[1064] *Schlütter* DStJG Bd. 8 (1985), 226.
[1065] Vgl. oben Fn. 1029.
[1066] Abweichungen wird es immer geben, wenn zwei verschiedene Rechtsordnungen verglichen werden.

In den USA gab es bis 1996 für die Frage der Einordnung als Personengesellschaft oder Kapitalgesellschaft eine präzise Regelung.[1067] Als Typusmerkmale einer Kapitalgesellschaft waren folgende Punkte zu prüfen:

- continuity of life (unbegrenzte Lebensdauer)
- central management (zentralisierte Geschäftsführung)
- limited liability (begrenzte Haftung)
- free transferability of interest (freie Übertragbarkeit der Anteile).

Waren mindestens drei dieser Kriterien erfüllt, so wurde eine Kapitalgesellschaft unterstellt, anderenfalls eine Personengesellschaft.[1068] Eine derartige Systematisierung hat natürlich den Vorteil, dass man immer zu einer eindeutigen Lösung kommt, womit vor allem Rechtssicherheit verbunden ist. Auf der anderen Seite geht eine solche Regelung zu Lasten der Einzelfallgerechtigkeit.[1069] Es wäre schon schwierig festzulegen, welches nach deutschem Recht die entscheidenden Abgrenzungskriterien sein sollen und welche Kriterien völlig unberücksichtigt bleiben können. Auch die Festlegung, wie viele der vorgegebenen Merkmale zu erfüllen wären, würde sich letztendlich als willkürlich darstellen.[1070] Dem deutschen System der Einkommensbesteuerung würde eine derartige Regelung jedenfalls nicht gerecht werden. Grund dafür ist die strenge Anknüpfung an die Zivilrechtsform, womit für rein nationale Sachverhalte irrelevant ist, ob die einzelnen Strukturmerkmale einer Gesellschaft eher einer Körperschaft oder einer Personengesellschaft entsprechen.

Wie oben ausgeführt[1071] muss für den wohl ohnehin selten auftretenden Fall, dass die ausländische Gesellschaft gleichermaßen Merkmale einer Körperschaft und einer Personengesellschaft erfüllt, letztendlich die steuerliche Behandlung im Heimatstaat ausschlaggebend sein.

7. Die besondere Bedeutung der Rechtsfähigkeit

In der Rechtsprechung wird die Frage der Rechtsfähigkeit – gemeint ist hier der Status als juristische Person – häufig besonders ausführlich diskutiert. Als Typusmerkmal für die Einordnung einer Gesellschaft als Körperschaft oder Personengesellschaft ist die Verselbständigung zur juristischen Person auf den ersten Blick von besonderer Aussagekraft. Denn die deutschen juristischen Personen sind ausnahmslos Körperschaftsteuersubjekte. Dieser Regelsatz lässt sich auf die Einordnung ausländischer Gesellschaften hingegen nicht übertragen.

[1067] Treas-Regulation § 301 7701-2; abgelöst durch die Check-the-box-Richtlinien.
[1068] Vgl. hierzu *Jacobs*, Unternehmensbesteuerung S. 338.
[1069] So kam das US Revenue Ruling 93-4 vom 23.12.1992, das die Einstufung einer deutschen GmbH für US-Steuerzwecke zum Inhalt hatte, zu dem Ergebnis, dass bei entsprechender Strukturierung aus US-Sicht eine Personengesellschaft vorliegen kann.
[1070] Zum Scheitern des resemblance test vgl. *Herrmann*, Einordnung ausländischer Gesellschaften S. 137 und *Flick* IStR 1998, 110.
[1071] Kapitel 5 B I 2 b).

Die Rechtsprechung hat von Anfang an betont, dass die Stellung als juristische Person im Ausland nicht eine Besteuerung als Personengesellschaft verbietet.[1072]

Diese Aussage der Rechtsprechung ist – so sehr man auch bedauern mag, ein eindeutiges Einordnungskriterium zu verlieren – konsequent. Zum damaligen Zeitpunkt waren die zivilrechtlichen Folgen, die sich aus der Verselbständigung zur juristischen Person ergaben, viel eklatanter, als heute. Da sich die Verleihung des Status einer juristische Person aber im Ausland gerade nicht nach den gleichen zivilrechtlichen Grundsätzen richtete, sondern aus deutscher Sicht als willkürlich anzusehen war, hätte ein striktes Festhalten an der Stellung als juristische Person zu unsachgemäßen Ergebnissen geführt. Zu berücksichtigen ist auch, dass viele Rechtsordnungen den Unterschied zwischen juristischer Person und Gesamthandsgesellschaft nicht kennen. So bezeichnen die romanischen Rechtsordnungen die OHG und KG durchweg als juristische Personen.[1073] Aus heutiger Sicht unterscheidet sich die zivilrechtliche Stellung von juristischen Personen und Gesamthandsgesellschaften zwar kaum noch, da auch Letztere in fast uneingeschränktem Umfang Träger von Rechten und Pflichten sein können.[1074] Das zeigt aber um so mehr, dass die Stellung als juristische Person mit ihrer geringen Aussagekraft nicht das einzig relevante Abgrenzungskriterium sein kann.[1075] Damit wäre bei einer generellen Einordnung aller juristischen Personen des ausländischen Privatrechts als Körperschaften ein Gleichheitsverstoß nicht auszuschließen.[1076]

Dass auch nichtrechtsfähige Gebilde körperschaftsteuerpflichtig sein können, wird von der Rechtsprechung immer wieder besonders hervorgehoben.[1077] Jedoch ist dies im Grunde selbstverständlich, da es auch im deutschen Recht eine Reihe von Körperschaften gibt, die keine juristischen Personen sind (vgl. nur § 1 Abs. 1 Nr. 5 und § 3 KStG). Sollte ein Rechtsgebilde keine Rechtspersönlichkeit besitzen, nach außen nur im Namen der einzelnen Gesellschafter auftreten und bei Rechtsgeschäften nicht selbst Vertragspartner werden können, ist allerdings zu bezweifeln, dass dieses Gebilde überhaupt noch als Körperschaft angesehen werden kann. Das erscheint selbst dann fraglich, wenn ansonsten – was kaum denkbar erscheint – ausschließlich körperschaftliche Typusmerkmale erfüllt sind. Denn eine derartige Gesellschaft ist allein aufgrund der völlig fehlenden Rechtsfähigkeit deutlich stärker personalistisch strukturiert als die deutsche GbR.

[1072] So die Venezuela Entscheidung des RFH vom 12.02.1930 RFHE 27, 73.

[1073] Für Frankreich Art. 5 des Gesetztes 66-537 sur les sociétés commerciales; gleiches gilt für belgisches, italienisches, spanisches, portugiesisches und rumänisches Recht, vgl. *Herrmann* in Herrmann/Heuer/Raupach § 1 Rz. 102. Allgemein auch *Bote* in Riegger/Weipert, Münchener Handbuch Gesellschaftsrecht Bd. 1 § 87 Rz. 25.

[1074] Vgl. zum Umfang der Rechtsfähigkeit von Personengesellschaften Kapitel 2 D II 1 sowie E II 2. Auch im Steuerrecht wird die Einheit der Personengesellschaft inzwischen betont (vgl. Birk, Steuerrecht S. 219 174 und Kapitel 4 A II 2). Dies ist ein Zeichen dafür, dass das Steuerrecht immer mehr eine eigene Rechtsfähigkeit der Personengesellschaft anerkennt, indem sie selbst zum Träger von steuerrechtlichen Rechten und Pflichten wird.

[1075] So auch *Hey* in FS Debatin S. 121, 142; auch *Grofeld/Luttermann* betonen, dass die Bedeutung der Rechtsfähigkeit nicht überschätzt werden darf (IPRax 1993, 229, 230).

[1076] RFH vom 12.02.1930 RFHE 27, 73, 78; *Henkel* RIW 1991, 565, 567.

[1077] BFH vom 23.06.1992 DB 1992, 2067, 2068; BFH vom 05.11.1992 BStBl II 1992, 388; BFH vom 27.02.1988 BStBl II 1989, 101.

8. Wirtschaftliche Stellung als Einordnungskriterium

Die Rechtsprechung spricht in einer Reihe von Urteilen davon, dass die wirtschaftliche Stellung im Heimatstaat im Rahmen des Typenvergleichs Berücksichtigung finden müsse.[1078] Es wird jedoch in keiner Entscheidung zum Ausdruck gebracht, was darunter zu verstehen ist. Konkrete Aussagen für den Typenvergleich lassen sich aus der Tatsache, ob eine ausländische Gesellschaftsform im Heimatstaat eine wichtige Rolle einnimmt oder ob eine bestimmte Rechtsform beispielsweise vorwiegend von mittelständischen Unternehmen gewählt wird, nicht ableiten. Denn derartige Kriterien sind sehr vage und damit zur Abgrenzung weniger geeignet, als konkrete Typusmerkmale wie etwas die Haftungsverfassung oder die Vertretung einer Gesellschaft. Zu berücksichtigen ist aber, dass in Deutschland Personengesellschaften eine viel größere Bedeutung für den Wirtschaftsverkehr haben, als in fast allen übrigen Nationen.[1079] Dies kann bedeutsam sein, wenn es um die Einordnung ausländischer *rechtsfähiger* Gebilde geht, die einer inländischen Personengesellschaft vergleichbar sind.[1080] Obwohl es sich bei deutschen Personengesellschaften nicht um juristische Personen handelt, können diese im Wirtschaftsverkehr völlig frei agieren. Dies mag bei ausländischen nichtrechtsfähigen Personenvereinigungen nicht der Fall sein, was zwangsläufig zu einer geringeren Verbreitung dieser Rechtsformen führt. Damit kann auch aus der besonderen Bedeutung der Personengesellschaften in Deutschland abgeleitet werden, dass das Merkmal der Rechtsfähigkeit als Abgrenzungskriterium zwischen Körperschaften und Personengesellschaften nicht überbewertet werden darf.

9. Zusammenfassende Beurteilung des Vorgehens i. R. d. Typenvergleichs

Die Vorgaben, die von der Rechtsprechung für den Typenvergleich in den bisher ergangenen Entscheidungen[1081] aufgestellt werden, führen zu sachgerechten Ergebnissen, soweit sie kumulativ berücksichtigt werden. Gerade im Hinblick auf den Gleichheitssatz erscheint es zwingend erforderlich, die ausländische Gesellschaftsform, wie sie vom Gesetzgeber ausgestaltet ist, – aber unter Berücksichtigung der praktischen Handhabung – nach Möglichkeit mit einer konkreten deutschen Gesellschaftsform zu vergleichen. Nur dann, wenn eine vergleichbare deutsche Rechtsform nicht existiert, ist abstrakt zu untersuchen, ob Typusmerkmale der Körperschaft oder der Personengesellschaft überwiegen. In diesen Fällen besteht auch weniger die Gefahr einer Ungleichbehandlung, da eine Vergleichsform, gegenüber der eine Diskriminierung geltend gemacht werden könnte, gar nicht vorhanden ist. Zu kritisieren ist die Rechtsprechung lediglich insofern, als sie die Typusmerkmale, welche die gesellschaftsrechtliche Unterscheidung zwischen Körperschaften und Personengesellschaften ausmachen, ledig-

---

[1078] RFH vom 12.02.1930 RFHE 27, 73, 79; BFH vom 17.07.1968 DB 1968, 1694, 1695.
[1079] Vgl. Kapitel 2 D VIII.
[1080] Vgl. Kapitel 2 E II 8.
[1081] Vgl. Zusammenfassung in Kapitel 5 B I 1.

lich schlagwortartig verwendet, ohne die tatsächliche Aussagekraft näher zu analysieren. Aufgrund der strengen Anknüpfung an die zivilrechtliche Gesellschaftsform können und müssen die gesellschaftsrechtlichen Typusmerkmale übernommen werden, ohne dass zuvor eine eigene steuerliche Wertung der Merkmale vorzunehmen ist. Bei der Abwägung ist aber zu berücksichtigen, dass nicht allen Strukturmerkmalen die gleiche Bedeutung zukommen kann. Sollte im Rahmen der Abwägung kein Ergebnis erzielt werden, so muss letztendlich die Besteuerung im Heimatstaat ausschlaggebend sein.

Das Vorgehen der Rechtsprechung trägt auch den Vorgaben des Internationalen Privatrechts Rechnung. In den hier betrachteten Fällen, in denen die einzuordnende Gesellschaft sowohl Satzungssitz als auch Verwaltungssitz im ausländischen Staat hat, beurteilen sich die gesellschaftsrechtlichen Verhältnisse nach dem Recht des Heimatstaates.[1082] Das ergibt sich sowohl bei Anwendung der Sitztheorie als auch der Gründungstheorie.[1083] Somit ist es konsequent, beim Typenvergleich die Verhältnisse der ausländischen Gesellschaft zunächst nach ausländischem Recht festzustellen, um diese dann mit denen der deutschen Rechtsform abzugleichen.

II. Auswertung vorhandener Materialien zur konkreten Einordnung einzelner ausländischer Rechtsformen

Die Rechtsprechung hat bisher nur bezüglich einiger weniger Rechtsformen über die Einordnung eindeutig entschieden. Dagegen muss sich die Praxis regelmäßig mit der Einordnung der verschiedensten ausländischen Gesellschaftsformen auseinandersetzen. Das hat dazu geführt, dass von der Finanzverwaltung – aber auch von der Literatur – Vergleichslisten aufgestellt wurden. Als besonders wesentlich wurde bereits der sog. Betriebstättenerlass der Finanzverwaltung[1084] bezeichnet, auf dem auch die meisten in der Kommentarliteratur enthaltenen Listen beruhen. Um die Aussagekraft dieser Aufstellungen beurteilen zu können, sollen die wichtigsten vorhandenen Materialien miteinander verglichen werden.[1085]

1. Aussagen der Rechtsprechung

Die Rechtsprechung hat in einer Vielzahl von Entscheidungen zu den Problemen des Typenvergleichs Stellung genommen.[1086] Jedoch wird nicht in jeder Entscheidung als Ergebnis eine abschließende und verwertbare Aussage zur Einordnung einer konkreten ausländischen Gesellschaftsform getroffen. Die Entscheidungen enthalten häufig aufgrund fehlender Sachver-

---

[1082] Vgl. hierzu ausführlich Kapitel 3 A und B.

[1083] Damit sind auch etwaige Handels- und Niederlassungsabkommen bzw. Weiter- und Rückverweisungen nach Internationalem Privatrecht nicht weiter zu beachten.

[1084] BStBl 1 1999, 1076; vgl. oben Kapitel 1 D III.

[1085] Auch wenn es im Rahmen dieser Arbeit nicht möglich ist, zu jeder Aussage eine Stellungnahme abzugeben, sollen offensichtliche Widersprüche oder Problemfälle zumindest erwähnt werden.

[1086] Vgl. detaillierte Darstellung der Rechtsprechung zum Typenvergleich in Kapitel 1 D I.

haltsaufklärung eine Zurückweisung an das FG. In manchen Urteilen wird die ausländische Gesellschaftsform nicht konkret bezeichnet, sondern nur die Struktur abstrakt umschrieben.[1087] Z. T. wird auch die gleiche Rechtsform in mehreren Entscheidungen behandelt.[1088] Dennoch lassen sich die folgende höchstrichterlichen Aussagen zur Einordnung einzelner ausländischen Rechtsformen festhalten:

Eine Kommanditgesellschaft venezolanischen Rechts ist vergleichbar mit der deutschen KG.[1089]

Die liechtensteinische Anstalt ist vergleichbar mit einer sonstiger juristischen Person nach § 1 Abs. 1 Nr. 4 KStG.[1090]

Dagegen entspricht die liechtensteinische Aktiengesellschaft der deutscher AG.[1091]

Eine Aktiengesellschaft nach schweizerischem Recht ist der deutschen AG vergleichbar.[1092]

Die niederländische *Besloten Vennootschap met beperkte aansprakelijkheid* (BV) entspricht der deutschen GmbH.[1093]

Die spanische *Sociedad Anonima* (S. A.) ist wie eine deutsche Kapitalgesellschaft zu behandeln.[1094]

Die irische *unlimited company* ist als inländische juristische Person i. S. v. § 1 Abs. 1 KStG einzuordnen.[1095]

Da – wie vorstehend dargestellt – dem Vorgehen der Rechtsprechung grundsätzlich in allen Punkten zuzustimmen ist, könnte sich eine Kritik an diesen Entscheidungen nur aus der Tatsache ergeben, dass die gesellschaftsrechtlichen Typenmerkmale entweder gar nicht genannt oder ohne Wertung schlagwortartig aufgezählt werden.

2. Vorgaben der Finanzverwaltung

Die Finanzverwaltung hat in verschiedenen Erlassen Stellung zur Einordnung ausländischer Gesellschaften genommen. Dabei ist zu unterscheiden, ob sich die jeweilige Stellungnahme

---

[1087] So beispielsweise in der Entscheidung des RFH vom 12.12.1930 RFHE 27, 303; BFH vom 15.07.1998 BFH NV 1999, 372; BFH vom 16.12.1998 BStBl II 1999, 437.

[1088] Vgl. insbesondere die Entscheidungen zur Einordnung der liechtensteinischen Anstalt (BFH vom 17.07.1968 DB 1968, 1694; BFH vom 06.11.1980 BStBl II 1981, 220; FG Hamburg vom 09.09.1987 EFG 1988, 281, 282).

[1089] RFH vom 12.02.1930 RFHE 27, 73.

[1090] BFH vom 17.07.1968 DB 1968, 1694; BFH vom 06.11.1980 BStBl II 1981, 220; FG Hamburg vom 09.09.1987 EFG 1988, 281, 282.

[1091] BFH vom 23.06.1992 DB 1992, 2067.

[1092] BFH vom 16.12.1992 BStBl II 1993, 399.

[1093] BFH vom 19.03.1996 BStBl II 1996, 312.

[1094] BFH vom 23.06.1993 BFH NV 1994, 661.

[1095] BFH vom 24.10.1984 Az. I R 228/81 (n. v.; Verweis hierauf in BFH vom 19.01.2000 IStR 2000, 182, 185).

auf eine Einordnung nach §§ 1 bis 3 KStG bezieht, oder ob abkommensrechtliche Aspekte berücksichtigt wurden, die das Ergebnis verfälschen können.[1096]

a) OFD Münster, Erlass Nr. 37 und Betriebstättenerlass

Vornehmlich in drei Erlassen hat die Finanzverwaltung Angaben zu der gesellschaftsrechtlichen Vergleichbarkeit einer Mehrzahl von Gesellschaftsformen gemacht.

In der Verfügung der OFD Münster vom 29.04.1993[1097] werden die Rechtsformen osteuropäischer Staaten mit ihren deutschen Vergleichsformen aufgezählt. Der Betriebstättenerlass vom 24.12.1999[1098] übernimmt diese Verfügung inhaltlich als Anhang I Tabelle 2. Abgesehen von sprachlichen Korrekturen ergeben sich Abweichungen nur hinsichtlich des für Slowenien ab dem 10.06.1993 geltenden neuen Gesellschaftsrechts. Daher kommt der Verfügung der OFD Münster gegenüber dem Betriebstättenerlass keine eigenständige Bedeutung mehr zu.

Die OFD Koblenz hat mit Verfügung vom 08.08.1997[1099] – auch Erlass Nr. 37 genannt[1100] – zunächst ausdrücklich erklärt, dass die Finanzverwaltung der Rechtsprechung zu grenzüberschreitenden Kapitalgesellschaften folgt und die Vorgaben der Rechtsprechung für den Typenvergleich zusammengefasst.[1101] Der Verfügung ist eine Liste mit ausländischen Gesellschaftsformen beigefügt, welche jedoch ausdrücklich nur einen ersten Anhalt für die Vergleichbarkeit mit inländischen Rechtsformen bieten soll. Auch diese Vergleichsliste wurde als Anhang zum Betriebstättenerlass übernommen. Inhaltliche relevante Abweichungen bestehen jedoch in folgenden Punkten: Während in der Verfügung der OFD Koblenz für einige Gesellschaften ohne Vergleichsform der Name einfach in deutsche Sprache übersetzt wurde, werden im Betriebstättenerlass Gesellschaften ohne deutsche Vergleichsform mit dem Zusatz „keine vergleichbare Gesellschaftsform“ gekennzeichnet. Dies ist auch angezeigt, um Verwirrungen zu vermeiden. So versteht man in deutschem Recht beispielsweise unter „faktischer Gesellschaft“[1102] etwas anderes, als unter einer französischen *Societé civile de fait.* Auch die Bezeichnung „kooperative Gesellschaft" für die belgische *Société Coopérative* oder „öffentliche Versorgungsgesellschaft“ für die *Statuary company* britischen und irischen Rechts führt nicht weiter. Die argentinische *Sociedad accidental o en participation*, die von der OFD Koblenz noch als Gelegenheitsgesellschaft und damit als GbR eingeordnet wurde, wird im Betriebstättenerlass als mit keiner deutschen Gesellschaft vergleichbar geführt.[1103] Abweichungen gibt

---

[1096] Vgl. zu den Unterschieden Kapitel 5 A IV.
[1097] RIW 1993, 606.
[1098] BStBl I 1999, 1076.
[1099] RIW 1997, 1066 ff.
[1100] Vgl. Veröffentlichung auch bei *Felix/Carlé*, StEK Nr. 37 zu § 1 KStG und ergänzend Nr. 38, 41, 42.
[1101] Vgl. allerdings zum zusätzlichen Prüfungsschritt oben Kapitel 5 B I 6 b).
[1102] Vgl. Kapitel 2 C III Fn. 245.
[1103] Die belgische *Société en nom collectif* (vergleichbar mit der deutschen OHG) fehlt zwar im Abdruck des Erlasses der OFD Koblenz in RIW 1997, 1066, 1067, ist jedoch im Abdruck bei *Felix/Carlé*, StEK Nr. 37 zu § 1 KStG und im Betriebstättenerlass enthalten.

es ferner hinsichtlich der britischen *(private) unlimited company*. Diese ist nach der Verfügung der OFD Koblenz als GbR einzustufen. Im Betriebstättenerlass wird sie als Kapitalgesellschaft geführt. Dieser Unterschied resultiert aus dem Erlass des Landes Brandenburg vom 20.07.1995,[1104] in dem es heißt, dass die britische *unlimited company* zukünftig als vergleichbar mit der irischen *unlimited company* anzusehen sei, welche nach dem BFH[1105] trotz unbeschränkter Haftung einer inländischen juristischen Person entsprechen würde. Die Korrektur der Liste der OFD Koblenz bzgl. der japanischen *Yugen Kaisha* (bisher *Mitsubishi Kaisha*) durch Erlass des Saarlands[1106] fehlt allerdings im Betriebstättenerlass.[1107] Von den genannten – überwiegend sinnvollen – Änderungen abgesehen, wurde der Erlass Nr. 37 inhaltlich unverändert als Anhang I Tabelle 1 zum Betriebstättenerlass übernommen, weshalb auch diesem Erlass keine wesentliche praktische Bedeutung mehr zukommt.

Der Betriebstättenerlass des BMF[1108] beschäftigt sich eingehend mit der steuerlichen Behandlung von inländischen und ausländischen Betriebstätten. Dabei enthält er nur in Tz. 1.1.5.2 Ausführung zur Einordnung ausländischer Gesellschaften. Diese verweisen im Wesentlichen auf die Übersicht der Rechtsformen internationaler Unternehmen in der Anlage. Eine Aussagen dazu, ob es sich bei dieser Übersicht im Gegensatz zum Erlass Nr. 37 um verlässliche Vorgaben handeln soll, ist im Schreiben selbst nicht enthalten. Jedoch bezieht sich eine Verfügung der OFD Düsseldorf[1109] auf diese Übersicht und sagt ausdrücklich, dass für die Finanzverwaltung eine Einzelfallprüfung unterbleiben kann, soweit im Betriebstättenerlass eine vergleichbare Rechtsform deutschen Rechts benannt wird.[1110] Daraus ergibt sich im Umkehrschluss, dass eine eigenständige Prüfung in den Fällen, in denen der Betriebstättenerlass keine konkrete Vergleichsform anbietet, notwendig bleibt.[1111] Aus inhaltlicher Sicht kann die Übersicht der Gesellschaftsformen im Betriebstättenerlass wie folgt kommentiert werden:

Zunächst fällt auf, dass lediglich die Gesellschaftsformen von 32 Nationen überhaupt erfasst sind. So fehlen beispielsweise Vergleichsformen zu fast allen asiatischen, afrikanischen sowie mittel- und südamerikanischen Staaten. Aber selbst einige europäische Nationen wie Norwegen, Monaco oder die baltischen Staaten sind unberücksichtigt geblieben. Ferner enthält der Erlass in den meisten Fällen, in denen es an einer konkreten inländischen Vergleichsform fehlt, keine Aussage dazu, ob diese Gesellschaft nun ein Körperschaftsteuersubjekt darstellen soll oder nicht. Anderes gilt nur für die irischen und britischen *unlimited companies*, die als Kapitalgesellschaften bezeichnet werden, die Anstalt, die Stiftung und das Treuunternehmen

[1104] *Felix/Carlé*, StEK Nr. 41 zu § 1 KStG; ebenso Mecklenburg-Vorpommern vom 09.08.1995 *Felix/Carlé*, StEK Nr. 42 zu § 1 KStG.
[1105] BFH vom 24.10.1984, I R 228/81 (n. v.).
[1106] Vom 20.04.1994 *Felix/Carlé*, StEK Nr. 38 zu § 1 KStG.
[1107] Wie auch in allen Übersichtslisten der Literatur.
[1108] BStBl 1 1999, 1076.
[1109] Vom 23.07.1997 (*Felix/Carlé*, StEK Nr. 47 zu § 1 KStG).
[1110] Tz. 2.3.2.1.
[1111] Ob das auch gelten soll, wenn als Vergleich pauschal „Kapitalgesellschaft" oder „Mitunternehmerschaft" genannt wird, ist zweifelhaft.

nach liechtensteinischem Recht, die als juristische Personen anzusehen sind, die südafrikanische *Company limited by Guarantee*, die eine Mitunternehmerschaft darstellt sowie die US-amerikanische *Public Traded Limited*, die als KG mit Börsenzulassung einer Kapitalgesellschaft vergleichbar sein soll. In manchen Fällen wird wiederum nicht ganz deutlich, wie die Bezeichnung der deutschen Vergleichsform zu verstehen ist. So bleibt unklar, ob etwa eine „geschlossene AG“[1112] zwingend mit einer deutschen AG vergleichbar sein soll. Gleiches gilt für eine „eingetragene Genossenschaft mbH“.[1113] Wenn als deutsche Vergleichsform die ARGE genannt wird,[1114] ist wohl davon auszugehen, dass es sich um eine GbR handeln soll.[1115] Unklar bleibt aber jedenfalls, wie ein „Einzelhandelsunternehmen mit beschränkter Haftung“[1116] steuerrechtlicher zu behandeln ist.[1117]

Hinsichtlich zweier Aspekte ergeben sich auf den ersten Blick konkrete Bedenken gegen den Inhalt des Betriebstättenerlasses. Zum einen werden Treuunternehmen liechtensteinischen Rechts pauschal als juristische Personen bezeichnet. Diese Aussage ist problematisch, da es auch Treuunternehmen liechtensteinischen Rechts gibt, die keine eigene Rechtspersönlichkeit haben.[1118] Seltsam erscheint auch die Aussage des Betriebstättenerlasses, dass die dänische KG (*Kommanditselskab*, abgekürzt K/S) dann mit einer deutschen KGaA vergleichbar sein soll, wenn eine AG Kommanditistin ist. Zunächst ist zu erwähnen dass das dänische Recht die Rechtsform der Kommanditgesellschaft auf Aktien – vergleichbar mit der deutschen KGaA – durchaus kennt (§ 173 Abs. 3 *Lov om aktieselskaber*). Allein die Tatsache, dass sich eine AG als Kommanditistin an einer K/S beteiligt, führt nicht dazu, dass irgendein Kommanditist seinen Gesellschaftsanteile an der K/S wie bei der KGaA über Aktien hält. Auch hat die Beteiligung eines Kommanditisten keinen Einfluss auf die Rechtsfähigkeit der K/S.[1119] Ferner gibt es keine Anhaltspunkte dafür, dass sich die Vorschriften zur Gründung, Auflösung oder Organisation durch Aufnahme einer juristischen Person als Kommanditistin ändern. Die Rechtslage ist der des deutschen Rechts durchaus ähnlich. Auch in Deutschland würde niemand auf

---

[1112] So zur brasilianischen *Sociedad Anonima de Capital Fechada*; vgl. auch Bezeichnung der brasilianischen *Sociedad Anonima de Capital Aberta* als „offene AG“.

[1113] Vergleichsform zur dänischen *Andelsselskab*. Hier ist zu bemerken, dass eine eG in Deutschland zwar nach dem Gesetz beschränkt haftet, jedoch eine Nachschusspflicht der Gesellschafter besteht. Diese kann aber durch Gesellschaftsvertrag ausgeschlossen werden (vgl. Kapitel 2 D VII 1). Das deutet darauf hin, dass die gesetzlich beschränkte Haftung nicht schaden muss, zumal eine beschränkte Haftung ohnehin ein typisches Merkmal der Körperschaft ist.

[1114] Zur französischen *Groupement d'intérêt économique*.

[1115] Der Begriff der ARGE wird ausschließlich für die deutsche GbR, vorzugsweise gesellschaftsrechtliche Zusammenschlüsse von Bauunternehmen verwendet (*Schücking* in Rieger/Weipert, Münchener Handbuch des Gesellschaftsrecht Bd. 1 § 3 Rz. 12).

[1116] Portugiesische *estabelecimento mercantil individual de responsabilidade limitada*.

[1117] Ein Einzelunternehmer nach deutschem Recht kann seine Haftung allenfalls einzelvertraglich beschränken. Die beschränkte Haftung erreicht er jedoch durch Gründung einer Einmann-GmbH (so auch *Flick/Wassermeyer/Baumhoff*, Außensteuergesetz § 7 Anhang).

[1118] BFH vom 17.07.1968 DB 1968, 1694, 1695. Abgesehen davon hilft diese Feststellung für die steuerliche Einordnung nur bedingt weiter, da die Rechtsfähigkeit nur ein Merkmal unter Vielen ist und seit der Venezuela-Entscheidung nicht jede juristische Person körperschaftsteuerpflichtig ist.

[1119] Anderes gilt, wenn alle *Komplementäre* juristische Personen sind; dann kann die K/S (KG) durch Eintragung Rechtsfähigkeit erreichen (vgl. *Alstedt/Hansen* in Hohloch, EU-Handbuch Gesellschaftsrecht Dänemark Rz. 48).

die Idee kommen, eine KG, bei der eine AG beteiligt ist, als KGaA zu betrachten. Solange eine dänische K/S mit einer deutschen Personengesellschaft vergleichbar ist, muss das auch dann gelten, wenn als Kommanditistin eine Kapitalgesellschaft beteiligt ist.

Gleicht man den Betriebstättenerlass mit dem Katalog der europäischen Kapitalgesellschaften in der Mutter-Tochter-Richtlinie bzw. Fusionsrichtlinie ab,[1120] erscheinen folgende Aspekte interessant:

In den EU-Richtlinien werden grundsätzlich die Gesellschaften genannt, die nach dem Betriebstättenerlass der deutschen AG, KGaA und GmbH entsprechen sollen. Da sich die Listen in den Richtlinien auf Kapitalgesellschaften beschränken, ist dieses Ergebnis auch schlüssig. Dennoch lassen sich eine Reihe von Abweichungen erkennen. Das EU-Recht betrachtet die finnische *Osuuskunta,* welche einer deutschen Genossenschaft entsprechen soll, als Kapitalgesellschaft. Auch die irische *Private* und *Public Company limited by Guarantees* wird, obwohl sie nach dem Betriebstättenerlass mit einer gemeinnützigen Körperschaft vergleichbar sein soll, in den EU-Richtlinien als Kapitalgesellschaft eingeordnet. Hingegen ist die *Unlimited Compnay*, welche von den Finanzbehörden als Kapitalgesellschaft eingestuft wird, nicht genannt. Auch die belgische *Socieété d'une personne a responsabilité limitée,* die nach dem Betriebstättenerlass einer deutschen Einmann-GmbH entsprechen soll, ist in den Richtlinien nicht als Körperschaft erwähnt. Gleiches gilt für die niederländische *Commanditaire Vennootschap op Andelen,* die einer deutschen KGaA vergleichbar sein soll. Auffällig ist ferner, dass die finnische *vakuutusyhhitiö* sowie *säästöpankki* und die schwedische *bankaktiebolag* sowie *försäkringsaktiebolag* zwar in den EU-Richtlinien als Körperschaften genannt sind, im Betriebstättenerlass hingegen gar nicht erwähnt werden. Schließlich ist festzustellen, dass in den Fällen, in denen der Betriebstättenerlass keine vergleichbare Gesellschaftsform für ein ausländisches Rechtsgebilde vorschlägt, sich auch aus den EU-Richtlinien keine weiteren Anhaltspunkte ergeben. Denn keiner der genannten Zweifelsfälle soll nach den Richtlinien als Körperschaft gelten. Wie oben bereits erwähnt,[1121] muss allein die Tatsache, dass eine ausländische Gesellschaftsform vom Regelungsbereich der EU-Richtlinien nicht erfasst ist, nicht die Vergleichbarkeit mit einer Personengesellschaft bedeuten. Der Vergleich von Betriebstättenerlass und den EG-Steuerrichtlinien bringt aber zum einen zum Ausdruck, dass der Betriebstättenerlass auch hinsichtlich der berücksichtigten Nationen nicht alle Gesellschaftsformen aufführt. Zum anderen sind gewisse Widersprüche vorhanden, die nur durch eine detaillierte Betrachtung der jeweiligen Rechtsgebilde geklärt werden können.

[1120] Hierzu oben Kapitel 5 A VI.
[1121] Kapitel 5 A VI.

b) Stellungnahme der Finanzverwaltung in Einzelfällen

Die Finanzverwaltung hat ferner zu einer Reihe von Einzelfragen Stellung genommen. Zumeist geht es um die abkommensrechtliche Einordnung ausländischer Gesellschaftsformen. Besonders erwähnt wurden fast alle nachfolgend aufgezählte Gesellschaftsformen aufgrund abkommensrechtlicher Probleme, die sich daraus ergeben, dass diese Gesellschaften entgegen der Wertung des deutschen Steuerrechts im Heimatstaat transparent oder intransparent besteuert werden. Da es auch aufschlussreich sein kann, bei welchen Gesellschaftsformen abkommensrechtliche Sonderprobleme entstehen können, sollen diese Stellungnahmen der Finanzverwaltung zumindest insoweit dargestellt werden, als sich Aussagen zur rein zivilrechtlichen Situation hieraus ableiten lassen.

Die argentinische *sociedad de responsabilidad limitada* entspricht nach argentinischem Handelsrecht der deutschen GmbH.[1122]

Die französische *Societé Anonyme* ist einer deutschen AG, die *Societé à responsibilité limitée* der GmbH und die *Enterprisé unbersonelle à respnsabilité limitée* der deutschen Einmann-GmbH vergleichbar.[1123]

Mit Verfügung vom 03.08.1988[1124] wurde die Vergleichbarkeit der britischem *Ltd.* mit der deutschen GmbH festgestellt.

Während es ursprünglich eindeutig hieß, dass slowakische und tschechische Kommanditgesellschaften (gemeint ist wohl jeweils die *Komanditni Spolecnost*) Personengesellschaften sind,[1125] wurde diese Feststellung in einem BMF-Schreiben,[1126] welches die vorangegangenen Stellungnahmen der Finanzverwaltung ersetzt, in dieser Deutlichkeit nicht wiederholt. Jedoch heißt es auch dort, dass – sofern die Rechtsform ausschlaggebend sein soll – diese Gesellschaften als Personengesellschaften zu qualifizieren sind.

[1122] Erlass FinMin Hessen vom 26.09.1994 *Felix/Carlé*, StEK DBA/AStG Argentinien Nr. 8. Diese gesellschaftsrechtliche Aussage behält Gültigkeit, auch wenn der Erlass aufgrund einer Änderung des argentinischen Steuerrechts aufgehoben wurde, vgl. Schreiben des BMF vom 30.12.19974 *Felix/Carlé*, StEK DBA/AStG Argentinien Nr. 10. Bis zur Gesetzesänderung im Jahr 1996 galt die argentinische S. R. L. in Argentinien als steuerlich transparent. Die Finanzverwaltung hatte daher die argentinische Gesellschaft nicht als Person nach Art. 3 Abs. 1 b) DBA-Argentinien eingeordnet, obwohl sie einer deutschen GmbH vergleichbar sein sollte. Konsequenz war, dass die Dividende, die inländischen Anteilseignern zugeflossen ist, als Einkünfte aus Mitunternehmerschaft beurteilt wurden. *Wassermeyer* (in *Widemann*, Besteuerung der GmbH S. 87) sieht darin einen Verstoß gegen die Grundsätze des Typenvergleichs. Da aber auch die Finanzverwaltung eine Vergleichbarkeit mit der deutschen GmbH ausdrücklich angenommen hat, liegt der „Fehler" der Finanzverwaltung bei der – erst auf der zweiten Stufe relevanten – abkommensrechtlichen Einordnung; vgl. zum Meinungsstand bzgl. der abkommensrechtlichen Beurteilung *W. Wassermeyer* in Debatin/Wassermeyer, Doppelbesteuerung Argentinien Art. 1 Rz. 21 f.

[1123] OFD Frankfurt vom 10.02.1999 *Felix/Carlé*, StEK DBA/AStG Frankreich Nr. 58.

[1124] OFD Frankfurt vom 03.08.1988 *Kläschen*, Körperschaftsteuergesetz § 2 Erlasse Rz. 62.

[1125] Erlass FinMin Niedersachsen vom 22.22.1994 *Felix/Carlé*, StEK DBA/AStG Tschechien Nr. 3.

[1126] BMF-Schreiben vom 13.01.1997 *Felix/Carlé*, StEK DBA/AStG Tschechien Nr. 4.

Die tunesische *Société en commandite simple* und die *Société en nom collectif*, die der deutschen KG bzw. OHG vergleichbar sein sollen, sind nach den Kriterien des deutschen Steuerrechts Mitunternehmerschaften.[1127]

Die gesellschaftsrechtliche Einordnung aller slowenischen Gesellschaftsformen, wie sie später in den Betriebstättenerlass aufgenommen wird, wird in einer Verfügung der OFD Münster vom 27.10.1994 ohne nähere Begründung zusammengefasst.[1128] Unklar bleibt dabei insbesondere die Behandlung der *Gospodarsko interesno zdrunzenje*, die einer französischen wirtschaftlichen Interessensvereinigung entsprechen soll.[1129] Die *Podjetnik*, die einem deutschen Gewerbetreibenden entsprechen soll, wird im Betriebstättenerlass nicht weiter erwähnt.

Eine etwas detailliertere Auseinandersetzung erfolgt mit der gesellschaftsrechtlichen Situation der rumänischen *Societate in nume colectiv* und der *Societate in Comandita Simpla* im BMF-Schreiben vom 01.10.1997.[1130] Diese Gesellschaften sollen der deutschen OHG bzw. KG entsprechen und für den Fall, dass das deutsche Steuerrecht an die Rechtsform einer ausländischen Gesellschaft anknüpft, abweichend von der abkommensrechtlichen Behandlung als Personengesellschaften eingeordnet werden.

Personengesellschaften des spanischen Rechts (*Sociedades Regulares Colectivas* und *Sociedades en Commandita*) sind nach Artikel 28 des spanischen Zivilgesetzbuches juristische Personen und werden auch als solche in Spanien besteuert. Gleichwohl sind sie bei Anwendung des deutschen Steuerrechts als Personengesellschaften einzustufen.[1131]

Mit der gesellschaftsrechtlichen Einordnung bezüglich einer chilenischen *sociedad de responsabilidad limitada* (s.d.r.l.), die im Betriebstättenerlass nicht erwähnt wird, setzt sich das BMF im Schreiben vom 01.12.1980 ausführlich auseinander.[1132] Hier erfolgt ein umfangreicher Vergleich mit den typischen Strukturmerkmalen einer deutschen GmbH. Es werden eine Reihe von Typusmerkmalen der GmbH aufgezählt, insbesondere die Haftungsbeschränkung aller Gesellschafter, die Verselbständigung zur juristischen Person und die körperschaftliche Struktur (Ausübung von Geschäftsführung und Gesellschaftsrechten durch getrennte Organe, Drittorganschaft, Aufbringung und Erhaltung eines Stammkapitals). Besonders betont wird, dass die GmbH auch im deutschen Gesellschaftsrecht schon eine Zwischenstellung zwischen Personengesellschaften und Aktiengesellschaft als „äußerste Konsequenz des kapitalistischen Prinzips" einnähme. Daneben wird auch die wirtschaftliche Stellung der *s.d.r.l.* im Heimat-

---

[1127] BMF-Schreiben vom 25.08.1997 *Felix/Carlé*, StEK DBA/AStG Tunesien Nr. 5.

[1128] *Felix/Carlé*, StEK DBA/AStG Slowenien Nr. 3.

[1129] Der Betriebstättenerlass nennt diese Gesellschaftsform bei der Übersicht der französischen Gesellschaften nicht.

[1130] *Felix/Carlé*, StEK DBA/AStG Rumänien Nr. 9.

[1131] BMF-Schreiben vom 28.05.1998 BStBl I 1998, 557; überholt sind damit Erlass FinMin Schleswig-Holstein vom 03.06.1976 *Felix/Carlé*, StEK DBA/AStG Spanien Nr. 4, Erlass FinMin Berlin vom 27.02.1983 *Felix/Carlé*, StEK DBA/AStG Spanien Nr. 4 sowie BMF-Schreiben vom 28.05.1998 *Felix/Carlé*, StEK DBA/AStG Spanien Nr. 15.

[1132] BMF-Schreiben vom 01.12.1980 DB 1981, 139.

staat unter Berücksichtigung der Entstehungsgeschichte, Verbreitung und Funktion analysiert. Im Ergebnis sei die chilenische *s.d.r.l.* mit der deutschen GmbH vergleichbar.

Aussagen zur steuerlichen Einordnung der irischen *unlimited company* im Schreiben des BMF vom 30.07.1999[1133] sind aufgrund des rein abkommensrechtlichen Bezugs[1134] nicht festzustellen. Nach der OFD Frankfurt a. M. vom 26.05.1993[1135] soll eine ungarische KG (einschließlich GmbH & Co. KG) trotz intransparenter Besteuerung im Heimatstaat abkommensrechtlich wie eine deutsche Personengesellschaft zu behandeln sein. Eine Aussage zur gesellschaftsrechtlichen Situation ist hier jedoch nicht enthalten. Der belgische *Beslote vennootschap met beperkte aansprakelijkheid* (BVBA) wird das Schachtelprivileg des Art. 23 Abs. 1 Nr. 3 DBA-Belgien nicht zuerkannt, was aber nicht bedeuten soll, dass eine Vergleichbarkeit mit der deutschen GmbH ausscheiden muss.[1136] Auch das BMF-Schreiben vom 21.07.1997[1137] zur steuerlichen Behandlung der slowenischen Gesellschaftsformen enthält ausschließlich abkommensrechtlich relevante Ausführungen.

3. Übersichtslisten in der Literatur

Auch in der Literatur wird versucht – zumeist auf Grundlage der Erlasse der Finanzverwaltung – der Praxis Anhaltspunkte für die Einordnung ausländischer Gesellschaftsformen zu geben. So gibt *Graffe*[1138] im Zusammenhang mit der Kommentierung zu § 1 KStG eine ausführliche Übersicht ausländischer Gesellschaftsformen, die den Erlass Nr. 37 sowie Teile des Erlasses der OFD Münster (ausschließlich zu Ungarn) beinhaltet. Zusätzlich sind folgende Gesellschaften enthalten: Die chilenische *Sociedad de respondabilidad limitada*, die einer deutschen GmbH vergleichbar sein soll,[1139] ebenso wie die chinesische *Honkong limited.* Die finnischen Gesellschaftsformen werden um die *Säästöpankii* und die *Vakuutusyhtiö* ergänzt, die beide der deutschen GmbH ähneln sollen. Bei den britischen Gesellschaftsformen ergeben sich insofern Abweichungen, als die *unlimited company* entgegen dem Erlass vom 20.07.1995[1140] weiterhin als GbR aufgeführt wird. Zudem wird die britische *Company limited by Guarantees* als Kapitalgesellschaft statt wie bisher als öffentliche Versorgungsgesellschaft

---

[1133] BStBl I 1999, 698.

[1134] Abkommensrechtlich stellt sich die Frage, ob eine *privat company*, die nicht eine *company limited by shares* ist, als Kapitalgesellschaft anerkannt werden muss.

[1135] RIW 1993, 605.

[1136] Erlass FinMin BaWü vom 13.02.1995 *Felix/Carlé*, StEK DBA/AStG Belgien Nr. 9. So stößt dieses Vorgehen der Finanzverwaltung auf Kritik in der Literatur. Die belgische BVBA sei durchaus einer deutschen GmbH vergleichbar. In Art. 23 Abs. 1 Nr. 3 DBA-Belgien sei sie nur deshalb nicht erwähnt, weil eine Beteiligung einer Kapitalgesellschaft nach früherer Rechtslage gar nicht möglich war (*Malinski* in Debatin/Wassermeyer, Doppelbesteuerung Belgien Art. 23 Rz. 34).

[1137] BStBl I 1997, 724 f.

[1138] *Graffe* in Dötsch/Eversberg/Jost/Witt, Die Körperschaftsteuer § 1 Rz. 93.

[1139] Vgl. soeben Kapitel 5 B II 2 b).

[1140] FinMin Brandenburg *Felix/Carlé*, StEK Nr. 41 zu § 1 KStG; ebenso FinMin Mecklenburg-Vorpommern vom 09.08.1995 *Felix/Carlé*, StEK Nr. 42 zu § 1 KStG.

bzw. gemeinnützige Körperschaft bezeichnet.[1141] Die italienische *Societa in nom collectivo*, die in den bisherigen Listen nicht enthalten war, soll mit einer OHG vergleichbar sein. Die liechtensteinische Anstalt wird präzisiert als juristische Person des öffentlichen Rechts, die Stiftung soll mit der deutschen Stiftung vergleichbar sein – von der Finanzverwaltung werden beide jeweils als mit einer juristischen Person vergleichbar geführt. Die *societe anonym* in Panama soll mit einer deutschen AG vergleichbar sein. Die *Company limited by Guarantee* und die *Unlimited Company* in Singapur sollen ganz allgemein Kapitalgesellschaften darstellen; von der Finanzverwaltung wurden sie als mit der GmbH vergleichbar angesehen.

Auch die mit Abstand umfassendste Übersicht von *Flick/Wassermeyer/Baumhoff*[1142] basiert auf dem Erlass Nr. 37 und der Verfügung der OFD Münster. Hier werden zudem die Gesellschaftsformen zahlreicher weiterer Nationen mit aufgeführt.[1143] Ansonsten entspricht die Liste in etwa dem Erlass Nr. 37 bzw. der Verfügung der OFD Münster, wobei allerdings eine Reihe von Gesellschaften und sogar ganze Nationen herausgenommen werden, andere Gesellschaftsformen hingegen konkretisiert werden. Wesentliche inhaltliche Abweichungen sind aber nicht festzustellen.

Die Aufstellung von *Frotscher/Maas*[1144] entspricht weitgehend dem Betriebstättenerlass, wobei lediglich die Körperschafen erfasst sind. Einige Gesellschaften werden konkretisiert. So soll es sich bei der belgischen *Société Coopeérative* um eine Genossenschaft handeln. Die liechtensteinische Stiftung soll mit der deutschen Stiftung vergleichbar sein.

Bornheim[1145] übernimmt die Liste aus dem Erlass Nr. 37[1146] und gibt eine eigene Stellungnahme zu diesem Erlass ab. Dabei kritisiert er, dass die Finanzverwaltung der jüngsten Rechtsprechung zur irischen *unlimited company* nicht Rechnung tragen würde. Die Finanzverwaltung[1147] sowie die Rechtsprechung[1148] würden die Vergleichbarkeit der *unlimited company* mit einer Kapitalgesellschaft nicht anerkennen, dennoch sei sie bislang im Betriebstättenerlass als Kapitalgesellschaft geführt. Mit seinem Änderungsvorschlag verkennt *Bornheim* jedoch, dass sich die neue Rechtsprechung nur auf eine Steuerfreistellung nach Artikel XII Abs. 2 lit. a des DBA-Irland bezieht, die nicht jeder *unlimited comapany* zugestanden wird. Hierbei

[1141] Dies macht auch Sinn, da die *Company limited by guarantees* in den EU-Richtlinien als Kapitalgesellschaft bezeichnet wird und keine Beschränkung auf den Unternehmensgegenstand der öffentlichen Versorgung ersichtlich ist (vgl. Handbuch *Hohloch* in Hohloch, EU-Handbuch Gesellschaftsrecht Vereinigte Königreiche Rz. 324 f).

[1142] Außensteuerrecht § 7 Anhang.

[1143] Namentlich: Afghanistan, Bahrein, Bermuda Inseln, Bolivien, Cayman Inseln, Chile, Costa Rica, Ecuador, Elfenbeinküste, Ghana, Honkong, Irak, Iran, Kenia, Kolumbien, Malta, Marokko, Mexiko, Niederländische Antillen, Nigeria, Norwegen, Oman, Paraguay, Peru, Rhodesien, Saudi Arabien, Singapur, Thailand, Tunesien, Uruguay, Venezuela, Vereinigte Arabische Emirate, Zypern.

[1144] Körperschaftsteuergesetz/Umwandlungssteuergesetz § 1 KStG Rz. 43.

[1145] *Bornheim* in Herrmann/Heuer/Raupach, Einkommensteuer- und Körperschaftsteuergesetz § 2 KStG Rz. 27.

[1146] Damit fehlen hier gegenüber dem Betriebstättenerlass die osteuropäischen Staaten. Die britische *unlimited company* wird auch hier als Kapitalgesellschaft bezeichnet.

[1147] BMF-Schreiben vom 30.07.1999 BStBl I 1999, 698.

[1148] Bestätigend die Rechtsprechung (BFH vom 10.01.2000 IStR 2000, 182).

handelt es sich allein um eine abkommensrechtliche Fragen.[1149] Dabei sind ganz andere Aspekte zu berücksichtigen, als bei einem reine gesellschaftsrechtlichen Vergleich zweier Gesellschaftsformen.[1150] Die Versagung der Abkommensberechtigung hat keinen Einfluss auf die Einordnung nach den nationalen Steuerrechtsnormen.

Daneben stellt Bornheim fest, dass in der Liste die US-amerikanische *Limited Liability Company* (LLC) fehle. Diese sei nach dem gesetzlichen Grundfall eher als Personengesellschaft ausgestaltet. Jedoch sei durch dispositives Gesetzesrecht auch die Vergleichbarkeit mit einer deutschen Kapitalgesellschaft erreichbar, weshalb es bei der steuerlichen Beurteilung auf die Ausgestaltung im Einzelfall ankomme.[1151]

Hey[1152] führt im Rahmen der Einordnung einer *US (Delaware) Limited Liability Company* (LLC) einen umfassenden Typenvergleich unter Berücksichtigung aller wesentlichen Aspekte durch. Trotz des Namens des Gebildes ließe sich die LLC mit keiner deutschen Gesellschaftsform direkt vergleichen. Eine umfangreiche Abwägung aller Strukturmerkmale führe zu dem Ergebnis, dass die LLC steuerlich grundsätzlich wie eine Personengesellschaft zu behandeln sei.

4. Wertung der vorhandenen Materialien

Insgesamt lässt sich festhalten, dass weder der Betriebstättenerlass noch die von der Literatur aufgestellten Übersichten verlässlich einen Typenvergleich ersetzten können. Auch wenn sich der BFH in einer Entscheidung vom 19.01.2000[1153] ohne weitere Prüfung auf die Aussagen des Betriebstättenerlasses berufen hat und damit den Eindruck erweckt, diesem sei Normqualität zuzumessen, wollte der BFH das Schreiben sicher nicht auf die Schnelle absegnen.[1154] Die obigen Ausführungen haben gezeigt, dass in den Vergleichslisten teilweise Widersprüche enthalten sind. Hinzu kommt, dass in Zweifelsfällen häufig gar keine Lösung angeboten wird. Dennoch sind diese Materialien hilfreich, um erste Anhaltspunkte zur Einordnung ausländischer Gesellschaftsformen zu erlangen.

III. Sonderproblematik der grenzüberschreitenden (Kapital-) Gesellschaften

Besonderheiten ergeben sich bei der Einordnung grenzüberschreitender Gesellschaften, die unter Beibehaltung ihres ausländischen Satzungssitzes ihre Geschäftsleitung nach Deutschland verlegen und damit nicht beschränkt, sondern unbeschränkt steuerpflichtig werden. Das

[1149] So betont der BFH in der maßgeblichen Entscheidung (BFH IStR 2000, 182, 185) sogar ausdrücklich, dass die abkommensrechtliche Qualifikation unbeschadet der steuerlichen Einordnung zu erfolgen habe.
[1150] Vgl. Kapitel 5 A IV.
[1151] Vgl. Kritik hierzu schon oben unter Kapitel 5 B 4 a. E.
[1152] In FS Debatin S. 121.
[1153] IStR 2000, 182.
[1154] So auch *Clausen* IStR 2000, 185.

Hauptproblem bei der Einordnung dieser Gesellschaften liegt in der Tatsache, dass ihre zivilrechtliche Struktur unklar ist.[1155] Als gesellschaftsrechtliche Konsequenz der Sitztheorie ist die grenzüberschreitende Gesellschaft nach bisher h. A. nicht anzuerkennen. Zu Zwecken der Besteuerung soll sie hingegen durchaus existieren. Dass die Einordnung eines kaum greifbaren gesellschaftsrechtlichen Gebildes zu Schwierigkeiten führt, liegt auf der Hand. Die folgenden Ausführungen setzen sich mit dem derzeitigen Meinungsstand in der steuerrechtlichen Literatur und Rechtsprechung zu dieser Frage auseinander. Da aufgrund der jüngsten Rechtsprechung des EuGH[1156] und des BGH[1157] ein uneingeschränktes Festhalten an der Sitztheorie für Gesellschaften mit Satzungssitz in einem EU-Mitgliedstaat nicht mehr möglich ist, sollen die Besonderheiten, die sich aus dem Gemeinschaftsrecht ergeben, im Anschluss an die allgemeinen Ausführungen dargestellt werden. Die Behandlung von Personengesellschaften, die ihren Sitz in das Inland verlegen, wird in der Literatur – vermutlich aufgrund geringerer praktischer Relevanz – nicht weiter diskutiert. Sie muss daher in den folgenden Ausführungen grundsätzlich ausgeklammert werden, soll aber im Rahmen der eigenen Stellungnahme nicht unberücksichtigt bleiben.

1. Beurteilung des aktuellen Meinungsstandes zur Einordnung grenzüberschreitender Kapitalgesellschaften mit Satzungssitz außerhalb der EU

a) Ansicht der Rechtsprechung

In seiner bisherigen Rechtsprechung zu grenzüberschreitenden Kapitalgesellschaften ist der BFH zu dem Ergebnis gekommen, dass diese nach § 1 Abs. 1 Nr. 5, § 3 KStG unbeschränkt körperschaftsteuerpflichtig sind, soweit sie dem Typ nach einer deutschen Kapitalgesellschaft entsprechen.[1158] Die Anwendbarkeit des Internationalen Privatrechts auf diese Sachverhalte wird durchaus bejaht.[1159] Dabei folgt die Finanzrechtsprechung genau wie die Zivilrechtsprechung der Sitztheorie. Die Sitztheorie ist nach Ausführungen des BFH[1160] aus zivilrechtlicher Sicht dadurch gerechtfertigt, dass der Gefahr vorzubeugen sei, dass die Gründer einer Kapitalgesellschaft die nach deutschem Gesellschaftsrecht bestehenden schärferen Gründungs- und sonstigen Vorschriften unterlaufen, indem sie die Gesellschaft im Ausland gründen und den dortigen Vorschriften unterwerfen, um anschließend nur den Verwaltungssitz in das Inland zu verlegen. Als Konsequenz wird jedoch auch von der Steuerrechtsprechung nur die fehlende Rechtsfähigkeit betont. Damit wird die Gesellschaft als im Inland nicht existent be-

[1155] Vgl. zum Meinungsstand hinsichtlich der zivilrechtlichen Behandlung Kapitel 3 C I.
[1156] EUGH vom 05.11.2002 Rs C-208/00 Überseering BV/Nordic Construction Company Baumanagement GmbH NJW 2002, 3614.
[1157] BGH vom 13.03.2003 NJW 2003, 1461.
[1158] Vgl. hierzu bereits die ausführliche Darstellung in Kapitel 1 D II.
[1159] Beispielsweise BFH vom 23.06.1992 DB 1992, 2067, 2069.
[1160] BFH vom 13.11.1991 BFHE 166, 238, 240.

handelt.[1161] Im Rahmen der Einordnung wird von der Rechtsprechung ein Typenvergleich zwischen der grenzüberschreitenden Gesellschaft – wobei die gesetzliche Grundlage im Heimatstaat herangezogen wird – mit der entsprechenden deutschen Gesellschaft durchgeführt. Kommt man zu dem Ergebnis, dass die Gesellschaft einer inländischen Körperschaft, meist einer Kapitalgesellschaft, entspricht, so soll diese nach § 1 Abs. 1 Nr. 5, § 3 Abs. 1 KStG körperschaftsteuerpflichtig sein. Die fehlende Rechtsfähigkeit soll dabei einer Vergleichbarkeit mit einer deutschen AG oder GmbH nicht entgegenstehen.[1162] Eine Einordnung als Kapitalgesellschaft nach § 1 Abs. 1 Nr. 1 KStG scheide jedoch aus, da dieser nur auf die abschließend genannten Kapitalgesellschaften Anwendung finde.[1163]

Mit Hinweis auf die Entscheidung des BFH vom 23.06.1992[1164] hat der Gesetzgeber die Möglichkeit der unbeschränkten Steuerpflicht ausländischer Kapitalgesellschaften in die Körperschaftsteuer-Richtlinie 1995 ausdrücklich aufgenommen.[1165]

b) Lösungsansätzen der Literatur

In der steuerrechtlichen Literatur wird die Frage der Behandlung grenzüberschreitender Gesellschaften kontrovers diskutiert. Vor der grundlegenden Entscheidung des BFH aus dem Jahr 1992[1166] wurden grenzüberschreitende Kapitalgesellschaften aufgrund fehlender Rechtsfähigkeit von der Finanzverwaltung steuerlich als Personengesellschaften behandelt. Die Einordnung grenzüberschreitender Gesellschaften wurde anhand dieser Verwaltungspraxis am

[1161] Vgl. Zivilrechtsprechung bereits dargestellt in Kapitel 3 C I 1. Im Steuerrecht so insbesondere BFH vom 23.06.1992 DB 1992, 2067.

[1162] In der Literatur wird aus der Aussage der rein national bezogenen Rechtsprechung, die Körperschaftsteuersubjektfähigkeit einer Kapitalgesellschaft nach § 1 Abs. 1 Nr. 1 KStG knüpfe an deren Zivilrechtsfähigkeit an (mit Verweis auf BFH vom 25.06.1984 BStBl II 1984, 751, 757; BFH vom 29.10.1986 DB 1987, 258, 259) geschlossen, dass eine Besteuerung grenzüberschreitender Gesellschaften nach § 1 Abs. 1 Nr. 1 KStG aufgrund fehlender Rechtsfähigkeit ausscheiden müsse. Mit dieser Aussage wollte der BFH jedoch eher verdeutlichen, dass § 1 Abs. 1 Nr. 1 KStG streng von der Zivilrechtsform abhängig sei und die Anwendung dieser Norm nicht auf andere Gesellschaften – etwa die deutsche GmbH & Co. KG – erweitert werden könne.

[1163] Entgegen der Ansicht von *Deininger* (Verlegung des Hauptverwaltungssitzes S. 129) vertritt der 1. Senat des BFH in seiner Entscheidung vom 16.12.1998 (BStBl II 1999, 437) nicht in Abweichung von der Entscheidung des 6. Senats (vom 23.06.1992 DB 1992, 2067) eine analoge Anwendung von § 1 Abs. 1 KStG auf grenzüberschreitende Kapitalgesellschaften. Deininger begründet seine These damit, dass der 1. Senat auch grenzüberschreitende Kapitalgesellschaften am Anrechnungsverfahren teilnehmen ließe. § 27 KStG a. F. galt jedoch für unbeschränkt steuerpflichtige Kapitalgesellschaften, ohne direkt auf § 1 Abs. 1 Nr. 1 KStG zu verweisen. Eine Einordnung grenzüberschreitender Kapitalgesellschaften unter § 1 Abs. 1 Nr. 1 KStG war damit für die Teilnahme am Anrechnungsverfahren nicht zwingend Voraussetzung. In der fraglichen Entscheidung lässt der BFH in den Entscheidungsgründen ausdrücklich offen, ob grenzüberschreitende Kapitalgesellschaften nach § 1 Abs. 1 Nr. 1 KStG oder nach § 1 Abs. 1 Nr. 5 KStG i. V. m. § 3 Abs. 1 KStG unbeschränkt körperschaftsteuerpflichtig sind (so auch *Dötsch* in Dötsch/Eversberg/Jost/Witt, Die Körperschaftsteuer § 27 a. F. Rz. 11).

[1164] DB 1992, 2067.

[1165] Körperschaftsteuer-Richtlinie 1995 DB 1996 Beilage Nr. 4 S. 3 (Abschnitt 2 Abs. 1).

[1166] BFH vom 23.06.1992 DB 1992, 2067.

Beispiel einer grenzüberschreitenden britischen *private company limited by shares*[1167] in der Literatur erstmals umfassend erörtert.[1168]

Dabei folgen *Oppermann* und *Sarrazin* der Ansicht der Finanzverwaltung und gehen davon aus, dass eine Körperschaftsteuerpflicht ab Verlegung des Verwaltungssitzes mangels Rechtsfähigkeit nicht mehr bestehe.[1169] Von der h. M. in der Literatur wird das Vorgehen der Finanzverwaltung hingegen abgelehnt.[1170] *Henkel* ist der Ansicht, §§ 1 bis 3 KStG enthielten für grenzüberschreitende Gesellschaften eine Regelungslücke, so dass diese im Wege der Rechtsfortbildung anzuerkennen seien.[1171] Zur Lückenfüllung müsse ein Typenvergleich analog zur beschränkten Steuerpflicht vorgenommen werden. Die Aberkennung der Rechtsfähigkeit als zivilrechtliche Folge der Sitztheorie sei auf das Steuerrecht nicht übertragbar, da die Regelung in § 1 Abs. 1 KStG, die entweder von Sitz oder Geschäftsleitung spreche, Gesellschaften mit Geschäftsführung im Inland anerkennen wolle. Ganz ähnlich argumentiert *Debatin*, der § 1 Abs. 1 KStG auf ausländische Kapitalgesellschaften erweitern will und das Internationale Privatrecht als für das Steuerrecht nicht einschlägig ansieht.[1172] Gestützt werde das durch eine Aussage des BFH, wonach es sich ausschließlich nach deutschem Steuerrecht richte, ob eine rechtsfähige oder nicht rechtsfähige ausländische Gesellschaft der deutschen Körperschaftsteuer unterliege.[1173] Es sei zunächst durch einen Typenvergleich die Frage nach der Steuersubjektivität zu klären, erst auf einer zweiten Stufe sei zu prüfen, ob beschränkte oder unbeschränkte Steuerpflicht vorliege.[1174] Einen anderen Weg geht *Wassermeyer*, der die Verwaltungssitzverlegung aufgrund Unmöglichkeit nicht anerkennen will und allenfalls eine inländische Betriebstätte annimmt. Damit wären grenzüberschreitende Kapitalgesellschaften lediglich beschränkt körperschaftsteuerpflichtig.[1175] Nach Ansicht von *Buyer* bleibe die Gesellschaft als ausländische Kapitalgesellschaft Inhaber des Vermögens. Daher könnten die Einkünfte, die ja auf diesem Vermögen beruhen, nicht den Gesellschaftern zugerechnet werden, woraus sich zwingend eine Körperschaftsteuerpflicht ergebe.[1176] Die grenzüberschreitende Kapitalgesellschaft sei mit einer inländischen Kapitalgesellschaft, die trotz noch vorhandenen Vermögens fälschlicherweise bereits aus dem Handelsregister gelöscht wurde, vergleichbar.

[1167] Vgl. hierzu Kapitel 1 D III.

[1168] Beispielsweise *Oppermann* DB 1988, 1469; *Henkel* RIW 1991, 565; *Debatin* BB 1988, 1155 sowie BB 1990, 1457; *Wassermeyer* DB 1990, 244; *Buyer* DB 1990, 1682; *Eppler* DB 1991, 1949; *Piltz* FR 1990, 608; *Knobbe-Keuk* StuW 1990, 372.

[1169] DB 1988, 1469 bzw. FR 1985, 466.

[1170] *Hausmann/Raupach*, Steuergestaltung durch doppelt ansässige Gesellschaften S. 71; *Kluge*, Das deutsche Internationales Steuerrecht S. 94; *Henkel* RIW 1991, 565, 569; *Knobbe-Keuk* StuW 1990, 372, 376; *Debatin* BB 1988, 1155, 1157 sowie BB 1990, 1457, 1459; *Buyer* DB 1990, 1682, 1692; *Wassermeyer* in Widmann, Besteuerung der GmbH S. 83, 91.

[1171] *Henkel* RIW 1991, 565, 569; *Knobbe-Keuk* StuW 1990, 372, 376.

[1172] BB 1988, 1155, 1157; BB 1990, 1457, 1459; ähnlich auch *Eppler* DB 1991, 1949, 1950.

[1173] BFH vom 17.07.1968 DB 1968, 1694, 1695 .

[1174] *Debatin* BB 1988, 1155, 1158.

[1175] DB 1990, 244, 245.

[1176] *Buyer* DB 1990, 1682, 1692; ähnlich auch *Wassermeyer* in Widmann, Besteuerung der GmbH S. 83, 91.

Ein solches Rechtsgebilde könne nur ein Zweckvermögen nach § 1 Abs. 1 Nr. 5 KStG darstellen.

Erneut entfacht wurde die Diskussion durch das Urteil vom 23.06.1992, mit dem sich der BFH erstmals explizit zu dieser Problematik geäußert hat.[1177] Ganz überwiegend wird der Auffassung der Rechtsprechung insoweit gefolgt, als diese eine Körperschaftsteuersubjektivität grenzüberschreitender Kapitalgesellschaften bejaht. Kritisiert wird allerdings die Heranziehung von § 1 Abs. 1 Nr. 5 KStG anstelle von § 1 Abs. 1 Nr. 1 KStG.[1178] Diese Unterscheidung sei durchaus relevant, da nach dem Vorgehen der Rechtsprechung die internationalen Schachtelprivilegien für Kapitalgesellschaften keine Anwendung fänden und die Gesellschaft nicht per se auch gewerbesteuerpflichtig sei. § 23 Abs. 2 S. 1 KStG (a. F.) würde für die grenzüberschreitende Gesellschaft keine Anwendung finden, sie fiele unter § 43 KStG (a. F.). Auch könnte die grenzüberschreitende Gesellschaft als unbeschränkt steuerpflichtige Kapitalgesellschaft nicht gemäß § 8 Abs. 2 KStG zum Führen von Büchern verpflichtet sein.[1179] Die Gesellschafter könnten keine Dividende nach § 20 Abs. 1 Nr. 1 EStG erzielen. Der Veräußerungs- und Liquidationserlös sei nicht gemäß § 17 EStG steuerpflichtig.[1180] Die Stimmen, die eine Besteuerung grenzüberschreitender Kapitalgesellschaften nach § 1 Abs. 1 Nr. 1 KStG fordern, greifen zur weiteren Begründung auf die bereits genannten Argumente zurück.

Ebenroth/Auer[1181] kommen hingegen zu einer Besteuerung der Gesellschafter nach dem EStG. Da für das ausländische Gebilde kein Tatbestand des § 1 Nr. 1 bis 6 KStG in Frage käme, sei auf § 3 Abs. 1 KStG zurückzugreifen und ein Typenvergleich durchzuführen. Die im Inland tätigen Gesellschafter seien nach der tatsächlichen Ausgestaltung als GbR einzuordnen. Auch *Herz*[1182] befürwortet eine Einordnung anhand der inländischen Struktur. Die grenzüberschreitende Gesellschaft sei mit der inländischen Gesellschaft wesentlich enger verknüpft, als mit der ausländischen Gesellschaft, da die Gesellschaften im Ergebnis auf der gleichen zivilrechtlichen Grundlage basierten.[1183] Damit müssten die gesellschaftsrechtlichen Folgen, die sich aus der Anwendung des Internationalen Privatrechts ergäben, Berücksichtigung finden. *Herz* sieht mit Verweis auf die Besteuerung kapitalistisch strukturierter Personengesellschaften jedoch als allein ausschlaggebendes Kriterium für die Einordnung grenzüberschreitender Gesellschaften die Rechtsfähigkeit an.[1184] Da diese aufgrund des Internationalen Privatrechts zu versagen sei, seien grenzüberschreitende Gesellschaften wie Personengesellschaften zu besteuern. Lediglich für grenzüberschreitende Kapitalgesellschaften, bei denen alle Gesellschafter geringe Beteiligungen halten, solle eine Einordnung als Körper-

---

[1177] DB 1992, 2067.
[1178] *Wassermeyer* IStR 1992, 27; *Knobbe-Keuk* DB 1992, 2069, 2070; *Großfeld/Luttermann* IPRax 1993, 229.
[1179] *Knobbe-Keuk*, Anmerkung zu BFH vom 23.06.1992 DB 1992, 2071.
[1180] So Wassermeyer in Widmann, Besteuerung der GmbH S. 83, 87.
[1181] RIW 1992, 998, 1005 ff; GmbHR 19994, 16, 24 ff.
[1182] *Herz*, Grenzüberschreitende Kapitalgesellschaften S. 290.
[1183] *Herz*, Grenzüberschreitende Kapitalgesellschaften S. 292.
[1184] *Herz*, Grenzüberschreitende Kapitalgesellschaften S. 311.

schaft angenommen werden, da hier das Steuerrecht von einer fehlenden Mitunternehmerstellung nach § 15 Abs. 1 S. 1 Nr. 2 EStG ausgehe.[1185]

c) Stellungnahme

aa) Eigener Lösungsansatz zur steuerlichen Behandlung grenzüberschreitender Kapitalgesellschaften

In Kapitel 3 wurde dargestellt, dass die Sitztheorie nicht mehr und nicht weniger aussagt, als dass die grenzüberschreitende Kapitalgesellschaft dem Recht des tatsächlichen Verwaltungssitzes unterliegt. Damit stellt sich die Gesellschaft als deutsche OHG, GbR oder als deutscher nichtrechtsfähiger Verein dar.[1186] Bei einer deutschen Gesellschaft ist ein Typenvergleich nicht erforderlich. Die grenzüberschreitende Gesellschaft ist wie jede andere deutsche GbR, OHG bzw. jeder andere nichtrechtsfähige deutscher Verein zu besteuern. Es stellt sich lediglich die zivilrechtliche Abgrenzungsfrage, ob ein deutscher nichtrechtsfähiger Verein oder eine deutsche Personengesellschaft vorliegt.[1187]

An dieser Stelle soll eine Frage von *Wassermeyer* aufgegriffen werden, die von ihm zu Beginn der Diskussion über die steuerliche Einordnung grenzüberschreitender Kapitalgesellschaften aufgeworfen wurde: „Kann eine ausländische Kapitalgesellschaft im Inland unbeschränkt steuerpflichtig sein?"[1188] Diese Frage ist auch nach hier vertretener Ansicht zu bejahen. Offensichtlich gilt dies nicht für die eben dargestellte Konstellation. Hat die grenzüberschreitende Gesellschaft ihren Verwaltungssitz in Deutschland, so handelt es sich bei Anwendung der Sitztheorie um keine ausländische Gesellschaft mehr, denn sie unterliegt deutschem Recht. Etwas anderes gilt aber für den Fall, dass eine Gesellschaft nach deutschem Recht gegründet wird und ihren Verwaltungssitz in das Ausland verlegt.[1189] Nach h. M. wird mit der Sitzverlegung konkludent ein Auflösungsbeschluss gefasst, womit die deutsche Gesellschaft zu liquidieren ist.[1190] Damit würde es sich um eine *deutsche* Gesellschaft in Liquidation handeln, die neben der im Ausland tätigen Gesellschaft existiert und bis zur Vollbeendigung körperschaftssteuerpflichtig sein kann.[1191] Nach hier vertretener Ansicht wird die Gesellschaft identitätswahrend in eine ausländische Gesellschaft umgewandelt, sobald sie aufgrund Sitzverlegung dem ausländischen Recht untersteht.[1192] Damit tritt die Beendigung nicht erst durch Abschluss der Liquidation, sondern mit Übergang des Vermögens auf die neue Gesellschaft ein.[1193] Die Eintragung im Handelsregister ist zu löschen. Bis zur Löschung kann die nunmehr ausländische Gesellschaft aufgrund ihres Satzungssitzes in Deutschland als ausländische Gesellschaft unbeschränkt steuerpflichtig sein, vorausgesetzt, der neue Heimatstaat unterwirft sie einer Rechtsform, die einer deutschen Körperschaft entspricht.[1194] Somit läuft die doppelte Anknüpfung in § 1 Abs. 1 KStG – Satzungssitz *oder* Geschäftsleitung – auch nach hier vertretener Ansicht nicht leer.

[1185] *Herz*, Grenzüberschreitende Kapitalgesellschaften S. 339 f.

[1186] Kapitel 3 C I, vgl. zum nichtrechtsfähigen Verein insb. Kapitel 3 C I c).

[1187] Wie hier die Abgrenzung zu erfolgen hat, wurde oben (Kapitel 2 C I bzw. Kapitel 4 B II 3) bereits ausführlich dargestellt. Zur Beurteilung der rechtlichen Verhältnisse der nunmehr deutschen Gesellschaft sei auf die Ausführungen in Kapitel 3 C II bis VI verwiesen.

[1188] *Wassermeyer* DB 1990, 244.

[1189] Vgl. hierzu ausführlich *Ebert* NZG 2002, 937, die davon ausgeht, dass die GmbH auch bei Anwendung der Sitztheorie mangels Auflösungsbeschluss fortbesteht.

[1190] *Raiser*, Recht der Kapitalgesellschaften § 22 Rz. 7.

[1191] Vgl. *Graffe* in Dötsch/Eversberg/Jost/Witt, Die Körperschaftsteuer § 1 Rz. 112.

[1192] Hierzu Kapitel 3 C I 3.

[1193] *Raiser*, Recht der Kapitalgesellschaften § 22 Rz. 3.

[1194] Etwas Anderes gilt allerdings, wenn der neue Heimatstaat der Gründungstheorie folgt und damit deutsches Recht Anwendung finden soll. Hierbei handelt es sich um eine nach Internationalem Privatrecht beachtliche (Kapitel 3 B III) Rückverweisung auf deutsches Recht. In diesem Fall muss die Gesellschaft trotz Verlegung des

Wollte man aus steuerpolitischen Gründen eine Körperschaftsteuerpflicht konstruieren, so ginge das nur über eine Trennung von Steuerrecht und Zivilrecht. Man könnte argumentieren, dass aus steuerlicher Sicht die Anwendung der Sitztheorie auf grenzüberschreitende Kapitalgesellschaften mit einer steuerlichen Einordnung als Personengesellschaft – nur selten wird die Rechtsform eines nichtrechtsfähigen Vereins vorliegen – zu unbilligen Ergebnissen führe. Nach *Großfeld* nimmt das Internationale Steuerrecht gegenüber dem Internationalen Privatrecht eine ebenso freie Stellung ein, wie das nationale Steuerrecht gegenüber dem nationalen Zivilrecht.[1195] Es ist daher zu klären, was die konkrete Steuerrechtsnorm will, insbesondere, ob sie bei der Bezugnahme auf Begriffe des Bürgerlichen Rechts das Internationale Privatrecht mit einbezieht.[1196] Wie bereits festgestellt wurde,[1197] ist eine strenge Anknüpfung der §§ 1 bis 3 KStG an das deutsche Zivilrecht erforderlich, um überhaupt eindeutige Ergebnisse zur Einordnung der Gesellschaftsformen in das System der Einkommensbesteuerung erzielen zu können. Diese strenge Anknüpfung muss schon aus Gründen der Gleichbehandlung auch bei internationalen Sachverhalten nach Möglichkeit gewahrt werden.[1198] So geht die Rechtsprechung zu Recht explizit davon aus, dass das Internationale Privatrecht bei der Einordnung ausländischer Gesellschaften Geltung haben soll.[1199] Wollte man zu Zwecken der Besteuerung abweichend von der zivilrechtlichen Beurteilung auf die Gründungstheorie zurückgreifen und die grenzüberschreitenden Gesellschaften in ihrer ausländischen Rechtsform anerkennen, würde man nicht einzelne Normen anders auslegen als im Zivilrecht. Vielmehr würde man ein ganz anderes Recht anwenden.[1200] Bei grenzüberschreitenden Kapitalgesellschaften handelt es sich zivilrechtlich um deutsche Personengesellschaften. Sie unterliegt exakt den gleichen Bestimmungen, wie eine von Beginn an in Deutschland tätige und nach deutschem Recht gegründete Personengesellschaft. Auch der Sinn und Zweck der unterschiedlichen Besteuerung bekräftigt dieses Ergebnis. Das grenzüberschreitende Gebilde ist nicht zur juristischen Person verselbständigt, weshalb eine direkte Erfassung des Gewinns bei den Gesellschaftern möglich ist. Die Verlustverrechnung muss den Gesellschaftern zugebilligt werden, da diese auch persönlich haften. Eine ungleiche Besteuerung kann nicht allein damit gerechtfertigt werden, dass die Gesellschaft zunächst im Ausland gegründet wurde. Zu beachten ist, dass sich die grenzüberschreitende Gesellschaft, da sie ihren Verwaltungssitz im Inland hat, selbst und unmittelbar auf den Gleichheitssatz berufen kann.[1201]

Im Ergebnis können sachgerechte Ergebnisse nur dann erzielt werden, wenn die gesellschaftsrechtlichen Konsequenzen der Sitzverlegung, die sich aus der nach Internationalem Privat-

---

tatsächlichen Verwaltungssitzes in das Ausland auch steuerrechtlich als eine deutsche (Kapital-) Gesellschaft behandelt werden.

[1195] Basisgesellschaften S. 47; *Großfeld/Luttermann* IPRax 1993, 229, 230.

[1196] *Killius*, Personenunternehmen S. 62 f.

[1197] Vgl. den Überblick hierzu in Kapitel 4 B III.

[1198] Vgl. hierzu oben Kapitel 5 B I 6 a).

[1199] BFH vom 17.07.1968 DB 1968, 1694, 1695; BFH vom 23.06.1992 DB 1992, 2067, 2069.

[1200] Darin sehen auch *Ebenroth/Auer* (GmbHR 1994, 16, 27) Probleme.

[1201] Vgl. oben Kapitel 5A I 1 a).

recht anwendbaren Sitztheorie ergeben, auch im Steuerrecht bei der Einordnung grenzüberschreitender Kapitalgesellschaften Berücksichtigung finden.

bb) Steuerliche Behandlung sitzverlegender Personengesellschaften

Auf Personengesellschaften passt der Begriff der grenzüberschreitenden Gesellschaft nicht, soweit dieser Begriff das Auseinanderfallen von Satzungssitz und Verwaltungssitz veranschaulichen soll, da bei diesen Satzungssitz und Verwaltungssitz nicht voneinander getrennt werden können. Personengesellschaften haben nur einen Sitz, nämlich dort, wo sich die Geschäftsleitung befindet.[1202] Verlegt eine Personengesellschaft den Sitz ihrer Geschäftsleitung in das Inland, so unterliegt sie nach der Sitztheorie deutschem Recht. Auch hier ist damit ein Typenvergleich nicht erforderlich. Es stellt aber wieder die gesellschaftsrechtliche Frage, ob es sich bei der nunmehr deutschen Gesellschaft um eine Personengesellschaft oder – was selten der Fall sein wird – um einen nichtrechtsfähigen Verein handelt.

cc) Kritik an dem Vorgehen der Rechtsprechung

Die Ansicht der Finanzrechtsprechung ist im Ergebnis abzulehnen. Im Rahmen der Einordnung grenzüberschreitender Gesellschaften leitet der BFH – ebenso wie der BGH – in seiner bisherigen Rechtsprechung aus der Sitztheorie nur ab, dass der grenzüberschreitenden Gesellschaft die Rechtsfähigkeit abzuerkennen sei. Ansonsten wird die Gesellschaft so behandelt, als würde sie in Deutschland nicht existieren, wohl aber im Heimatstaat; zumindest wird beim Typenvergleich die Rechtslage im Heimatstaat zu Grunde gelegt. Eine derartige zivilrechtliche Betrachtung ist dogmatisch kaum zu begründen.[1203] Sie kann allenfalls als reine Sanktionstheorie gerechtfertigt werden.

Aber auch für den Fall, dass man die zivilrechtliche Beurteilung der grenzüberschreitenden Gesellschaft durch den BFH so hinnehmen wollte, bleibt das weitere Vorgehen des BFH auch aus rein steuerlicher Sicht unklar. Der Katalog in § 1 Abs. 1 KStG ist nach der Rechtsprechung abschließend. Liegt eine der genannten Gesellschaftsformen real vor, ist das Rechtssubjekt körperschaftsteuerpflichtig, ansonsten nicht. Die grenzüberschreitende Gesellschaft als zivilrechtliches Gebilde, wie es die Rechtsprechung sieht – also ein nichtrechtsfähiges Gebilde, das aus deutscher Sicht nicht existiert, im Heimatstaat aber besteht – gibt es offensichtlich weder im deutschen Recht, noch im Recht des Heimatstaates. Denn hier werden zwei Rechtsordnungen miteinander vermischt. Damit kann die grenzüberschreitende Gesell-

---

[1202] Vgl. insgesamt zu den gesellschaftsrechtlichen Folgen der Sitzverlegung von Personengesellschaften Kapitel 3 D.

[1203] Vgl. hierzu ausführlich Kapitel 3.

schaft definitiv keine der in § 1 Abs. 1 KStG genannten Gesellschaften sein, auch nicht ein inländischer oder ausländischer nichtrechtsfähiger Verein.[1204]

Für die Einordnung grenzüberschreitender Kapitalgesellschaften bleiben zwei Möglichkeiten. Entweder, man wendet § 3 Abs. 1 KStG an und betrachtet das Gebilde als nichtrechtsfähige Personenvereinigung. § 3 Abs. 1 KStG kann durchaus als eigener Steuertatbestand und nicht lediglich als eine Konkretisierung von § 1 Abs. 1 Nr. 5 KStG verstanden werden.[1205] Unter den vagen Begriff der nichtrechtsfähigen Personenvereinigung kann man das Gebilde, wie es die Rechtsprechung sieht, u. U. noch fassen. Dann unterliegt es der Körperschaftsteuer, soweit es nicht wie eine Personengesellschaft zu besteuern ist. Ob das der Fall ist, kann über einen Typenvergleich festgestellt werden. Die andere Möglichkeit ist, § 1 Abs. 1 KStG auf vergleichbare, im Ausland gegründete Gesellschaftsformen zu erweitern. Auch hier wäre dann ein Typenvergleich notwendig. Voraussetzung für die analoge Anwendung der § 1 Abs. 1 Nr. 1 bis 6 KStG auf ausländische vergleichbare Gesellschaftsformen wäre dann allerdings das Vorliegen einer planwidrigen Regelungslücke.[1206] Das Ergebnis, zu dem die Rechtsprechung kommt, lässt sich über beide Wege erreichen.

Die Rechtsprechung ist allerdings keinen dieser Wege konsequent gegangen, sondern hat den Anknüpfungspunkt für den Typenvergleich unklar gelassen. Die Nennung von § 1 Abs. 1 Nr. 5 i. V. m. § 3 KStG als Anknüpfungsnorm für die Besteuerung hat die Verwirrung nur vergrößert.

In erstem Fall ergibt sich eine Körperschaftsteuerpflicht aus § 3 Abs. 1 KStG, wobei unerheblich ist, ob der Typenvergleich trotz fehlender Rechtsfähigkeit zu einer Vergleichbarkeit mit einer Kapitalgesellschaft oder mit einem nichtrechtsfähigen Verein führt.[1207] In der zweiten Variante wird diese Frage jedoch relevant. Wird die Rechtsfähigkeit als zwingende Voraussetzung für die Vergleichbarkeit mit einer GmbH, AG oder KGaA gesehen, kommt nur eine

[1204] Abgesehen davon ist zweifelhaft, ob auch ausländische nichtrechtsfähige Vereine von § 1 Abs. 1 Nr. 5 KStG überhaupt erfasst werden können. In der Literatur wird das größtenteils bejaht (Frotscher in Frotscher/Maas, Körperschaftsteuergesetz/Umwandlungssteuergesetz § 1 Rz. 41; Bornheim in Herrmann/Heuer/Raupach, Einkommensteuer- und Körperschaftsteuergesetz § 2 KStG Rz. 24), die Rechtsprechung hat es teilweise offen gelassen, aber auch schon ausdrücklich abgelehnt (vgl. BFH vom 25.06.1984 BStBl II 1984, 84; genauer oben Kapitel 4 B II 2 a)).

[1205] Vgl. Ausführungen in Kapitel 4 C II.

[1206] Ob ein solche hier vorliegt, erscheint fraglich, s. sogleich.

[1207] Indes ist beides zweifelhaft. Denn auch bei diesem Vergleich ist das Rechtsgebilde so zu sehen, wie es gesellschaftsrechtlich betrachtet wird, also als ausländische Kapitalgesellschaft ohne Rechtsfähigkeit. Dass ein Gebilde ohne die Möglichkeit, Träger von Rechten und Pflichten zu sein, überhaupt noch als Körperschaft angesehen werden kann, ist kaum denkbar (vgl. hierzu oben Kapitel 5 B I 7 a. E.).

Körperschaftsteuerpflicht nach § 1 Abs. 1 Nr. 5 KStG analog in Betracht.[1208] Ansonsten begründet sich die Körperschaftsteuerpflicht auf § 1 Abs. 1 Nr. 1 KStG analog.[1209]

Diese Mutmaßungen über die dogmatische Herleitung der Ansicht der Rechtsprechung sollen nicht der Verteidigung dieser Rechtsprechung dienen. Vielmehr sollen sie zum Ausdruck bringen, dass die „Nichtanerkennungstheorie", die der BFH vom BGH übernommen hat, im Steuerrecht dazu führt, dass kaum ein tragfähiges Ergebnis gefunden werden kann. Denn die Nichtanerkennung bringt Rechtsfolgen mit sich, die der gesellschaftsrechtlichen Situation weder aus deutscher Sicht, noch aus Sicht des Heimatstaates entsprechen. Das Steuerrecht muss an eine völlig unklare zivilrechtliche Situation anknüpfen. Angesichts der Tatsache, dass der BGH kürzlich eine grenzüberschreitende Kapitalgesellschaft als deutsche GbR anerkannt hat,[1210] wird der BFH – möchte er an der strengen Rechtsformabhängigkeit festhalten – den gleichen Schritt gehen und die grenzüberschreitende Gesellschaft auch steuerlich als deutsche Gesellschaftsform behandeln.

dd) Stellungnahmen zu den Lösungsvorschlägen in der Literatur

Mit der im Vordringen befindlichen Ansicht zu den gesellschaftsrechtlichen Folgen der Sitztheorie, wie sie hier vertreten wird, hat sich die steuerrechtliche Literatur bisher nicht auseinandergesetzt. Teilweise wird die vollständige Aufgabe der Sitztheorie gerade in Bezug auf die steuerliche Einordnung ausländischer Gesellschaften vehement gefordert.[1211] Überwiegend nimmt die Literatur die vermeintlichen Folgen der Sitztheorie, wie sie von der bisherigen Rechtsprechung vorgegeben wurden, hin und versucht, diese steuerrechtlich umzusetzen.

Anders als die Rechtsprechung, die ihr Vorgehen als logische Folge der Vorgaben des Internationalen Privatrechts betrachtet, wird in der Literatur immer wieder betont, dass die Rechtsprechung gerade bei der Einordnung grenzüberschreitender Gesellschaften die steuerliche Betrachtung vom Zivilrecht löse.[1212] Der Grundsatz der rechtsformabhängigen Besteuerung werde durchbrochen. Durch den Typenvergleich werde in Abweichung von der zivilrechtlichen Nichtanerkennung der Gesellschaft eine eigene steuerliche Würdigung vorgenommen.[1213] Dass der Typenvergleich grundsätzlich der strengen Rechtsformabhängigkeit gerade gerecht wird, anstatt zu einer eigenen steuerlichen Wertung zu führen, wurde oben bereits dargestellt.[1214] Für grenzüberschreitende Kapi-

---

[1208] Die Rechtsprechung stellt bei dem Typenvergleich inkonsequenterweise nur noch abstrakt auf die Vergleichbarkeit der ausländischen Rechtsform mit einer inländischen Kapitalgesellschaft ab, wobei die im Heimatstaat verliehene Rechtsfähigkeit zu berücksichtigen sei (BFH vom 23.06.1992 DB 1992, 2967). Die aufgrund Anwendung der Sitztheorie verlorene Rechtsfähigkeit spielt damit beim Typenvergleich nach der Rechtsprechung keine Rolle mehr. In diesem zweiten Prüfungsschritt wird das Internationale Privatrecht im Ergebnis von der Rechtsprechung ignoriert.

[1209] Eine Einordnung als Kapitalgesellschaft gem. § 1 Abs. 1 Nr. 1 KStG wird von der Rechtsprechung nicht aufgrund fehlender Rechtsfähigkeit abgelehnt, sondern weil der Katalog des § 1 Abs. 1 Nr. 1 KStG als abschließend angesehen wird.

[1210] BFH vom 01.07.2002 DStR 2002, 1678 vgl. Kapitel 3 C I 1.

[1211] *Bornheim* in Herrmann/Heuer/Raupach Einkommensteuer- und Körperschaftsteuergesetz § 2 KStG Rz. 26; *Knobbe-Keuk* StuW 1990, 372, 374.

[1212] *Herz*, Grenzüberschreitende Kapitalgesellschaften S. 243 ff; *Deininger*, Verlegung des Hauptverwaltungssitzes S. 120; in diese Richtung tendieren auch *Großfeld/Luttermann* IPRax 1993, 229, 239.

[1213] *Ebenroth/Auer* RIW 1992, 998, 1003; noch deutlicher *Ebenroth/Auer* GmbHR 1994, 16, 26.

[1214] Kapitel 5 B I 2 a).

talgesellschaften gilt – zumindest für den Weg, den die Rechtsprechung geht – dasselbe. Da es sich bei dem ausländischen Gebilde, wie es die Rechtsprechung sieht, um keine der in § 1 Abs. 1 Nr. 1 bis 6 KStG genannten Rechtsformen tatsächlich handelt, kann schon gar nicht streng an die Rechtsform angeknüpft werden. Eine rechtsformabhängige Besteuerung ausländischer Gesellschaften erreicht man in solchen Fällen am ehesten dann, wenn man das Gebilde so besteuert, wie die ihr am nähesten kommende deutsche Rechtsform.[1215] Ob das Gebilde rechtsfähig ist, muss sich dabei nach der Sicht des deutschen Zivilrechts richten, worauf das Internationale Privatrecht Einfluss hat. Wenn die Rechtsfähigkeit nun aufgrund der strengen Anknüpfung an das Zivilrecht fehlen soll, ist im nächsten Schritt zu berücksichtigen, dass im Rahmen des Typenvergleichs die Rechtsfähigkeit nur ein Merkmal von vielen ist. Damit ist es entgegen einiger Stimmen in der Literatur[1216] auch konsequent, wenn die Rechtsprechung zwar eine Besteuerung nach § 1 Abs. 1 Nr. 1 KStG aufgrund der strengen Rechtsformabhängigkeit ablehnt, § 3 Abs. 1 KStG (nicht jedoch § 1 Abs. 1 Nr. 5 KStG) als Auffangtatbestand für sonstige Personenvereinigungen, die einer Körperschaft entsprechen, bejaht.[1217]

Die Ansicht in der Literatur, die der früheren Auffassung der Finanzverwaltung folgt und allein aufgrund der aberkannten Rechtsfähigkeit eine Körperschaftsteuerpflicht verneinen will, ist abzulehnen. Denn auch nichtrechtsfähige Gebilde können sowohl bei nationalen als auch internationalen Sachverhalten durchaus körperschaftsteuerpflichtig sein.

Die h. M. möchte § 1 Abs. 1 Nr. 1 KStG auf grenzüberschreitende Kapitalgesellschaften anwenden.[1218] Auch diese Ansicht ist schon allein deshalb abzulehnen, weil es sich bei richtiger Interpretation der Sitztheorie bei grenzüberschreitenden Kapitalgesellschaften regelmäßig um real existierende deutsche Gesellschaften in der Rechtsform OHG, GbR oder nichtrechtsfähiger Verein handelt. Aber auch wenn man die zivilrechtliche Betrachtung der Rechtsprechung zu den grenzüberschreitenden Kapitalgesellschaften zu Grunde legt, bestehen gegen diese Auffassung der h. M. erhebliche Bedenken. Voraussetzung für eine Anwendbarkeit von § 1 Abs. 1 Nr. 1 KStG ist zunächst, dass die Aufzählung der in § 1 Abs. 1 Nr. 1 KStG genannten Körperschaften nicht als abschließend anzusehen ist.[1219] Nach dem klaren Wortlaut sind nur die deutsche AG, KGaA und GmbH von der Regelung erfasst, weshalb allenfalls eine analoge Anwendung der Norm auf „ausländische Gesellschaften" in Frage kommt. Eine Analogie ist jedoch nur bei Vorliegen einer planwidrigen Regelungslücke denkbar. Der Gesetzgeber müsste übersehen haben, dass auch für ausländische Gesellschaftsformen eine unbeschränkte Steuerpflicht nach § 1 KStG in Betracht kommen kann. Nichtrechtsfähige ausländische Gebilde sind jedoch von § 1 Abs. 1 Nr. 5 KStG bzw. – falls § 1 Abs. 1 Nr. 5 KStG nur auf inländische Personenvereinigungen Anwendung finden sollte[1220] – von § 3 Abs. 1 KStG erfasst.[1221] Ausländische juristische Personen könnten unter § 1 Abs. 1 Nr. 4 KStG fallen.[1222] Da für juristi-

[1215] Vgl. zur parallelen Problematik schon oben Kapitel 5 B I 2 a).
[1216] *Ebenroth/Auer* RIW 1992, 998, 1005.
[1217] Vgl. hierzu bereits eben Kapitel 5 B III 1 c).
[1218] *Henkel* RIW 1991, 565, 569; *Knobbe-Keuk* StuW 1990, 372, 376; *Debatin* BB 1988, 1155, 1157; BB 1990, 1457, 1459; *Eppler* DB 1991, 1949, 1950; *Schmidt/Sedemund* DStR 1999, 2057, 2063.
[1219] So jedoch die ständige Rechtsprechung zu nationalen und internationalen Sachverhalten, beispielsweise BFH vom 25.06.1984 BStBl II 1984, 84; BFH vom 23.06.1992 DB 1992, 2067.
[1220] Vgl. hierzu soeben Fn. 1204.
[1221] Es ist fraglich, ob auch ausländische nichtrechtsfähige Vereine unter § 1 Abs. 1 Nr. 5 KStG subsumierbar sind. Von der Rechtsprechung wurde das schon abgelehnt (BFH vom 25.06.1984 BStBl II 1984, 84; vgl. auch BFH vom 17.04.1996 BFH NV 1998, 116 dazu näher oben Kapitel 4 B II 2 a)). Aber jedenfalls der Auffangtatbestand des § 3 Abs. 1 KStG ist einschlägig.
[1222] Vgl. hierzu gleich noch Kapitel 5 B III 2 b).

sche Personen der Auffangtatbestand des § 3 Abs. 1 KStG, der nur von nichtrechtsfähigen Personenvereinigungen spricht, nicht greifen kann, ist entscheidend, ob § 1 Abs. 1 Nr. 4 KStG generell nur für inländische oder auch für ausländische juristische Personen gelten kann. Letzteres muss angenommen werden, da alle existierenden deutschen juristischen Personen in den übrigen Tatbeständen des § 1 Abs. 1 KStG explizit genannt sind und § 1 Abs. 1 Nr. 4 KStG ansonsten überflüssig wäre.[1223] Im Ergebnis besteht daher keine Regelungslücke, weshalb eine analoge Anwendung des § 1 Abs. 1 Nr. 1 KStG auf grenzüberschreitende Kapitalgesellschaften ausscheiden muss. Soweit eine Anwendung des § 1 Abs. 1 Nr. 1 KStG mit der Begründung gefordert wird, dass ansonsten ausländischen Kapitalgesellschaften der Zugang zu speziell auf Kapitalgesellschaften anwendbare Vorschriften des EStG und KStG verbaut sei, ist festzuhalten, dass viele der angeführten Probleme aufgrund der Unternehmenssteuerreform[1224] überholt sind.[1225] Für § 20 Abs. 1 Nr. 1 und § 17 Abs. 1 EStG sowie § 2 Abs. 2 S. 1 GewStG ist ohnehin gesondert zu prüfen, ob diese Normen nicht auch auf grenzüberschreitende Kapitalgesellschaften Anwendung finden müssen.[1226] Hier kann durchaus eine gegenüber § 1 KStG abweichende Betrachtung erfolgen, da die strenge Anknüpfung an das Zivilrecht von der Rechtsprechung aus Gründen der Rechtssicherheit gerade nur für § 1 KStG gefordert wird.[1227] Jedenfalls kann aber § 1 Abs. 1 Nr. 1 KStG nicht allein deshalb im Wege einer Analogie erweitert werden, weil die Rechtsfolgen der tatsächlich einschlägigen Norm als ungünstig angesehen werden.

Daneben bereitet die Einordnung grenzüberschreitender Gesellschaften als Kapitalgesellschaft gemäß § 1 Abs. 1 Nr. 1 KStG auch deshalb Schwierigkeiten, weil diesen nach der Sitztheorie keine Rechtsfähigkeit zukommen soll. Auch wenn immer wieder betont werden muss, dass die Rechtsfähigkeit für den Fall, dass ein Typenvergleich durchgeführt wird, nur ein Merkmal unter vielen ist, bestehen doch erhebliche Zweifel daran, eine nicht einmal teilrechtsfähige Gesellschaft noch als mit einer Kapitalgesellschaft vergleichbar anzusehen.[1228] Diesem Problem wird in der Literatur mit der Behauptung begegnet, das Internationale Privatrecht sei im Steuerrecht nicht ausschlaggebend.[1229] Denn nach der Rechtsprechung würde sich die Einordnung ausländischer Gesellschaften an den leitenden Gedanken des deutschen Steuerrechts orientieren. Diesem Argument ist entgegenzuhalten, dass ein leitender Gedanke des deutschen Steuerrechts gerade in der strengen Anknüpfung an das Zivilrecht – welches durch das deut-

[1223] Von einer Anwendbarkeit auf ausländische Gesellschaften gehen auch *Frotscher* (in Frotscher/Maas, Körperschaftsteuergesetz/Umwandlungssteuergesetz § 1 Rz. 41) und *Bronheim* (in Herrmann/Heuer/Raupach, Einkommensteuer- und Körperschaftsteuergesetz § 2 KStG Rz. 24) aus.
[1224] Vgl. Gesetz zur Senkung der Steuersätze und zur Reform der Unternehmensbesteuerung (StSenkG) vom 23.10.2000 BGBl I 2000, 1433.
[1225] Vgl. zu § 8 b Abs. 1 und 2 KStG sogleich Kapitel 5 B III 2 a).
[1226] Vgl. hierzu auch *Ebenroth/Auer* RIW 1992, 998, 1010.
[1227] Bzgl. § 2 GewStG und §§ 17, 20 EStG steht zumindest fest, dass der Tatbestand grundsätzlich auf ausländische Gesellschaften zu erweitern ist (vgl. Kapitel 1 D I).
[1228] Kapitel 5 B I 7 a. E.
[1229] *Großfeld/Luttermann* IPRax 1993, 229, 230; *Henkel* RIW 1991, 565; *Debatin* BB 1988, 1155 sowie BB 1990, 1457.

sche Internationale Privatrecht konkretisiert wird – besteht. Der Typenvergleich dient dazu, dieser Vorgabe Rechnung zu tragen. Abgesehen davon hat der BFH sogar in der zur Begründung der Unabhängigkeit des Steuerrechts vom Internationalen Privatrecht herangezogen Entscheidung ausdrücklich betont, dass die Grundsätze des Internationalen Privatrechts Anwendung finden müssten.[1230] Auch kann die Anwendung der Gründungstheorie auf grenzüberschreitende Kapitalgesellschaften nicht allein damit begründet werden, dass die wahlweise Anknüpfung an den Satzungssitz oder Verwaltungssitz in § 1 Abs. 1 KStG leer laufen würde, wenn grenzüberschreitende Kapitalgesellschaften nicht anerkannt würden. Denn die doppelte Anknüpfung bezieht sich nicht allein auf § 1 Abs. 1 Nr. 1 KStG, sondern auch auf § 1 Abs. 1 Nr. 5 KStG, unter den zumindest von der Rechtsprechung auch „nicht anerkannte" grenzüberschreitende Gesellschaften subsumiert werden. Schließlich kann der Ansatz der h. M. auch hinsichtlich der Rechtsfolgen nicht überzeugen. Das Internationale Privatrecht gibt vor, wie ein ausländisches Rechtsgebilde in Deutschland zivilrechtlich behandelt wird. Grenzüberschreitende und damit unbeschränkt steuerpflichtige Gesellschaften werden zivilrechtlich definitiv anders behandelt, als beschränkt steuerpflichtige ausländische Gesellschaften. Das Internationale Privatrecht kann schon aus diesem Grund im Steuerrecht nicht ignoriert werden.[1231] Folglich kann der von *Debatin*[1232] vorgeschlagene Weg, zunächst einen Typenvergleich durchzuführen und erst danach festzustellen, ob beschränkte oder unbeschränkte Steuerpflicht besteht, nicht überzeugen.

Auch die übrigen Lösungsvorschläge in der Literatur zur Einordnung grenzüberschreitender Gesellschaften sind mit der gesellschaftsrechtlichen Situation nicht vereinbar. Der von *Wassermeyer* vertretene Ansatz wurde in Literatur und Rechtsprechung aufgrund des klaren Widerspruchs zum Begriffs der Geschäftsleitung nach § 10 AO abgelehnt.[1233] *Wassermeyer* vertritt inzwischen selbst die Ansicht, grenzüberschreitende Kapitalgesellschaften seien nach § 1 Abs. 1 Nr. 1 KStG unbeschränkt körperschaftsteuerpflichtig.[1234] Auch die Ansicht von *Buyer* ist im Ergebnis abzulehnen. Wie in Kapitel 3[1235] ausgeführt, handelt es sich bei einer grenzüberschreitenden Gesellschaft um eine echte deutsche Gesellschaft und nicht um ein Gebilde,

[1230] BFH vom 17.07.1968 DB 1968, 1694, 1695. Diese Entscheidung kann nicht dahin verstanden werden, dass zwar Internationales Privatrecht gelte, aber von den leitenden Gedanken des deutschen Steuerrechts verdrängt werde (so aber *Eppler* DB 1991, 1949). Denn das Steuerrecht knüpft an die zivilrechtliche Situation an, die sich bei ausländischen Gesellschaften nach dem Internationalen Privatrecht bestimmt. Zu Verwirrungen kommt es häufig deshalb, weil in der Literatur immer wieder übersehen wird, dass die Einordnung ausländischer Gesellschaften als Körperschaftsteuersubjekt nicht allein von der Zivilrechtsfähigkeit abhängig ist, die sich aus dem Internationalen Steuerrecht ergibt (vgl. hierzu schon Kapitel 5 B I 2 a) sowie III 1 c) dd)).

[1231] Zu den Bedenken gegen eine – vom Gesellschaftsrecht abweichende – Nichtanwendung der Sitztheorie im Steuerrecht s. soeben Kapitel 5 B III 1 c).

[1232] *Debatin* BB 1988, 1155, 1158.

[1233] Beispielsweise *Debatin* BB 1990, 1457, 1459; *Meilicke*, RIW 1990, 452; *Knobbe-Keuk* StuW 1990, 372, 375.

[1234] In Widmann, Besteuerung der GmbH S. 83, 89.

[1235] Dort Punk C I.

das einer fälschlicherweise gelöschten Kapitalgesellschaft vergleichbar wäre.[1236] Außerdem verkennt diese Ansicht, dass eine Personengesellschaft nach inzwischen unbestrittener Ansicht selbst Trägerin von Rechten und Pflichten und damit auch Trägerin des Vermögens sein kann.[1237]

Ebenroth/Auer kommen im Ergebnis zu der auch hier vertretenen Ansicht. Nur erreichen sie dieses Ergebnis im Rahmen eines Typenvergleichs. Wenn es sich um eine inländische GbR handelt, ist ein Typenvergleich aber gerade nicht erforderlich. *Ebenroth/Auer* legen ihren Ausführungen die Ansicht der Rechtsprechung zu den Folgen der Sitztheorie zu Grunde; dann steht die grenzüberschreitende Gesellschaft in Deutschland als ausländisches Gebilde im Raum. Berücksichtigt man dies bei einem Typenvergleich auf Grundlage von § 3 Abs. 1 KStG, muss nach der Rechtsprechung die gesetzliche Struktur im Heimatstaat als Grundlage dienen. *Ebenroth/Auer*[1238] stellen entgegen der Rechtsprechung beim Typenvergleich nicht auf die Gesetzeslage im Heimatstaat, sondern auf die konkrete Ausgestaltung im Gesellschaftsvertrag ab.

Herz kommt mit seinen Ausführungen dem hier vertretenen Ergebnis nahe. Obwohl er die grenzüberschreitende Gesellschaft als deutsche Gesellschaft sieht, führt er diesen Gedanken allerdings nicht konsequent zu Ende. So führt *Herz* aus, dass die tatsächliche Struktur der Gesellschaft für die Einstufung in das System der Besteuerung keine Rolle spiele, was er mit dem Beispiel kapitalistischer Personengesellschaften belegt.[1239] Deshalb prüft er nicht nach zivilrechtlichen Grundsätzen, ob die konkrete Gesellschaft, wie sie in Deutschland auftritt, eine GbR, eine OHG oder ein nichtrechtsfähiger Verein ist, sondern nimmt eine rein steuerliche Betrachtung anhand von § 15 Abs. 1 S. 1 Nr. 2 EStG, § 3 Abs. 1 KStG vor.

Damit kann keiner der vorgebrachten Lösungsvorschläge in der Literatur umfassend überzeugen.[1240] Allein *Herz* folgt zumindest im Ansatz der Ansicht, dass es sich bei grenzüberschreitenden Gesellschaften um real existierende deutsche Rechtsformen handelt. Alle übrigen Ansätze bringen deutlich zum Ausdruck, dass die „Nichtanerkennungstheorie“ der Rechtsprechung zu nicht handhaben Verwirrungen führt, die eine dogmatisch saubere steuerliche Einordnung grenzüberschreitender Gesellschaften schlichtweg unmöglich machen.

[1236] Zum Argument der Enteignung vgl. hier vorgeschlagener Weg über eine identitätswahrende Umwandlung Kapitel 3 C I 3.
[1237] Vgl. Ausführungen in Kapitel 2 D II 2.
[1238] RIW 1992, 998 sowie GmbHR 1994, 16, 26.
[1239] *Herz*, Grenzüberschreitende Gesellschaften S. 337.
[1240] Allein *Meilicke* folgt dem Ergebnis der hier vertretenen Ansicht, allerdings ohne die Einordnungsfrage näher zu diskutieren (GmbHR 2003, 793, 891).

2. (Partielle) Aufgabe der Sitztheorie aufgrund Kollision mit der Niederlassungsfreiheit

Die Centros-Entscheidung des EuGH aus dem Jahr 1999[1241] hat nicht nur im Zivilrecht, sondern auch im Steuerrecht große Beachtung gefunden. Die Aussagekraft dieser Entscheidung im Hinblick auf die Vereinbarkeit der Sitztheorie mit der Niederlassungsfreiheit wurde auch hier kontrovers diskutiert.[1242] Erneut in die Diskussion gerät die steuerliche Behandlung grenzüberschreitender Kapitalgesellschaften durch die Überseering-Entscheidung des EuGH vom 05.11.2002.[1243] Denn für den Fall, dass grenzüberschreitende Kapitalgesellschaften zukünftig nach der Gründungstheorie zu beurteilen sein sollten, ergeben sich auch steuerliche Konsequenzen. Wie weit BGH und BFH zukünftig an der Sitztheorie festhalten werden, bleibt abzuwarten.[1244] Zumindest für die Bestimmung der Rechtsfähigkeit von Gesellschaften mit Satzungssitz in einem EU-Mitgliedstaat kann die Sitztheorie nicht mehr gelten. Die jüngste Entscheidung des BGH vom 01.07.2002[1245] lässt aber ein Festhalten an der Sitztheorie in Drittstaatenfällen vermuten.[1246] Für die Fälle, in denen nach deutschem Internationalem Privatrecht zukünftig vollumfänglich die Gründungstheorie angewendet wird, wäre die grenzüberschreitende Gesellschaft nicht nach deutschem, sondern weiterhin nach ausländischem Zivilrecht zu beurteilen. Für die Einordnung grenzüberschreitender Kapitalgesellschaften stellt sich damit ein völlig neuer Sachverhalt dar, der im Folgenden näher zu behandeln ist.

a) Ansicht in der Literatur

Die steuerlichen Folgen einer möglichen Aufgabe der Sitztheorie wurden in der Literatur teilweise schon im Zusammenhang mit dem Centros-Urteil des EuGH diskutiert. Vereinzelte Stimmen haben sich bereits zu den steuerlichen Konsequenzen der Überseering-Entscheidung geäußert.[1247] So soll nach fast einhelliger Ansicht[1248] für den Fall, dass die grenzüberschrei-

[1241] EuGH Rs C-212/97 Centros Ltd./Erhvervs-og Selskabsstyrelsen JZ 1999, 669 vgl. Kapitel 3 E I.

[1242] Als unvereinbar mit der Niederlassungsfreiheit wird die Sitztheorie von *Sörgel* (DB 1999, 2236), *Eilers/Wienands* (IStR 1999, 289), *Kutt*, Grenzüberschreitende Kapitalgesellschaften S. 121 ff und *Koblenzer* (EWS 1999, 418, 419) angesehen; nach *Schmidt/Sedemund* (DStR 1999, 2057) gibt die Centros-Entscheidung für eine Vereinbarkeit der Sitztheorie mit der Niederlassungsfreiheit nichts her; differenzierend: *Göttsche* (DStR 1999, 1403).

[1243] Vgl. hierzu ausführlich Kapitel 3 E.

[1244] Der BFH hat mit Urteil vom 29.01.2003 (BB 2003, 1210) bereits mit Verweis auf die Überseering-Entscheidung eine US-amerikanische Kapitalgesellschaft mit Verwaltungssitz in Deutschland unter § 1 Abs. 1 Nr. 1 KStG eingeordnet und sogar eine steuerliche Organschaft mit einer deutschen GmbH bejaht. So geht auch *Meilicke* (GmbHR 2003, 793, 801) davon aus, dass die Sitztheorie insgesamt aufzugeben sei.

[1245] DStR 2002, 1678 vgl. hierzu Kapitel 3 C I 1.

[1246] Für Sachverhalte außerhalb des Geltungsbereichs der Niederlassungsfreiheit fordert *v. Halen* (Gesellschaftsstatut S. 275) ausdrücklich das Festhalten an der Sitztheorie, jedoch unter Anerkennung als deutsche Personengesellschaft. *Schmidt/Sedemund* (DStR 1999, 2057, 2063) werfen die Frage auf, inwieweit eine Aufgabe der Sitztheorie lediglich für Gesellschaften aus EU-Mitgliedstaaten möglich ist.

[1247] *Deininger* IStR 2003, 214; *Großerichter* DStR 2003, 159, 166; *Wassermeyer* EuZW 2003, 257; *Sedemund* BB 2003, 1362; *Meilicke* GmbHR 2003, 793, 801; *Birk* IStR 2003, 469, 473.

[1248] *Sörgel* DB 1999, 2236, 2237; *Koblenzer* EWS 1999, 418, 419; *Göttsche* DStR 1999, 1403, 1407; *Eilers/Wienands* IStR 1999, 289, 291; *Graffe* in Dötsch/Eversberg/Jost/Witt, Die Körperschaftsteuer § 1 Rz. 89;

tende Gesellschaft nach der Gründungstheorie zu bestimmen ist, eine unbeschränkte Steuerpflicht nach § 1 Abs. 1 Nr. 1 KStG vorliegen. Dabei wird in kaum einer Stellungnahme näher untersucht, ob diese Norm auf ausländische Gesellschaftsformen überhaupt anwendbar ist. Nur *Herz* vertritt eine Einordnung unter § 1 Abs. 1 Nr. 4 KStG.[1249] *Schmidt/Sedemund* gehen davon aus, dass grenzüberschreitende Gesellschaften unter § 1 Abs. 1 Nr. 4 KStG zu subsumieren wären, dass diese Lösung aber aufgrund einer Diskriminierung gegenüber inländischen Kapitalgesellschaften wegen fehlender Steuerfreistellung nach §§ 8 a und b KStG europarechtswidrig wäre.[1250] Als Lösung wird wiederum ein Typenvergleich vorgeschlagen, der zur Einordnung als Kapitalgesellschaft nach § 1 Abs. 1 Nr. 1 KStG führt. Diese Bedenken sind jedoch durch die Unternehmenssteuerreform beseitigt worden.[1251] § 8 b Abs. 1 KStG bereitet keine Probleme mehr, da mit der Unternehmenssteuerreform der Anwendungsbereich dieser Vorschrift auf doppeltansässige Kapitalgesellschaften ausgedehnt wurde.[1252] Auch der Kreis der nach § 8 b Abs. 2 KStG steuerfrei gestellten Anteilsveräußerer wurde auf doppeltansässige Kapitalgesellschaften erweitert.[1253] *Deininger* fordert schließlich, der Gesetzgeber müsse in Reaktion auf die Entscheidung des EuGH in der Rechtssache Überseering alle Kapitalgesellschaftsformen der Mitgliedstaaten in § 1 Abs. 1 Nr. 1 KStG explizit mit aufnehmen.[1254]

b) Stellungnahme

Aufgrund der Tatsache, dass die Rechtsprechung sich im Rahmen von § 1 KStG streng an die zivilrechtlichen Vorgaben gebunden fühlt und zu Recht ausdrücklich auf deutsches Internationales Privatrecht abstellt, sind die sich aus der Gründungstheorie ergebenden Folgen auch im Steuerrecht zu berücksichtigen. Denn ausschlaggebend für die steuerliche Einordnung einer Gesellschaft muss sein, wie diese zivilrechtlich behandelt wird. Nur so kann den Anforderungen des Gleichheitssatzes Rechnung getragen werden.

Bei Anwendung der Gründungstheorie beurteilen sich alle Verhältnisse der ausländischen Gesellschaft auch nach Verlegung des tatsächlichen Verwaltungssitzes in das Inland weiterhin nach ausländischem Recht. Damit ist nicht nur die Rechtsfähigkeit, sondern sind auch alle übrigen Merkmale wie Haftungsbeschränkungen, Gesellschaftsorgane oder Regelungen zur

---

Kutt, Grenzüberschreitende Kapitalgesellschaften S. 123; *Wassermeyer* EuZW 2003, 257; *Sedemund* BB 2003, 1362; *Meilicke* GmbHR 2003, 793, 801; *Birk* IStR 2003, 469, 473. *Fock* (RIW 2000, 42, 53) gelangt ohne nähere Begründung zu dem Ergebnis, dass im Falle der Aufgabe der Sitztheorie im Zusammenhang mit dem Typenvergleich § 1 Abs. 1 Nr. 1 oder zumindest Nr. 4 KStG Anwendung finden muss.

1249 *Herz*, Grenzüberschreitende Kapitalgesellschaften S. 333.

1250 DStR 1999, 2057, 2062.

1251 Vgl. Gesetz zur Senkung der Steuersätze und zur Reform der Unternehmensbesteuerung (StSenkG) vom 23.10.2000 BGBl I 2000, 1433.

1252 *Dötsch/Pung* in Dötsch/Eversberg/Jost/Witt, Die Körperschaftsteuer § 8 b n. F. Rz. 14.

1253 *Dötsch/Pung* in Dötsch/Eversberg/Jost/Witt, Die Körperschaftsteuer § 8 b n. F. Rz. 14; *Kutt*, Grenzüberschreitende Kapitalgesellschaften S. 54.

1254 IStR 2003, 214, 215 f.

Kapitalausstattung im Inland anzuerkennen. Insoweit besteht kein Unterschied zu beschränkt steuerpflichtigen ausländischen Gesellschaften. Allerdings handelt es sich aufgrund der Geschäftsleitung im Inland[1255] bei der grenzüberschreitenden Gesellschaft auch bei Anwendung der Gründungstheorie um ein unbeschränkt steuerpflichtiges Gebilde – § 1 Abs. 1 KStG, nicht § 2 Nr. 1 KStG findet Anwendung. Es ist nicht wie in § 2 Nr. 1 KStG ein Typenvergleich vorzunehmen, denn anders als diese Norm zählt § 1 KStG die in Frage kommenden Gesellschaftsformen explizit auf. Geht man richtigerweise[1256] mit der Rechtsprechung davon aus, dass der Katalog des § 1 Abs. 1 KStG auch bzgl. ausländischer Gesellschaften abschließend ist, kommt für grenzüberschreitende Kapitalgesellschaften nur die Einordnung unter den Auffangtatbestand der sonstigen juristischen Person des privaten Rechts nach § 1 Abs. 1 Nr. 4 KStG in Betracht.[1257] Dass dieser auch auf ausländische Gesellschaftsformen Anwendung finden muss, wurde oben bereits dargestellt.[1258] Damit gelangt man allerdings zu dem Ergebnis, dass auch sitzverlegende ausländische Personengesellschaften, die im bisherigen Heimatstaat den Status einer juristischen Person innehaben, unbeschränkt körperschaftsteuerpflichtig wären. Bei der beschränkten Steuerpflicht kann dieses Ergebnis durch den Typenvergleich vermieden werden, da die Rechtsfähigkeit nur ein Merkmal unter vielen ist. Die unbeschränkt körperschaftsteuerpflichtigen Gesellschaftsformen sind in § 1 Abs. 1 KStG hingegen abschließend aufgezählt, weshalb für „ähnliche Typen" kein Platz bleibt.

Auch die Abgrenzungsnorm des § 3 Abs. 1 KStG beschränkt den Anwendungsbereich des § 1 Abs. 1 Nr. 4 KStG nicht auf solche ausländische juristischen Personen, die nicht aufgrund ihrer Vergleichbarkeit mit deutschen Personengesellschaften nach dem EStG zu besteuern sind. Denn diese Norm gilt ausdrücklich nur für nichtrechtsfähige Personenvereinigungen.[1259]

Im Ergebnis ist § 1 Abs. 1 Nr. 4 KStG daher teleologisch zu reduzieren. Nur solche ausländischen juristischen Personen können unbeschränkt körperschaftsteuerpflichtig sein, die einer deutschen Körperschaft vergleichbar sind. Denn Sinn und Zweck der Regelungen der §§ 1 bis 3 KStG ist es, alle Körperschaften nach dem KStG zu besteuern, alle Personengesellschaften aber von einer Körperschaftsteuerpflicht auszuschließen. § 1 Abs. 1 Nr. 4 KStG kann nur juristische Personen erfassen, die auch einer deutschen Körperschaft entsprechen. Die Einordnung ausländischer Gesellschaften in das deutsche Steuersystem soll nach den leitenden Gedanken des deutschen Steuerrechts erfolgen und nicht davon abhängig sein, ob ausländisches

---

[1255] In aller Regel wird sich die Geschäftsleitung am Ort des tatsächlichen Verwaltungssitzes befinden, vgl. Kapitel 4 C I.
[1256] Vgl. insbesondere obige Ausführungen zum Analogieverbot Kapitel 5 B III 1 c) dd).
[1257] Jedenfalls aus Praktikabilitätserwägungen ist die Ansicht von *Deininger* (IStR 2003, 214, 215 f) abzulehnen, alle Kapitalgesellschaftsformen der EU-Mitgliedstaaten in den Katalog des § 1 Abs. 1 Nr. 1 KStG mit aufzunehmen. In diesem Fall würde jede Rechtsänderung im Recht der Kapitalgesellschaften eines Mitgliedstaates zu einer Gesetzesänderung im deutschen KStG führen. Außerdem müssten konsequenterweise auch andere Körperschaften (etwa rechtsfähige Vereine oder Genossenschaften) aus EU-Mitgliedstaaten in § 1 Abs. 1 KStG mit erfasst werden. Da jedoch auf den Auffangtatbestand des § 1 Abs. 1 Nr. 4 KStG zurückgegriffen werden kann, erscheint ein solches Vorgehen nicht erforderlich.
[1258] Kapitel 5 B III 1 c) dd).
[1259] Vgl. oben Kapitel 4 C II.

Recht einem Gebilde Rechtsfähigkeit verleiht oder nicht. Es gibt keinen Grund dafür, dass sich die Einordnung beschränkt steuerpflichtiger ausländischer Gebilde nach einem umfassenden Typenvergleich richten soll, die Einordnung unbeschränkt steuerpflichtiger Gesellschaften hingegen allein nach der Rechtsfähigkeit im Heimatstaat.

An dieser Stelle ergibt sich zum ersten Mal eine – von der Literatur häufig in anderem Zusammenhang zu Unrecht angenommene[1260] – Durchbrechung der strengen Rechtsformabhängigkeit der Besteuerung von Gesellschaften. Anders als in den Fällen einer beschränkten Steuerpflicht nach § 2 Nr. 1 KStG oder bei nach der Sitztheorie zu beurteilenden Mischformen ist die unbeschränkt steuerpflichtige (ausländische) juristische Person des privaten Rechts als eigene „Rechtsform"[1261] im KStG ausdrücklich genannt. Soll daher eine ausländische juristische Person, die auch nach deutschem Gesellschaftsrecht als solche anerkannt wird, aufgrund einer teleologischen Reduktion des § 1 Abs. 1 Nr. 4 KStG nicht als Körperschaft besteuert werden, da sie eher einer deutschen Personengesellschaft gleicht, stellt das eine Abweichung von der rechtsformabhängigen Besteuerung dar. Dies ist jedoch mit obiger Begründung hinzunehmen.

Erreicht werden kann die teleologische Reduktion des § 1 Abs. 1 Nr. 4 KStG wiederum durch einen Typenvergleich. Bei grenzüberschreitenden Kapitalgesellschaften, deren Rechtsverhältnisse nach der Gründungstheorie zu beurteilen sind, verschiebt sich damit der Typenvergleich von § 2 Nr. 1 KStG auf § 1 Abs. 1 Nr. 4 KStG.

Für den Fall, dass grenzüberschreitende Kapitalgesellschaften aus EU-Mitgliedstaaten zukünftig nur bezüglich ihrer Rechtsfähigkeit nach der Gründungstheorie beurteilt werden sollen, sich zur Wahrung des deutschen Schutzstandards die weiteren Rechtsbeziehungen der Gesellschaft jedoch (teilweise) weiterhin nach deutschem Recht richten sollen,[1262] stellt sich die Frage, inwieweit die anzuwendenden Vorschriften des deutschen Gesellschaftsrechts auf den hier vorzunehmenden Typenvergleich Einfluss haben können. Wird die Rechtsfähigkeit und damit die Rechtssubjektivität nach dem Recht des Heimatstaates bestimmt, handelt es sich um eine ausländische Gesellschaft. Eine Vorgabe für das Vorgehen beim Typenvergleichs ist, dass die rechtlichen Rahmenbedingungen des Heimatstaates, nicht die konkreten Verhältnisse des Einzelfalls, ausschlaggebend sein sollen.[1263] Damit erscheint es auf den ersten Blick konsequent, auch in diesen Fällen dem Typenvergleich allein das Recht des Heimatstaates zu Grunde zu legen. Genauer betrachtet liegt hier der Fall aber anders, als in den Fällen der Abweichung vom gesetzlichen Regelfall allein aufgrund von Satzungsbestimmungen. Die grenzüberschreitenden Gesellschaften unterliegen dem Recht zweier unterschiedlicher Rechtsordnungen. Sie werden teilweise nach dem Recht des Gründungsstaates, teilweise nach

[1260] Vgl. hierzu Ausführungen in Kapitel 5 B I 2 a) Kapitel 5 B III 1 b).

[1261] Natürlich ist auch hier der Begriff der juristischen Person ein Sammelbegriff für eine Vielzahl von Rechtsformen. Hier gibt der Gesetzgeber aber anders als in § 2 und § 3 KStG vor, dass alle Rechtsformen, bei denen es sich um juristische Personen handelt, körperschaftsteuerpflichtig sind.

[1262] Inwieweit ein derartiges Vorgehen mit der Niederlassungsfreiheit vereinbar ist, ist bisher nicht entschieden. Ein Widerspruch zur Überseering-Entscheidung besteht jedenfalls nicht, da die Rechtsfähigkeit – wie vom EuGH gefordert – nach dem Recht des Heimatstaates beurteilt wird. Es ist daher durchaus denkbar, dass die Rechtsprechung für Gesellschaften aus EU-Mitgliedstaat ausschließlich die Rechtsfähigkeit nach der Gründungstheorie beurteilen wird. Im Übrigen könnte auf die Überlagerungstheorie, die Differenzierungslehre auf Sonderanknüpfungen zurückgegriffen werden, um so weit wie möglich deutsches Gesellschaftsrecht anwenden zu können (Kapitel 3 B I).

[1263] Vgl. hierzu ausführlich Kapitel 5 B I 4.

dem Recht des Aufnahmestaates beurteilt. Stellt man auf die gesetzlichen Vorgaben ab, so ist dort, wo deutsches Recht auf die rechtlichen Beziehungen der Gesellschaft anzuwenden ist, dieses auch im Rahmen des Typenvergleichs zu berücksichtigen. Sollen sich etwa die Haftungsverhältnisse oder die Aufbringung und Erhaltung des Mindestkapitals nach deutschem Recht bestimmen, so ist in Bezug auf diese Merkmale im Rahmen des Typenvergleichs auch das deutsche Recht anstelle des Rechts des Inkorporationsstaates zu Grunde zu legen.

Liegt im Ergebnis eine Vergleichbarkeit der grenzüberschreitenden Gesellschaft mit einer deutschen Körperschaft vor, so bleibt das Gebilde als sonstige juristische Person des privaten Rechts nach § 1 Abs. 1 Nr. 4 KStG körperschaftsteuerpflichtig. Anderenfalls muss eine Besteuerung der Gesellschafter wie bei der deutschen Personengesellschaft vorgenommen werden. Nur durch ein solches Vorgehen kann erreicht werden, dass ausschließlich Körperschaften nach dem KStG besteuert werden und die Anwendung des KStG auf unbeschränkt steuerpflichtige Gesellschaften nicht einzig durch die Frage bestimmt wird, ob die ausländische Gesellschaft im Heimatstaat den Status einer juristischen Person innehat.

In der Literatur wird auch für die Einordnung grenzüberschreitender Gesellschaften auf Grundlage der Gründungstheorie die Einordnung ausländischer Kapitalgesellschaften unter § 1 Abs. 1 Nr. 1 KStG gefordert.[1264] Nach der Gründungstheorie stellt sich zwar nicht das Problem, dass hierfür deutsches Internationales Privatrecht ignoriert werden müsste. Denn die Rechtsfähigkeit beurteilt sich nach dem ausländischen Recht. Nach wie vor steht einer Erweiterung des Tatbestands des § 1 Abs. 1 Nr. 1 KStG auf andere, als die genannten Gesellschaften jedoch das Analogieverbot entgegen.

3. Zusammenfassung zur Behandlung grenzüberschreitender Gesellschaften

Die Einordnung grenzüberschreitender Gesellschaften aus Nicht-EU-Staaten bereitet keine Probleme, wenn man die Sitztheorie nicht als „Nichtanerkennungstheorie“ versteht, sondern die Gesellschaften insgesamt dem deutschen Recht unterstellt. In diesem Fall kann sich lediglich das zivilrechtliche Abgrenzungsproblem stellen, ob eine deutsche GbR/OHG oder ein deutscher nichtrechtsfähiger Verein vorliegt. Die steuerliche Behandlung der *deutschen* Gesellschaftsformen ergibt sich ohne weitere Prüfung aus der Rechtsform. Allein dieser Weg führt zu sachgerechten Ergebnissen. Die „Nichtanerkennungstheorie“, die – soweit sie im Gesellschaftsrecht angewendet wird – aufgrund der strengen Bindung an das Zivilrecht auch der steuerrechtlichen Einordnung zu Grunde gelegt werden muss, führt zu erheblichen Verwirrungen. Eine dogmatisch vertretbare Einordnung der grenzüberschreitenden Kapitalgesellschaften erscheint fast unmöglich, wie die verschiedenen Lösungsansätze in der Literatur belegen. Am ehesten könnten die steuerlichen und damit auch zivilrechtlichen Vorgaben zur

[1264] Vgl. oben Kapitel 5 B III 1 b) sowie c) dd).

Besteuerung von ausländischen Gesellschaften unter Geltung der „Nichtanerkennungstheorie" dann befolgt werden, wenn auf Grundlage von § 3 Abs. 1 KStG ein Typenvergleich vorgenommen wird, wobei zu berücksichtigen ist, wie die grenzüberschreitende Gesellschaft in Deutschland zivilrechtlich tatsächlich behandelt wird.

Sollte die Zivilrechtsprechung an der Sitztheorie festhalten und den eingeschlagenen Weg der Anerkennung der grenzüberschreitenden Gesellschaft in ihrer deutschen Rechtsform weiterverfolgen,[1265] wird auch das Steuerrecht die grenzüberschreitende Gesellschaft als deutsche GbR, OHG oder als deutschen nichtrechtsfähigen Verein anerkennen und die steuerlichen Konsequenzen daraus ziehen müssen. Nur so kann der strengen Anknüpfung der steuerrechtlichen Einordnung an die Zivilrechtsform Rechnung getragen werden.

Für grenzüberschreitende Gesellschaften mit Satzungssitz in einem Mitgliedstaat der EU scheidet eine Anwendung der Sitztheorie zumindest für die Bestimmung der Rechtsfähigkeit aus. Sollen diese Gesellschaften zukünftig nach der Gründungstheorie beurteilt werden, muss für Gesellschaften, denen der Heimatstaat den Status einer juristischen Person verleiht, § 1 Abs. 1 Nr. 4 KStG direkt Anwendung finden. Da jedoch auch bei unbeschränkt steuerpflichtige Gesellschaften die im Heimatstaat verliehene Rechtsfähigkeit für die Besteuerung in Deutschland nicht allein ausschlaggebend sein kann, muss der Anwendungsbereich des § 1 Abs. 1 Nr. 4 KStG auf solche ausländischen juristischen Personen beschränkt werden, die einer deutschen Körperschaft entsprechen. Für den Fall, dass auf grenzüberschreitende Gesellschaften aus EU-Mitgliedstaaten das Recht verschiedener Rechtsordnungen anwendbar sein soll – etwa bei Rückgriff auf die Überlagerungstheorie oder die Differenzierungslehre –, müssen die Normen der Rechtsordnung, die für den jeweiligen Aspekt einschlägig sind, auch Grundlage für den hier durchzuführenden Typenvergleich sein.

[1265] BFH vom 01.07.2002 DStR 2002, 1678. Bereits bei der Frage, ob die Rechtsform der ausländischen Kapitalgesellschaft & Co. zulässig sein kann, hat die Rechtsprechung die Anwendbarkeit der Sitztheorie bezweifelt, sofern sie zur Entsagung der Parteifähigkeit führe (BayObLG vom 21.03.1986 BayObLGZ 1986, 61 vgl. oben Kapitel 3 G).

Teil 2
Einordnung der Gesellschaften der zukünftigen EU-Mitgliedstaaten Ungarn, Polen und Slowenien

Einführung

Im zweiten Teil dieser Arbeit soll der Typenvergleich am Beispiel der Länder Ungarn, Polen und Slowenien praktisch durchgeführt werden. Zu klären ist, welche der Gesellschaftsformen der genannten Nationen unter die Begriffe „Körperschaft" und „Personenvereinigung" in § 2 Nr. 1 KStG fallen und bei welchen Gesellschaften die Besteuerung analog zu den deutschen Personengesellschaften nach dem EStG zu erfolgen hat.

Die Wahl der Länder Ungarn, Polen und Slowenien bietet sich deshalb an, weil es sich hierbei um drei der fünf künftigen osteuropäischen EU-Staaten der „ersten Gruppe" handelt.[1266] Ungarn ist besonders interessant, da es auf dem Gebiet des Gesellschaftsrechts schon in der reformsozialistischen Periode eine Vorreiterrolle in Osteuropa gespielt hat. Mit Wirkung zum 01.01.1989 hatte es als erstes Land eine moderne und umfassende gesellschaftsrechtliche Kodifikation in Kraft gesetzt,[1267] der eine außerordentliche rechtspolitische, wirtschaftspolitische und ideologische Bedeutung beigemessen wurde.[1268] Das polnische Gesellschaftsrechts soll deshalb genauer betrachtet werden, weil es erst zum Jahr 2001 umfassend geändert wurde und damit die jüngste Rechtsentwicklung eines osteuropäischen Staates repräsentiert. Slowenien wurde als Vertreter der relativ kleinen, aber zukunftsträchtigen, osteuropäischen EU-Staaten ausgewählt. Insgesamt bietet sich das Rechts der zukünftigen osteuropäischen EU-Staaten für eine praktische Durchführung des Typenvergleichs besonders an, weil eine wirtschaftliche Betätigung dieser Staaten in der Bundesrepublik in der Vergangenheit die Ausnahme war, jedoch schon heute stetig zunimmt und in Zukunft – gerade aufgrund der Aufnahme in die EU – wohl eine nicht unerhebliche Bedeutung haben wird.

Eine allgemeingültig Aussage zur Einordnung der zu untersuchenden Gesellschaftsformen kann deshalb erfolgen, weil die Ausgestaltung des Gesellschaftsvertrags einer konkreten in Deutschland tätigen Gesellschaft hierfür nicht relevant ist. Beim Typenvergleich ist ausschließlich auf den gesetzlichen Regelfall zurückzugreifen.[1269] Auch die übrigen Vorgaben der Rechtsprechung können sämtlich mitberücksichtigt werden, ohne dass es dafür nötig wä-

---

[1266] Am 16.07.1997 hatte die Europäische Kommission die sogenannte Agenda 2000 zur Stärkung und Erweiterung der Europäischen Union und ihre Stellungnahme zu den 10 Beitrittsanträgen aus Mittel- und Osteuropa vorgelegt. Für die fünf Staaten Polen, Tschechien, Ungarn, Slowenien und Estland wurde darin die baldige Aufnahme von Beitrittsverhandlungen vorgeschlagen. (*V. Bernstorff*, Wirtschaftsrecht in Osteuropa S. 30).

[1267] *Brunner* in Brunner/Schmid/Westen, WOS Bd. I 3 (II) (Ungarn) Einführung S. 23.

[1268] *Sárközy* in Münzel, Konzerne des Ostens S. 83.

[1269] Teil 1 Kapitel 5 B I 5.

re, einen konkreten Sachverhalt zu fingieren.[1270] Dagegen kann eine abstrakte steuerliche Zuordnung für den Fall, dass eine Gesellschaft der jeweiligen Rechtsform als grenzüberschreitende Gesellschaft nur den Sitz der tatsächlichen Hauptverwaltung nach Deutschland verlegt, nicht vorgenommen werden. Zum einen ist äußerst zweifelhaft, ob aufgrund der europäischen Rechtsentwicklung auf die in Deutschland gültige Sitztheorie überhaupt noch zurückgegriffen werden kann. Zum anderen kommt es bei grenzüberschreitenden Gesellschaften durchaus auf die konkrete Ausgestaltung der Gesellschaft an, wenn zu prüfen ist, ob es sich dabei um eine deutsche GbR, OHG oder einen deutschen nichtrechtsfähigen Verein handelt.[1271]

Zu jeder Nation soll zunächst ein kurzer Überblick über die Entwicklung des Gesellschaftsrechts gegeben werden. Anschließend werden die für den Wirtschaftsverkehr relevanten Rechtsformen einschließlich ihrer Rechtsgrundlage genannt. Zur besseren Übersicht sollen dann die Typusmerkmale der zu untersuchenden ausländischen Rechtsform jeweils denen der deutschen Vergleichsform in tabellarischer Form gegenübergestellt werden. Dabei soll bezüglich der in der Tabelle genannten Strukturmerkmale der deutschen Gesellschaftsformen ganz allgemein auf die Aussagen in Teil 1 verwiesen werden.[1272] Schließlich sollen Parallelitäten und Abweichungen im Rahmen eines Typenvergleichs zu jeder einzelnen Gesellschaftsform rechtlich beurteilt werden.

A Ungarn

I. Allgemeines

Das ungarische Gesellschaftsrecht ist vollständig in einem im Jahr 1997 geschaffenen Gesetz, dem Gesetz über die Wirtschaftsgesellschaften (GWG), erfasst.[1273] Ergänzend finden die Bestimmungen des Bürgerlichen Gesetzbuchs der Republik Ungarn (ungBGB)[1274] Anwendung (Art. 17 WG).[1275] Die Bestimmungen des GWG stellen zwingendes Recht dar, soweit Abweichungen nicht ausdrücklich gestattet sind (§ 9 Abs. 1 S. 1 GWG). Die Genossenschaft fällt nicht in den Anwendungsbereich des GWG, sondern ist im Gesetz über die Genossenschaft (ungGen) geregelt.[1276] Daneben gibt es noch eine Reihe von weiteren Gesellschaftsformen, etwa gemeinnützige Gesellschaften, Vereine, Baugemeinschaften oder Vereinigungen für

---

[1270] Vgl. zu den weiteren Vorgaben Teil 1 Kapitel 5 B I 1.
[1271] Hierzu Teil 1 Kapitel 2 C I (vgl. insbesondere schon die grundlegende Frage, ob die Gesellschaft gewerblich tätig ist).
[1272] Dort Kapitel 2 D I-VII.
[1273] Gesetz Nr. CXLIV/1997 M. K. Nr. 114/1997, in deutscher Übersetzung *Masing* in Brunner/Schmid/Westen, WOS Bd. I 3 (II) (Ungarn) III 3 a (davor galt das Gesetz Nr. VI von 1988 vom 10.10.1988).
[1274] Gesetz Nr. IV/1959 M. K. Nr. 88/1959.
[1275] Art. 52 bis 58 ZGB für Handelsgesellschaften mit Rechtspersönlichkeit und Art. 568 f ZGB für Gesellschaften ohne Rechtspersönlichkeit.
[1276] Nr. I/1992 M. K. Nr. 6/1992 deutsche Übersetzung *Brunner* in Brunner/Schmid/Westen, WOS Bd. I 3 (II) (Ungarn) III 3 b.

Waldbesitzer. Die Untersuchung des ungarischen Gesellschaftsrechts soll sich jedoch auf Gesellschaftsformen beschränken, die sich von ihrer gesetzlichen Ausgestaltung her für eine in Erwerbsabsicht betriebene dauerhafte Wirtschaftstätigkeit eignen.[1277]

Die Bestimmung des Gesellschaftsstatuts gestaltet sich in Ungarn problematisch. Während § 18 Abs. 1 und 2 der ungarischen Gesetzesverordnung über das Internationale Privatrecht (IPRG)[1278] ausdrücklich auf die Gründungstheorie abstellt, unterliegen alle Gesellschaften mit (Hauptverwaltungs-)Sitz in Ungarn dem ungarischen Gesellschaftsrecht (§ 1 Abs. 1 GWG). Dieser Widerspruch wird in der Literatur dadurch aufgelöst, dass die Gründungstheorie nur für Gesellschaften mit tatsächlichem Verwaltungssitz außerhalb Ungarns gilt.[1279]

II. Die Rechtsformen

In Ungarn gibt es einen numerus clausus der Gesellschaftsformen.[1280] Das neuere Schrifttum verneint daher die Zulässigkeit der Gründung einer GmbH & Co. KG oder einer Kommanditgesellschaft auf Aktien.[1281] Dennoch sind ungarische Gesellschaften, die der deutschen GmbH & Co. KG entsprechen, im Rechtsverkehr verbreitet.[1282] Die folgenden Gesellschaftsformen sind anerkannt:

részvénytársaság (rt), nach dem Betriebstättenerlass vergleichbar mit der deutschen AG, geregelt in §§ 175 bis 271 GWG,

korlátolt felelösségü társaság (kft), nach dem Betriebstättenerlass vergleichbar mit der deutschen GmbH, geregelt in §§ 121 bis 174 GWG,

egyesülés (keine Abkürzung), im Betriebstättenerlass nicht genannt, übersetzt mit „Vereinigung“, geregelt in §§ 272 bis 287 GWG,

(ipari) szövetkezet (keine Abkürzung), nach dem Betriebstättenerlass vergleichbar mit einer Industriegenossenschaft, geregelt in §§ 1 bis 114 ungGenG,

közkereseti társaság (kkt), nach dem Betriebstättenerlass vergleichbar mit der deutschen OHG, geregelt in §§ 81 bis 100 GWG,

betéti társaság (bt), nach dem Betriebstättenerlass vergleichbar mit der deutschen KG, geregelt in §§ 101 bis 105 GWG,

közös vállalat (kv), im Betriebstättenerlass nicht genannt, übersetzt mit „Gemeinschaftsunternehmen“, geregelt in §§ 106 bis 120 GWG.

1277 So auch *Pajor-Bytomski*, Gesellschaftsrecht in Ungarn S. 3.
1278 Nr. 13/1979 M. K. Nr. 33/1979.
1279 Vgl. zur gesamten Problematik *Pajor-Bytomski*, Gesellschaftsrecht in Ungarn S. 12 f m. w. N.
1280 *V. Bernstorff*, Wirtschaftsrecht in Osteuropa S. 227 (vgl. auch § 2 Abs. 1 GWG).
1281 Vgl. *Pajor-Bytomski*, Gesellschaftsrecht in Ungarn S. 8; a. A. *Mindach*, Rechtstips für Exporteure/Ungarn S. 91.
1282 *Reith* in Debatin/Wassermeyer, Doppelbesteuerung Ungarn Art. 7 Rz. 23.

III. Einordnung der einzelnen Rechtsformen

1. részvénytársaság (AG)

Die rt ist eine Gesellschaft, deren Grundkapital in Aktien zerlegt ist. Daher bietet sich ein Vergleich mit der deutschen AG an.

a) Gegenüberstellung der Typusmerkmale

Typusmerkmal	rt	AG als deutsche Vergleichsform
Juristische Person oder Gesamthandsgesellschaft?	juristische Person (§ 2 Abs. 2 GWG)	juristische Person
Entstehung durch Abschluss des Gesellschaftsvertrags oder durch Registrierung?	konstitutive Eintragung (§ 16 Abs. 2 GWG)	konstitutive Handelsregistereintragung
Sachfirma oder Personalfirma?	Sachfirma oder Mischfirma, nicht jedoch reine Personalfirma; Rechtsformzusatz zwingend (§ 15 Abs. 1 RegisterG)	freie Firmenwahl, Rechtsformzusatz zwingend
Eintritt und Austritt jederzeit möglich? Abfindungsanspruch bei Ausscheiden?	Inhaberaktien und Namensaktien sind frei übertragbar; Belegschaftsaktien können nur auf Arbeitnehmer übertragen werden (§ 187 Abs. 2 GWG); Fortbestand der Gesellschaft bei Ausscheiden, soweit nicht anders geregelt (§ 10 Abs. 4, § 53 GWG); bei Kraftloserklärung einer Aktie Abfindung probl.[1283]	grds. freie Übertragung; vinkulierte Namensaktien möglich; Abfindungsanspruch bei Einziehung
Große oder kleinere Mitgliederzahl?	Einmann-AG möglich (§ 268 Abs. 1 GWG)	Einmann-AG zulässig
Fremdorganschaft oder Selbstorganschaft? Einzelgeschäftsführung oder Gesamtgeschäftsführung? Einzelvertretungsmacht oder Gesamtvertretung?	Fremdorganschaft möglich; Ausgestaltung von Geschäftsführung und Vertretung durch Satzung (§ 207 Abs. 1 lit. g GWG); obligatorischer Aufsichtsrat (§ 31 Abs. 2 lit. a GWG); eingeschränktes Weisungsrecht der Gesellschafterversammlung an Geschäftsführung (§ 22 Abs. 2 GWG)[1284]	Fremdorganschaft möglich und üblich; Aufsichtsrat ist obligatorisch; es besteht nach dem gesetzlichen Regelfall Gesamtgeschäftsführung und Gesamtvertretung des Vorstands
Mehrheitsentscheidungen oder Einstimmigkeitsprinzip in Mitgliederversammlungen?	in Hauptversammlung grds. einfache Mehrheit vorgesehen (§ 19 Abs. 1 GWG)	Beschlussfassung grds. mit einfacher Mehrheit
Besondere Treuepflichten gegenüber Mitgesellschaftern?	allg. anerkannte Treuepflicht;[1285] zudem ausdrückliche gesetzliche Regelung bzgl. Stimmrechtsausübung (§ 19 Abs. 2 GWG)	nicht unerhebliche Treuepflichten; Umfang abhängig von Größe der Gesellschaft und daraus resultierender persönlicher Verbundenheit

[1283] *Pajor-Bytomski*, Gesellschaftsrecht in Ungarn S. 102.

[1284] Das soll jedoch lediglich für ad hoc Weisungen gelten, da die Gesellschafterversammlung der Geschäftsführung grds. übergeordnet ist (*Pajor-Bytomski*, Gesellschaftsrecht in Ungarn S. 35).

[1285] *Pajor-Bytomski*, Gesellschaftsrecht in Ungarn S. 99 m. w. N.

Trennung zwischen Haftung der Gesellschaft und Haftung der Gesellschafter oder unmittelbare Außenhaftung der Gesellschafter?	§ 175 Abs. 1 GWG: Aktionäre haften nicht für Verbindlichkeiten	keine Haftung der Aktionäre
Wirtschaftliche Stellung	zahlenmäßige Verbreitung prozentual größer als in der BRD; Bedeutung weiter zunehmend[1286]	zahlenmäßige Verbreitung eher gering, wirtschaftliche Bedeutung aber groß

b) Typenvergleich

Die ungarische rt entspricht in allen Punkten der deutschen AG. Insbesondere handelt es sich bei beiden Gesellschaften um juristische Personen, die Aktionärsstellung kann unproblematisch übertragen werden und eine persönliche Haftung der Gesellschafter ist nicht vorgesehen. Wenn sich als einzig erwähnenswerte Abweichung ein Abfindungsanspruch bei Einziehung von Aktien problematisch gestalten kann, erscheint dies zwar unbillig, als grundsätzlich körperschaftliches Typusmerkmal ändert das jedoch nichts an der Vergleichbarkeit der rt mit der deutschen AG.

2. korlátolt felelősségü társaság (GmbH)

Die kft wird mit einem im Voraus bestimmten Stammkapital gegründet. Die Gesellschafter haften für die Verbindlichkeiten der Gesellschaft nicht persönlich. Sie ähnelt damit in ihrer Struktur einer deutschen GmbH.

a) Gegenüberstellung der Typusmerkmale

Typusmerkmal	**kft**	**GmbH als deutsche Vergleichsform**
Juristische Person oder Gesamthandsgesellschaft?	juristische Person (§ 2 Abs. GWG)	juristische Person
Entstehung durch Abschluss des Gesellschaftsvertrags oder durch Registrierung?	konstitutive Eintragung (§ 16 Abs. 2 GWG)	Eintragung konstitutiv
Sachfirma oder Personalfirma?	Sachfirma oder Mischfirma, nicht jedoch reine Personalfirma; Rechtsformzusatz zwingend (§ 15 Abs. 1 RegisterG)	freie Firmenwahl zwingend mit Rechtsformzusatz

1286 Anfang 1999 gab es 3500, Anfang 2000 bereits 3850 Aktiengesellschaften (*Pajor-Bytomski*, Gesellschaftsrecht in Ungarn S. 35).

Eintritt und Austritt jederzeit möglich? Abfindungsanspruch bei Ausscheiden?	Übertragung kann von Zustimmung der Gesellschaft abhängig gemacht werden (§ 137 Abs. 1 S. 1 GWG); bei Übertragung an Dritte gilt gesetzliches Vorkaufsrecht der Gesellschafter;[1287] Abfindungsanspruch bei Ausschließung (§ 149 GWG); Fortbestand bei Ausscheiden, soweit nicht anders geregelt (§ 10 Abs. 4, § 53 GWG)	Übertragung der Geschäftsanteile kann an Zustimmung der Gesellschaft geknüpft werden; bei Einziehung eines Geschäftsanteils besteht Abfindungsanspruch
Große oder kleinere Mitgliederzahl?	Einmann-GmbH möglich, (§ 171 Abs. 1 GWG)	Einmann-GmbH möglich
Fremdorganschaft oder Selbstorganschaft? Einzelgeschäftsführung oder Gesamtgeschäftsführung? Einzelvertretungsmacht oder Gesamtvertretung?	Fremdorganschaft möglich (§ 156 S. 1 GWG); Art der Geschäftsführungsbefugnis und Vertretungsmacht bei mehreren Geschäftsführern wird vertraglich vereinbart (§ 123 Abs. 1 lit. d GWG); obligatorischer Aufsichtsrat bei Stammkapital von mehr als 50 Mio. Forint oder bei mehr als 200 Arbeitnehmern (§ 31 Abs. 2 lit. b bzw. c GWG); eingeschränktes Weisungsrecht wie bei rt	Fremdorganschaft möglich; für mehrere Geschäftsführer gilt nach gesetzlichem Regelfall Gesamtgeschäftsführung und Gesamtvertretung
Mehrheitsentscheidungen oder Einstimmigkeitsprinzip in Mitgliederversammlungen?	grds. einfache Mehrheit (§ 19 Abs. 1 GWG); Gesetz und Gesellschaftsvertrag können andere Mehrheiten vorsehen	grds. einfache Mehrheit
Besondere Treuepflichten gegenüber Mitgesellschaftern?	Treuepflicht bzgl. Stimmrechtsausübung (§ 19 Abs. 2 GWG)	umfassende Treuepflichten
Trennung zwischen Haftung der Gesellschaft und Haftung der Gesellschafter oder unmittelbare Außenhaftung der Gesellschafter?	keine persönliche Haftung der Gesellschafter	keine persönliche Haftung der Gesellschafter
Wirtschaftliche Stellung	groß[1288]	beliebte Rechtsform

b) Typenvergleich

Die kft wurde in Ungarn bereits 1930 nach deutschem Vorbild eingeführt.[1289] Noch heute entspricht sie in allen wesentlichen Punkten der deutschen GmbH. Dabei ist die kft insofern etwas personalistischer strukturiert, als bei Ausscheiden eines Gesellschafters ein gesetzliches Vorkaufsrecht der übrigen Gesellschafter besteht. Jedoch ist die Vereinbarung von Vorkaufsrechten auch bei der deutschen GmbH möglich und in der Praxis durchaus üblich.[1290] Wesentliche Bedeutung ist dieser Abweichung jedenfalls nicht zuzumessen, weshalb die kft in Deutschland steuerlich wie die deutsche GmbH zu behandeln ist.

1287 *Pajor-Bytomski*, Gesellschaftsrecht in Ungarn S. 84.

1288 42,26 % aller 1999 eingetragenen Wirtschaftsgesellschaften und Genossenschaften (*Pajor-Bytomski*, Gesellschaftsrecht in Ungarn S. 69).

1289 Vgl. Gesetz Nr. V aus dem Jahre 1930 über die GmbH und die Stille Gesellschaft.

1290 *Mayer* in Priester/Mayer, Münchener Handbuch des Gesellschaftsrechts Bd. 3 § 20 Rz. 33.

3. egyesülés („Kooperationsgesellschaft")

§ 272 Abs. 1 GWG bestimmt, dass es sich bei der egyesülés um eine Kooperationsgesellschaft handelt, die von ihren Gesellschaftern zur Förderung und Koordinierung ihrer Wirtschaftstätigkeit sowie zur Vertretung ihrer beruflichen Interessen gegründet wird. Obwohl sie nicht gewinnorientiert ist, kann sie Vermögen haben und Dienstleistungen oder Wirtschaftstätigkeiten ausüben (§ 272 Abs. 2 GWG), weshalb eine Einordnung aus steuerlicher Sicht durchaus relevant werden kann. Eine deutsche Vergleichsform ist nicht ersichtlich.

a) Gegenüberstellung der Typusmerkmale

Typusmerkmal	**egyesülés**	**keine vergleichbare Gesellschaftsform**
Juristische Person oder Gesamthandsgesellschaft?	juristische Person (§ 272 Abs. 1 S. 1 GWG)	(formelles) Körperschaftsmerkmal
Entstehung durch Abschluss des Gesellschaftsvertrags oder durch Registrierung?	konstitutive Eintragung (§ 272 Abs. 4, § 16 Abs. 2 GWG)	Körperschaftsmerkmal
Sachfirma oder Personalfirma?	Sachfirma oder Mischfirma, nicht jedoch reine Personalfirma; Rechtsformzusatz zwingend (§ 15 Abs. 1 RegisterG, § 501 Abs. 2, § 506 GWG)	keine Aussagekraft
Eintritt und Austritt jederzeit möglich? Abfindungsanspruch bei Ausscheiden?	ordentliche Kündigung immer möglich, auch wenn Gesellschaft nur für bestimmte Zeit gegründet wurde (§ 285 Abs. 2 GWG);[1291] Übertragung der Mitgliedschaft auch an Mitglieder nicht möglich;[1292] Fortbestand bei Ausscheiden, soweit nicht anders geregelt (§ 272 Abs. 2, § 10 Abs. 4, § 53 GWG)	bedingtes Merkmal der Personengesellschaft
Große oder kleinere Mitgliederzahl?	zwei oder mehr natürliche oder juristische Personen (§ 3 Abs. 1 und 2 GWG)	keine Aussagekraft
Fremdorganschaft oder Selbstorganschaft? Einzelgeschäftsführung oder Gesamtgeschäftsführung? Einzelvertretungsmacht oder Gesamtvertretung?	Geschäftsführung durch genau einen Direktor; Fremdorganschaft zulässig; Direktor ist aber weisungsabhängig (§ 283 Abs. 2 GWG); Beschränkung der Vertretungsmacht im Außenverhältnis unwirksam[1293]	Tendenz zur Körperschaft
Mehrheitsentscheidungen oder Einstimmigkeitsprinzip in Mitgliederversammlungen?	einfache Mehrheit, falls nicht vertraglich oder gesetzlich abweichende Regelung (§ 19 Abs. 1 GWG)	schwaches Merkmal der Körperschaft

[1291] S. auch *Pajor-Bytomski*, Gesellschaftsrecht in Ungarn S. 115.
[1292] *Pajor-Bytomski*, Gesellschaftsrecht in Ungarn S. 115.
[1293] *Pajor-Bytomski*, Gesellschaftsrecht in Ungarn S. 111.

Besondere Treuepflichten gegenüber Mitgesellschaftern?	Treuepflicht bzgl. Stimmrechtsausübung (§ 272 Abs. 4, § 19 Abs. 2 GWG); Verschwiegenheitspflicht und Wettbewerbsverbot (§ 272 Abs. 4, § 25 Abs. 1 und 2 GWG) für Geschäftsführer (§ 272 Abs. 4, § 27 Abs. 1 GWG)	Tendenz zur Personengesellschaft
Trennung zwischen Haftung der Gesellschaft und Haftung der Gesellschafter oder unmittelbare Außenhaftung der Gesellschafter?	gesamtschuldnerische Haftung der Mitglieder mit gesamten Vermögen, falls Gesellschaftsvermögen nicht ausreicht (§ 272 Abs. 1 S. 2, 2. Hs. GWG); Gesellschafter (wenn natürliche Person) dürfen nicht in anderer Wirtschaftsgesellschaft persönlich haftender Gesellschafter sein (§ 272 Abs. 4, § 4 Abs. 1 GWG)	gewichtiges Merkmal der Personengesellschaften
Wirtschaftliche Stellung	k. A.	keine Aussagekraft

b) Typenvergleich

Auch bei näherer Betrachtung der einzelnen Strukturmerkmale kommt eine konkrete deutsche Vergleichsform nicht in Betracht. Nach dem Unternehmenszweck erinnert die *egyesülés* an Interessensgemeinschaften oder Kartelle, die in Deutschland regelmäßig in der Rechtsform der GbR betrieben werden.[1294] Jedoch kommt ein pauschaler Vergleich mit der GbR schon deshalb nicht in Betracht, weil Interessensgemeinschaften und Kartelle nur einen sehr geringen Teil der Zusammenschlüsse in der Rechtsform der GbR ausmachen und damit eher eine atypische Gestaltungsform der GbR darstellen. Ferner ist eine gewisse Vergleichbarkeit mit der EWIV festzustellen. Die EWIV ist jedoch auf eine grenzüberschreitende Zusammenarbeit angelegt.[1295] Wesensmerkmal dieser Vereinigungsform ist, dass die Mitglieder aus unterschiedlichen Mitgliedstaaten stammen, weshalb auch die EWIV als konkrete Vergleichsform ausscheiden muss.[1296]

Auf den ersten Blick scheinen körperschaftliche und personalistische Strukturmerkmale bei der *egyesülés* gleichermaßen erfüllt zu sein, weshalb eine eingehende Analyse der einzelnen Merkmale erforderlich wird.

Wenig Bedeutung ist der eher geringen Mitgliederzahl und dem Mehrheitsprinzip beizumessen, da diesen Merkmalen wenig Unterscheidungskraft zukommt.[1297] Der Status als juristische Person deutet auf eine Körperschaft hin, zumal das ungarische Recht auch Wirtschaftsgesellschaften ohne eigene Rechtspersönlichkeit kennt. Die formelle Zuordnung in die Gruppe der juristischen Personen erfolgt aber aus Sicht des ungarischen Gesetzgebers, der dieser Entscheidung andere Erwägungen zu Grunde legt, als es der deutsche Gesetzgeber tun würde. Zudem muss auch hier gelten, dass der Stellung als juristische Person im Hinblick auf den

[1294] *Schmidt*, Gesellschaftsrecht § 58 III 6 e).
[1295] Zwingende Voraussetzung, vgl. Art. 4 Abs. 2 EWIV-VO.
[1296] S. Teil 1 Kapitel 2 E II 4 und 5.
[1297] Teil 1 Kapitel 5 B I 3 a. E.

Umfang der Rechtsfähigkeit nach deutschem wie ungarischem Recht nur wenig praktische Bedeutung zukommt.[1298] Der Tatsache, dass die Gesellschaft bei Ausscheiden eines Mitglieds fortbesteht, kommt keine Aussagekraft zu, da fast alle deutschen Personengesellschaften auf den Fortbestand bei Ausscheiden von Mitgliedern ausgerichtet sind.[1299] Dass eine Kündigung jederzeit möglich ist, spricht für eine Körperschaft, dass eine Übertragung der Mitgliedschaft nicht möglich ist und zudem nicht einmal vereinbart werden kann, ist erstaunlich und spricht für das Vorliegen einer Personengesellschaft. Das ungarische Recht sieht für die Mitglieder der *egyesülés* umfangreiche Treuepflichten vor, was eine gewisses Indiz für das Vorliegen einer Personengesellschaft darstellt. Die Bedeutung des grds. nicht unerheblich auf eine Körperschaft hindeutenden Strukturmerkmals der Fremdorganschaft wird dadurch abgeschwächt, dass genau ein Direktor zu bestellen ist, der gegenüber der Mitgliederversammlung in erheblichem Umfang weisungsgebunden ist. Selbst wenn dieser Weg gewählt wurde und ein gesellschaftsfremder Dritter zum Direktor bestellt wurde, können die Mitglieder ihren Einfluss auf die Geschäftsführung damit umfassend wahren. Insgesamt stellt sich nach den bisher untersuchten Strukturmerkmalen ein ausgewogenes Bild mit leichter Tendenz zur Körperschaft dar.

Letztendlich ausschlaggebend muss das Merkmal der unabdingbaren unbeschränkten Haftung der Mitglieder sein. Auch wenn vorrangig die Gesellschaft haftet, wird das Gesamtbild durch dieses besonders aussagekräftige Merkmal stark geprägt.[1300] Dieses Ergebnis wird durch die Tatsache bestätigt, dass es den Mitgliedern der *egyesülés* nicht gestattet ist, sich an einer anderen Gesellschaft als unbeschränkt haftender Gesellschafter zu beteiligen.[1301] Dieses, dem deutschen Recht fremde, Erfordernis bringt klar zum Ausdruck, dass der persönliche Beitrag der Mitglieder im Vordergrund stehen soll. Sie sollen zum einen ihre Aktivität auf die Mitgliedschaft in der *egyesülés* konzentrieren, zum anderen keinen weiteren unkalkulierbaren Haftungsrisiken ausgesetzt sein.

Im Ergebnis überwiegen somit bei der *egyesülés* die personalistischen Elemente, weshalb sie in Deutschland steuerlich wie eine Personengesellschaft zu behandeln ist.

4. szövetkezet (eG)

Der Zweck der ungarischen Genossenschaft (*szövetkezet*) ist – obwohl als Selbsthilfeeinrichtung angesehen – nicht auf die Förderung des Erwerbs und der Wirtschaft ihrer Mitglieder beschränkt, vielmehr darf er primär in der Gewinnerzielung bestehen.[1302] Die praktisch wichtigsten Felder, auf denen sich Genossenschaften in Ungarn betätigen, sind Landwirtschaft,

---

[1298] Vgl. auch *Mindach*, Rechtstips für Exporteure/Ungarn S. 90.
[1299] Vgl. Teil 1 Kapitel 2 E II 4.
[1300] Zur besonderen Bedeutung des Merkmals der persönlichen Haftung vgl. Teil 1 Kapitel 2 E II 7.
[1301] Das gilt aber nur, soweit es sich um natürliche Personen handelt.
[1302] *Pajor-Bytomski*, Gesellschaftsrecht in Ungarn S. 9 sowie S. 116.

Handel, Wohnungsbau und Sparkassen.[1303] Dies entspricht im Wesentlichen auch dem genossenschaftlichen Zweck einer deutschen eG, weshalb hier ein Vergleich mit der eG erfolgen soll.

a) Gegenüberstellung der Typusmerkmale

Typusmerkmal	**szövetkezet**	**eG als deutsche Vergleichsform**
Juristische Person oder Gesamthandsgesellschaft?	juristische Person (§ 3 S. 2 ungGenG)	juristische Person
Entstehung durch Vertragsschluss oder durch Registrierung?	Eintragung im Firmenregister konstitutiv (§ 7 Abs. 2 ungGenG)	Eintragung konstitutiv
Sachfirma oder Personalfirma?	Sachfirma oder Mischfirma, nicht jedoch reine Personalfirma; Rechtsformzusatz zwingend (§ 15 Abs. 1 RegisterG)	freies Firmenwahlrecht mit zwingendem Rechtsformzusatz
Eintritt und Austritt jederzeit möglich? Abfindungsanspruch bei Ausscheiden?	Übertragung der Mitgliedschaft durch Veräußerung des Geschäftsanteils auch an Nichtmitglieder möglich; dann aber Vorkaufsrecht der Genossen (§ 56 Abs. 2 ungGenG); Auflösung, wenn Mitgliedzahl unter 5 (§ 89 Abs. 1 ungGenG	ordentliche Kündigung oder Übertragung des Geschäftsguthabens zulässig; Fortführung der Gesellschaft
Große oder kleinere Mitgliederzahl?	mindestens 5 natürliche oder juristische Personen (§§ 4, 5 ungGenG)	mindestens 7 Mitglieder
Fremdorganschaft oder Selbstorganschaft? Einzelgeschäftsführung oder Gesamtgeschäftsführung? Einzelvertretungsmacht oder Gesamtvertretung?	Selbstorganschaft (§ 29 Abs. 1 ungGenG),[1304] wobei die Vertretung auch leitendem Arbeitnehmer als „geschäftsführendem Direktor" gestattet werden darf; obligatorischer Aufsichtsrat bei mehr als 50 Mitgliedern (§ 30 ungGenG); auch für Aufsichtsrat gilt Prinzip der Selbstorganschaft	Vorstände und Aufsichtsräte müssen zwingend Genossen sein
Mehrheitsentscheidungen oder Einstimmigkeitsprinzip in Mitgliederversammlungen?	grds. Mehrheitsprinzip; offene Abstimmung (§ 22 Abs. 3 ungGenG)	grds. einfache Mehrheit
Besondere Treuepflichten gegenüber Mitgesellschaftern?	persönliche Beteiligung an der Tätigkeit der Genossenschaft erforderlich (§ 46 ungGenG)	weitgehende Treuepflichten; Bereitschaft zur gemeinschaftlichen Selbsthilfe
Trennung zwischen Haftung der Gesellschaft und Haftung der Gesellschafter oder unmittelbare Außenhaftung der Gesellschafter?	keine persönliche Haftung der Mitglieder; anders bei Wohnungsgenossenschaften (§ 69 Abs. 2 ungGenG)	keine persönliche Haftung der Genossen; grds. vorgesehene Nachschusspflicht kann ausgeschlossen werden
Wirtschaftliche Stellung	nicht unbedeutend[1305]	geringe Bedeutung

[1303] *Pajor-Bytomski*, Gesellschaftsrecht in Ungarn S. 116.
[1304] Vgl. § 11 Abs. 1 GWG; hier spricht das Gesetz im Zusammenhang mit der Vertretung von „anderen Mitgliedern" als den Vorständen.
[1305] Mitte 2000 existierten rund 5800 aktive Genossenschaften mit ungefähr 170.0000 Mitgliedern (*Pajor-Bytomski*, Gesellschaftsrecht in Ungarn S. 116).

b) Typenvergleich

Die *szövetkezet* entspricht in ihrer inneren Organisation in allen Punkten der eG. Abweichungen in Details – etwa Höhe der Mindestmitgliedzahl oder etwaige Vorkaufsrechte, aber auch Geschäftsführung durch „geschäftsführenden Direktor" – führen nicht dazu, dass den Strukturmerkmalen eine andere Bedeutung zuzumessen wäre. Probleme bereitet schon eher das Wesen der Gesellschaft. Die deutsche eG darf nur zu ganz bestimmten, in § 1 GenG abschließend aufgezählten Zwecken gegründet werden. Eine derartige Beschränkung fehlt im ungGenG. Grundsätzlich gilt, dass bei den Rechtsformen mit konkret bestimmtem Unternehmensgegenstand eine Vergleichbarkeit dann von vornherein ausscheiden muss, wenn ein anderer, als der vorgesehene Unternehmensgegenstand verfolgt wird.[1306] In der Praxis sind bzgl. der gewählten Unternehmensgegenstände einer *szövetkezet* und einer eG keine nennenswerten Abweichungen festzustellen. Die formelle Tatsache, dass eine abschließende Aufzählung der Genossenschaftszwecke im ungarischen Recht fehlt, soll daher einem Vergleich dieser beiden Rechtsformen nicht entgegenstehen. Ähnliches gilt für die Tatsache, dass die ungarische Genossenschaft auf Gewinnerzielung gerichtet sein kann. Nach deutschem Genossenschaftsrecht sind „Dividendengenossenschaften" zwar unzulässig. Das bedeutet jedoch nicht, dass eine Genossenschaft nicht auch auf Gewinnerzielungsabsicht ausgerichtet sein darf.[1307] Der Gewinn soll nur möglichst wieder den Unternehmen der Mitglieder zu Gute kommen.[1308] Im Ergebnis ist damit eine Vergleichbarkeit von *szövetkezet* und eG zu bejahen, womit die *szövetkezet* bei beschränkter Steuerpflicht in Deutschland der Besteuerung nach dem KStG unterliegt.

5. közkereseti társaság (OHG)

In der kkt übernehmen die Gesellschafter die Verpflichtung, mit unbeschränkter und gesamtschuldnerischer Haftung eine gemeinsame Wirtschaftstätigkeit auszuüben (§ 81 Abs. 1 GWG). Damit ähnelt die kkt nach Organisation und Struktur der deutschen OHG.

a) Gegenüberstellung der Typusmerkmale

Typusmerkmal	kkt	OHG als deutsche Vergleichsform
juristische Person oder Gesamthandsgesellschaft?	keine juristische Person (§ 2 Abs. 2 GWG), aber Rechtssubjekt (§ 2 Abs. 3 GWG) für ausdrücklich bestimmte Fälle[1309]	Gesamthandsgesellschaft

[1306] Teil 1 Kapitel 5 B I 3 a. E.
[1307] *Beuthien*, Genossenschaftsgesetz § 19 Rz. 1.
[1308] Ausführlich hierzu *Beuthien*, Genossenschaftsgesetz § 19 Rz. 1.
[1309] *Schmitz-Filvig*, Rahmenbedingungen in Ungarn S. 122.

Entstehung durch Abschluss des Gesellschaftsvertrags oder durch Registrierung?	für alle Wirtschaftsgesellschaften, d. h. auch Personengesellschaften echte Vorgesellschaft mögl.; diese soll mit späterer Gesellschaft identisch sein (§ 14 Abs. 1 GWG); persönliche Haftung der Gesellschafter der Vorgesellschaft; Eintragung der kkt hat konstitutiven Charakter (§ 16 Abs. 2 GWG)	Entstehung durch Vertrag
Sachfirma oder Personalfirma?	Sachfirma oder Mischfirma, nicht jedoch reine Personalfirma; Rechtsformzusatz zwingend (§ 15 Abs. 1 RegisterG)	Personalfirma nicht mehr zwingend
Eintritt und Austritt jederzeit möglich? Abfindungsanspruch bei Ausscheiden?	unabdingbares ordentliches Kündigungsrecht bei kkt mit unbeschränkter Dauer (§ 93 Abs. 1 GWG); Fortbestand bei Ausscheiden, soweit nicht anders geregelt (§ 10 Abs. 4, § 53 GWG); Abfindungsanspruch bei Ausscheiden (§ 95 Abs. 1 GWG)	gesetzlicher Regelfall ist Fortbestand bei Ausscheiden eines Gesellschafters; ein Abfindungsanspruch besteht
Große oder kleinere Mitgliederzahl?	zwei oder mehr natürliche oder juristische Personen (§ 3 Abs. 1 und 2 GWG); eine natürliche Person darf nicht Gesellschafter einer weiteren kkt oder Komplementär einer bt sein (§ 4 Abs. 1 GWG)	mindestens 2 Gesellschafter
Fremdorganschaft oder Selbstorganschaft? Einzelgeschäftsführung oder Gesamtgeschäftsführung? Einzelvertretungsmacht oder Gesamtvertretung?	Selbstorganschaft (§ 86 Abs. 1 und 2 GWG);[1310] Einzelgeschäftsführung (abdingbar § 86 Abs. 1 GWG); gesetzlicher Regelfall ist Einzelvertretungsmacht (§ 88 GWG);[1311] obligatorischer Aufsichtsrat bei mehr als 200 Arbeitnehmern (§ 31 Abs. 2 lit. c GWG)	es gilt Grundsatz der Selbstorganschaft; gesetzlich vorgesehen sind Einzelgeschäftsführung und Einzelvertretungsmacht; i. d. R. enthält Gesellschaftsvertrag jedoch abweichende Bestimmungen
Mehrheitsentscheidungen oder Einstimmigkeitsprinzip in Mitgliederversammlungen?	grds. einfache Mehrheit (§ 89 Abs. 4 GWG)	gesetzlicher Regelfall ist Einstimmigkeit, häufig gesellschaftsvertragliche Abweichungen
Besondere Treuepflichten gegenüber Mitgesellschaftern?	Treuepflicht bzgl. Stimmrechtsausübung (§ 19 Abs. 2 GWG); Verschwiegenheitspflicht (§ 25 Abs. 1 und 2 GWG) und Wettbewerbsverbot (§ 27 Abs. 1 GWG) für Geschäftsführer	umfassende Treuepflichten
Trennung zwischen Haftung der Gesellschaft und Haftung der Gesellschafter oder unmittelbare Außenhaftung der Gesellschafter?	für Verbindlichkeiten haftet primär die Gesellschaft, die persönliche Haftung der Gesellschafter ist subsidiär (§ 81 Abs. 1 GWG)	unbeschränkte Haftung
Wirtschaftliche Stellung	eher gering[1312]	eher gering

[1310] Vgl. auch *Pajor-Bytomski*, Gesellschaftsrecht in Ungarn S. 50 f.
[1311] Ausdrücklich *Pajor-Bytomski*, Gesellschaftsrecht in Ungarn S. 51.
[1312] Im Jahr 1999 handelte es sich bei 10,55 % der eingetragenen Wirtschaftsgesellschaften und Genossenschaften um Gesellschaften in der Rechtsform der kkt (*Pajor-Bytomski*, Gesellschaftsrecht in Ungarn S. 49).

b) *Typenvergleich*

Die kkt ungarischen Rechts entspricht weitgehend der deutschen OHG. Obwohl sie keine juristische Person ist, kommt der Eintragung konstitutive Bedeutung zu. Da aber bis zur Eintragung bereits das Recht der kkt anwendbar ist, hat dies kaum praktische Auswirkungen. Abweichend vom deutschen Recht genügt bei Gesellschafterbeschlüssen i. d. R. die einfache Stimmenmehrheit. Diesem Merkmal kommt allerdings nur geringe Aussagekraft zu, da auch die Gesellschaftsverträge der deutschen Personengesellschaften überwiegend Mehrheitsklauseln enthalten.[1313] Dass die Wahl einer reinen Personalfirma unzulässig ist, hat wenig zu bedeuten, da diese Regelung für alle ungarischen Gesellschaftsformen gilt. Auch die Tatsache, dass bei einer kkt mit über 200 Mitgliedern ein Aufsichtsrat einzurichten ist, stellt eine zweckmäßige Regelung dar, die aufgrund des seltenen Anwendungsfalls an der personalistischen Grundstruktur der kkt wenig ändert. Da Wirtschaftsgesellschaften grundsätzlich auf unbeschränkte Dauer geschlossen werden (§ 10 Abs. 4 GWG), ist eine ordentliche Kündigung i. d. R. unabdingbar vorgesehen. Damit geht ein personalistisches Merkmal, nämlich das Ausscheiden nur mit Zustimmung der übrigen Gesellschafter, verloren. Andererseits ist eine vertragliche Regelung zur Übertragbarkeit der Mitgliedschaft nach der Rechtsprechung unzulässig, was wiederum ein starkes personalistisches Element ist.[1314] Die persönliche Haftung der Gesellschafter für Verbindlichkeiten der Gesellschaft ist nur subsidiär. Dieser Abweichung kommt gewisse strukturprägende Bedeutung zu. Sie bringt deutlich zum Ausdruck, dass das Gesellschaftsvermögen vom Vermögen der Gesellschafter gesondert zu betrachten ist.[1315] Letztendlich kann die subsidiäre Gesellschafterhaftung aber nicht ausschlaggebend dafür sein, dass eine Vergleichbarkeit mit der deutschen OHG abzulehnen ist. Denn eine persönliche Haftung der Gesellschafter, auch wenn sie subsidiär ist, bleibt ein typisches Merkmal der Personengesellschaft.

6. betéti társaság (KG)

Die bt wird als Sonderform der kkt verstanden, die sich nur durch die besondere Haftungsform einiger ihrer Gesellschafter von der kkt unterscheidet. Sie ähnelt daher von der Struktur her der deutschen KG.

a) *Gegenüberstellung der Typusmerkmale*

Typusmerkmal	bt	KG als deutsche Vergleichsform
Juristische Person oder Gesamthandsgesellschaft?	keine juristische Person (§ 2 Abs. 2 GWG), aber Rechtssubjekt (§ 2 Abs. 3 GWG)	Gesamthandsgesellschaft

[1313] Teil 1 Kapitel 2 E II 5.
[1314] Vgl. *Pajor-Bytomski*, Gesellschaftsrecht in Ungarn S. 57
[1315] *Schmitz-Filvig*, Rahmenbedingungen in Ungarn S. 123.

Entstehung durch Abschluss des Gesellschaftsvertrags oder durch Registrierung?	konstitutive Eintragung (§ 16 Abs. 2 GWG)	Eintragung deklaratorisch
Sachfirma oder Personalfirma?	Sachfirma oder Mischfirma, nicht jedoch reine Personalfirma; Rechtsformzusatz zwingend (§ 15 Abs. 1 RegisterG)	Personalfirma nicht mehr erforderlich
Eintritt und Austritt jederzeit möglich? Abfindungsanspruch bei Ausscheiden?	wie bei der ktt; Kommanditanteile sind nach der Rspr. nicht übertragbar[1316]	Fortbestand bei Ausscheiden eines Gesellschafters; Abfindungsanspruch
Große oder kleinere Mitgliederzahl?	zwei oder mehr natürliche oder juristische Personen (§ 3 Abs. 1 und 2 GWG)	mindestens 2 Mitglieder
Fremdorganschaft oder Selbstorganschaft? Einzelgeschäftsführung oder Gesamtgeschäftsführung? Einzelvertretungsmacht oder Gesamtvertretung?	Selbstorganschaft wie bei der kkt; Kommanditist ist von Geschäftsführung und Vertretung ausgeschlossen, wenn er nicht unbeschränkt haftet (§ 102 i. V. m. § 103 GWG)	Grundsatz der Selbstorganschaft; Einzelgeschäftsführung und Einzelvertretungsmacht als gesetzlicher Grundfall; Kommanditist ist ausgeschlossen, soweit keine außergewöhnlichen Geschäfte vorliegen
Mehrheitsentscheidungen oder Einstimmigkeitsprinzip in Mitgliederversammlungen?	wie bei kkt	Vertragsfreiheit; Regelfall Einstimmigkeit; Komplementäre nicht als solche stimmberechtigt
Besondere Treuepflichten gegenüber Mitgesellschaftern?	Treuepflicht bzgl. Stimmrechtsausübung (§ 19 Abs. 2 GWG); Verschwiegenheitspflicht (§ 25 Abs. 1 und 2 GWG) und Wettbewerbsverbot (§ 27 Abs. 1 GWG) für Geschäftsführer	besondere Treuepflichten
Trennung zwischen Haftung der Gesellschaft und Haftung der Gesellschafter oder unmittelbare Außenhaftung der Gesellschafter?	unbeschränkte, aber subsidiäre Haftung der Komplementäre; auf vereinbarten Vermögensbeitrag beschränkte Haftung der Kommanditisten (§ 101 Abs. 1 GWG), es sei denn, Kommanditist ist in Firma genannt (§ 103 Abs. 1 GWG)	Kommanditisten haften nur bis zur Höhe der noch nicht erbrachten Einlage, Komplementäre hingegen unbeschränkt
Wirtschaftliche Stellung	k. A.	groß

b) Typenvergleich

Die bt entspricht in ihrer Ausgestaltung der KG des deutschen Rechts. Abweichungen gegenüber der deutschen KG laufen parallel zu den Abweichungen zwischen kkt und OHG, weshalb auf die dortigen Ausführungen verwiesen werden kann. Auffallend ist nur, dass auch Kommanditisten durch Nennung in der Firma an der Geschäftsführung zu beteiligen sind und persönlich haften. Falls in einer bt alle Kommanditisten in der Firma genannt werden sollten, ist daher fast eine größere Ähnlichkeit mit der deutschen OHG gegeben. Diese Gestaltungsmöglichkeit nach ungarischem Recht ändert aber nichts an der steuerlichen Behandlung der bt als Personengesellschaft.

[1316] Nachweis bei *Pajor-Bytomski*, Gesellschaftsrecht in Ungarn S. 61.

7. közös vállalat („Gemeinschaftsunternehmen")

Der Name *közös vállalat* wird mit Gemeinschaftsunternehmen übersetzt, welches eine besondere Rechtsform des Zusammenschlusses von Unternehmen darstellt. Typische Beispiele einer gemeinsamen wirtschaftlichen Betätigung sind Forschungsstätten sowie die Herstellung von Hilfs- oder Vorprodukten.[1317] Eine deutsche Gesellschaftsform kommt für eine konkreten Vergleich nicht in Betracht, weshalb hier eine abstrakte Einordnung vorzunehmen ist.

a) Gegenüberstellung der Typusmerkmale

Typusmerkmal	kv	**keine vergleichbare Gesellschaftsform**
Juristische Person oder Gesamthandsgesellschaft?	juristische Person (§ 2 Abs. 2 GWG)	(formelles) Körperschaftsmerkmal
Entstehung durch Abschluss des Gesellschaftsvertrags oder durch Registrierung?	konstitutive Eintragung (§ 16 Abs. 2 GWG)	Körperschaftsmerkmal
Sachfirma oder Personalfirma?	Sachfirma oder Mischfirma, nicht jedoch reine Personalfirma; Rechtsformzusatz zwingend (§ 106 Abs. 2 GWG)	keine Aussagekraft
Eintritt und Austritt jederzeit möglich? Abfindungsanspruch bei Ausscheiden?	ordentliche Kündigung immer möglich (§ 117 Abs. 2 GWG); auch Übertragung bei Zustimmung der übrigen Gesellschafter mit 3/4 Mehrheit (§ 109 Abs. 2 lit. h, § 111 Abs. 2 GWG)	eher Merkmal der Personengesellschaft
Große oder kleinere Mitgliederzahl?	zwei oder mehr natürliche oder juristische Personen (§ 3 Abs. 1 und 2 GWG)	keine Aussagekraft
Fremdorganschaft oder Selbstorganschaft? Einzelgeschäftsführung oder Gesamtgeschäftsführung? Einzelvertretungsmacht oder Gesamtvertretung?	Geschäftsführung durch Direktor, Fremdorganschaft mangels abweichender gesetzlichen Regelung möglich (vgl. insb. Formulierungsunterschied zu kkt und bt in § 21 Abs. 2 GWG); Direktor unterliegt Weisungsrecht (§ 114 Abs. 2 GWG); Gesellschaftsvertrag darf Zahl der Direktoren nicht erhöhen[1318]	Tendenz zur Körperschaft
Mehrheitsentscheidungen oder Einstimmigkeitsprinzip in Mitgliederversammlungen?	Vorstandsrat beschließt nach gesetzlichem Regelfall mit einfacher Mehrheit (§ 111 Abs. 1 GWG)	schwaches Merkmal der Körperschaft
Besondere Treuepflichten gegenüber Mitgesellschaftern?	Treuepflicht bzgl. Stimmrechtsausübung (§ 19 Abs. 2 GWG); Verschwiegenheitspflicht und Wettbewerbsverbot (§ 25 Abs. 1 und 2 GWG) für Geschäftsführer (§ 27 Abs. 1 GWG)	Tendenz zur Personengesellschaft

[1317] *Pajor-Bytomski*, Gesellschaftsrecht in Ungarn S. 62.
[1318] *Pajor-Bytomski*, Gesellschaftsrecht in Ungarn S. 63.

Trennung zwischen Haftung der Gesellschaft und Haftung der Gesellschafter oder unmittelbare Außenhaftung der Gesellschafter?	subsidiäre Haftung der Gesellschafter „als Bürgen" (§ 106 Abs. 1 GWG); natürliche Person darf nicht in weiterer Gesellschaft unbeschränkt haftender Gesellschafter sein (§ 4 Abs. 1 GWG)	entscheidendes Merkmal der Personengesellschaften
Wirtschaftliche Stellung	rückläufig[1319]	keine Aussagekraft

b) Typenvergleich

Die kv stimmt ihrer Organisationsform nach in fast allen Punkten mit der oben dargestellten[1320] ungarischen *egyesülés* überein. Abweichungen bestehen zunächst darin, dass die Übertragung der Mitgliedschaftsrechte zwar nicht ausgeschlossen ist, sondern bei Zustimmung der Gesellschafterversammlung mit einer ¾ Mehrheit zulässig ist. Aber auch ein zwingend vorgesehenes Zustimmungserfordernis ist als Merkmal der Personengesellschaft zu werten, selbst wenn es nicht ganz so eindeutig ist, wie der völlige Ausschluss einer Übertragung des Geschäftsanteils. Damit ist die kv mit den zur *egyesülés* vorgebrachten Argumenten mit einer deutschen Personengesellschaft vergleichbar, was auch durch den Standort der gesetzlichen Normierung (direkt hinter der kv) bestätigt wird.

IV. Ergebnis der Einordnung der ungarischen Rechtsformen

Auffällig am ungarischen Gesellschaftsrecht ist, dass alle gesetzlichen Regeln zwingend sind, soweit eine abweichende Gestaltung nicht explizit für zulässig erklärt wird. Die Gestaltungsfreiheit der Gesellschafter ist damit deutlich geringer, als in Deutschland. Das Recht der ungarischen Wirtschaftsgesellschaften weicht in vielen Details vom deutschen Recht ab, insgesamt sind die Strukturen aber ähnlich.

Allgemein ist zu berücksichtigen, dass das ungarische Recht die Vorgesellschaft explizit geregelt hat. Auch hier sind die Bestimmungen der jeweiligen Gesellschaftsform bereits anwendbar, die Gesellschafter haften jedoch in dieser Phase noch persönlich. Für Körperschaften entspricht dies grundsätzlich dem deutschen Recht, so dass hier jeweils ein Vergleich mit der entsprechenden deutschen Vorgesellschaft in Betracht kommt. Bei Personengesellschaften ergibt sich der Unterschied, dass der Eintragung konstitutive Bedeutung zukommt, was aber keine hier relevanten rechtlichen Konsequenzen mit sich bringt.[1321]

Die Einordnung der ungarischen Gesellschaften ohne deutsche Vergleichsform (*egyesülés* und kv) bereitet Schwierigkeiten, da jeweils sowohl körperschaftliche als auch personalisti-

---

1319 *Pajor-Bytomski*, Gesellschaftsrecht in Ungarn S. 62.
1320 Punkt A III 3.
1321 Da nach ungarischem Steuerrecht auch die Personengesellschaften einer Besteuerung nach körperschaftsteuerlichen Grundsätzen unterliegen, kommt es im Abkommensrecht zu einem Qualifikationskonflikt (vgl. *Reith* in Debatin/Wassermeyer, Doppelbesteuerung Ungarn Art. 10 Rz. 17).

sche Elemente vorliegen. Eine Gewichtung der einzelnen Typusmerkmale führt aber zu dem Ergebnis, dass beide Rechtsformen wie deutsche Personengesellschaften zu besteuern sind.

B Polen

I. Allgemeines

In Polen war das Gesellschaftsrecht bislang im Handelsgesetzbuch und im Zivilgesetzbuch geregelt. Diese Gesetzbücher waren stark an das deutsche Handelsgesetzbuch der dreißiger Jahre sowie z. T. auch an das schweizerische Obligationsrecht angelehnt.[1322] Zum 01.01.2001 ist das neue Gesetzbuch der Handelsgesellschaften (HGG) mit einer grundlegenden Reform des Gesellschafts- und Wirtschaftsrechts in Kraft getreten, das die rechtlichen Rahmenbedingungen für den Beitritt Polens zur Europäischen Union schaffen soll.[1323] So standen beispielsweise ausländischen Investoren noch bis zum 01.01.2001 nur die Rechtsformen der Kapitalgesellschaften (S. A. und Sp. z. o. o.) zur Verfügung.[1324] Polen folgt der Sitztheorie.[1325]

II. Die Rechtsformen

In Polen gibt es einen numerus clausus der Gesellschaftsformen.[1326] Folgende Gesellschaftsformen sind anerkannt:

Spólka Akcyjna (S. A.), nach dem Betriebstättenerlass vergleichbar mit der deutschen AG, geregelt in Art. 301 bis 490 HGG,

Spólka komandytowa akcyjna (S. K. A.), im Betriebstättenerlass nicht genannt, übersetzt mit „Kommanditgesellschaft auf Aktien“ geregelt in Art. 125 bis 150 HGG,

Spólka z orgraniczona odpowiedzialnoscia (Sp. z. o. o.), nach dem Betriebstättenerlass vergleichbar mit der deutschen GmbH, geregelt in Art. 151 bis 300 HGG,

Spólka prawa cywilnego (Spólka cywilna) (S. c.), nach dem Betriebstättenerlass vergleichbar mit der deutschen GbR, geregelt in Art. 860 bis 875 ZGB,[1327]

Spólka handlowa jawna (sp. j.), nach dem Betriebstättenerlass vergleichbar mit der deutschen OHG, geregelt in Art. 22 bis 85 HGG,

---

1322 *Bernstorff*, Wirtschaftsrecht in Osteuropa S. 203.
1323 Vom 15.09.2000, Dz. U. Nr. 94, PoS. 1037.
1324 Mit dem Gesetz über das Recht der Wirtschaftstätigkeit vom 19.11.1999 Dz. U. Nr. 101, PoS. 1178 können ausländische Investoren nunmehr alle Rechtsformen wählen (*Niewerth/Schlichte* in Breidenbach, Handbuch Osteuropa Bd. 2 Polen Kapitel C Rz. 202).
1325 Art. 9 § 2 und 3 IPRG (Gesetz über das Internationale Privatrecht vom 12.11.1965 Dz. U. Nr. 46 PoS. 290).
1326 *Mindach*, Rechtstips für Exporteure/Polen S. 84; *Bernstorff*, Wirtschaftsrecht in Osteuropa S. 205.
1327 Vom 23.04.1964 Dz. U. Nr. 16 Pos. 93.

Spółka komandytowa (sp. k.), nach Betriebstättenerlass vergleichbar mit deutscher KG, geregelt in Art. 102 bis 124 HGG,

Spółka partnerska (sp. p.), im Betriebstättenerlass nicht genannt, übersetzt mit „Partnerschaftsgesellschaft", geregelt in Art. 86 bis 101 HGG.

III. Einordnung der einzelnen Rechtsformen

1. Spółka Akcyjna (AG)

Das Grundkapital der S. A. ist in Aktien zerlegt,[1328] weshalb sich ein Vergleich mit der deutschen AG anbietet.

a) Gegenüberstellung der Typusmerkmale

Typusmerkmal	S. A.	AG als deutsche Vergleichsform
Juristische Person oder Gesamthandsgesellschaft?	juristische Person (Art. 12 HGG)	juristische Person
Entstehung durch Abschluss des Gesellschaftsvertrags oder durch Registrierung?	konstitutive Eintragung (Art. 12 HGG)	konstitutive Handelsregistereintragung
Sachfirma oder Personalfirma?	freies Firmenwahlrecht; Rechtsformzusatz zwingend (Art. 305 HGG)	freie Firmenwahl, Rechtsformzusatz zwingend
Eintritt und Austritt jederzeit möglich? Abfindungsanspruch bei Ausscheiden?	Inhaberaktien und Namensaktien sind frei übertragbar, Vinkulierung möglich (Art. 334 § 1, Art. 337 HGG); grds. Entschädigungsanspruch bei Einziehung (Art. 359 § 2 S. 2 HGG)	grds. freie Übertragung; vinkulierte Namensaktien möglich; Abfindungsanspruch bei Einziehung
Große oder kleinere Mitgliederzahl?	Einmann-AG möglich (Art. 301 § 1 HGG)	Einmann-AG zulässig
Fremdorganschaft oder Selbstorganschaft? Einzelgeschäftsführung oder Gesamtgeschäftsführung? Einzelvertretungsmacht oder Gesamtvertretung?	Fremdorganschaft möglich (Art. 368 § 3 HGG); Gesamtgeschäftsführung als Regelfall (Art. 371 § 1 HGG); obligatorischer Aufsichtsrat (Art. 381 HGG); Vertretung im Zweifel durch 2 Vorstände oder Vorstand mit Prokuristen (Art. 373 § 1 S. 2 HGG)	Fremdorganschaft möglich und üblich; Aufsichtsrat ist obligatorisch; nach gesetzlichem Regelfall Gesamtgeschäftsführung und Gesamtvertretung des Vorstands
Mehrheitsentscheidungen oder Einstimmigkeitsprinzip in Mitgliederversammlungen?	in Hauptversammlung ist grds. absolute Mehrheit vorgesehen (Art. 414 HGG)	Beschlussfassung grds. mit einfacher Mehrheit
Besondere Treuepflichten gegenüber Mitgesellschaftern?	keine gesetzlich festgehaltenen Treuepflichten; auch sonst wird Treuepflicht (zumindest nach alter Rechtslage) verneint[1329]	nicht unerhebliche Treuepflichten, Umfang abhängig von Größe der Gesellschaft und daraus resultierender persönlicher Verbundenheit

[1328] *Schnell/Brockhuis* WiRO 2002, 15.

[1329] *Gralla*, Gesellschaftsrecht in Polen S. 33.

Trennung zwischen Haftung der Gesellschaft und Haftung der Gesellschafter oder unmittelbare Außenhaftung der Gesellschafter?	Art. 301 § 5 HGG: Aktionäre haften nicht für Verbindlichkeiten	keine Haftung der Aktionäre
Wirtschaftliche Stellung	zahlenmäßig gering[1330]	zahlenmäßige Verbreitung eher gering, wirtschaftliche Bedeutung aber groß

b) Typenvergleich

Bei einem Vergleich der polnischen S. A. mit der deutschen AG sind geringfügige Abweichungen hinsichtlich Vertretung und Beschlussfassung festzustellen. Da diesbezüglich jedoch bei beiden Gesellschaftsformen regelmäßig eine individuelle Regelung im Gesellschaftsvertrag getroffen wird, ist diesen Abweichungen keine größere Bedeutung zuzumessen. Auch die Tatsache, dass Treuepflichten unter den Gesellschaftern von der polnischen Literaturansicht abgelehnt werden, ändert nichts an der Vergleichbarkeit der S. A. mit der deutschen AG. Denn umfassende Treuepflichten sind eher ein Strukturmerkmal von Personengesellschaften.[1331]

2. Spółka komandytowa akcyjna (KGaA)

Die Möglichkeit, eine S. K. A. zu gründen, soll laut Gesetzesbegründung vor allem Unternehmern, die über eine gefestigte Marktposition verfügen, die Gewinnung von Kapital durch die Zeichnung von Aktien erleichtern, ohne sich der Gefahr einer Übernahme auszusetzen.[1332] Bei der S. K. A. haftet mindestens ein Gesellschafter unbeschränkt und wenigstens ein weiterer Gesellschafter ist Aktionär (Art. 125 HGG), weshalb hier ein Vergleich mit der deutschen KGaA vorgenommen werden soll.

a) Gegenüberstellung der Typusmerkmale

Typusmerkmal	**S. K. A.**	**KGaA als deutsche Vergleichsform**
Juristische Person oder Gesamthandsgesellschaft?	keine juristische Person (Art. 125, HGG)	juristische Person
Entstehung durch Abschluss des Gesellschaftsvertrags oder durch Registrierung?	konstitutive Eintragung (Art. 134 § 1 HGG)	konstitutive Eintragung
Sachfirma oder Personalfirma?	Personalfirma mit zwingendem Rechtsformzusatz (Art. 127 HGG); wird Aktionär in Firma aufgeführt, haftet dieser persönlich	freies Firmenwahlrecht; Rechtsformzusatz zwingend

[1330] Im Jahr 2001 wurden 4,71 % der polnischen Gesellschaften in der Rechtsform der S. A. betrieben (Statistik unter www.stat.gov.pl).

[1331] Teil 1 Kapitel 2 D VI.

[1332] *Brockhuis/Schnell* in Breidenbach, Handbuch Osteuropa Bd. 2 Polen Kapitel D I Rz. 4.

Eintritt und Austritt jederzeit möglich? Abfindungsanspruch bei Ausscheiden?	rechtsgeschäftliche Übertragung der Anteile mögl. (Art. 4 § 1 Nr. 1, Art. 10 HGG); ordentliches Ausscheiden des Komplementärs nur möglich, wenn in Satzung festgelegt (Art. 149 § 1 S. 1 HGG); Fortbestand der Gesellschaft bei Ausscheiden eines Kommanditisten; Auflösung als Regelfall bei Ausscheiden eines Komplementärs (Art. 148 § 1 Nr. 4 HGG)	Gesellschafterwechsel für Kommanditaktionär durch Veräußerung der Aktie; ordentliches Ausscheiden des Komplementärs nur möglich, wenn in Satzung festgelegt; Gesellschaft besteht grds. bei Ausscheiden von Komplementär oder Kommanditaktionär fort
Große oder kleinere Mitgliederzahl?	zwei oder mehr natürliche oder juristische (vgl. Art. 127 § 3 HGG) Personen (Art. 125 HGG)	mind. 5 Gesellschafter
Fremdorganschaft oder Selbstorganschaft? Einzelgeschäftsführung oder Gesamtgeschäftsführung? Einzelvertretungsmacht oder Gesamtvertretung?	Selbstorganschaft (Art. 140 HGG); Geschäftsführung und Vertretung nur durch Komplementär (Art. 140 § 1 HGG); fakultativer, ab 25 Aktionären obligatorischer Aufsichtsrat (Art. 142 HGG)	Geschäftsführung durch Komplementäre (Grundsatz der Selbstorganschaft); gesetzlicher Regelfall sieht Einzelvertretungsmacht und Einzelgeschäftsführungsbefugnis vor
Mehrheitsentscheidungen oder Einstimmigkeitsprinzip in Mitgliederversammlungen?	detaillierte gesetzliche Regelung, welche Beschlüsse nicht gegen Stimme der Komplementäre gefasst werden dürfen (Art. 146 HGG)	Beschlüsse der Hauptversammlung grds. mit einfacher Mehrheit
Besondere Treuepflichten gegenüber Mitgesellschaftern?	keine gesetzlich vorgegebenen Treuepflichten; da KGaA nach polnischem Recht als Personengesellschaft gilt, wird Rechtsprechung auf Regelungen zu diesen zurückgreifen	Treuepflichten auch für Kommanditaktionäre untereinander
Trennung zwischen Haftung der Gesellschaft und Haftung der Gesellschafter oder unmittelbare Außenhaftung der Gesellschafter?	nur Komplementäre haften unbeschränkt (Art. 125, 135 HGG)	keine Haftung der Kommanditaktionäre; unbeschränkte Haftung der Komplementäre
Wirtschaftliche Stellung	noch unbedeutend[1333]	sehr gering

b) Typenvergleich

Ein Typenvergleich zwischen der polnischen S. K. A. und der deutschen KGaA ist deshalb besonders interessant, weil die S. K. A. nach polnischem Recht als Personengesellschaft eingeordnet wird.[1334] Die zivilrechtliche Einordnung im Heimatstaat kann ebenso wie die steuerliche Behandlung im Heimatstaat auf den Typenvergleich keinen unmittelbaren Einfluss haben.[1335] Es ist daher ein gewöhnlicher Typenvergleich vorzunehmen.

S. K. A. und KGaA weichen nur in wenigen Punkten voneinander ab. Zunächst hat die KGaA nicht den Status einer juristischen Person inne. Daneben ist die S. K. A verpflichtet, eine Personalfirma zu führen. Das Ausscheiden eines Komplementärs führt nach dem gesetzlichen Regelfall zur Auflösung. Schließlich sind zur Gründung nicht fünf, sondern lediglich zwei

[1333] Im Jahr 2001 wurden nur 3 polnischen Gesellschaften in der Rechtsform der S. K. A. gegründet (Statistik unter www.stat.gov.pl).
[1334] *Brockhuis/Schnell* in Breidenbach, Handbuch Osteuropa Bd. 2 Polen Kapitel D I Rz. 33.
[1335] Vgl. Teil 1 Kapitel 5 B I 2.

Gesellschafter erforderlich. Hinsichtlich dieser Abweichungen ist die polnische S. K. A. somit stärker personalistisch geprägt, als die deutsche KGaA. Auch wenn die KGaA schon nach deutschem Recht an der Grenze zur Personengesellschaft steht,[1336] führen diese Abweichungen dennoch nicht dazu, dass eine Vergleichbarkeit zwischen S. K. A. und KGaA zu verneinen wäre. Denn den Unterschieden kommt im Ergebnis keine größere Bedeutung zu. Die Firma enthält keine Aussage zur tatsächlichen Struktur der Gesellschaft. Die Auflösung bei Ausscheiden eines Komplementärs gilt nur, falls die Satzung keine anderweitige Regelung trifft. Da ein Komplementär aber nur bei entsprechender gesellschaftsvertraglicher Regelung überhaupt ausscheiden darf, wird die Satzung in diesen Fällen regelmäßig eine Fortsetzungsklausel enthalten. Die Mindestzahl der Gesellschafter gibt keinerlei Aufschluss über eine körperschaftliche oder personalistische Struktur. Probleme bereitet damit allenfalls die Tatsache, dass die S. K. A. nach polnischem Recht nicht den Status einer juristischen Person hat. Da jedoch die zivilrechtlichen Folgen dieser Tatsache nach polnischem Recht genau wie nach deutschem Recht kaum erkennbar sind (vgl. Art. 8 § 1 HGG), handelt es sich auch hierbei im Grunde um ein rein formales Merkmal. Der polnische Gesetzgeber wollte damit zum Ausdruck bringen, dass er die S. K. A. als Personengesellschaft sieht. Der Typenvergleich ist aber nach den leitenden Gedanken des *deutschen* Steuer- und Zivilrechts vorzunehmen.[1337] Da es an relevanten Abweichungen in der tatsächlichen gesellschaftsrechtlichen Struktur fehlt, kann der Wille des polnischen Gesetzgebers nicht ausschlaggebend für die steuerliche Behandlung in Deutschland sein.

Damit ist die S. K. A. trotz ihrer gesellschaftsrechtlichen Einordnung als Personengesellschaft nach polnischem Recht mit der deutschen KGaA vergleichbar und steuerlich wie diese zu behandeln.

3. Spólka z orgraniczona odpowiedzialnoscia (GmbH)

Die Sp. z. o. o. ist eine Gesellschaft, die mit einem im Voraus bestimmten Stammkapital gegründet wird und bei der die Gesellschafter für die Verbindlichkeiten der Gesellschaft nicht persönlich haften. Sie ähnelt damit in ihrer Struktur einer deutschen GmbH.

a) Gegenüberstellung der Typusmerkmale

Typusmerkmal	**sp. z. o. o.**	**GmbH als deutsche Vergleichsform**
Juristische Person oder Gesamthandsgesellschaft?	juristische Person (Art. 12 HGG)	juristische Person
Entstehung durch Abschluss des Gesellschaftsvertrags oder durch Registrierung?	konstitutive Eintragung (Art. 12 HGG)	Eintragung konstitutiv

1336 Teil 1 Kapitel 2 D I-IX.
1337 Vgl. Teil 1 Kapitel 5 B I 2.

Sachfirma oder Personalfirma?	freies Firmenwahlrecht; zwingender Rechtsformzusatz (Art. 160 HGG)	freie Firmenwahl zwingender Rechtsformzusatz
Eintritt und Austritt jederzeit möglich? Abfindungsanspruch bei Ausscheiden?	Übertragung kann von Zustimmung der Gesellschaft abhängig gemacht werden (Art. 182 § 1 HGG); Fortbestand bei Ausscheiden (vgl. Art. 270 HGG); bei Ausschluss Abfindung mit Verkehrswert (Art. 266 § 3 HGG)	Übertragung der Geschäftsanteile kann an Zustimmung der Gesellschaft geknüpft werden; bei Einziehung eines Geschäftsanteils besteht Abfindungsanspruch
Große oder kleinere Mitgliederzahl?	Einmann-GmbH ist möglich, (Art. 151 § 1 HGG)	Einmann-GmbH möglich
Fremdorganschaft oder Selbstorganschaft? Einzelgeschäftsführung oder Gesamtgeschäftsführung? Einzelvertretungsmacht oder Gesamtvertretung?	Fremdorganschaft möglich (Art. 201 § 2 HGG);[1338] grds. Einzelgeschäftsführung (Art. 208 § 2 HGG); Vertretung nach gesetzlichem Regelfall durch zwei Vorstände oder einen Vorstand und Prokuristen (Art. 205 § 1 HGG); obligatorischer Aufsichtsrat bzw. Revisionskommission bei Stammkapital von mehr als 500.000 PLN oder bei mehr als 25 Gesellschaftern (Art. 213 § 2 HGG)	Fremdorganschaft möglich; für mehrere Geschäftsführer gilt nach gesetzlichem Regelfall Gesamtgeschäftsführung und Gesamtvertretung
Mehrheitsentscheidungen oder Einstimmigkeitsprinzip in Mitgliederversammlungen?	grds. absolute Mehrheit (Art. 245 HGG)	grds. einfache Mehrheit
Besondere Treuepflichten gegenüber Mitgesellschaftern?	k. A.	umfassende Treuepflichten
Trennung zwischen Haftung der Gesellschaft und Haftung der Gesellschafter oder unmittelbare Außenhaftung der Gesellschafter?	keine persönliche Haftung der Gesellschafter (Art. 153 § 4 HGG)	keine persönliche Haftung der Gesellschafter
Wirtschaftliche Stellung	überragende Bedeutung[1339]	beliebte Rechtsform

b) Typenvergleich

Die sp. z. o. o. entspricht in allen wesentlichen Punkten der deutschen GmbH. Lediglich hinsichtlich Geschäftsführung und Vertretung sind nach dem gesetzlichen Regelfall Abweichungen festzustellen, denen aber aufgrund ihres dispositiven Charakters keine große Bedeutung beizumessen ist. Damit ist die sp. z. o. o. in Deutschland steuerlich wie die GmbH zu behandeln.

4. Spólka prawa cywilnego (GbR)

Die S. c. (zivile Gesellschaft) ist eine auf Vertrag beruhende Personenvereinigung zur Erreichung eines gemeinschaftlichen Zwecks, der zwingend wirtschaftlich, nicht jedoch unbedingt gewerblich ausgerichtet sein muss.[1340] Gerade aufgrund der zwingenden wirtschaftlichen Aus-

[1338] *Brockhuis/Schnell* in Breidenbach, Handbuch Osteuropa Bd. 2 Polen Kapitel D I Rz. 51.

[1339] Im Jahr 2001 wurden mehr als 90 % der polnischen Gesellschaften in der Rechtsform der sp. z. o. o. betrieben (Statistik unter www.stat.gov.pl).

[1340] *Gralla*, Gesellschaftsrecht in Polen S. 10.

richtung soll die S. c. hier anders als die ungarische und slowenische bürgerlich-rechtliche Gesellschaft mit dargestellt werden. Es bietet sich ein Vergleich mit der deutschen GbR an.

a) Gegenüberstellung der Typusmerkmale

Typusmerkmal	**S. c.**	**GbR als deutsche Vergleichsform**
Juristische Person oder Gesamthandsgesellschaft?	S. c. besitzt weder Rechtspersönlichkeit noch Rechtsfähigkeit (Art. 860 § 1 ZGB), weshalb sie eher als vertragliches Schuldverhältnis, als als rechtliche Organisationsform gesehen wird[1341]	Gesamthandsgesellschaft
Entstehung durch Abschluss des Gesellschaftsvertrags oder durch Registrierung?	bei Ausübung einer Wirtschaftstätigkeit Eintragung in Wirtschaftstätigkeitsregister notwendig (Art. 2 und 8 WiTG); diese hat keine konstitutive Wirkung[1342]	Entstehung durch Vertrag
Sachfirma oder Personalfirma?	k. A.	keine Firma erforderlich
Eintritt und Austritt jederzeit möglich? Abfindungsanspruch bei Ausscheiden?	Eintritt eines Dritten nur bei Änderung des Gesellschaftsvertrags; Austritt durch nachträgliche Änderung des Gesellschaftsvertrags oder durch ordentliche Kündigung (Art. 869 ZGB); Abfindungsanspruch (Art. 871 ZGB)	nur durch vertragliche Vereinbarung; gesetzlicher Regelfall ist Auflösung bei Ausscheiden
Große oder kleinere Mitgliederzahl?	mindestens 2 Gesellschafter[1343]	mindestens 2 Gesellschafter
Fremdorganschaft oder Selbstorganschaft? Einzelgeschäftsführung oder Gesamtgeschäftsführung? Einzelvertretungsmacht oder Gesamtvertretung?	Fremdorganschaft uneingeschränkt zulässig;[1344] grds. Einzelgeschäftsführung (Art. 865 § 1 ZGB); vertretungsbefugt ist, wer geschäftsführungsbefugt ist (Art. 866 ZGB)	Grundsatz der Selbstorganschaft; Gesamtgeschäftsführung; Gesamtvertretungsmacht
Mehrheitsentscheidungen oder Einstimmigkeitsprinzip in Mitgliederversammlungen?	keine explizite gesetzliche Regelung, grds. Mehrheitsbeschlüsse (vgl. Art. 865 § 2 S. 2 ZGB, der anders als Art. 873 ZGB nicht Zustimmung aller Gesellschafter verlangt)	Einstimmigkeit als gesetzlicher Regelfall
Besondere Treuepflichten gegenüber Mitgesellschaftern?	anerkannte Loyalitätspflicht der Gesellschafter[1345]	umfassende Treuepflichten
Trennung zwischen Haftung der Gesellschaft und Haftung der Gesellschafter oder unmittelbare Außenhaftung der Gesellschafter?	unbeschränkte gesamtschuldnerische Haftung aller Gesellschafter (Art. 864 ZGB)	unbeschränkte akzessorische Haftung der Gesellschafter
Wirtschaftliche Stellung	gering[1346]	stark verbreitet; wirtschaftliche Bedeutung eher gering

---

1341 Tereszkiewicz WiRO 2002, 97, 101.
1342 *Gralla*, Gesellschaftsrecht in Polen S. 11.
1343 *Gralla*, Gesellschaftsrecht in Polen S. 10.
1344 So ganz eindeutig *Gralla*, Gesellschaftsrecht in Polen S. 13 m. w. N.
1345 *Gralla*, Gesellschaftsrecht in Polen S. 12.
1346 Vgl. unter www.stat.gov.pl.

b) Typenvergleich

Die S. c. ist zwar die zivilrechtliche Gesellschaftsform des polnischen Rechts, die auch im Zivilgesetzbuch geregelt ist. Ein Vergleich mit der deutschen GbR bringt aber eine Vielzahl von Abweichungen zum Ausdruck. Ganz wesentlich ist, dass die S. c. wirtschaftliche Zwecke verfolgen muss und auch gewerblich tätig sein kann. Eine GbR wird im deutschen Recht hingegen gerade nicht ausschließlich für eine wirtschaftliche Betätigung und nur selten für (klein-)gewerbliche Zwecke gewählt.[1347] Aber auch die gesetzlichen Vorgaben zur Struktur der S. c. haben mit der GbR wenig gemeinsam. So ist die S. c. nicht rechtsfähig, was hier bedeutet, dass sie nicht geschäfts-, wechsel- und parteifähig ist.[1348] Dagegen besteht eine Eintragungsmöglichkeit, die der S. c. allerdings nur eine Insolvenzfähigkeit bringt und die das deutsche Recht für die GbR nicht kennt. Bei Ausscheiden eines Mitglieds ist der Fortbestand der Gesellschaft der gesetzliche Regelfall. Der Grundsatz der Selbstorganschaft gilt gerade nicht. Gesellschafterbeschlüsse werden mit einfacher Mehrheit gefasst. Bei diesen Abweichungen handelt es sich überwiegend nicht wie bei vielen der bisher betrachteten Fälle um Abweichungen in Details bei grundsätzlicher Vergleichbarkeit. Vielmehr sind diese Abweichungen fast alle gerade gegenteilig zu den Regelungen des deutschen Rechts der GbR. Damit muss eine Vergleichbarkeit mit der deutschen GbR ausgeschlossen werden. Vielmehr ist durch eine abstrakte Gewichtung der Typusmerkmale wie bei einer Gesellschaft, bei der von vornherein keine Vergleichsform in Betracht kommt, zu prüfen, ob eher Merkmale einer Personengesellschaft oder Körperschaft erfüllt sind.[1349]

Einige Merkmale deuten eher auf eine Körperschaft hin. Dass Gesellschafterbeschlüsse grds. mit einfacher Mehrheit zu schließen sind und die Gesellschaft im Regelfall bei Ausscheiden eines Mitglieds fortbesteht, hat wenig Aussagekraft.[1350] Bemerkenswert ist jedoch die Zulässigkeit der Fremdorganschaft. Im Ergebnis kann dennoch nicht daran gezweifelt werden, dass es sich bei der S. c. um eine Personengesellschaft handelt. Grund dafür ist neben der unbeschränkten Haftung aller Gesellschafter – die nur deshalb nicht allein ausschlaggebend sein kann, weil dies auch für den deutschen nichtrechtsfähigen Verein gilt – die fehlende Rechtsfähigkeit. Eine Gesellschaft, die gegenüber ihren Mitgliedern in keinster Weise verselbständigt ist und damit deutlich stärker personalistisch geprägt ist, als die deutsche GbR, kann im Ergebnis nur wie eine Personengesellschaft behandelt werden.[1351] Damit sind die Gesellschafter der S. c. bei einer Steuerpflicht in Deutschland zu einer Einkommensbesteuerung nach dem EStG heranzuziehen.

[1347] Ist ein vollkaufmännisch eingerichteter Geschäftsbetrieb erforderlich, kommt nur die Rechtsform der OHG in Betracht (vgl. Teil 1 Kapitel 2 D I 1 und 2).

[1348] *Gralla*, Gesellschaftsrecht in Polen S. 10.

[1349] Theoretisch könnte man auch an einem Vergleich mit der GbR festhalten und einzeln prüfen, ob die Abweichungen jeweils personalistische oder körperschaftliche Tendenz haben, um dann eine Gesamtbetrachtung vorzunehmen. Dieser Weg wäre jedoch weitaus unübersichtlicher.

[1350] Teil 1 Kapitel 2 E II 4 und 5.

[1351] Vgl. hierzu ausführlich Teil 1 Kapitel 5 B I 7.

5. Spółka handlowa jawna (OHG)

Eine sp. j. ist eine Personengesellschaft, die keine Haftungsbeschränkung für Gesellschafter zulässt. Damit ähnelt sie nach Organisation und Struktur der deutschen OHG. Im Unterschied zur früheren Rechtslage ist das Betreiben eines gewerblichen Unternehmens größeren Umfangs nicht mehr notwendig.[1352]

a) *Gegenüberstellung der Typusmerkmale*

Typusmerkmal	**sp. j.**	**OHG als deutsche Vergleichsform**
juristische Person oder Gesamthandsgesellschaft?	keine juristische Person,[1353] aber fähig, Träger von Rechten und Pflichten zu sein (Art. 8 § 1 HGG)	Gesamthandsgesellschaft
Entstehung durch Abschluss des Gesellschaftsvertrags oder durch Registrierung?	Eintragung deklaratorisch (vgl. Art. 26 § 4 S. 2, Art. 31 § 3 HGG), es sei denn, S. c. (zivilrechtliche Gesellschaft) wird zur OHG (Art. 26 § 4 HGG)	Entstehung durch Vertrag
Sachfirma oder Personalfirma?	zwingend Personalfirma mit Rechtsformzusatz (Art. 24 § 1 HGG)	Personalfirma nicht mehr zwingend
Eintritt und Austritt jederzeit möglich? Abfindungsanspruch bei Ausscheiden?	bei Kündigung grds. Auflösung der Gesellschaft (Art. 58 HGG), soweit nicht anderweitig vereinbart (Art. 59, 64 § 1 HGG); rechtsgeschäftliche Übertragung der Anteile mögl. (Art. 4 § 1 Nr. 1, Art. 10 HGG); bei Tod eines Gesellschafters im Zweifel Auflösung (Art. 58 Nr. 4 HGG); Abfindungsanspruch bei Ausscheiden (Art. 65 HGG)	gesetzlicher Regelfall ist Fortbestand bei Ausscheiden eines Gesellschafters; Abfindungsanspruch besteht
Große oder kleinere Mitgliederzahl?	mindestens 2 Gesellschafter	mindestens 2 Gesellschafter
Fremdorganschaft oder Selbstorganschaft? Einzelgeschäftsführung oder Gesamtgeschäftsführung? Einzelvertretungsmacht oder Gesamtvertretung?	Selbstorganschaft (Art. 38 § 1 HGG);[1354] Einzelgeschäftsführung (abdingbar Art. 39 § 2 HGG); Alleinvertretung (abdingbar Art. 29 § 1, Art. 30 HGG)	es gilt Grundsatz der Selbstorganschaft; gesetzlich vorgesehen sind Einzelgeschäftsführung und Einzelvertretungsmacht; i. d. R. enthält Gesellschaftsvertrag jedoch abweichende Bestimmungen
Mehrheitsentscheidungen oder Einstimmigkeitsprinzip in Mitgliederversammlungen?	Einstimmigkeit, aber abdingbar[1355]	gesetzlicher Regelfall ist Einstimmigkeit, häufig gesellschaftsvertragliche Abweichungen
Besondere Treuepflichten gegenüber Mitgesellschaftern?	ausdrückliches Wettbewerbsverbot in Art. 56 § 2 HGG; darüber hinaus Treuepflichten[1356]	umfassende Treuepflichten
Trennung zwischen Haftung der Gesellschaft und Haftung der Gesellschafter oder unmittelbare Außenhaftung der Gesellschafter?	die persönliche Haftung der Gesellschafter für Verbindlichkeiten der Gesellschaft ist subsidiär (Art. 31 § 1 HGG)	unbeschränkte Haftung
Wirtschaftliche Stellung	gering[1357]	eher gering

[1352] *Brockhuis/Schnell* in Breidenbach, Handbuch Osteuropa Bd. 2 Polen Kapitel D I Rz. 6.
[1353] *Brockhuis/Schnell* in Breidenbach, Handbuch Osteuropa Bd. 2 Polen Kapitel D I Rz. 6.
[1354] *Brockhuis/Schnell* in Breidenbach, Handbuch Osteuropa Bd. 2 Polen Kapitel D I Rz. 9.
[1355] *Gralla*, Gesellschaftsrecht in Polen S. 21.
[1356] *Gralla*, Gesellschaftsrecht in Polen S. 20.

b) *Typenvergleich*

Abweichungen der polnischen sp. j. gegenüber der deutschen OHG sind nur in wenigen Punkten festzustellen. Die sp. j. ist eher personalistisch strukturiert, als die OHG, denn sie muss zwingend eine Personalfirma führen und das Ausscheiden eines Gesellschafters führt nach dem gesetzlichen Regelfall zur Auflösung der Gesellschaft. Wie bei der ungarischen kkt ist die persönliche Haftung der Gesellschafter für Verbindlichkeiten der Gesellschaft nur subsidiär. Mit oben genannter Begründung kann die subsidiäre Haftung aber an einer Vergleichbarkeit der sp. j. mit der deutschen OHG nichts ändern.[1358]

6. Spółka komandytowa (KG)

Eine Sp. k. ist eine Personengesellschaft, die die Führung eines Unternehmens unter eigener Firma zum Ziel hat und in der gegenüber den Gläubigern für Verbindlichkeiten der Gesellschaft mindestens ein Gesellschafter unbeschränkt haftet und die Haftung wenigstens eines Gesellschafters beschränkt ist. Sie ähnelt daher der deutschen KG.

a) *Gegenüberstellung der Typusmerkmale*

Typusmerkmal	sp. k.	KG als deutsche Vergleichsform
Juristische Person oder Gesamthandsgesellschaft?	keine juristische Person, aber Träger von Rechten und Pflichten (Art. 8 § 1 HGG)	Gesamthandsgesellschaft
Entstehung durch Abschluss des Gesellschaftsvertrags oder durch Registrierung?	konstitutive Eintragung (Art. 109 § 1 HGG)	Eintragung deklaratorisch
Sachfirma oder Personalfirma?	Personalfirma; Rechtsformzusatz zwingend (Art. 104 HGG); persönliche Haftung des in der Firma genannten Kommanditisten	Personalfirma nicht mehr erforderlich
Eintritt und Austritt jederzeit möglich? Abfindungsanspruch bei Ausscheiden?	bei Kündigung Auflösung der Gesellschaft (Art. 103, 58 HGG), soweit nicht anders vereinbart (Art. 103, 59, 64 § 1 HGG); rechtsgeschäftliche Übertragung der Anteile mögl. (Art. 103, 4 § 1 Nr. 1, 10 HGG); bei Tod eines Komplementärs im Zweifel Auflösung (Art. 103, 58 Nr. 4 HGG); anders bei Tod eines Kommanditisten (Art. 124 HGG); Abfindungsanspruch bei Ausscheiden (Art. 103, 65 HGG)	Fortbestand bei Ausscheiden eines Gesellschafters; Abfindungsanspruch
Große oder kleinere Mitgliederzahl?	zwei oder mehr natürliche oder juristische (Art. 104 § 3 HGG) Personen (Art. 102 HGG)	mindestens 2 Mitglieder

[1357] Im Jahr 2001 wurden 3,81 % der polnischen Gesellschaften in der Rechtsform der sp. j. betrieben (Statistik unter www.stat.gov.pl).
[1358] Vgl. oben Teil II A 5 b).

Fremdorganschaft oder Selbstorganschaft? Einzelgeschäftsführung oder Gesamtgeschäftsführung? Einzelvertretungsmacht oder Gesamtvertretung?	Selbstorganschaft wie bei der sp. j.; Kommanditist ist von Geschäftsführung und Vertretung ausgeschlossen, wenn nicht ausdrücklich vertraglich berechtigt (Art. 121 § 1 HGG)	Grundsatz der Selbstorganschaft; Einzelgeschäftsführung und Einzelvertretungsmacht als gesetzlicher Grundfall; Kommanditist ist ausgeschlossen, soweit keine außergewöhnlichen Geschäfte vorliegen
Mehrheitsentscheidungen oder Einstimmigkeitsprinzip in Mitgliederversammlungen?	Einstimmigkeit, aber abdingbar[1359]	Vertragsfreiheit; Regelfall Einstimmigkeit; Komplementäre nicht als solche stimmberechtigt
Besondere Treuepflichten gegenüber Mitgesellschaftern?	ausdrückliches Wettbewerbsverbot in Art. 56 § 2 HGG; darüber hinaus Treuepflichten[1360]	besondere Treuepflichten
Trennung zwischen Haftung der Gesellschaft und Haftung der Gesellschafter oder unmittelbare Außenhaftung der Gesellschafter?	unbeschränkte, aber subsidiäre Haftung der Komplementäre; auf vereinbarten Vermögensbeitrag beschränkte Haftung der Kommanditisten (Art. 111, 103, 102 HGG)	Kommanditisten haften nur bis zur Höhe der noch nicht erbrachten Einlage, Komplementäre hingegen unbeschränkt
Wirtschaftliche Stellung	erstaunlich gering[1361]	groß
Besonderheiten	Beteiligung einer juristischen Person als Komplementärin zulässig (Art. 104 § 3 HGG)	

b) Typenvergleich

Die sp. k. entspricht im Wesentlichen der deutschen KG. Soweit Abweichungen gegeben sind, laufen sie aufgrund des Verweises auf das Recht der sp. j. mit den Abweichungen zwischen sp. j. und der deutschen OHG parallel. Anders als die sp. j. entsteht die sp. k. erst mit Eintragung. Ein Handeln vor Eintragung ist jedoch möglich, allerdings wird dann von der Rechtsform der sp. j. oder der S. c. ausgegangen.[1362] Zusätzlich kommt es zu einer Handelndenhaftung. Auch wenn diese Bestimmung stark mit dem Recht der deutschen Vorgründungs- bzw. Vor-GmbH vergleichbar ist, kann diese Abweichung allein eine Vergleichbarkeit mit der deutschen KG nicht ausschließen. Denn auch bei deutschen Personengesellschaften kann die Eintragung konstitutive Bedeutung haben.[1363]

Nach polnischem Recht ist es denkbar, dass sich eine juristische Person an der sp. k. als einzige Komplementärin beteiligt. Diese Gestaltungsform ist dann mit der deutschen GmbH & Co. KG zu vergleichen.

7. Spółka partnerska (PartG)

Die sp. p. (Partnerschaft) wurde mit dem HGG zum 01.01.2001 als neue Rechtsform geschaffen, um Freiberuflern eine zusätzliche, vom Gesetzgeber bevorzugte, gesellschaftsrechtliche

[1359] *Gralla*, Gesellschaftsrecht in Polen S. 21.
[1360] *Gralla*, Gesellschaftsrecht in Polen S. 20.
[1361] Im Jahr 2001 wurden weniger als 1 % der polnischen Gesellschaften in der Rechtsform der sp. k. betrieben (Quelle unter www.stat.gov.pl).
[1362] *Brockhuis/Schnell* in Breidenbach, Handbuch Osteuropa Bd. 2 Polen Kapitel D I Rz. 23.
[1363] Teil 1 Kapitel 2 D III 2.

Verbandsform zur gemeinsamen Berufsausübung zur Verfügung zu stellen.[1364] Als „Berufsausübungsgemeinschaft“[1365] soll sie mit der deutschen PartG verglichen werden.

a) Gegenüberstellung der Typusmerkmale

Typusmerkmal	sp. p.	vergleichbar mit der deutschen PartG
Juristische Person oder Gesamthandsgesellschaft?	Rechtssubjekte ohne eigene Rechtspersönlichkeit,[1366] aber Träger von Rechten und Pflichten	Gesamthandsgesellschaft
Entstehung durch Abschluss des Gesellschaftsvertrags oder durch Registrierung?	konstitutive Eintragung (Art. 94 HGG)[1367]	konstitutive Eintragung
Sachfirma oder Personalfirma?	Personalfirma mit Rechtsformzusatz und Nennung der ausgeübten Berufe (Art. 90 HGG)	Personalfirma mit Rechtsformzusatz
Eintritt und Austritt jederzeit möglich? Abfindungsanspruch bei Ausscheiden?	durch Gesellschaftsvertrag kann geregelt werden, dass Geschäftsanteil (an Freiberufler) vererblich ist (Art. 101 § 1 HGG); auch rechtsgeschäftliche Übertragung der Anteile mögl. (Art. 4 § 1 Nr. 1, Art. 10 HGG)	Ausscheiden grds. möglich, dann Fortbestand als Regelfall; Abfindungsanspruch
Große oder kleinere Mitgliederzahl?	mindestens 2 Partner (vgl. Art. 86 § 2 HGG); nach Gesetzesbegründung für großen Mitgliedskreis geeignet.[1368]	mindestens 2 Gesellschafter
Fremdorganschaft oder Selbstorganschaft? Einzelgeschäftsführung oder Gesamtgeschäftsführung? Einzelvertretungsmacht oder Gesamtvertretung?	Fremdorganschaft ausdrücklich gestattet (Art. 97 § 1 HGG),[1369] aber jederzeitige Abberufung mögl. (Art. 203 § 1 HGG); grds. Alleingeschäftsführung mit Widerspruchsrecht der übrigen Gesellschafter (Art. 89, 39 HGG); grds. Einzelvertretungsmacht (Art. 96 § 1 HGG), falls Vorstand bestellt (Art. 97 § 2, Art. 201 HGG)	Grundsatz der Selbstorganschaft; Gesamtgeschäftsführung; vertraglicher Ausschluss eines Partners von Geschäftsführung nicht möglich; Einzelvertretungsmacht
Mehrheitsentscheidungen oder Einstimmigkeitsprinzip in Mitgliederversammlungen?	Vorstandsrat beschließt nach gesetzlichem Regelfall einstimmig (Art. 89 HGG)	Einstimmigkeit als gesetzlicher Regelfall
Besondere Treuepflichten gegenüber Mitgesellschaftern?	Wettbewerbsverbot (Art. 89, 56 § 2 HGG); darüber hinaus Treuepflichten[1370]	umfassende Treuepflichten

[1364] *Tereszkiewicz* WiRO 2002, 97.
[1365] *Tereszkiewicz* WiRO 2002, 97, 98.
[1366] *Tereszkiewicz* WiRO 2002, 97, 98.
[1367] Vgl. auch *Tereszkiewicz* WiRO 2002, 97, 98.
[1368] *Tereszkiewicz* WiRO 2002, 97, 98 mit konkretem Nachweis.
[1369] Vgl. auch *Tereszkiewicz* WiRO 2002, 97, 99.
[1370] *Gralla*, Gesellschaftsrecht in Polen S. 20.

Trennung zwischen Haftung der Gesellschaft und Haftung der Gesellschafter oder unmittelbare Außenhaftung der Gesellschafter?	unbeschränkte persönliche subsidiäre Haftung der Gesellschafter (Art. 89, 32 HGG); bzgl. beruflicher Fehler haftet nur der mit der Sache befasste Partner (Art. 95 § 1, 1. Halbsatz HGG)	für berufliche Fehler haftet nur der Partner, der mit der Sache befasst ist; ansonsten unbeschränkte Haftung wie bei der OHG
Wirtschaftliche Stellung	noch gering[1371]	bisher noch eher gering

b) Typenvergleich

Die sp. p. ist einer deutschen PartG in fast allen Punkten vergleichbar. Insbesondere handelt es sich bei beiden Gesellschaften um Gesamthandsgemeinschaften mit der Möglichkeit, Träger von Rechten und Pflichten zu sein.[1372] In beiden Fällen kommt der Eintragung konstitutive Bedeutung zu. Besonders auffällig ist die Parallelität in der Haftungsverfassung. Die Haftung der Gesellschafter für berufliche Fehler der Partner ist beschränkt – für eigene berufliche Fehler oder für allgemeine Verbindlichkeiten haften hingegen die Gesellschafter unbeschränkt. Ein wesentlicher Unterschied liegt jedoch darin, dass bei der sp. p. explizit die Möglichkeit besteht, die Geschäftsführung auf einen Vorstand zu übertragen, der nicht Gesellschafter der sp. p. zu sein braucht. Für die deutsche PartG gilt hingegen der Grundsatz der Selbstorganschaft. Diese Abweichung wird allerdings dadurch relativiert, dass der Vorstand jederzeit abberufen werden kann. Zudem handelt es sich bei der Möglichkeit der Bestellung eines Vorstands nicht um den gesetzlichen Regelfall, sondern nur um eine Gestaltungsalternative. Wenn das Merkmal der Selbstorganschaft für Personengesellschaften auch nicht unbedeutend ist, stellt es doch keine unverzichtbare Voraussetzung dar.[1373] Aufgrund der Übereinstimmung in allen übrigen wesentlichen Punkten und der trotz der Fremdorganschaft gegebenen personalistischen Struktur der sp. p. ist diese im Ergebnis mit der deutschen PartG vergleichbar.

IV. Ergebnis der Einordnung der polnischen Rechtsformen

Die polnischen Rechtsformen entsprechen mit Ausnahme der zivilen Gesellschaft den jeweiligen deutschen Vergleichsformen, auch wenn gewisse Unterschiede erkennbar sind. In der Unterscheidung zwischen Gesamthandsgesellschaften und juristischen Personen weisen beide Rechtsordnungen starke Parallelen auf. Dennoch kann es, wie sich am Beispiel der polnischen Kommanditgesellschaft auf Aktien gezeigt hat, für die Einordnung der Gesellschaftsformen nicht ausschlaggebend sein, ob der polnische Gesetzgeber eine Gesellschaft als Personengesellschaft oder Körperschaft einordnet.

[1371] Im Jahr 2001 wurden immerhin schon 206 Gesellschaften in der Rechtsform der sp. p. gegründet (Statistik unter www.stat.gov.pl).
[1372] *Tereszkiewicz* WiRO 2002, 97, 99.
[1373] Teil 1 Kapitel 2 E II 5.

C Slowenien

I. Allgemeines

Das Gesellschaftsrecht der Republik Slowenien ist überwiegend im Gesetz über Wirtschaftsgesellschaften (GWG)[1374] geregelt und seit Mitte 1993 in Kraft. Dabei wurde das GWG in seiner relativ jungen Geschichte schon mehrfach novelliert, teilweise nur bzgl. der Übergangsfristen, überwiegend wurden aber materiellrechtliche Änderungen insbesondere im Hinblick auf den angestrebten EU-Beitritt vorgenommen. Eine zivilrechtliche Gesellschaft, vergleichbar mit der Gesellschaft bürgerlichen Rechts ist erst seit Inkrafttreten des neuen slowenischen Obligationsgesetzbuches[1375] zum 01.01.2002 gesetzlich geregelt. Slowenien folgt der Sitztheorie.[1376]

II. Die Rechtsformen

Auch in Slowenien gibt es einen numerus clausus der Gesellschaftsformen.[1377] Folgende Gesellschaftsformen sind anerkannt:

Delniska druzba (d. d.), nach dem Betriebstättenerlass vergleichbar mit der deutschen AG, geregelt in Art. 169 bis 398 GWG,

Komanditna delniska druzba (k. d. d.), nach dem Betriebstättenerlass vergleichbar mit der deutschen KGaA, geregelt in Art. 399 bis 405 GWG,

Druz z omejeno odgovornostjo (d. o. o.), nach dem Betriebstättenerlass vergleichbar mit der deutschen GmbH, geregelt in Art. 406 bis 459 GWG,

Druzba z neomenjeno odgovornostjo (d. n. o.), nach dem Betriebstättenerlass vergleichbar mit der deutschen OHG, geregelt in Art. 77 bis 135 GWG,

Kommanditna druzba (k. d.), nach dem Betriebstättenerlass vergleichbar mit der deutschen KG, geregelt in Art. 136 bis 158 GWG,

Tilna druzba (t. d.), nach dem Betriebstättenerlass vergleichbar mit der deutschen stG, geregelt in Art. 159 bis 168 GWG,

Gospordarsko interesno zdruzenje (g. i. z.), nach dem Betriebstättenerlass vergleichbar mit einer französischen wirtschaftliche Interessensvereinigung, geregelt in Art. 496 bis 509 GWG.

[1374] Veröffentlicht im Amtsblatt der Republik Slowenien (Abl. RS Nr. 30/1993 vom 10.07.1993), abgedruckt auch in *Brunner/Schmid/Westen*, WOS Bd. III 4 (III) (Slowenien) unter III 3 a.

[1375] Abl. (Slowenien) RS Nr. 83/2001.

[1376] *Knaus*, Slowenisches Gesellschaftsrecht S. 18 f; anders *Bruckmüller*, FOWI Nr. 67.

[1377] *Knaus*, Slowenisches Gesellschaftsrecht S. 23.

III. Einordnung der einzelnen Rechtsformen

1. Delniska druzba (AG)

Die d. d. ist eine Gesellschaft, deren Grundkapital in Aktien zerlegt ist. Daher bietet sich grundsätzlich ein Vergleich mit der deutschen AG an.

a) *Gegenüberstellung der Typusmerkmale*

Typusmerkmal	**d. d.**	**AG als deutsche Vergleichsform**
Juristische Person oder Gesamthandsgesellschaft?	juristische Person (Art. 2 Abs. 2 GWG)	juristische Person
Entstehung durch Abschluss des Gesellschaftsvertrags oder durch Registrierung?	konstitutive Eintragung in Gerichtsregister; Eintritt und Austritt während Vorgesellschaft nur einstimmig möglich (Art. 184, 189 GWG)	konstitutive Handelsregistereintragung
Sachfirma oder Personalfirma?	Firma enthält zwingend Bezeichnung über die Tätigkeit und die Rechtsnatur; sie muss zudem weiteren Zusatz (Phantasiebezeichnung) enthalten (Art. 27 Abs. 5 GWG), wobei auch der Name eines Gesellschafters zulässig ist[1378]	freie Firmenwahl, Rechtsformzusatz zwingend
Eintritt und Austritt jederzeit möglich? Abfindungsanspruch bei Ausscheiden?	freie Übertragung der Aktien; es gibt auch Namensaktien (Art. 232 f GWG), deren Übertragung an die Zustimmung der Gesellschaft gebunden werden kann (Art. 233 Abs. 2 S. 1 GWG)	grds. freie Übertragung; vinkulierte Namensaktien möglich; Abfindungsanspruch bei Einziehung
Große oder kleinere Mitgliederzahl?	Einmann-AG möglich (Art. 170 GWG)	Einmann-AG zulässig
Fremdorganschaft oder Selbstorganschaft? Einzelgeschäftsführung oder Gesamtgeschäftsführung? Einzelvertretungsmacht oder Gesamtvertretung?	Fremdorganschaft möglich (Art. 246 Abs. 4 GWG für Vorstand; Art. 263 Abs. 2 GWG für Aufsichtsrat); Organisation nicht zwingend dreigliedrig;[1379] Vorstand fasst grds. einstimmig Beschlüsse (Art. 247 GWG aber dispositiv); Gesamtvertretung des Vorstands (Art. 248 Abs. 1 GWG dispositiv)	Fremdorganschaft möglich und üblich; ein Aufsichtsrat ist obligatorisch; es besteht nach dem gesetzlichen Regelfall Gesamtgeschäftsführung und Gesamtvertretung des Vorstands
Mehrheitsentscheidungen oder Einstimmigkeitsprinzip in Mitgliederversammlungen?	in Hauptversammlung ist grds. einfache Mehrheit vorgesehen (Art. 271 Abs. 3 GWG), ebenso in Aufsichtsrat (Art. 296 GWG)	Beschlussfassung grds. mit einfacher Mehrheit
Besondere Treuepflichten gegenüber Mitgesellschaftern?	Wettbewerbsverbot der Aktionäre kann vereinbart werden (Art. 41 Abs. 2 GWG); Verschwiegenheitspflicht als Ausfluss organschaftlicher Treuepflicht[1380]	nicht unerhebliche Treuepflichten; Umfang abhängig von Größe der Gesellschaft und daraus resultierender persönlicher Verbundenheit

---

[1378] *Knaus*, Slowenisches Gesellschaftsrecht S. 35.
[1379] *Doralt/Kocbek/Pivka* in Doralt/Haschek/Schauer, Die Aktiengesellschaft nach slowenischem Recht S. 77.
[1380] *Knaus*, Slowenisches Gesellschaftsrecht S. 429.

Trennung zwischen Haftung der Gesellschaft und Haftung der Gesellschafter oder unmittelbare Außenhaftung der Gesellschafter?	Art. 169 Abs. 3 GWG: Aktionäre haften nicht für Verbindlichkeiten	keine Haftung der Aktionäre
Wirtschaftliche Stellung	relativ große Bedeutung[1381]	zahlenmäßige Verbreitung eher gering, wirtschaftliche Bedeutung aber groß

b) Typenvergleich

Die slowenische d. d. entspricht in fast allen Punkten der deutschen AG. Die einzig erwähnenswerte Abweichung ist, dass die slowenische AG nicht zwingend einen Aufsichtsrat zu haben braucht. Auch wenn der Aufsichtsrat gerade ein typisches Merkmal der deutschen AG ist, ist er kein entscheidendes Körperschaftsmerkmal, da er nicht für alle deutschen Körperschaften notwendig ist[1382] und lediglich das Innenverhältnis der Gesellschaft beeinflusst. Es bestehen daher keinerlei Bedenken dagegen, die slowenische d. d. als mit der deutschen AG vergleichbar anzusehen und sie im Falle der beschränkten Steuerpflicht im Inland dem KStG zu unterwerfen.

2. Komanditna delniska druzba (KGaA)

Die k. d. d. ist eine Gesellschaft, bei der wenigstens ein Gesellschafter (Komplementär) für die Verbindlichkeiten der Gesellschaft im Gegensatz zu den Kommanditaktionären mit seinem gesamten Vermögen haftet (Art. 399 Abs. 1 GWG). Sie ähnelt damit in ihrer Struktur einer deutschen KGaA.

a) Gegenüberstellung der Typusmerkmale

Typusmerkmal	**k. d. d.**	**KGaA als deutsche Vergleichsform**
Juristische Person oder Gesamthandsgesellschaft?	juristische Person (Art. 2 Abs. 1 GWG)	juristische Person
Entstehung durch Abschluss des Gesellschaftsvertrags oder durch Registrierung?	konstitutive Eintragung (Art. 3 Abs. 1 GWG)	konstitutive Eintragung
Sachfirma oder Personalfirma?	Firma enthält zwingend Bezeichnung über die Tätigkeit und die Rechtsnatur; sie muss zudem weiteren Zusatz (Phantasiebezeichnung) enthalten (Art. 27 Abs. 5 GWG), wobei auch der Name eines Gesellschafters zulässig ist[1383]	freies Firmenwahlrecht; Rechtsformzusatz zwingend

[1381] *Tischler* in Breidenbach, Handbuch Osteuropa Bd. 4 Slowenien SYST 11 Rz. 65.
[1382] Vgl. Teil 1 Kapitel 2 D V.
[1383] *Knaus*, Slowenisches Gesellschaftsrecht S. 35.

Eintritt und Austritt jederzeit möglich? Abfindungsanspruch bei Ausscheiden?	Regelung unklar, da allgemeiner Verweis auf Aktienrecht (Art. 399 Abs. 1 und 2 GWG) nur für Ausscheiden eines Kommanditisten, jedoch nicht eines Komplementärs schlüssig ist; hier muss daher Recht der KG gelten, d. h. Auflösung als gesetzlicher Regelfall	Gesellschafterwechsel für Kommanditaktionär durch Veräußerung der Aktie; ordentliches Ausscheiden des Komplementär nur möglich, wenn in Satzung festgelegt; Gesellschaft besteht grds. bei Ausscheiden von Komplementär oder Kommanditaktionär fort
Große oder kleinere Mitgliederzahl?	mind. 5 Gesellschafter (Art. 400 Abs. 1 S. 1 GWG)	mind. 5 Gesellschafter
Fremdorganschaft oder Selbstorganschaft? Einzelgeschäftsführung oder Gesamtgeschäftsführung? Einzelvertretungsmacht oder Gesamtvertretung?	Geschäftsführung durch Komplementäre (Art. 399 Abs. 2 GWG); Übertragung auf Dritte grds. möglich (Art. 399 Abs. 2 GWG); Vorstand fasst nach gesetzlichem Regelfall einstimmig Beschlüsse; grds. Gesamtvertretung des Vorstands (Art. 402 Abs. 1 GWG)	Geschäftsführung durch Komplementäre (Grundsatz der Selbstorganschaft); gesetzlicher Regelfall sieht Einzelvertretungsmacht und Einzelgeschäftsführungsbefugnis vor
Mehrheitsentscheidungen oder Einstimmigkeitsprinzip in Mitgliederversammlungen?	Hauptversammlungsbeschlüsse grds. mit einfacher Mehrheit, jedoch in bestimmten Fällen nicht gegen die Stimme der Komplementäre (Art. 403 Abs. 2 S. 1 GWG)	Beschlüsse der Hauptversammlung grds. mit einfacher Mehrheit
Besondere Treuepflichten gegenüber Mitgesellschaftern?	grds. wie bei der k. d.; Wettbewerbsverbot kann vereinbart werden (Art. 41 Abs. 2 GWG)	Treuepflichten auch für Kommanditaktionäre untereinander
Trennung zwischen Haftung der Gesellschaft und Haftung der Gesellschafter oder unmittelbare Außenhaftung der Gesellschafter?	keine Haftung der Kommanditaktionäre; unbeschränkte Haftung der Komplementäre (Art. 399 Abs. 1 GWG)	keine Haftung der Kommanditaktionäre; unbeschränkte Haftung der Komplementäre
Wirtschaftliche Stellung	kaum praktische Bedeutung[1384]	sehr gering

b) Typenvergleich

Auch bei einem Vergleich der slowenischen k. d. d. mit der deutschen KGaA ergeben sich keine nennenswerten Unterschiede. Es bestehen hinsichtlich aller Strukturmerkmale Übereinstimmungen. Damit ist die k. d. d. wie die deutsche KGaA zu besteuern.

3. Druz z omejeno odgovornostjo (GmbH)

Die d. o. o. ähnelt in ihrer Grundstruktur einer deutschen GmbH. Am Stammkapital der Gesellschaft sind die Gesellschafter mit Einlagen beteiligt, ohne für die Verbindlichkeiten der Gesellschaft mit ihrem Privatvermögen zu haften. Das Recht der d. o. o. ist in den meisten Bereichen dispositiv und damit Gegenstand der Privatautonomie.[1385]

[1384] *Doralt/Kocbek/Pivka* in Doralt/Haschek/Schauer, Die Aktiengesellschaft nach slowenischem Recht S.117.
[1385] *Knaus*, Slowenisches Gesellschaftsrecht S. 249.

a) Gegenüberstellung der Typusmerkmale

Typusmerkmal	**d. o. o.**	**GmbH als deutsche Vergleichsform**
Juristische Person oder Gesamthandsgesellschaft?	juristische Person (Art. 2 Abs. 1 GWG)	juristische Person
Entstehung durch Abschluss des Gesellschaftsvertrags oder durch Registrierung?	Eintragung hat konstitutive Bedeutung (Art. 3 Abs. 1 GWG); zwischen Abschluss des Gesellschaftsvertrags und Eintragung gelten die Bestimmungen für die zivilrechtliche Gesellschaft (Art. 3 Abs. 2 GWG), wobei eine unbeschränkte Haftung besteht (Art. 3 Abs. 3 GWG); dabei kann das Fehlen von Sonderbestimmungen für Vorgesellschaften bei Kapitalgesellschaften nicht als Gesetzeslücke betrachtet werden[1386]	Eintragung konstitutiv
Sachfirma oder Personalfirma?	Firma enthält zwingend Bezeichnung über die Tätigkeit und die Rechtsnatur; sie muss zudem weiteren Zusatz (Phantasiebezeichnung) enthalten (Art. 37 Abs. 4 GWG)	freie Firmenwahl zwingend mit Rechtsformzusatz
Eintritt und Austritt jederzeit möglich? Abfindungsanspruch bei Ausscheiden?	bei Ausschluss eines Gesellschafters ist Abfindung zu zahlen (Art. 437 Abs. 4 GWG)	Übertragung der Geschäftsanteile kann an Zustimmung der Gesellschaft geknüpft werden; Abfindungsanspruch bei Einziehung
Große oder kleine Mitgliederzahl?	Einmann-GmbH möglich, (Art. 457 ff GWG)	Einmann-GmbH möglich
Fremdorganschaft oder Selbstorganschaft? Einzelgeschäftsführung oder Gesamtgeschäftsführung? Einzelvertretungsmacht oder Gesamtvertretung?	Fremdorganschaft möglich (Art. 449 Abs. 6 i. V. m. Art. 246 Abs. 4 GWG); nach gesetzlichem Regelfall ist Gesamtgeschäftsführung und Gesamtvertretung vorgesehen (Art. 449 Abs. 5 GWG); Weisungsrecht der Gesellschafter an die Geschäftsführung wird durch dispositives Gesetzesrecht ausgeschlossen (Art. 449 GWG);[1387] kein obligatorischer Aufsichtsrat (Art. 448 GWG)	Fremdorganschaft möglich; für mehrere Geschäftsführer gilt nach gesetzlichem Regelfall Gesamtgeschäftsführung und Gesamtvertretung
Mehrheitsentscheidungen oder Einstimmigkeitsprinzip in Mitgliederversammlungen?	grds. einfache Mehrheit (Art. 444 Abs. 2 GWG), Gesetz und Gesellschaftsvertrag können andere Mehrheiten vorsehen	grds. einfache Mehrheit
Besondere Treuepflichten gegenüber Mitgesellschaftern?	Verschwiegenheitspflichten (Art. 39 Abs. 2 GWG, aber auch schuldrechtlich); daneben besteht ein Wettbewerbsverbot (Art. 41 Abs. 1 GWG)	umfassende Treuepflichten

[1386] *Knaus*, Slowenisches Gesellschaftsrecht S. 259.
[1387] Vgl. hierzu *Knaus*, Slowenisches Gesellschaftsrecht S. 319.

Trennung zwischen Haftung der Gesellschaft und Haftung der Gesellschafter oder unmittelbare Außenhaftung der Gesellschafter?	keine persönliche Haftung der Gesellschafter	keine persönliche Haftung der Gesellschafter
Wirtschaftliche Stellung	enorm hoch[1388]	beliebte Rechtsform

b) Typenvergleich

Bei einem Vergleich der slowenischen d. o. o. mit der deutschen GmbH sind Übereinstimmungen hinsichtlich der wesentlichen Typusmerkmale festzustellen. Abweichungen gibt es hinsichtlich der Tatsache, dass die Gesellschafter nach slowenischem Recht kein Weisungsrecht gegenüber dem Geschäftsführer haben.[1389] Das führt zu einer Einschränkung der Gesellschafterrechte und zu einer weiteren Aufwertung des Merkmals der Fremdorganschaft. Damit rückt die d. o. o. weiter von den deutschen Personengesellschaften ab. Ferner ist auch für große d. o. o. kein obligatorischer Aufsichtsrat vorgesehen, was jedoch lediglich Einfluss auf das Innenverhältnis hat und damit für den Vergleich mit der GmbH nicht besonders relevant sein kann. Auch wenn die d. o. o. eine überragende wirtschaftliche Stellung einnimmt und daher in vielen Fällen gewählt wird, in denen in Deutschland auf eine Personengesellschaft als Rechtsform zurückgegriffen wird, stehen einer Vergleichbarkeit mit der deutschen GmbH keine Bedenken entgegen.[1390]

Auffällig ist, dass die Vorgesellschaft der d. o. o. genau wie die Vorgesellschaften der Personengesellschaften dem Recht der zivilrechtlichen Gesellschaft mit der zusätzlichen Besonderheit einer Handelndenhaftung (Art. 2 Abs. 3 GWG) untersteht. Damit gilt für die Vorgesellschaft slowenischen Rechts nicht wie in Deutschland ein Sonderrecht, das zur Einordnung als Körperschaft führen könnte.

4. Druzba z neomenjeno odgovornostjo (OHG)

Die d. b. o. ist eine Gesellschaft von mindestens zwei Personen, deren Gesellschafter unbeschränkt mit ihrem Privatvermögen für die Verbindlichkeiten der Gesellschaft haften. Damit ähnelt sie nach Organisation und Struktur der deutschen OHG.

a) Gegenüberstellung der Typusmerkmale

Typusmerkmal	**d. n. o.**	**OHG als deutsche Vergleichsform**
juristische Person oder Gesamthandsgesellschaft?	juristische Person (Art. 2 Abs. 1 GWG)	Gesamthandsgesellschaft

[1388] *Tischler* in Breidenbach, Handbuch Osteuropa Bd. 4 Slowenien SYST 11 Rz. 65.
[1389] *Knaus*, Slowenisches Gesellschaftsrecht S. 319; vgl. im deutschen Recht § 37 Abs. 1 GmbHG.
[1390] Vgl. Teil 1 Kapitel 5 B I 8.

Entstehung durch Abschluss des Gesellschaftsvertrags oder durch Registrierung?	Eintragung konstitutiv (Art. 3 Abs. 2 GWG); Aufnahme der Tätigkeit erst erlaubt, wenn Gesellschaft in das Gerichtsregister eingetragen ist (Art. 4 Abs. 6 GWG)	Entstehung durch Vertrag
Sachfirma oder Personalfirma?	Firma enthält zwingend Bezeichnung über die Tätigkeit und die Rechtsnatur; sie muss zudem Familiennamen eines Gesellschafters enthalten (Art. 27 Abs. 1 GWG)	Personalfirma nicht mehr zwingend
Eintritt und Austritt jederzeit möglich? Abfindungsanspruch bei Ausscheiden?	gesetzlicher Regelfall ist Auflösung der Gesellschaft bei Ausscheiden eines Gesellschafters (Art. 106 GWG); Bestimmung ist jedoch abdingbar (Art. 112 Abs. 1 GWG); ein Abfindungsanspruch besteht (Art. 113 Abs. 3 GWG)	gesetzlicher Regelfall ist Fortbestand bei Ausscheiden eines Gesellschafters; ein Abfindungsanspruch besteht
Große oder kleinere Mitgliederzahl?	mind. 2 (Art. 77 Abs. 1 GWG)	mindestens 2 Gesellschafter
Fremdorganschaft oder Selbstorganschaft? Einzelgeschäftsführung oder Gesamtgeschäftsführung? Einzelvertretungsmacht oder Gesamtvertretung?	Geschäftsführung darf durch Gesellschaftsvertrag oder Beschluss aller Gesellschafter auf Dritte übertragen werden (Art. 87 GWG);[1391] bzgl. Geschäftsführung und Vertretung gilt explizit Vertragsfreiheit (Art. 80 GWG); gesetzlicher Regelfall ist Gesamtgeschäftsführung (Art. 86 Abs. 1 GWG)	es gilt Grundsatz der Selbstorganschaft; gesetzlich vorgesehen sind Einzelgeschäftsführung und Einzelvertretungsmacht; i. d. R. enthält Gesellschaftsvertrag jedoch abweichende Bestimmungen
Mehrheitsentscheidungen oder Einstimmigkeitsprinzip in Mitgliederversammlungen?	Innenverhältnis richtet sich nach Regelungen im Gesellschaftsvertrag (Art. 80 GWG); Regelfall ist Einstimmigkeit[1392]	gesetzlicher Regelfall ist Einstimmigkeit, häufig gesellschaftsvertragliche Abweichungen
Besondere Treuepflichten gegenüber Mitgesellschaftern?	Sorgfaltspflicht ausdrücklich gesetzlich geregelt (Art. 82 Abs. 1 GWG); daneben besteht Wettbewerbsverbot (Art. 41 Abs. 1 GWG)	umfassende Treuepflichten
Trennung zwischen Haftung der Gesellschaft und Haftung der Gesellschafter oder unmittelbare Außenhaftung der Gesellschafter?	alle Gesellschafter haften unbeschränkt (Art. 101 Abs. 1 GWG); Haftungsbeschränkungen im Innenverhältnis sind im Außenverhältnis unwirksam (Art. 101 Abs. 2 GWG)	unbeschränkte Haftung
Wirtschaftliche Stellung	sehr gering[1393]	eher gering

b) Typenvergleich

Bei der d. n. o. bereitet ein Typenvergleich etwas mehr Schwierigkeiten, als bei den bisher untersuchten slowenischen Gesellschaftsformen. Die d. n. o. ist nach dem gesetzlichen Regelfall zwar in wesentlichen Punkten mit einer deutschen OHG vergleichbar. Von besonderer Bedeutung ist dabei zunächst, dass bei beiden Gesellschaftsformen alle Gesellschafter nach außen persönlich haften. Es bestehen jeweils umfassende Treuepflichten. Das Innenverhältnis ist grundsätzlich so ausgestaltet, dass es auf den Beitrag aller Gesellschafter ankommt. So gilt

[1391] Vgl. auch *Knaus*, Slowenisches Gesellschaftsrecht S. 187.
[1392] *Knaus*, Slowenisches Gesellschaftsrecht S. 195; vgl. auch Art. 90 Abs. 2 GWG.
[1393] *Tischler* in Breidenbach, Handbuch Osteuropa Bd. 4 Slowenien SYST 11 Rz. 65.

mangels abweichender Vereinbarung das Einstimmigkeitsprinzip. Die Gesellschafter sind mit Einzelvertretungsmacht ausgestattet.

Abweichungen sind aber insofern festzustellen, als bei der slowenischen d. n. o. nach dem gesetzlichen Regelfall nicht jeder Gesellschafter allein zur Geschäftsführung befugt ist, sondern Gesamtgeschäftsführung vorgesehen ist. Damit werden die Mitwirkungsrecht der einzelnen Gesellschafter geschwächt. In der Praxis ist die Geschäftsführung in fast jedem Gesellschaftsvertrag individuell geregelt, so dass hier dem dispositiven Gesetzesrecht keine übermäßige Bedeutung beizumessen ist. Problematischer ist die Tatsache, dass bei der d. n. o. Fremdorganschaft möglich ist. Nach der ausdrücklichen Regelung im Gesetz kann die Geschäftsführung auf Dritte übertragen werden. Zu berücksichtigen ist jedoch, dass auch die Gesellschafter einer OHG umfassende Geschäftsführungsbefugnisse auf Dritte übertragen können. Der BGH stellt lediglich bestimmte Anforderungen an ein Widerrufsrecht auf. Bei der d. n. o. ist die Übertragung von Geschäftsführertätigkeiten nur einstimmig möglich. Zudem werden die Gesellschafter der d. n. o. die Geschäftsführung nicht in Hände Dritter legen, ohne sich ausreichend Weisungs- und Widerrufsrechte einräumen zu lassen.

Als weitere Abweichung ist zu würdigen, dass es sich bei der d. n. o. um eine juristische Person handelt, bei der der Eintragung in das Gerichtsregister konstitutive Wirkung zukommt. Im konkreten Fall ist zu beachten, dass alle Wirtschaftsgesellschaften des slowenischen Rechts juristische Personen sind, womit die Figur der Gesamthandsgemeinschaft dem slowenischen Recht fremd ist. Seit der Venezuela-Entscheidung des RFH ist anerkannt, dass auch juristische Personen als Personengesellschaft eingeordnet werden können. Ausschlaggebende Bedeutung kann dem Merkmal der Rechtsfähigkeit damit nicht zukommen.

Hinsichtlich des Firmenrechts und der im Regelfall vorgesehenen Auflösung der Gesellschaft bei Ausscheiden eines Gesellschafters ist das slowenische Recht sogar personaltistischer geprägt, als es das Recht der deutschen Personengesellschaften ist. Da bei der d. n. o. – ähnlich der früheren Situation im deutschen Recht – in der Praxis häufig Fortsetzungsklauseln vorgesehen sein werden und der Firma keine besondere Aussagekraft zukommen kann, schaden diese Abweichungen nicht. Die slowenische d. n. o. und die deutsche OHG treten im Wirtschaftsleben sehr ähnlich auf. Auch bei der slowenischen d. n. o. überwiegen eindeutig die personalistischen Strukturmerkmale. Trotz der Stellung als juristische Person und der Möglichkeit der Fremdorganschaft ist daher eine Vergleichbarkeit dieser beiden Gesellschaftsformen noch anzunehmen, weshalb die d. n. o. steuerlich wie die OHG zu behandeln ist.

5. Kommanditna druzba (KG)

Die k . d. ähnelt einer deutschen KG. Beteiligt sind mindestens ein Komplementär, der für die Verbindlichkeiten persönlich haftet und mindestens ein Kommanditist, der für die Verbindlichkeiten der Gesellschaft über seine Einlage hinaus nicht haftet.

a) Gegenüberstellung der Typusmerkmale

Typusmerkmal	k. d.	KG als deutsche Vergleichsform
Juristische Person oder Gesamthandsgesellschaft?	juristische Person (Art. 2 Abs. 1 GWG)	Gesamthandsgesellschaft
Entstehung durch Vertragschluss oder durch Registrierung?	Eintragung konstitutiv (Art. 3 Abs. 2 GWG)	Eintragung deklaratorisch
Sachfirma oder Personalfirma?	Firma enthält zwingend Bezeichnung über die Tätigkeit und die Rechtsnatur; zudem Name eines persönlich haftenden Gesellschafters notw. (Art. 27 Abs. 2 GWG)	Personalfirma nicht mehr erforderlich
Eintritt und Austritt jederzeit möglich? Abfindungsanspruch bei Ausscheiden?	wie bei d. n. o. (Art. 136 Abs. 2 GWG); Ausscheiden oder Tod des Kommanditisten führt grds. nicht zur Auflösung	Fortbestand bei Ausscheiden eines Gesellschafters; Abfindungsanspruch
Große oder kleinere Mitgliederzahl?	vgl. d. n. o. (Art. 136 Abs. 2 GWG)	mindestens 2 Mitglieder
Fremdorganschaft oder Selbstorganschaft? Einzelgeschäftsführung oder Gesamtgeschäftsführung? Einzelvertretungsmacht oder Gesamtvertretung?	Vertragsfreiheit Art. 138 GWG; Kommanditist ist nur bei außergewöhnlichen (Art. 90 Abs. 2 GWG) Geschäften beteiligt; grds. Gesamtgeschäftsführung und Einzelvertretungsmacht (Art. 136 Abs. 2, 86 Abs. 1, 99 Abs. 1 GWG)	Grundsatz der Selbstorganschaft; Einzelgeschäftsführung und Einzelvertretungsmacht als gesetzlicher Grundfall; Kommanditist ist ausgeschlossen, soweit keine außergewöhnlichen Geschäfte vorliegen
Mehrheitsentscheidungen oder Einstimmigkeitsprinzip in Mitgliederversammlungen?	Vertragsfreiheit Art. 138 GWG; Regelfall ist Einstimmigkeit	Vertragsfreiheit; Regelfall Einstimmigkeit
Besondere Treuepflichten gegenüber Mitgesellschaftern?	Sorgfaltspflichten wie bei d. n. o. (Art. 136 Abs. 2); daneben besteht ein Wettbewerbsverbot nur (Art. 140 GWG) für die Komplementäre (Art. 41 Abs. 1 GWG)	besondere Treuepflichten
Trennung zwischen Haftung der Gesellschaft und Haftung der Gesellschafter oder unmittelbare Außenhaftung der Gesellschafter?	Haftung des Kommanditisten bis zur Höhe der Hafteinlage (Art. 146 GWG); unbeschränkte Haftung des Komplementärs	Kommanditisten haften nur bis zur Höhe der noch nicht erbrachten Einlage, Komplementäre hingegen unbeschränkt
Besonderheiten?	GmbH & Co. KG möglich; „Doppelgesellschaft" ist ausdrücklich geregelt (Art. 153 GWG ff) und systematisch dem Recht der KG zugeordnet	auch nach deutschem Recht ist GmbH & Co. KG anerkannt; wird formal als KG eingeordnet
Wirtschaftliche Stellung	sehr gering[1394]	groß

[1394] *Tischler* in Breidenbach, Handbuch Osteuropa Bd. 4 Slowenien SYST 11 Rz. 65.

b) *Typenvergleich*

Abgesehen von einigen Sonderbestimmungen wird bzgl. des Rechts der k. d. überwiegend auf das Recht der d. n. o. verwiesen. Dies entspricht der Systematik des deutschen Rechts hinsichtlich der Behandlung der KG gegenüber der OHG. Die besonderen Bestimmungen im Recht der k. d. entsprechen im Wesentlichen denen der deutschen KG, womit im Ergebnis zwischen der k. d. und der KG die gleichen Abweichungen bestehen, wie zwischen der d. n. o. und der OHG. Eine Vergleichbarkeit von k. d. und KG ist daher mit der oben genannten Begründung zu bejahen. Hervorzuheben ist, dass das slowenische Recht eine Doppelgesellschaft, die dem System nach einer deutschen Kapitalgesellschaft & Co. KG entspricht, gesetzlich geregelt und diese eindeutig dem Recht der k. d. unterstellt hat. Damit ist die Doppelgesellschaft – sollte eine GmbH als Komplementärin an einer KG beteiligt sein – mit der deutschen KG in Form der GmbH & Co. KG vergleichbar.

6. Tilna druzba (stG)

Die t. d. ähnelt in ihrer Grundstruktur einer deutschen stG. Es handelt sich bei ihr um eine reine Innengesellschaft. Der Stille leistet i. d. R. nur eine Vermögenseinlage, ohne am Vermögen des Trägers der stillen Gesellschaft beteiligt zu sein.[1395]

a) *Gegenüberstellung der Typusmerkmale*

Typusmerkmal	**t. d.**	**stG als deutsche Vergleichsform**
Juristische Person oder Gesamthandsgesellschaft?	weder noch (Art. 2 Abs. 2 GWG)	reine Innengesellschaft
Entstehung durch Abschluss des Gesellschaftsvertrags oder durch Registrierung?	Entstehung durch Vertrag[1396]	Entstehung durch Vertrag
Sachfirma oder Personalfirma?	Firma des Trägers der stillen Gesellschaft ausreichend; Zusatz S. t. d. kann aufgenommen werden	keine eigene Firma
Eintritt und Austritt jederzeit möglich? Abfindungsanspruch bei Ausscheiden?	Beendigung bei Tod oder Auflösung des Unternehmensträgers, sofern nicht abweichend vereinbart; Beendigung zwingend bei Kündigung des Stillen (Art. 165 GWG)	Stellung des stillen Gesellschafters ist vererblich und übertragbar, bei Tod des Stillen wird Gesellschaft grds. fortgeführt; bei Auflösung bzw. Tod des Inhabers kommt es im Zweifel zur Auflösung
Große oder kleinere Mitgliederzahl?	Träger des Unternehmens sowie ein oder mehrere Stille (Art. 159 Abs. 2 GWG)	zwei oder mehr Gesellschafter
Fremdorganschaft oder Selbstorganschaft? Einzelgeschäftsführung oder Gesamtgeschäftsführung? Einzelvertretungsmacht oder Gesamtvertretung?	Innenverhältnis kann frei geregelt werden; keine Mitwirkungsrechte des Stillen nach gesetzlichem Regelfall; im Rechtsverkehr tritt nur Träger der t. d. auf (Art. 159 Abs. 3 GWG)	grds. führt Inhaber die Geschäfte; nur aufgrund vertraglicher Vereinbarung kann Stille an Geschäftsführung teilhaben

[1395] *Knaus*, Slowenisches Gesellschaftsrecht S. 243.
[1396] *Knaus*, Slowenisches Gesellschaftsrecht S. 241.

Mehrheitsentscheidungen oder Einstimmigkeitsprinzip in Mitgliederversammlungen?	kann frei geregelt werden	grds. keine Mitwirkungsrechte, es sei denn, Regelung in Gesellschaftsvertrag
Besondere Treuepflichten gegenüber Mitgesellschaftern?	Wettbewerbsverbot kann nicht vereinbart werden (vgl. Art. 41 GWG)	Treuepflichten wie bei der GbR
Trennung zwischen Haftung der Gesellschaft und Haftung der Gesellschafter oder unmittelbare Außenhaftung der Gesellschafter?	der Stille haftet nicht persönlich, es sei denn, er ist in Firma des Unternehmensträgers genannt (Art. 164 GWG)	Stille haftet grds. nur bis zur Einlage
Wirtschaftliche Stellung	k. A.	k. A.

b) Typenvergleich

In den wesentlichen Punkten stimmen die Bestimmungen zur stG mit denen zur slowenischen t. d. überein. Insbesondere kennt auch das slowenische Recht eine Ausgestaltung als atypisch stG. Auffällig ist, dass bei der t. d. eine Kennzeichnung durch Aufnahme des Stillen in die Firma möglich ist, was grundsätzlich auch zu einer Haftung des Stillen führt. In der Praxis wird sich das jedoch selten anbieten, da es sich bei der stG auch nach slowenischem Recht um eine reine Innengesellschaft handelt. Die dann eintretende Haftungserweiterung spricht nicht gegen eine Vergleichbarkeit, da die personalistische Struktur der t. d. hierdurch allenfalls verstärkt wird. Gleiches gilt für die weitere Abweichung, nämlich dass bei Kündigung des Stillen zwingend die Beendigung der Gesellschaft vorgesehen ist. Damit ist die t. d. je nach konkreter Ausgestaltung steuerlich wie die typisch stG oder die atypisch stG zu behandeln.

7. Gospordarsko interesno zdruzenje („Vereinigung“)

Die g. i. z. wird im Gesetz nicht als Gesellschaft, sondern als Vereinigung bezeichnet. Ziel der g. i. z. ist die Erleichterung und die Förderung der Erwerbstätigkeit ihrer Mitglieder, die Ergebnisse deren Tätigkeit zu verbessern und zu vergrößern, nicht aber eigenen Gewinn zu erwirtschaften (Art. 496 Abs. 2 GWG). Eine vergleichbare Gesellschaftsform deutschen Rechts gibt es nicht.

a) Gegenüberstellung der Typusmerkmale

Typusmerkmal	**g. i. z. (wirtschaftliche Interessensvereinigung)**	**keine vergleichbare Gesellschaftsform**
Juristische Person oder Gesamthandsgesellschaft?	juristische Person (Art. 2 Abs. 1 bzw. Art. 498 Abs. 1 GWG)	(formelles) Körperschaftsmerkmal
Entstehung durch Abschluss des Gesellschaftsvertrags oder durch Registrierung?	konstitutive Registereintragung (Art. 498 Abs. 1 GWG)	Körperschaftsmerkmal

Sachfirma oder Personalfirma?	als einzige Rechtsform wird g. i. z. von Firmierungsvorschrift des Art. 27 GWG nicht ausdrücklich genannt; sie muss sich aber jedenfalls einen Namen mit Rechtsformzusatz geben (Art. 501 Abs. 2 GWG), der im Außenverhältnis zu verwenden ist (Art. 506 GWG)	keine Aussagekraft
Eintritt und Austritt jederzeit möglich? Abfindungsanspruch bei Ausscheiden?	grds. Eintritt und Austritt möglich; Gründungsvertrag kann abweichende Regelung treffen; bei Ausscheiden eines Mitglieds Auflösung, soweit nicht in Gründungsvertrag abweichend geregelt oder Einstimmigkeit vorliegt (Art. 508 GWG)	Merkmal der Personengesellschaft
Große oder kleinere Mitgliederzahl?	zwei oder mehr natürliche oder juristische Personen (Art. 496 S. 1 GWG); eher wenige Mitglieder	kaum Aussagekraft
Fremdorganschaft oder Selbstorganschaft? Einzelgeschäftsführung oder Gesamtgeschäftsführung? Einzelvertretungsmacht oder Gesamtvertretung?	Fremdorganschaft; Vorstand bestehend aus einer oder mehreren natürlichen oder juristischen Personen (Art. 504 Abs. 1, 2 GWG); Einzelvertretungsmacht der Vorstandsmitglieder (Einschränkungen sind im Außenverhältnis unwirksam Art. 504 Abs. 5 GWG)	Körperschaftsmerkmal
Mehrheitsentscheidungen oder Einstimmigkeitsprinzip in Mitgliederversammlungen?	Einstimmigkeitsgrundsatz, falls nicht vertraglich abweichende Regelung (Art. 503 Abs. 1 GWG)	kaum Aussagekraft
Besondere Treuepflichten gegenüber Mitgesellschaftern?	Wettbewerbsverbot kann ausdrücklich vereinbart werden (Art. 41 Abs. 2 GWG)	keine Aussagekraft
Trennung zwischen Haftung der Gesellschaft und Haftung der Gesellschafter oder unmittelbare Außenhaftung der Gesellschafter?	unbeschränkte Haftung der Mitglieder mit gesamten Vermögen; solidarische Haftung, falls nicht einzelvertraglich mit Gläubiger anders geregelt (Art. 499 Abs. 1 GWG); Gesellschaft muss vorrangig in Anspruch genommen werden (Art. 499 Abs. 2 GWG)	Merkmal der Personengesellschaft
Wirtschaftliche Stellung	k. A.	keine Aussagekraft
Besteuerung im Heimatstaat	Körperschaftsteuersubjekt (§ 2 Gesetz über die Steuern vom Gewinn juristischer Personen)[1397]	Bedeutung S. unten

b) Typenvergleich

Da die g. i. z. nicht auf das Erzielen eigener Gewinne gerichtet ist und i. d. R eine reine Innengesellschaft darstellt, wird es nur selten zu einer Besteuerung der g. i. z. selber kommen. Jedoch ist eine Einkunftserzielung als Nebenzweck nicht von vornherein auszuschließen,[1398] weshalb auf eine steuerliche Einordnung nicht verzichtet werden soll.

[1397] Abl. Slowenien RS Nr. 72/1993.

[1398] So ist die g. i. z. durchaus berechtigt, Wirtschaftsgeschäfte auf eigene Rechnung vorzunehmen (Art. 498 Abs. 2 GWG).

Die g. i. z. ähnelt hinsichtlich Organisation und Erscheinung der oben dargestellten ungarischen *egyesülés*.[1399] Wie dort kommen die deutsche GbR oder die EWIV als konkrete Vergleichsform nicht in Betracht.

Wie die tabellarische Gegenüberstellung zum Ausdruck bringt, werden die Typusmerkmale von Körperschaften und Personengesellschaften der Zahl nach fast in gleichem Maße erfüllt. Damit wird eine Gewichtung der Strukturmerkmale besonders relevant. Wenig Bedeutung ist der eher geringen Mitgliederzahl und dem Einstimmigkeitsprinzip beizumessen. Dabei handelt es sich zwar um Merkmale einer Personengesellschaft, jedoch kommt diesen Merkmalen wenig Unterscheidungskraft zu.[1400] Die grundsätzlich nicht ganz unbedeutende Tatsache, dass es sich bei der g. i. z. um eine juristische Person mit konstitutiver Eintragung handelt, wird dadurch abgeschwächt, dass in Slowenien alle wirtschaftlichen Gesellschaftsformen mit Ausnahme der stG juristische Personen sind und damit das Prinzip der Gesamthandsgesellschaft als Alternative nicht zur Verfügung steht. Die Firma kann frei gewählt werden, die Tatsache, dass sie zwingend erforderlich ist, deutet aber eher auf eine Körperschaft hin. Die Abhängigkeit vom Bestand der Mitglieder ist aufgrund der Disponibilität der Vorschrift – von der in der Praxis viel Gebrauch gemacht wird – nicht zu stark zu werten. Die Aussagekraft dieses Merkmals wird aber dadurch wieder etwas aufgewertet, dass eine Auflösung der Gesellschaft bei Ausscheiden eines Mitglieds in Deutschland nur noch für besonders stark personalistisch geprägte Personengesellschaften vorgesehen ist. Insgesamt stellt sich nach den bisher untersuchten Strukturmerkmalen ein völlig ausgewogenes Bild dar, ohne dass eine Tendenz zur personalistischen oder körperschaftlichen Struktur festgestellt werden könnte.

Aber auch die Einbeziehung der beiden wichtigsten Typusmerkmale bringt keine weitere Klarheit. Denn einerseits ist Fremdorganschaft möglich – ein deutliches Indiz für das Vorliegen einer Körperschaft –, andererseits haften alle Gesellschafter unbeschränkt, was sehr auf eine Personengesellschaft hindeutet. Letzteres Merkmal wird etwas durch die Tatsache abgeschwächt, dass meist juristische Personen mit Haftungsbeschränkungen (etwa die d. d. oder die d. o. o.) Mitglieder der Vereinigung sein werden, so dass im Ergebnis insgesamt keine natürliche Person mit ihrem Privatvermögen haftet. Die unbeschränkte Haftung ist für die einzelnen Gesellschafter, auch wenn sie juristische Personen sind, dennoch nicht ungefährlich. Häufig werden diese juristischen Personen sogar ein deutlich größeres Vermögen als Haftungsmasse haben, als natürliche Personen. Bei der Würdigung des Merkmals der persönlichen Haftung ist auch zu beachten, dass primär die Gesellschaft in Anspruch genommen werden muss, die Haftung der Gesellschafter damit nur subsidiären Charakter hat. Das grundsätzlich in seiner Bedeutung gegenüber dem Kriterium der Selbstorganschaft bzw. Fremdorganschaft etwas gewichtigere Merkmal der Gesellschafterhaftung[1401] ist im konkreten Fall

---

[1399] Vgl. unter Punkt A III 3.
[1400] Teil 1 Kapitel 2 E II 4 und 5.
[1401] Teil 1 Kapitel 2 E II 5.

abgeschwächt, weshalb es nicht letztendlich ausschlaggebend für die Besteuerung als Personengesellschaft sein kann.

Als Gesamtbild lässt sich damit nur festhalten dass auch bei einer detaillierten Wertung der einzelnen Strukturmerkmale der seltene Fall einer non-liquet-Situation gegeben ist. In diesem Fall bleibt nur die Möglichkeit, als ausschlaggebendes Kriterium auf die Besteuerung im Heimatstaat abzustellen.[1402] Im Falle des Erzielens inländischer Einkünfte ist die g. i. z. damit als Körperschaft zu besteuern.

IV. Ergebnis der Einordnung der slowenischen Rechtsformen

Das slowenische Gesellschaftsrecht ähnelt hinsichtlich vieler Aspekte dem deutschen Gesellschaftsrecht. Dabei gibt es gerade bei den Kapitalgesellschaften kaum Abweichungen. Aber auch die Personengesellschaften lassen sich durchaus noch mit den deutschen Gesellschaftsformen vergleichen. Massive Probleme bereitet dagegen die Einordnung der g. i. z. (Interessensvereinigung). Eine vergleichbare Rechtsform kennt das deutsche Recht nicht. Die detaillierte Wertung aller Strukturmerkmale führt zu dem Ergebnis, dass personalistische wie körperschaftliche Typusmerkmale gleichermaßen erfüllt sind. Damit muss hier letztendlich die Besteuerung im Heimatstaat auch für die steuerliche Behandlung in Deutschland ausschlaggebend sein.

Zusammenfassung zum Teil 2 der Arbeit

Die praktische Handhabung des Typenvergleichs anhand der in Ungarn, Polen und Slowenien existierenden wirtschaftlich ausgerichteten Rechtsformen hat ergeben, dass ein Typenvergleich in vielen Fällen keine größeren Probleme bereitet. Aber auch in Zweifelsfällen konnte letztendlich immer eine Lösung gefunden werden. Obwohl lediglich die Gesellschaftsformen von drei Nationen untersucht wurden, sind eine Reihe von Sonderfällen aufgetreten. Der polnischen bürgerlich-rechtlichen Gesellschaft (S. c.) scheint zwar auf den ersten Blick die deutsche GbR als Vergleichsform zur Verfügung zu stehen. Aufgrund der erheblichen Abweichungen muss aber eine Vergleichbarkeit abgelehnt und eine abstrakte Gewichtung der Typusmerkmale vorgenommen werden. Die polnische Kommanditgesellschaft auf Aktien (S. K. A) wird nach polnischem Recht als Personengesellschaft eingeordnet. Das ändert hingegen nichts an der Tatsache, dass sie mit der deutschen KGaA vergleichbar ist und auch wie diese zu besteuern ist. Schließlich kommt es mit der slowenischen g. i. z. zur Einordnung einer Gesellschaftsform, für die keine Vergleichsform zur Verfügung steht und bei der körperschaftliche und personalistische Strukturmerkmale gleichermaßen erfüllt sind, so dass letzt-

[1402] Ausführlich hierzu Teil 1 Kapitel 5 B I 2 b) und 6 c).

endlich auf die Besteuerung im Heimatstaat abzustellen ist. Deutlich geworden ist, dass in allen nicht ganz eindeutigen Fällen sachgerechte Lösungen nur dann erzielt werden können, wenn berücksichtigt wird, welchen Typusmerkmalen eine wesentliche Aussagekraft zukommt und welche Merkmale lediglich eine Indizwirkung entfalten.

Erleichtert wird ein Typenvergleich dadurch, dass die meisten relevanten Strukturmerkmale sich direkt aus der gesetzlichen Regelung ergeben. Auf Sekundärliteratur muss nur in wenigen Fällen zur Auslegung der gesetzlichen Regelung oder zur Schließung von Regelungslücken zurückgegriffen werden.

Auffällig ist, dass bei Kapitalgesellschaften die Struktur meist sehr ähnlich ist und eine Vergleichbarkeit mit der entsprechenden deutschen Kapitalgesellschaft unproblematisch möglich ist. Bei Personengesellschaften muss hingegen in vielen Fällen ganz detailliert geprüft werden, ob die ausländische Rechtsform noch mit der entsprechenden inländischen Personengesellschaft vergleichbar ist.

Abschließend ist noch zu erwähnen, dass im Hinblick auf den EU-Beitritt im Jahr 2004 alle drei Staaten ihr Gesellschaftsrecht weitgehend an die europäischen Vorgaben angepasst haben. So ist beispielsweise jeweils die Gründung von Einmann-Gesellschaften zulässig.[1403]

[1403] Vgl. 12. RL 89/667/EWG auf dem Gebiet des Gesellschaftsrechts betreffend Gesellschaften mit beschränkter Haftung mit einem einzigen Gesellschafter.

Schlussbetrachtung

Ziel der Einordnung ausländischer Gesellschaftsformen in das deutsche System der Einkommensbesteuerung muss es sein, die ausländischen Rechtsformen nach Möglichkeit steuerlich genau so zu behandeln, wie vergleichbare inländische Gesellschaftsformen. Nach der Struktur des deutschen Steuerrechts ist die Frage der Anwendbarkeit des KStG auf *deutsche* Gesellschaftsformen ausschließlich und ausnahmslos davon abhängig, ob es sich bei der betreffenden Gesellschaft zivilrechtlich um eine Körperschaft handelt. Bei Personengesellschaften erfolgt eine Besteuerung der Gesellschafter nach dem EStG. Damit muss sich auch die Einordnung beschränkt steuerpflichtiger ausländischer Gesellschaften danach richten, ob diese ihrer Struktur nach einer deutschen Körperschaft oder Personengesellschaft entsprechen. Dies lässt sich durch einen Typenvergleich auf Grundlage von § 2 Abs. 1 KStG, wie ihn die Rechtsprechung vornimmt, am ehesten erreichen. Die ausländische Gesellschaftsform ist dabei mit der ihr entsprechenden inländischen Rechtsform zu vergleichen und steuerrechtlich wie diese zu behandeln. Um sachgerechte Ergebnisse zu erzielen, muss bei der Beurteilung der gesellschaftsrechtlichen Situation in Abweichung von der h. M. in der Literatur auf den gesetzlichen Regelfall im Heimatstaat anstelle der konkreten gesellschaftsvertraglichen Ausgestaltung im Einzelfall abgestellt werden. Stärker, als von der Rechtsprechung bisher praktiziert, muss berücksichtigt werden, welche Aussagekraft den einzelnen als typisch angesehenen Strukturmerkmalen zur Abgrenzung von Personengesellschaften und Körperschaften heute tatsächlich noch zukommt. Die Untersuchungen im Rahmen dieser Arbeit haben ergeben, dass der Haftungsbeschränkung und der Fremdorganschaft als typische Körperschaftsmerkmale nach wie vor eine nicht unerhebliche Unterscheidungskraft zuzumessen ist. Hingegen kann den körperschaftlichen Typusmerkmalen Mehrheitsbeschluss, Sachfirma sowie Fortbestand unabhängig vom Mitgliedsstand i. d. R. nur eine Indizwirkung zukommen. Da keines der für Personengesellschaften bzw. Körperschaften als typisch angesehenen Strukturmerkmale für die Frage der Vergleichbarkeit absolut zwingend ist, schaden Abweichungen in Einzelpunkten nicht. Bei der Einordnung von ausländischen Gesellschaftsformen, die keiner inländischen Gesellschaftsform vergleichbar sind, kann nur abstrakt ein Typenvergleich erfolgen. Hier ist eine Abwägung der einzelnen Typusmerkmale erforderlich. Sollte eine ausländische Rechtsform dabei in gleichem Maße Merkmale einer Körperschaft und einer Personengesellschaft erfüllen, ist als letztendlich ausschlaggebendes Kriterium auf die steuerliche Behandlung im Heimatstaat abzustellen.

Bei der grenzüberschreitenden Gesellschaft, die unter Beibehaltung ihres Satzungssitzes im Gründungsstaat ihren tatsächlichen Verwaltungssitz und damit grundsätzlich auch ihre Geschäftsleitung in das Inland verlegt, ist bei Anwendung der Sitztheorie zu beachten, dass es sich hier nach richtiger Ansicht nicht um eine ausländische Gesellschaft handeln kann, sondern um eine deutsche GbR, OHG oder einen deutschen nichtrechtsfähigen Verein. Ein Typenvergleich ist damit nicht erforderlich. Bei grenzüberschreitenden Gesellschaften, die ihren Satzungssitz in einem EU-Mitgliedstaat haben, gebietet es sich nach jüngster Rechtsprechung von EuGH und BGH, zumindest die Frage der Rechtsfähigkeit nach dem Recht des Gründungsstaates zu bestimmen. Soweit die grenzüberschreitende Gesellschaft zukünftig zivilrechtlich nach den Grundsätzen der Gründungstheorie zu beurteilen ist, ergibt sich die Körperschaftsteuersubjektivität aus § 1 Abs. 1 Nr. 4 KStG. Die grenzüberschreitende Gesellschaft ist demzufolge dann körperschaftsteuerpflichtig, wenn ihr der Heimatstaat die Stellung einer juristischen Person verleiht und – hier ist § 1 Abs. 1 Nr. 4 KStG teleologisch zu reduzieren – diese Gesellschaft ihrer Struktur nach nicht einer deutschen Personengesellschaft entspricht.

Die zivilrechtlichen Unterschiede zwischen der Gruppe der deutschen Körperschaften und der Gruppe der deutschen Personengesellschaften haben sich in den letzten 100 Jahren stark verwischt. Zu klaren Ergebnissen hinsichtlich der steuerlichen Einordnung der Gesellschaftsformen kann man daher nur dann gelangen, wenn man sich streng an die formale zivilrechtliche Zuordnung zur Gruppe der Körperschaften oder der Personengesellschaften hält. Diese hat häufig nur noch sehr wenig mit der grundsätzlichen Unterscheidung von Körperschaften und Personengesellschaften zu tun. Aufgrund der strengen Anknüpfung an die Zivilrechtsform bleibt kein Raum für eine eigene steuerliche Wertung. Allein daraus ergibt sich, dass eine rechtsformabhängige Besteuerung im Grunde nicht mehr notwendig sein kann. Gerade im Hinblick auf die zunehmende Globalisierung liefert die vorliegende Arbeit mit ihren Betrachtungen zur Einordnung ausländischer Gesellschaftsformen in das System der Einkommensbesteuerung weitere Argumente für eine rechtsformneutrale Besteuerung der Gesellschaften. Denn wie die Ausführungen gezeigt haben, kann sich die Einordnung ausländischer Gesellschaftsformen in das System der Einkommensbesteuerung kompliziert gestaltet und aufgrund der teilweise sehr unterschiedlichen Privatrechtsordnungen der einzelnen Staaten im jeweiligen Einzelfall nur auf Basis einer aufwendigen detaillierten Untersuchung einer Reihe von vorgegebenen Kriterien geklärt werden. Gäbe es eine rechtsformneutrale Besteuerung der Gesellschaften, wäre dieser Typenvergleich hinfällig.

Peter Lang · Europäischer Verlag der Wissenschaften

André Schwanna

Die Gründung von Gesellschaften in Deutschland, Frankreich und Großbritannien

Gemeineuropäische Prinzipien des Gesellschaftsrechts

Frankfurt am Main, Berlin, Bern, Bruxelles, New York, Oxford, Wien, 2002.
445 S.
Europäische Integration und internationale Wirtschaftsbeziehungen.
Herausgegeben von Peter Behrens. Bd. 6
ISBN 3-631-39527-2 · br. € 60.30*

Das Gesellschaftsrecht europäischer Rechtsordnungen weist eine Vielzahl gemeinsamer Strukturen und Prinzipien auf. Zielsetzung der vorliegenden Arbeit ist es, gemeineuropäische Prinzipien für die Gründung von Gesellschaften herauszuarbeiten. Der Verfasser untersucht rechtsvergleichend das Gründungsstadium der wesentlichen privatrechtlichen Gesellschaftsformen in Deutschland, Frankreich und Großbritannien. Hierbei wird zunächst die jeweilige Rechtslage zur Gesellschaftsgründung in ausführlichen Länderberichten dargestellt, die gerade auch für die rechtsanwendenden Berufe von Interesse sind. Anschließend werden in der rechtsvergleichenden Analyse strukturelle Gemeinsamkeiten der verglichenen Gründungsregeln herausgearbeitet und in einem letzten Schritt die wesentlichen gemeineuropäischen Prinzipien zusammengefaßt.

Aus dem Inhalt: Gründung von Gesellschaften in Deutschland, Frankreich und Großbritannien · Rechtsvergleichende Studie über die Gründung von Gesellschaften · Gemeineuropäische Prinzipien des Gesellschaftsrechts · Gemeineuropäische Prinzipien für die Gründung von Gesellschaften in Deutschland, Frankreich und Großbritannien

Frankfurt am Main · Berlin · Bern · Bruxelles · New York · Oxford · Wien
Auslieferung: Verlag Peter Lang AG
Moosstr. 1, CH-2542 Pieterlen
Telefax 00 41 (0) 32 / 376 17 27

*inklusive der in Deutschland gültigen Mehrwertsteuer
Preisänderungen vorbehalten

Homepage http://www.peterlang.de

FSC
www.fsc.org
MIX
Papier | Fördert gute Waldnutzung
FSC® C083411

Kolibri 360 GmbH
Ferdinand-Jühlke-Straße 7
99095 Erfurt, Deutschland
produktsicherheit@kolibri360.de

Druck:
CPI Druckdienstleistungen GmbH
im Auftrag der
Kolibri 360 GmbH
Ferdinand-Jühlke-Str. 7
99095 Erfurt